国家社科基金
后期资助项目
GUOJIA SHEKE JIJIN HOUQI ZIZHU XIANGMU

北宋张有《复古编》研究

Study on *Fu Gu Bian* by Zhang You in Northern Song Dynasty

王珏 著

中国社会科学出版社

图书在版编目（CIP）数据

北宋张有《复古编》研究/王珏著 .—北京：中国社会科学出版社，2020.10
ISBN 978 - 7 - 5203 - 7262 - 6

Ⅰ.①北⋯　Ⅱ.①王⋯　Ⅲ.①汉字—古文字—研究　Ⅳ.①H162

中国版本图书馆 CIP 数据核字（2020）第 182827 号

出 版 人	赵剑英
责任编辑	卢小生
责任校对	周晓东
责任印制	王　超

出　　版	中国社会科学出版社
社　　址	北京鼓楼西大街甲 158 号
邮　　编	100720
网　　址	http://www.csspw.cn
发 行 部	010 - 84083685
门 市 部	010 - 84029450
经　　销	新华书店及其他书店
印　　刷	北京君升印刷有限公司
装　　订	廊坊市广阳区广增装订厂
版　　次	2020 年 10 月第 1 版
印　　次	2020 年 10 月第 1 次印刷
开　　本	710 × 1000　1/16
印　　张	26
插　　页	2
字　　数	466 千字
定　　价	135.00 元

凡购买中国社会科学出版社图书，如有质量问题请与本社营销中心联系调换
电话：010 - 84083683
版权所有　侵权必究

国家社科基金后期资助项目
出版说明

后期资助项目是国家社科基金设立的一类重要项目，旨在鼓励广大社科研究者潜心治学，支持基础研究多出优秀成果。它是经过严格评审，从接近完成的科研成果中遴选立项的。为扩大后期资助项目的影响，更好地推动学术发展，促进成果转化，全国哲学社会科学工作办公室按照"统一设计、统一标识、统一版式、形成系列"的总体要求，组织出版国家社科基金后期资助项目成果。

全国哲学社会科学工作办公室

序

张其昀

　　张有的《复古编》是宋代的一部字书,更准确地说,一部特别的字样学专书。字样之学实即正字之学,是唐代为整治南北朝以来讹替滋生之文字现象,规范用字而产生的。颜元孙的《干禄字书》即是唐代较早而最著名的一部字样学专书。其书命名以"干禄",意谓为章表书判用字而作,实亦为科场用字而作;然既讲究正字,则其价值之体现必不限于此。《干禄字书》无疑具有一般正字法意义上的价值。《干禄字书》以四声隶字,以二百零六部韵排比字之先后,每字于正体之外列出俗、通(用)二体;间亦有惟列出并正之字、形近易混之字者(既存"并正",则说明其文字规范不彻底)。《复古编》(指其主干部分)据《说文》古篆以辨正字形,亦以四声隶字,列出正体和别体以及俗体、或体。《复古编》与《干禄字书》既列出正体,又列出不同名目之异体,于释文中具言正异,意欲立正而祛异,是两者之实质相同。《干禄字书》正异并出以标目而正居其下,《复古编》则独以《说文》古篆书其正体以标目,是两者之形式有所不同。要之,《干禄字书》与《复古编》虽皆具规范文字之性质,然颜氏书之视域唯在于当时行世文字,而张氏书则以隶变前之古篆为标准。同是规范行世文字,张氏书较颜氏书多出了指明其历史依据这一层意义。

　　《复古编》以《说文》古篆为圭臬。陈振孙《直斋书录解题》谓:"有工篆书,专本许氏《说文》,一点画不妄错(措)。"是也。张有以为,《说文》古篆不容篡改,其书名之"复古",意谓复《说文》之古也。当时行世之字,结构合乎《说文》古篆者为正,不合乎《说文》古篆者为异。然由《说文》刊布之东汉中叶至张有生活之北宋末年,时阅千载,历经传抄翻刻,行世之《说文》已非许氏之旧,其篆迹不免厕杂俗戾,至于其释文亦不免真伪并存。张有以其"采摭经传,日考月校,久而不懈"(陈瓘《复古编序》语)之功夫,就篆迹严加甄别,以其精湛篆法一一写出正体;复就《说文》释文细加分析,纠谬而返正。可以认为,《复古编》帮助我们在还许氏之旧的方向上前进了一步。张有可谓许氏之功臣，《说文》之学之功臣。

张有宗许，或不免有偏执之讥，其誓词般的"《说文》所无，手可断，字不可易也"之话语（《直斋书录解题》载）或为批评者所诟病。这不禁让我们联想到学界另一种截然相反的倾向，就是治文字之学而抛开《说文》。与张有大约同时代的宋人王安石是古人之典型，他以为古之制字专主于义，其《字说》说字与《说文》大相违背，似摒弃"六书"而专以义合为说（虽似会意然亦未称"会意"之名）。而今亦有人往往一叶障目，不见泰山，以《说文》的个别错误贬低以至否定其整体成就，甚而绕开《说文》搞出另类的"文字学"来。《说文》是文字学奠基之作，《说文》之学是文字学之主干和核心，无《说文》即无文字学，这当是古往今来大多数文字学者之共识。治文字学由治《说文》始，笃信之而不迷信之，跬步以进，方能底于有成。若抛开《说文》，必不免走入歧路，终不能得真文字学之知，正"摛埴索涂，冥行而已矣"（《法言·修身》语）之所谓也。而治《说文》，《复古编》不失为一种比较重要的参考数据。

《复古编》问世以来，在学界产生了一定的影响，主要体现在正字类专书编纂等方面。迄今对《复古编》除去在一些著述（含为之所作的序跋类）中可见到简略的褒贬之辞之外，学界的系统性研究还近乎空白，未见有专书专文正式刊发。王珏君之《北宋张有〈复古编〉研究》当是第一部成功的《复古编》系统性研究专书。

王珏君之《北宋张有〈复古编〉研究》综合应用了文字学、训诂学、音韵学、版本目录学以及校勘学等知识，以定量研究与定性研究相结合之手段，对《复古编》进行了全面而深刻的研究。其内容涉及《复古编》产生的缘由，《复古编》的版本状况，《复古编》所反映的语言发展情况以及汉字演变传承关系，《复古编》对于《说文》在流传过程中所产生的谬误的匡正，《复古编》对文字学研究的贡献。还值得一提的是，作者为取证，不仅翻检揣摩于传世文献，而且将目光投向考古出土的实物数据，这必然加大了其论证的可信度。毋庸置疑，《北宋张有〈复古编〉研究》对于我们研究《说文》，规范汉字，进行汉字教学，编纂辞书，都具有比较重要的借鉴作用和现实意义。

作者之研究严谨而细致，这当是《北宋张有〈复古编〉研究》取得成功的最主要因素。其第三章第二节指出《复古编》小篆有63个与《说文》字形存在结构差异，此断语非将《复古编》2652个小篆逐一与《说文》作细致比较而不能得。字形近似，则易混淆。正字工作之一个主要方面，就是就相似之形辨其正误。《复古编》辨别形似已有"笔迹小异"卷，录78字，一字两形（皆正），出156形；"上正下讹"卷，亦录78字，一字两形，出156形（《北宋张有〈复古编〉研究》第五章皆有专节研究）。合计两卷凡录156字，辨312形。而作者在此之外，更于其书第三章第三节就《复古编》小篆与《说文》比较，指出存在笔迹微异的有1054个（其微异多体现于可构成多字的偏旁）。作者通过几十个例子，展示出其考异工作做得何等之不失纤毫，何等之严谨充实。比如：将《复古编》"童"字（包括用作偏旁者）与《说文》比较，指出两者惟下部"土"上的一个构件笔迹微异，《复古编》作倒"V"形折笔，而《说文》多作上阿曲笔，两者非常近似然而有异。复根据周秦金文、陶文、秦汉印玺文以及睡虎地秦简文等多种数据，论断《说文》之"童"为汉出字形，而《复古编》同秦篆，较《说文》先出。

第四章第五节专门将《复古编》反切与大徐本《说文》作穷尽性比较研究，这是全书最精彩处之一。作者所展现出来的《复古编》反切在声母方面的精庄相混、见群合流、帮非分化、匣疑混切等9个现象，在韵部方面的鱼虞合流、歌戈同用、东登相混、先仙同用、魂谆相混等20个现象，在重音方面的删桓同用、明微不分等5个现象，为汉语语音发展史的普遍规律或方言的历史描写提供了新的佐证。对《说文》释文之匡正，当是《复古编》最有价值的一个方面。《北宋张有〈复古编〉研究》第六章第三节专论此问题，有些地方颇能表现出作者之睿识。比如，"擣"字，《说文》释作"手推也"，《复古编》释作"手搥也"，作者认为，《复古编》释义正确。作者进而指出，《说文》之"手推"盖本作"手椎"，"搥"为"椎"的后出字形。这样，既据《复古编》更正了《说文》释文，又揭示出《说文》释文错误之由来。"椎"之讹作"推"，显然是因其形似也。

张有宗许，然《说文》中解作"从某某声"之形声字，在《复古编》中大多不用"声"字而作"从某某"，似以为会意字。这令人十分困惑。我讲授《〈说文〉学史》课程曾作过为后人刊刻所删削的推测。王珏君在其书第四章第四节中以为有四种可能，其第二种即为后人刊刻时为了顺应以会意说解字义的世俗风气而删去。这种可能性是最大的。张有宁断其手也拒绝写《说文》所无之字，其秉性是何等之倔强！他不大可能去迎合世俗，删去"声"字不大可能是他自为之。

《北宋张有〈复古编〉研究》研究的好多内容是依据字迹异同比较，最主要是《复古编》与《说文》之字迹异同比较而展开的。以为同抑以为异，自然依作者所持标准而定。事情往往具有两面性。惟因作者态度严谨，故而论同没有问题，而论异则或因标准过严而不免有些问题。书法之道，同一笔意而笔势或有俯有仰，有奇有正，有伸有屈，变势只要不过度即可。《北宋张有〈复古编〉研究》中就有因标准过严而将不当归于异的字迹归于异者。当然，若既要做到考异不失纤毫，又要做到不把非异纳于异，这尺度确实不好拿捏。总体看来，作者把握的异同判分界限还是适中的，不当归而归于异的情况是不多的。

颜元孙的《干禄字书》是性质与《复古编》最为接近的一部字书。《北宋张有〈复古编〉研究》中虽也多次提到和引用《干禄字书》，但似宜安排足够的篇幅专门把它与《复古编》进行比较。这里开头部分就二书略作比较，欲于这一层意思稍有所补苴，读者读王珏君之著兼顾及于此可也。

时下行事浮躁之风亦波及学界，像《北宋张有〈复古编〉研究》这样矻矻然不辞讨论之辛勤，肯于细微处扎实下功夫的著作不太多见。因乐为之序，聊以嘉其善，且寄推介之忱焉。

2017 年 10 月 25 日
于扬州金域华府俋耕室

目　录

绪　论 … 1
　　第一节　《复古编》作者介绍 … 1
　　第二节　《复古编》研究概述 … 5
　　第三节　《复古编》研究的主要内容、方法、目的和意义 … 13

第一章　《复古编》著述背景及撰写缘由 … 16
　　第一节　著述背景 … 16
　　第二节　撰写缘由 … 22

第二章　《复古编》版本研究 … 34
　　第一节　《复古编》版本介绍 … 34
　　第二节　石印本《复古编》非张有《复古编》考辨 … 44
　　第三节　石印本《复古编》与张有《复古编》、
　　　　　　周伯琦《六书正讹》之比较 … 55

第三章　《复古编》小篆研究 … 61
　　第一节　《复古编》小篆收字概况 … 61
　　第二节　《复古编》与《说文》小篆比较 … 63
　　第三节　《复古编》与《说文》微异小篆考察 … 69
　　第四节　《复古编》小篆来源 … 92

第四章　《复古编》释文研究 … 94
　　第一节　隶定研究 … 94
　　第二节　释义研究 … 95
　　第三节　书证研究 … 107

第四节　析形术语研究……………………………………… 111
　　第五节　反切研究…………………………………………… 117
　　第六节　异体字研究………………………………………… 140

第五章　《复古编》附录研究………………………………………… 170
　　第一节　"联绵字"研究……………………………………… 170
　　第二节　"形声相类"研究…………………………………… 177
　　第三节　"形相类"研究……………………………………… 189
　　第四节　"声相类"研究……………………………………… 192
　　第五节　"笔迹小异"研究…………………………………… 203
　　第六节　"上正下讹"研究…………………………………… 239

第六章　《复古编》的价值与不足…………………………………… 276
　　第一节　规范汉字的价值…………………………………… 276
　　第二节　揭示汉字发展演变的价值………………………… 278
　　第三节　匡正《说文》释文的价值…………………………… 279
　　第四节　编纂辞书的价值…………………………………… 285
　　第五节　《复古编》的不足…………………………………… 295

第七章　张有《复古编》对后世的影响及其正字成效与启示……… 298
　　第一节　对宋元明清正字专书的影响……………………… 298
　　第二节　以"走"为例谈谈《复古编》小篆对
　　　　　　元明清篆书的影响………………………………… 315
　　第三节　《复古编》的正字成效与启示……………………… 319

附录一　影宋精抄本《复古编》校正………………………………… 327

附录二　《复古编》正文字形传承情况表…………………………… 349

参考文献…………………………………………………………………… 394

后　　记…………………………………………………………………… 404

绪　　论

第一节　《复古编》作者介绍

一　张有的生卒年

张有，生卒年史无详载。张有生卒年虽不详，然据《复古编》序及其他相关著录，可推知他约生于北宋仁宗皇祐二年（1050）。陈瑾《〈复古编〉序》载："元丰中，予官于吴兴，见其用心之初，今廿有九年，然后成书。凡集三千余字，名曰《复古编》……大观四年（1110）十一月叙。"[1] 北宋著名理学家杨龟山《〈复古编〉后序》云："政和之初（1111），余居毗陵。谦中以其书示余，求文以为序。"[2] 北宋徽宗政和三年癸巳（1113）诗人程俱《〈复古编〉后序》曰："吴兴张有，弱冠以小篆名。自古文奇字与夫许氏之学，了如烛照而数计也。他书余艺一不入于胸中。盖其专如此。故四十而学成，六十而其书成，《复古编》是已。"[3] 又南宋晁公武《郡斋读书志》云："有自幼喜小篆，年六十成此书。"[4] 由此可知，张有大约于北宋徽宗大观四年（1110）撰成《复古编》，时年六十。据此可知，他约生于北宋仁宗皇祐二年（1050）。洪迈（1123—1202）《夷坚志》所载与此大致相符。《夷坚志》卷六载："（张有）宣和

---

[1] 张有：《复古编》，影宋精抄本。
[2] 张有：《复古编》，葛鸣阳刻本。
[3] 张有：《复古编》，影宋精抄本。
[4] 晁公武：《郡斋读书志》，载纪昀《文渊阁四库全书》（第674册），（台北）商务印书馆1986年版，第182页。

中，年已七十余。"① 宋徽宗使用宣和年号共八年（1119—1126）。若按张有生于北宋仁宗皇祐二年（1050）推算，宣和中他当为72岁，与《夷坚志》所载"年已七十余"相合。张有为人谦退沉静，不慕名利，卒时盖有90余岁。王佐才绍兴十三年（1143）七月《〈复古编〉序》载："乡人徐滋元象旧与先生为邻，亲炙先生余诲，挥毫落纸，得先生之法。先生亦雅爱奇之。其平昔所著如《复古编》《千字文》之类，属纩之际，尽以遗之。臧于巾笥，如获大宝。今将镂板勒碑，以广其传于永久。命仆作叙以志之。"② 绍兴十三年，张有若在世，应有93岁。此时在他病笃弥留之际，或去世未远。葛鸣阳清刻本《复古编》所收元代虞集《道园学古录》中有关张有的记载为"当是时，吴兴张谦中亦高年，篆法甚古，隐于黄冠。龟山先生尝叙其所为书，故其人名尤重焉"③，葛氏在此加案曰："龟山先生序作于徽宗政和中，时宋未南渡。伯生④以谦中为与王逸老同时，盖年逾九十矣。"⑤ 由此可知，张有卒时，盖九十余岁。

二 张有的字号

据《夷坚志》载，张有，字谦中，北宋吴兴人⑥。著名词人张先之孙。张有的斋号为真静斋，《研北杂志》载："张谦中有真静斋，程致道作铭。"⑦ 古代有以斋号为号的风气。清丁杰《重刻〈复古编〉书后》称张有为"真静"⑧。而影宋精抄本《复古编》佚名阙文跋云："吴兴张有谦中，号真静翁，于国朝徐鼎臣校定（下文原阙）。"⑨ 清周中孚《郑堂读书记补逸》承袭了这一称谓，也著录为"有字谦中，号真静翁"⑩。翁即老年男子，一般是老年人的自号。如爱国诗人陆游，自号"放翁"；清代戏剧理论家李渔自号"江上笠翁"。因此，后人称张有号为"真静""真静

---

① 洪迈：《夷坚志》，载顾廷龙《续修四库全书》（第1264册），上海古籍出版社2002年版，第688页。
② 张有：《复古编》，影宋精抄本。
③ 张有：《复古编》，葛鸣阳刻本。
④ 虞集，字伯生。
⑤ 张有：《复古编》，葛鸣阳刻本。
⑥ 洪迈：《夷坚志》，载顾廷龙《续修四库全书》（第1264册），上海古籍出版社2002年版，第688页。
⑦ 陆友仁：《研北杂志》，中华书局1991年版，第60页。
⑧ 张有：《复古编》，葛鸣阳刻本。
⑨ 张有：《复古编》，影宋精抄本。
⑩ 周中孚：《郑堂读书记补逸》，载中华书局编辑部《宋元明清书目题跋丛刊》（第15册），中华书局2006年版，第414页。

翁"均可。

三 张有的事迹

张有的事迹，文献记载较少，然而世传文献记载皆与其书篆有关。南宋大学士楼钥嘉定三年（1210）《〈复古编〉序》记载了张有尊信古字，不随意写篆的事迹，上云："魏字从委从鬼，或省山以为韩魏之魏。谦中为林中书家篆墓碑，终不省去山字。古无菴字，谦中以谓当作闇，而难以题扁。山谷①虽定从艹，谦中亦不用也。尝篆杨龟山所作《踵息菴记》，终篇偶无此字。碑额虽从广，竟作隶体书之。其信古不从俗类若此。"②在张有看来，《说文》中没有小篆字形"魏""菴""庵"，那么就不能用小篆笔法来书写它们，即使著名文学家、书法家黄庭坚审定的字形也不能写。南宋著名文学家洪迈《夷坚志》卷六也有类似记载："张有，字谦中。吴兴道士也。以篆名天下。为人退静好古。非古文所有字，辄阙不书。宣和中，年已七十余。中书侍郎林彦振摅丧其母魏国夫人。归葬于湖，将刻埋铭，请篆额。书魏字为魏下山。彦振以为不类今字，命去之。不从。彦振虽不乐，然度能者无出其右，则召所亲，委曲镌说之，且许厚谢。张不可。曰：'世俗魏字，我法所无。林公不肯用，宜以见还，决不易也。'彦振知不可强，遂止。自是人益贤之。余伯舅沈祖仁，为归安丞，与张善，惮其人，不敢求字。一日被酒，亟造门索绢一端，作大字数十，尤高古可爱，至今宝藏之。有所著《复古编》行于世。"③据此载可知，张有性格耿直，秉性高洁，不阿权贵，立场坚定。中书侍郎"命去之"的权势强压以及"许厚谢"的啖以重利均无法动摇其捍卫篆文的决心，并且直言"林公不肯用，就应该还给我，改字是绝对做不到的"。无论是权压还是利诱，只要是《说文》篆文没有的字，张有不为所动，绝不改易篆文。此举彰显了张有倔强不屈，维护篆文纯洁的高尚情操，为世人敬仰。此外，从该记载可知，张有秉性高洁，富有个性。即使身为归安县丞的好友，也"惮其人，不敢求字"。有关张有不肯改易"巍"字的事迹，南宋著名藏书家、目录学家陈振孙（约1189—1249）在《直斋书录解题》中也讲了这一事迹："有工篆书，专本许氏《说文》，一点画不妄错。林中书摅母魏国夫人墓道碑，有书之，魏字从山，摅以为非。有曰：

---

① 黄庭坚，号山谷。
② 张有：《复古编》，影宋精抄本。
③ 洪迈：《夷坚志》，载顾廷龙《续修四库全书》（第1264册），上海古籍出版社2002年版，第688页。

'世俗以从山者为巍，不从山者为魏，非也。其实二字皆当从山，盖一字而二音尔。《说文》所无，手可断，字不可易也！'撼不能强。"① 张有认为凡是《说文》没有的字，即使是手被斩断，字也不能随意改变一点半画。张有这种维护《说文》纯洁性所表现出的顽强品格，令人肃然起敬，由衷叹服。难怪钱大昭在《复古编跋》中评价："呜呼！有可谓笃于信古矣。"② 楼钥《攻媿集》也有篆法所无字张有"终不欲书"的记载。《攻媿集》："考其间以袒为但，以转为褥，以薩为薛之类，是终不欲书。篆法之所无也。"③

综上所述，可知张有对待篆书，极为严谨忠信，而又近乎偏执顽固。《说文》所有的字，张有便视作金科玉律，即使是一点半画，不管是权压，还是利诱，宁肯手断，也不妄改。《复古编》得以传世，大概得益于他这种不阿权贵、执着不渝的精神。

四　张有的著作与书法作品

张有《复古编》《宋史》也有简单记载。《宋史·艺文志》："张有《复古编》，二卷。"④ 此外，据王佐才绍兴十三年（1143）《〈复古编〉序》载"其平昔所著如《复古编》《千字文》之类，属纩之际，尽以遗之"⑤，我们可以推知张有遗世之作不仅有著作，还有书法作品。据元代吾丘衍《学古编》记载，除《复古编》外，张有还有《五声韵谱》五卷。《学古编》云："张有《复古编》，二卷。有，字谦仲，吴兴人，湖州有版。载古今异文字，不可以为字少。张有《五声韵谱》，五卷。比常韵无差。"⑥ 元代盛熙明《法书考》除著录张有的《复古编》外，还著录"张有《五声韵》，五卷"⑦。明顾起元《说略》著录为"张有《复古编》，张

---

① 陈振孙：《直斋书录解题》，载中华书局编辑部《宋元明清书目题跋丛刊》（第1册），中华书局2006年版，第557页。
② 张有：《复古编》，葛鸣阳刻本。
③ 楼钥：《攻媿集》，载纪昀《文渊阁四库全书》（第1153册），（台北）商务印书馆1986年版，第252页。
④ 脱脱：《宋史》，载上海古籍出版社编辑部《二十五史》，上海古籍出版社1986年版，第640页。
⑤ 张有：《复古编》，影宋精抄本。
⑥ 吾丘衍：《学古编》，载周光培《元代笔记小说》，河北教育出版社1995年版，第64页。
⑦ 盛熙明：《法书考》，载纪昀《文渊阁四库全书》（第814册），（台北）商务印书馆1986年版，第500页。

有《五声韵补》"①。《五声韵》《五声韵谱》大概是异名同实。《五声韵谱》《五声韵补》今逸。

除上列著作外，张有还有篆书作品《金刚经》《伯夷颂》《严先生祠堂记》传世。楼钥《攻媿集》载："宋道士张有篆《金刚经》。谦中之篆，自成一家。近尝跋《复古编》颇详。此盖其真迹也。"② 孙岳颁《御定佩文斋书画谱》："篆书。大凡童子十三岁至二十三岁，当学篆。其法先大而后小，先今而后古，当以阳冰书琅琊山新凿泉题（今在滁州。盖少温篆本不古，惟此碑秀逸有神，可以启发后学）、李斯书峄山碑（在陕西）及泰山碑（在济南府）、宋张有书《伯夷颂》、元周伯琦临张有书《严先生祠堂记》、蒋冕书小字《千文》为法。"③

第二节 《复古编》研究概述

一 古人对《复古编》的研究

《复古编》是一本正字专书，自问世以后在汉字规范方面产生了一定的影响。近代以前这种影响主要体现在正字专书的编撰、小篆字形的传承、以《说文》为宗的正字思想，如南宋李从周的《字通》、元代周伯琦的《六书正讹》、明代赵㧑谦的《六书本义》、清代吴锦章的《六书类纂》等一些正字专书，都可以看到《复古编》影响的痕迹。

清代以前，对张有及《复古编》的研究成果不多，常散见于《复古编》各种版本的序跋、目录学著录以及相关著述中。其内容多为张有忠于篆法的故事以及对《复古编》简单的评述。清代学者在《复古编》研究方面做了不少工作。

（一）葛鸣阳对《复古编》的研究

对《复古编》的刊刻、研究，最为尽心的当属清代葛鸣阳。据葛鸣阳乾隆四十五年（1780）《复古编》芸素馆跋，葛氏刻本《复古编》据桂馥

---

① 顾起元：《说略》，载纪昀《文渊阁四库全书》（第964册），（台北）商务印书馆1986年版，第621页。
② 楼钥：《攻媿集》，载纪昀《文渊阁四库全书》（第1153册），（台北）商务印书馆1986年版，第252页。
③ 孙岳颁：《御定佩文斋书画谱》，载纪昀《文渊阁四库全书》（第819册），（台北）商务印书馆1986年版，第170页。

写本、翁方纲本、钱大昭本、汪启淑元刻本《增修复古编》、沈心醇《六书正讹》等诸家藏本校正，依新安程氏旧抄本确立韵纽顺序。葛鸣阳除操持刊刻《复古编》外，又撰《〈复古编〉校正》及《〈复古编〉附录》。

《〈复古编〉校正》系葛氏刻本付梓成书后，又据元明间刻本所作。《〈复古编〉校正》前言曰："是书刻既成，复从友人处见元明间刻本，借校一过，互有所长，因作校正一卷。"① 该校正共93条，先胪列小篆字头，然后为校语，涉及的内容可以分为以下几类：

1. 用"当有"说明夺文。此类校正最多，共有30条。例如：

（1）䘛别作䘲，并非。䘲下当有𣪊字。

（2）𧮦一曰遗也。下当有从言台三字。

（3）𪇰鸺鹠也。据本书之例，鹠上当有鹠字篆文也。

（4）𪇰鹠鹦，能言鸟也。鹦下当有鹠字。

（5）儇俊，材千人也。材下当有过字。

（6）疯俗作痳，非。下当有丑刃切三字。

葛鸣阳用"当有"指出葛氏刻本《复古编》中的异体字、分析字形、字头、释义、反切的脱字。

2. 不加"案"字，而直接用"当作""当云"匡正《复古编》讹谬。此类匡正较少，共有7条。例如：

（1）簙博某。博当作簙。毛刻《说文》亦作博。

（2）輹报从车𠬝。篆当作輹，注当作报，从车𠬝。

（3）䇂别作强、强，从口，并非。当云：别作强、强，从厶从口。

（4）巿市，上古衣蔽前而已。象连之形。当云：韠也。上古衣蔽前而已。从巾，象连带之形。

（5）𩒖顾从页困。篆当作𩒖，注当作顾，从页困。

《〈复古编〉校正》根据《说文》及其他版本匡正《复古编》。有些匡正是必要的。例如"别作强、强"，此处"强、强"一字而重复，与下文"并非"不符，显而易见，为讹误，当匡正。又"𩒖顾从页困"，影宋抄本如此；而元刻本、明刻本、陈昌治大徐本《说文》小篆字形均为"𩒖"，注文均为"顾从页困"。又輹，元刻本、明刻本、陈昌治大徐本《说文》小篆字形均为輹；"报从车𠬝"，元刻本、明刻本为"报从车𠬝"。而有些则不必校正。例如"市，上古衣蔽前而已。象连之形。当云：'韠

---

① 张有：《复古编》，葛鸣阳刻本。

也。上古衣蔽前而已。从巾，象连带之形。'"《复古编》释义虽源自《说文》，但并不是所有释文都是照抄照搬，有些比《说文》详细，有些则比《说文》简略。此条就属于比《说文》简略之类。《复古编》中此类情况还有不少，下文详述。此外，"博当作簙"可作异文处理。因为影宋抄本、元刻本、明刻本、陈昌治大徐本《说文》均为"博棊"。

3. 参照《说文》校正《复古编》，胪列两者异文。此类校正共有26条。例如：

(1) 𨤾左扶风县也。《说文》作左冯翊县。
(2) 𥠆把取禾器也。器《说文》作若。
(3) 屍从尸下丌儿。《说文》丌下有居字。
(4) 觜鸱旧头上觜角也。《说文》作角觜。
(5) 半象声气。《说文》作象声气上出。

张有《复古编》据《说文》辨正俗讹，其小篆部分源于《说文》，释义绝大部分也来自《说文》。然两者出现异文，葛氏无法辨别孰是孰非，只好胪列两者，供人参阅。

4. 加"案"字或匡正字形，或罗列异文，或说明体例，或指出声韵及其顺序。此类校正共21条。例如：

(1) 衈案：篆当作就从肬，不从肰。
(2) 岨石山戴土也。《说文》作"石戴土也"。
案：《释名》"石戴土曰岨"，与《说文》同。《诗》毛传"石山戴土曰岨"，与本书同。
(3) 僎或作譔，同。俗别作撰，非。
案：本书凡云"或作，某同"者皆《说文》或体。今《说文》"僎"下无"譔"字。《六书正讹》云："别作撰、譔，并非。"
(4) 咽案：此字属燕纽。
(5) 促案：《广韵》此字属烛部，当次玉下。

衈楷书字头及注文为"衁，血醢也。从血肬"，显然小篆形体与注文不符，应当匡正。关于"岨"的释义，《复古编》没有遵依《说文》而是选择了时间更早的毛传释义。除《说文》外，葛氏还列举了《释名》《尔雅》《玉篇》《广韵》等工具书相关异文。《复古编》"或体"绝大多数沿袭《说文》。"咽"，《复古编》上字为"燕"，其反切为"于甸切"，反切之后为"文二"。"文"是《复古编》注文体例，指同一小韵的字。"文二"指声韵相同的字有两个，即"燕"和"咽"。"促"，《广韵》在"玉"前，葛氏以为当在"玉"后。

5. 不用术语,《〈复古编〉校正》直接罗列其他版本或相关异文。

(1) 鹹别作咸,非。咸,《六书正讹》作𪒠。

(2) 㴱陵上滴水也。滴,吴均本作滀。

(3) 𨂪别作蹉,非。蹉,一本作𨇮。

元周伯琦《六书正讹》、吴均《增修〈复古编〉》均祖述《复古编》,在其正文基础上增广而成,但《复古编》与之有一定的差异。以《六书正讹》《增修〈复古编〉》校正《复古编》有一定的参考价值。"别作蹉,非",影宋抄本、元刻本、明刻本均如此。葛氏所校"蹉一本作𨇮",虽不知"一本"为何本,然四库本作"别作𨇮,非",据此可知葛氏校正是有根据的。《玉篇》《类篇》《集韵》"𨂪、𨇮"均被列为异体字。由此可知,"𨂪"别作"蹉",盖为传抄之误。

《〈复古编〉校正》关涉类别大致如此,然此校正较为疏略。瞿镛《铁琴铜剑楼藏书目录》云:"葛氏撰《校正一卷》,颇为疏略。"①

除《〈复古编〉校正》,葛氏还编撰了《〈复古编〉附录》。此附录辑录了典籍中有关张有及《复古编》的相关记载。其中多为褒赏之词。现撮举如下:

晁公武《荣郡斋读书志》曰:"《复古编》二卷。右皇朝张有谦中撰。有自幼喜小篆,年六十成此书,三千言。据古《说文》以为正。其点划之微,转侧纵横,高下曲直,毫厘有差,则形声顿异。阳冰前后名人,格以古文,往往而失。其精且博如此。"

杨时《龟山集·〈复古编〉后序》:"……吴兴张有谦中意兹学,著《复古编》,三十年余矣。而其书始成,形声近似而用也。不同盖眇忽之间耳。其辨厘正皆有稽据。后之有志于古者,必有取于斯也。政和之初,余居毗陵。谦中以其书示余,求文以为序。余嘉其用力之勤而有补于字书也。故为之说,以附于其后。谦中善篆,用笔有古意。当与李阳冰、徐常侍并驱争先。"

何薳《春渚纪闻》曰:"吴兴张有,以小篆名世。其用笔简古,得《石鼓》遗法,出文勋、章友直之右。所作《复古编》以正篆隶之失,识者嘉之……"

李焘《〈新编许氏说文解字五音韵谱〉后叙》曰:"繇崇宁以来,用篆籀名一时者,吴兴则张有谦中,历阳则徐竞明叔。而仲房最所善者独

---

① 瞿镛:《铁琴铜剑楼藏书目录》,载中华书局编辑部《宋元明清书目题跋丛刊》(第10册),中华书局2006年版,第106页。

张，谓某曰：'明非谦敌也，谦作《复古编》，其笔法实继斯、冰；其辨形声，分点划，剖判真伪，计较毫厘，视楚金兄弟及郭恕先尤精密，其有功于许氏甚大。今其书具在，明何敢望邪！'某曰：'明非谦敌信然，谦不务进取，用心于内，成此书时，年五十余矣。晚又弃家为黄冠师，殆世外士。陈了翁实爱之、重之，特识篇首。夫岂若明之攀援姻戚？苟入书艺局，登进未几，旋遭汰斥乎？两人相去，何翅九牛毛！'因是亦可得吾仲房胸怀本趣，遂并《复古编》重刊刻云。"

陶宗仪《书史会要》曰："有字谦中，吴兴人。隐于黄冠，善篆，书法甚古。有所撰《复古编》行于世。张征云：'昔人作篆，如李丞相、李少监、徐骑省皆写篆，非画篆。是故用工至易，如神行乎中。至陈晞、章友直、文勋辈，紫豪曳墨如朽如画，是故笔痴而无神。近世吴兴张有用写篆法，神明意用到昔人波澜。《复古编》出而晞辈废矣。'"

（二）李慈铭、钱大昕对《复古编》的评价

葛鸣阳《复古编》刻本所辑录的序跋和相关评述多为嘉赏之辞。任何辞书无论编撰得如何精密、完美，也难免挂漏、瑕疵，《复古编》也是如此。前人对此也有中肯的评价。例如，清代文史大师李慈铭、钱大昕所作的评述较为允恰。

李慈铭《越缦堂读书记》："《复古编》……其书辨正极严，笔画小异，概以俗缪斥之，虽或失之太拘，然有功于小学甚大。郭忠恕之《佩觿》、戴侗之《六书故》，远非其匹也。……此书辨析精严，为治小学者之津辖，然亦有太拘者。如联绵字中'伏犠'必作'虙虧'①'虙義'，通作'伏羲'非；'琵琶'必作'枇杷'，作'琵琶'非；'袈裟'必作'加沙'，作'袈裟'非。案：'伏羲'本无定字，《管子》作'宓戲'，亦作'宓羲'，《庄子》作'伏戲'，郑君《周礼·太卜》注作'虙戲'，《礼·月令》注'宓戲'，《易·释文》引孟京《易》俱作'伏戲'，此皆古字也。作'虙'、作'戲'为最古，'宓'即'虙'之省，'羲'即'戲'之通，作'伏'作'犠'为最后。若作'虧'，则惟《太卜》及《月令·释文》两引又作'虧'，张氏谓必作'虙虧'，不知何据矣。琵琶，胡乐，起于汉世。其字本篆文所无，要不得以木之枇杷当之。作隶书者，自当从俗作'琵琶'。若作篆，则用'搶靶'可也。袈裟，僧衣，起于东晋以后。梵言本无定字，亦当从俗书之，作篆则或用'加沙'耳。"②

---

① 《复古编》《集韵》确作"虧"。下同。
② 李慈铭：《越缦堂读书记》，辽宁教育出版社2001年版，第182页。

钱大昕《潜研堂集·跋〈复古编〉》："曩予与族子献之论俗书之讹，谓'脩'当为'䏲'，'薩'当为'薛'，自矜创获。读是编，则谦中已先我言之，始信理之是者，古人复起不能易也。谦中虽笃信《说文》，然所据者乃徐氏校定本，如'挎''璇''襕''韻''墊''劇''坳''辦''毬'，皆徐新附字；'笑'为李阳冰所加而误仞为正文。'琵琶'乃'枇杷'之讹而以为'枇杷'；'凸凹'乃'窅突'之俗而以为'坳坒'。（'突'，古作'厺'，后人讹为'凸'字。）'認'，古书作'仞'而以为'訒'；'妙'，古书作'眇'而以为'紗'；'罙'与'突'，'須'与'湏'，'畐'与'䒑'，形声俱别而并为一文，此则误之甚者。"①

李慈铭既肯定了《复古编》的优点"辨析精严，为治小学者之津辖"，又批评了它失之"太拘"，不知变通。李氏肯定《复古编》贡献的同时，又从联绵字、音译字本无定字的角度批评该书过于拘泥《说文》。钱大昕赞扬了张有指出部分俗字的本字的先见之明，也批评了他以徐铉勘定本《说文》作为《复古编》匡正俗讹的依据。钱氏认为，《复古编》既然忠信《说文》，就不应该稽据大徐校定本。此两者批评皆有一定的道理，较为公允。

二　今人对《复古编》的研究

今人对《复古编》的研究也不多见。花费笔墨较多的研究文章有华东师范大学范可育的《楷字规范史略》中的第四章、北京师范大学孙小会的硕士论文《张有〈复古编〉的正字观及其价值》。范可育《楷字规范史略》第四章为"《复古编》"。此章运用定量分析和定量比较的方法，研究《复古编》的汉字规范方式及传承关系，通过数字得出结论："张有主观想复古，以篆体为正字，但在《复古编》行文注释的字里行间，客观地记录了楷书字体的实际情况，客观地反映了当时俗字、别字、今字、或字、通字等的使用情况，使我们了解到《复古编》正字、别字与现代汉字的较为密切的传承关系，使我们了解到《复古编》正字、别字对汉字楷书字形规范起了较大的作用。"② 孙小会硕士论文侧重于设置参数，即字样的使用频率、理据保持的情况、构形模式及与现代汉字的传承关系来对《复古编》正字和其他字样进行考察，得出结论：《复古编》在当时的社会背景下有一定的积极意义，正字实践也取得了一些成果，但也未免有些拘泥

---

① 钱大昕：《潜研堂集》，上海古籍出版社2009年版，第473页。
② 范可育：《楷字规范史略》，华东师范大学出版社2000年版，第83页。

《说文》①。这两篇文章均从《复古编》汉字规范的角度进行研究。《复古编》依据《说文》，除厘正俗讹、规范字形外，其涉及的内容还包括小篆、隶定、释义、分析字形等。这些内容两文极少涉及，因此《复古编》还有较大的研究空间。

有关《复古编》零星的评述散见于一些文字学著作中。这些评述有的侧重于对《复古编》某一方面的价值予以肯定。胡朴安评价说："剖析颇为精密，足为认识文字者之指导。"② 王力说："《说文解字》一类的字书，虽具有正字法的作用，但还不算正字法的专书。唐宋以后，汉字的形体渐渐混乱失真，于是不断地有正字法的专书出现。这些书大致都是以正体与俗体并列，使人知所取舍；或者辨别形似的字使人不至于写别字。其中较好的几部，如唐颜元孙的《干禄字书》、郭忠恕的《佩觿》、宋张有的《复古编》等，都是对汉字书法规范化作出了一定的贡献的。"③ 刘叶秋《中国字典史略》："《复古编》对于我们研究古代文字的形体之变有一定的参考价值，编撰辞书可以从中找到一些解说形义的依据。"④ 胡朴安、王力分别从识字和汉字规范的视角肯定了《复古编》的价值，而刘叶秋则从研究字形演变及辞书编纂角度对《复古编》给予较为公允的评价。

除肯定《复古编》的价值外，有的学者也给予《复古编》以批评，这些批评看似严厉，然而却有一定道理。罗君惕评价说："张氏这个书名就已经说明他是志在复古了。他所谓俗字，正是一些或体字和后起字（包括隶字在内），这两种字大都是为了约易而创造的简体字。要把这些已经创造而又通行的简体字废除而复归于古，就无异于要使时代向后倒退，这是永远不能实现的。何况他所谓古，不过是《说文解字》所载的小篆，而比小篆更古的还有古文、籀文、大篆，篆文和古文、籀文比较，篆文大都是讹字，张氏要以小篆正俗字，岂不是以讹正讹，多此一举。他就是食古不化，把《说文解字》奉为圭臬的一个。"⑤ 濮之珍云："《复古编》是根据《说文解字》辨别文字正俗。书中以四声分列诸字，正体用篆书，而注别体、俗体于其下。又辨别形体笔画相似俗字，以免疑混。其书过于泥

---

① 孙小会：《张有〈复古编〉的正字观及其价值》，硕士学位论文，北京师范大学，2005年。
② 胡朴安：《中国文字学史》，中国书店1983年版，第119—120页。
③ 王力：《中国语言学史》，复旦大学出版社2006年版，第84页。
④ 刘叶秋：《中国字典史略》，中华书局1992年版，第90页。
⑤ 罗君惕：《汉文字学要籍概述》，中华书局1984年版，第44页。

古，谬误颇多。"① 张涌泉指出："《复古编》对字形的辨正，'剖析毫厘，至为精密'（《四库全书总目提要》语）对于我们研究古今字形的变迁、俗体的来历，都有一定的参考价值……该书的缺点也是非常严重的，张有以'复古'名书，而他要复的古不过是《说文》所载的小篆，但和更古的甲骨、金文、籀文等相比，小篆本身就是讹体、俗体。更何况张氏所据的乃是大徐校定本，经过数百年的流传，字形的讹误更是盈纸满目，所以张氏要以小篆正俗字，不过是以讹传讹。在'复古'思想的主导下，张氏甚至把一些后世通行的隶定字、孳乳字也一概斥为讹体、俗体……这就有些泥古不化了。要废除通行已久的'锋''繁''年'等隶体、楷体而复于古，这是把历史拉回倒退，这种'古'是永远也'复'不了的。"② 黄德宽的评价较为允恰，他说："张氏过于笃信《说文》，甚至说'《说文》所无，手可断，字不可易也'。拘泥不变，至于偏执，对文字合理的发展演变一概持否定态度，这就很不足取。表现在书中的两个明显问题，一是据篆体隶定字形，往往排抵通行的写法。……二是否定分别文，无视文字的分化演变。张有指为'非'的许多'别字'，实际是分化字（分别文），它们有的是同一字形的分化和更替，有的则是同一字分化成几个各司其职的字……按张氏的正字法，几乎《说文》之外的一切分别文都在取消之列。……这是不通文字之变，缺乏发展的观点。……出现这两个问题，表明他对汉字缺乏发展的、历史的眼光，正字思想是保守的，而且也不切实际，这就削弱了该书的正字作用。张氏书中分析形声结构均谓'从某某'，不注'声'字，与会意无别，辨析不当、误合异文、张冠李戴的错误也时有所见。前人'称美甚至'，誉为'精博'，似乎有点言过其实。"③ 罗君惕、濮之珍、张涌泉、黄德宽从《复古编》谬误颇多、过于泥古、思想保守等方面给予批评，这些批评从文字发展演进的角度来说是中肯允恰的。此外，钱曾怡等的《中国语言学要籍解题》④、刘志成的《中国文字学书目考录》⑤、张其昀的《"说文学"源流考略》⑥、李建国的《汉语规范史略》⑦等多部文字学著作对此也有简单评价。这些评价在肯定《复古编》

---

① 濮之珍：《中国语言学史》，上海古籍出版社 1987 年版，第 186 页。
② 张涌泉：《汉语俗字研究》，岳麓书社 1995 年版，第 277—278 页。
③ 黄德宽：《汉语文字学史》，安徽教育出版社 2006 年版，第 68—69 页。
④ 钱曾怡、刘聿鑫等：《中国语言学要籍解题》，齐鲁书社 1991 年版。
⑤ 刘志成：《中国文字学书目考录》，巴蜀书社 1997 年版。
⑥ 张其昀：《"说文学"源流考略》，贵州人民出版社 1998 年版。
⑦ 李建国：《汉语规范史略》，语文出版社 2000 年版。

正字价值的同时，也指出了它过于笃信《说文》、不知变通的弊端。

任何辞书不论内容多么完备，体例多么完善，思想多么科学，但多少总会有些疏舛瑕疵。张有生活在 900 多年前的宋代，他必定受到时代的局限，不可能编撰出尽善尽美、毫无讹谬的正字专书。我们不应该过多地苛求古人，而应该站在历史的角度给予实事求是的评价。对于前人的研究成果，我们应该采取扬弃的态度——汲取精华，剔除糟粕，使我们的文字学研究向着更完善、更科学、更符合人们需要的方向发展。"任何严谨而具卓识的学者，对于前人研究的成果，从不只知顶礼膜拜，也不轻易抹杀。因为即使最光辉的遗产，也只是那个时代的顶峰，不能囊括尔后所出现或所发现的事实；即使是历史上蹩脚的论著，只要它留存至今，总会有一定的道理，就连失误之处也可以为后来者鉴。"[1]《复古编》既然历经宋元明清，刊刻不息，一定有其所长；但现今却受人冷落，研究颇少，一定有其所短。鉴于此，我们有必要对它重新研究，辨别精华糟粕，以资文字学发展。

第三节 《复古编》研究的主要内容、方法、目的和意义

一 研究的主要内容

宋代是一个全面创新、疑古学术之风盛行的时代，《说文》被边缘化，王安石专用会意说解文字的《字说》成为科举考试的教材，而张有却逆时代主流，奉《说文》为圭臬，主张复《说文》之古。《复古编》没有载录张有序言，而时人序跋也没有明确说明《复古编》著作的真实原因。因此，有必要挖掘张有编撰《复古编》的缘由。

《复古编》自出，即受世人关注，宋元明清，刊刻、传抄不辍，因此版本较多。尽管《复古编》有诸多版本，但前人极少涉及。《复古编》宋元明清的版本状况如何？《北京图书馆普通古籍总目》著录的光绪十三年上海积山书局石印本《复古编》是张有的著作吗？这些问题值得我们研究。

《复古编》虽然编撰精密，但不乏疏谬挂漏，加之在传抄过程中难免出现舛讹羡夺。现在人们最为常见的影宋精抄本《复古编》虽有诸多优

---

[1] 许嘉璐：《未辍集》，中国社会科学出版社 2000 年版，第 129 页。

点，但仍存在不少错误，因此有必要参考元明清诸多版本以及《说文》《集韵》等工具书，对它进行校正。

张有《复古编》根据徐铉本《说文》匡正小篆，但却与目前常见大徐本《说文》的小篆存在一定的差异，因此有必要把《复古编》《说文》小篆与甲骨文、金文、大篆、小篆、六国文字、魏晋至唐宋石刻篆文以及传世文献中的古文字进行比对，辨析《复古编》《说文》小篆的差异，探究小篆字形演变的轨迹。

《复古编》以《说文》小篆隶定字形为正体字，但其隶定字与宋代其他字书相比却自有特色。张有虽据《说文》编撰《复古编》，但两者在释义、书证、分析字形术语上也有不同，这些不同均值得探讨。《复古编》中的一些反切与徐铉《说文》反切不同，通过《复古编》反切、徐铉反切、《广韵》反切三者音韵地位的比较，挖掘《复古编》反映的语言现象以及个别字的方言特色。《复古编》广列异体，我们将对不同类型的异体字进行研究，用数据分析法考察这些异体字被张有认可的态度，探究张有的汉字规范思想。

除正文部分外，《复古编》还有六篇附录。在"联绵字"部分，张有首次提出"联绵字"的概念。张有所谓的"联绵字"的内涵与今人是否相同，是我们要解决的问题之一。"形声相类""形相类""声相类"部分既继承了前人的规范成果，又在此基础上加以扩展。收集整理"形声相类""声相类"字在语言类工具书中的相关记载，找出这些字容易相混的原因与字义之间的关系，也是我们要解决的问题。"笔迹小异""上正下讹"主要是部首之间的小篆字形比较，我们将把不同时代的古文字进行比较，探讨这两部分小篆字形的演变与来源。

《复古编》在规范汉字、揭示汉字发展演变、匡正《说文》释文、编纂辞书等方面均有一定的价值。我们将重点论述《复古编》在辞书编纂方面的价值。

《复古编》以《说文》为正体字，排斥大部分时俗用字的汉字规范思想，对宋元明清汉字规范产生了很大的影响。我们将分析宋元明清复古类正字专书在编纂体例、汉字规范思想、小篆字形方面对《复古编》的传承情况，并以小篆"走"为例探讨张有小篆字形的深远影响。宋元明清的汉字复古，对保持社会用字稳定起着一定的作用。我们将调查张有《复古编》正体字、异体字在《通用规范汉字表》中的传承情况，探究张有汉字复古思想在实际文字使用中的实行情况。联系有人提出汉字"复繁废简"以及简化字在大陆已经形成完备的用字体系的社会现实，我们认为民众已经习惯使用简化字，加上计算机繁简转换技术日趋完善，已没有必要恢复繁体字、废除简化字。

二　研究的主要方法

因影宋精抄本据宋刊本影写，小篆形体精美规整，楷书字头及注文用字相对其他版本较古，故而本文以影宋抄本为研究文本，讹谬处参酌《说文》及元明清诸本。在自建《复古编》数据库、《说文》数据库、《四库全书》电子版、其他相关文字学数据库以及相关文献的基础上，结合出土文献，主要用如下方法对《复古编》进行全方位研究：用文献调查法考述版本状况，用数据分析法考察用字情况，用形体分析法辨析字形，用历史考证法追溯文字发展演变之源，用因袭比较法梳理文字发展脉络，用文献比较法分析异文及相关字形传承关系。

三　研究的主要目的和意义

北宋张有《复古编》卷帙颇小，然其涵盖内容较为广泛。对《复古编》进行全面系统的研究可以理清《复古编》《说文》与王安石《字说》之间的关系，以及宋代新旧党之争对文字学发展的影响；了解汉字由小篆而隶书，由隶书而楷书，再由楷书异体繁多而逐渐定形、定量的演变过程中，所呈现的发展演变脉络；明了《复古编》与徐铉《说文》在小篆、释文、反切等方面的异同；意识到《复古编》尽管根据徐铉《说文》复古，但《复古编》与《说文》部分小篆字形却和秦汉小篆有差异，而这些小篆反倒与魏晋至唐宋篆文以及传世《汗简》《古文四声韵》中的古文相同。也就是说，《说文》小篆在传抄、刊刻的过程中被打上了时代的烙印；知道张有在中国语言学史上首次提出"联绵字"的概念，但张有所谓"联绵字"与今人的理解却不完全相同；认识《复古编》对匡正《说文》、编纂辞书、研摹小篆、汉字教学、汉字规范等方面所起的作用；明确《复古编》虽然对宋元明清正字专书产生了深远影响，但实际上汉字复古很难实行，文字一旦传承使用很难走回头路。此外，还可以为客观评价《复古编》、张有汉字复古思想及其在文字学领域的地位，以及整理出版适合今人阅读的《复古编》提供参考依据。

第一章 《复古编》著述背景及撰写缘由

第一节 著述背景

一 社会背景

从唐末藩镇割据至五代十国干戈迭起，混乱局面延续达200年之久。宋太祖"陈桥兵变"，建隆开国，处处千疮百孔，百废待兴。为抑制战乱，避免重蹈前朝覆辙，宋太祖实施了一系列保安定、促生产的改革政策。宋初，虽战乱不息，但大部分疆域统一，人民生活较为安宁。政治的安定促进了经济的繁荣，经济的繁荣为文化的发展提供了强大的物质基础。

北宋君王崇文抑武，秉持文治靖国，推行"右文政策"。《宋史》卷四三九《文苑传》载："自古创业垂统之君，即其一时之好尚，而一代之规模，可以豫知矣。艺祖革命，首用文吏而夺武臣之权，宋之尚文，端本乎此。太宗、真宗其在藩邸，已有好学之名，及其即位，弥文日增。自时厥后，子孙相承，上之为人君者，无不典学；下之为人臣者，自宰相以至令录，无不擢科，海内文士彬彬辈出焉。"[1] 北宋君王贯彻实施的重大"右文"政策主要包括：改革科举制度，增加科举名额，与士大夫共治天下，提高文官待遇，不以文字杀人，开一代读书之风，遍求遗书经籍，新建崇文院，等等。所有这些为北宋文化事业的繁荣扫除了前进道路上的障碍。

---

[1] 脱脱：《宋史》，载上海古籍出版社编辑部《二十五史》，上海古籍出版社1986年版，第1474页。

二　家庭背景

张有世代书香，家学渊源。其曾祖张维好读书，以吟咏诗词为乐，有词集《曾乐轩稿》传世。其祖父为北宋著名词人、画家张先（990—1078），有词集《安陆集》、名画《十咏图》传世。张先，字子野，天圣八年进士，官至都官郎中。张先工词，与欧阳修、晏殊为同时代词人，与柳永齐名，擅长小令，亦作慢词。其词含蓄工巧，情韵浓郁，人称为"张三中""张三影"。

张有生于官宦之家，诗书翰墨之族，家境富庶，衣食无忧，为他钻研文字提供了坚实的物质基础及大量的时间保证；诗书的熏陶、长辈的浸润使他拥有了精通文字应该具备的丰厚的文化修养及娴熟的书法功底。

三　文化背景

北宋时期，由于推行"右文"政策，各君王非常注重图书的收集与整理。据《宋史·艺文志》统计，太祖、太宗、真宗三朝，得书3327部、39142卷；仁宗、英宗二朝，得书1472部、8446卷；神宗、哲宗、徽宗、钦宗四朝，得书1906部、26289卷。整个北宋九朝共征得图书6705部、73877卷[①]。如此之多的文献为宋代典籍整理、编辑出版、文字研究奠定了坚实的文献基础。

政治的稳定、经济的繁荣、文化政策的宽宏使北宋文化得以长足发展。由于社会崇文风气的盛行，人们对书籍的需求大增，而宋代印刷业的发展正好满足了这种社会需要。宋代雕版印刷业的发展又使传统与新创的文化成果得以保存和传播。由于印刷业的发展，汉字被大规模地复制，这大大降低了辗转传抄过程中的纰缪，也大大减少了传抄过程中因个人爱好而使用不同异体字的机会，同时也给学习者提供一个较为统一的字样。在各种利益驱动下，雕版印刷讲求雕刻整齐、精美，要求刻工使用符合社会需要的字体。这为向社会传播标准的楷书字形提供了不可或缺的技术保证。印刷业的迅猛发展使大量传世、新出文字学著作得以出版推广。这些刊刻文字学著作给研究者提供了可以信赖的文献，不同刻本中的异体字也向社会提出了规范汉字的客观要求，间接刺激了汉字规范向前发展。

宋代"右文"政策的推行为学术发展提供了宽松广阔的空间。因此，

[①] 脱脱：《宋史》，载上海古籍出版社编辑部《二十五史》，上海古籍出版社1986年版。

宋代在中国学术史上是一个百花齐放、全面创新、成果卓著的时代。王国维曾赞叹："宋代学术，方面最多，进步亦最著。"① 在这种宽松的文化背景下，金石学、考古学得以发展，成为独立的研究门类，是宋代学术的一大成就，在中国学术史上有筚路蓝缕之功。宋代，由于士大夫所好，金石学极盛，亦带动了古文字学的焕然中兴。王国维总括曰："赵宋以后，古器愈出，秘阁太常既多藏器，士大夫如刘原父、欧阳永叔辈，亦复搜罗古器征求墨本，复有杨南仲辈为之考释，古文之学勃然中兴。伯时②、与叔③复图而释之。政宣之间，流风益煽，《籀史》所载著录金文之书至三十余家，南渡后诸家之书犹多不与焉，可谓盛矣。"④ 张有撰成《复古编》之前已有的金石学著作主要有刘敞的《先秦古器记》（1063）、欧阳修的《集古录》（1063）、吕大临的《考古图》（1092）等。金石学的兴盛、金石著作的传播无疑给张有撰写《复古编》提供了小篆形体来源。饶节《倚松老人集·赠道士张谦中》诗云："道人髭须似民部，平生篆隶心独苦。世间笔墨一点无，骎骎气象追千古。道人得师在何许？秦汉鼎彝周石鼓。若峄山碑若诅楚，二李而下初不数。异时心醉不窥园，依绳作直规作圆。一朝妙解古人意，脱落尺度诚其天。嗟君绝艺世无敌，勿示时流渠未识。我亦当年好古人，推席为君三叹息。"⑤ 从饶节老人诗中，我们可以看出张有篆书师法于"秦汉鼎彝周石鼓"。如果没有前人金石学研究成果，张有是不可能写出超凡脱俗、气追千古、"若峄山碑若诅楚"的小篆来的。

前人研究《说文》的硕果及其他文字学著作的刊行也为张有撰写《复古编》奠定了雄厚的文献基础。

《说文》自从问世，受人尊崇，学者传抄不辍，注家广泛征引。从现存文献资料来看，真正对《说文》进行研究始于唐代李阳冰。徐铉《上〈说文〉表》载"唐大历中，李阳冰篆迹殊绝，独冠古今。自云：'斯翁之后，直至小生。'此言为不妄矣。于是刊定《说文》，修正笔法。学者师慕，篆籀中兴。"⑥ 尽管徐铉认为李阳冰"颇排斥许氏，自为臆说。夫

---

① 王国维：《宋代之金石学》，载傅杰《王国维论学集》，中国社会科学出版社1997年版，第201页。
② 李公麟，北宋著名画家、金石学家，字伯时。
③ 吕大临，北宋著名金石学家，字与叔。
④ 王国维：《〈宋代金文著录表〉序》，载王国维《观堂集林》，中华书局1959年版。
⑤ 饶节：《倚松诗集》，载纪昀《文渊阁四库全书》（第1117册），（台北）商务印书馆1986年版，第220页。
⑥ 许慎：《说文解字》，中华书局1963年版，第320页。

以师心之见，破先儒之祖述"①，但对于李阳冰刊定《说文》、修正笔法的研究成果，张有合理加以继承和借鉴。例如，李焘《〈新编许氏说文解字五音韵谱〉后叙》曰："（虞似良）谓某曰：'明非谦敌也，谦作《复古编》，其笔法实继斯、冰……'"② 又《复古编·入声》："王，石之美者，有五德。象三王之连，丨其贯也。阳冰曰：'三画正均如贯王也。'"

阳冰之后，有功于《说文》者，首推南唐徐铉、徐锴兄弟。南唐亡，徐铉归于宋。宋初，宽宏的文化政策对发展《说文》之学功不可没。徐铉《上〈说文〉表》："皇宋膺运，二圣继明。人文国典，粲然光被。兴崇学校，登进群才。以为文字者，六艺之本，固当率由古法。"③ 徐铉奉诏校订《说文》，"乃诏取许慎《说文解字》，精加详校，垂宪百代。……盖篆书堙替，为日已久。凡传写《说文》者，皆非其人。故错乱遗脱，不可尽究。今以集书正副本及群臣家藏者，倍加详考。有许慎注义序列中所载而诸部不见者，审知漏落，悉从补录。复有经典相承传写，及时俗要用而《说文》不载者，承诏皆附益之，以广篆籀之路。亦皆形声相从，不违六书之义者。其间《说文》具有正体，而时俗讹变者，则具于注中；其有义理乖舛、违戾六书者，并序列于后。俾夫学者无或致疑。大抵此书务援古以正今，不徇今而违古。若乃高文大册，则宜以篆籀著之金石；至于常行简牍，则艸隶足矣。又许慎注解，词简义奥，不可周知。阳冰之后，诸儒笺述有可取者，亦从附益；犹有未尽，则臣等粗为训释，以成一家之书。《说文》之时，未有反切。后人附益，互有异同。孙愐《唐韵》，行之已久。今并以孙愐音切为定，庶夫学者有所适从。"④ 据《上〈说文〉表》可知，徐铉刊定《说文》所作的贡献有：勘正《说文》流传中的"错乱遗脱"，补录《说文》"漏落"，附益"时俗要用"之字，辨正"时俗讹变者"，序列"违戾六书"之字，汲取前人"可取"训释成果，别立新说"训释""未尽"之处，统一反切。除《说文新附》字被采用外，徐铉其他研究成果亦被《复古编》广为参考借鉴，下文详述。

徐锴仕于南唐，病逝于南唐亡国之时。其所著《说文系传》共四十卷。卷一至卷三十为"通释"，依次解释《说文》原文，疏证幽文，诠解名物，凡作者诠解或征引古籍之处，均加"臣锴曰"或"臣锴案"以区别。徐锴曰："《说文》之学远矣，时历九代，年移七百，保氏弛教，学

---

① 许慎：《说文解字》，中华书局1963年版，第320页。
② 张有：《复古编》，葛鸣阳刻本。
③ 许慎：《说文解字》，中华书局1963年版，第320—321页。
④ 许慎：《说文解字》，第321页。

人堕业，圣人不作，神旨幽沫，故臣附其本书，作通释。"①卷三十一至三十二为"部叙"，分析 540 部之间的联系，说明各部相次之因。卷三十三至三十五为"通论"，从字头中择"天、地、君、臣、礼、仪、德、行、土、金、性、命、父、母、妻、子"等一百多字追溯字义的由来、分析字形构成。卷三十六为"祛妄"，驳斥李阳冰等说解之谬。卷三十七为"类聚"，汇集同类字，推究各类字的形象取义。卷三十八为"错综"，从人事旁推六书之旨。卷三十九为"疑义"，论述《说文》脱漏字及与小篆相异字。卷四十为"系述"，陈述各篇著述旨趣。《说文系传》是文字学史上第一部全面系统研究《说文》的专著。它的问世为后人继承和发扬《说文》学铺下了坚固的基石。张有《复古编》一些内容就参阅了《说文系传》的内容。例如《复古编》："秝，疏也。从禾从爻巾。爻者与爽同意。巾，象禾根。至于蔾、晞，皆当从秝省。何以知之？《说文》无希字故也。"《说文系传》："秝，疏也。从禾希声。臣锴曰：'概'，既以禾为准，秝亦同也。当言从禾爻巾，无声字，后人加之。爻者，希疏之义，与爽同意。巾，亦是其希象。至蔾与晞，皆从秝省。何以知之？《说文》巾部、爻部并无希字，以是知之。"除了《说文系传》，徐锴别作《说文篆韵谱》，张有亦有所参照。《复古编》："鐂，杀也。《说文》无'劉'字，偏旁有之。此字又史传所不见。疑此即'劉'字也。从夘金刀。夘，古文酉，作卯，非。力求切。"《说文篆韵谱》："鐂，力求反。《说文》无劉字，偏旁有之。疑此即从夘从金从刀，刀字俱曲，传写误作田耳。"

除《说文》研究成果外，其他广收异体字的文字学著作也为张有撰写《复古编》提供了重要的文献参考数据。

《字林》七卷，西晋吕忱撰。吕忱广泛收集经籍异体字，补充《说文》所无。《字林》共收 12824 字，比《说文》多 3471 字。

《干禄字书》一卷，唐颜元孙撰，成书于唐代宗大历九年（774）。该书以平、上、去、入四声为纲，按韵胪列单字，收 804 组汉字，共 1656 字，每字之下所列异体字，以"俗、通、正"加以标明。

《五经文字》三卷，唐张参撰，成书于唐代宗大历十一年（776）。该书根据汉熹平石经和《说文解字》《字林》《经典释文》等书，收经传文字 3235 字，依据偏旁部首排列，凡 160 部，分为 3 卷。所收文字除见于《易》《书》《诗》《礼》《春秋》五经，也兼收《论语》《尔雅》中的字。

---

① 徐锴：《说文系传》，载中华书局编辑部《说文解字四种》，中华书局 1998 年版，第 203 页。

每字加注读音，而以注反切为主，兼注直音。所注反切多与《字林》音相合。经书文字的楷书写法自有《五经文字》以后才有了一定的准绳，所以，这本书对汉字的规范化起了极大的作用。

《玉篇》三十卷，梁顾野王撰，原本成书于梁大同九年（543），"大广益会"本成书于宋真宗大中祥符六年（1013）。《玉篇》是中国文字学史上第一部楷书字典。原本《玉篇》共收 16917 字，"大广益会"本为 22561 字。《玉篇》所收字多为魏晋南北朝以来新出的后起字、异体字、俗写字等。对于这些异体字，《玉篇》于正字之下一并收列，并作隶定，别以古文、籀文、今文、俗作等。

《广韵》五卷，宋陈彭年等编，成书于宋大中祥符元年（1008）。全书收字 26194 个。《广韵》取《说文》《字林》《玉篇》所载字尽收，增益其未收字。一些字下又胪列异体，别以籀文、古文、或作、俗作、隶变作、隶省作、今作等。

《集韵》十卷，宋丁度等编，成书于宋仁宗宝元二年（1039）。全书共收字 53525 个，是中国文字学史上收字最多的韵书。该书广列异体字，"凡古文见经史诸书可辩说者，取之。不然，则否。"① 这些异体字的类别有籀文、古文、篆作、或作、隶作、俗作、通作等。

《类篇》十五卷，宋代司马光等撰，成书于宋英宗治平四年（1067）。全书共分为 540 部，部首之下全引《说文》释义，次加注释，共收字形 31319 个，重音 21846 个。每字广列异体，别以古作、籀作、或作、隶作、篆作、俗作、别作等。

《龙龛手鉴》四卷，辽代僧人行均编，成书于辽统和十年至十五年（992—997），七十年后传入宋朝。沈括《梦溪笔谈》卷十五曰："熙宁中（1068—1077），有人自虏中得之，入傅钦之家。蒲传正帅浙西，取以镂板。"② 由此可知，张有应该看到《龙龛手鉴》。该书共收 26430 个字，其中字头 19015 个。部首依平上去入四声排列，各部所收字也据四声排列。每字之下又详列正、俗、俗通、今通、古、籀文、今字、或作、省、变体、误等诸多字体。

前人的文字学著作不仅为张有撰写《复古编》提供了异体字来源，而且提供了行文体例上的参照。

---

① 丁度：《集韵》，载中华书局编辑部《小学名著六种》，中华书局 1998 年版，第 3 页。
② 沈括：《梦溪笔谈》，岳麓书社 2002 年版，第 113 页。

第二节　撰写缘由

一　直接原因

张有撰写《复古编》的原因有直接原因和间接原因。直接原因与宋代"疑古"之风盛行、随意解字、《说文》正统地位被边缘化相关。

北宋仁宗庆历年间"疑古"思潮盛行，学风大变。"疑古"是"变古"的前提，"变古"是"疑古"的必然结果。庆历年间学者不守汉儒故训，随着王安石《三经义》的推行，"变古"之风掀起高潮。王应麟的《困学纪闻》云："自汉儒至庆历间，谈经者守训故而不凿。《七经小传》出，而稍尚新奇矣。至《三经义》行，视汉儒之学若土梗。"①《三经义》是王安石的一家之言，在政治的干预下，作为科场取士的标准，儒生只能毫无疑义地接受。在"疑古"思潮的影响下，王安石除对传统经学加以发明推新外，对流传已久的《说文》也产生了怀疑，并逞私意，说解文字。在他的主导下，《字说》粉墨登场。

《字说》当成书于熙宁年间。王安石成书于熙宁中的《周官新义》征引《字说》处颇多，又岳珂《桯史》所载"王荆公熙宁中作《字说》"②，可以说明这一点。《字说》非王安石独撰，而是以他为主编，集体臆造的"成果"。苏洵的《辨奸论》："今有人，口诵孔、老之言，身履夷、齐之行，收召好名之士、不得志之人，相与造作言语，私立名字，以为颜渊、孟轲复出。"③ 其中"有人"指王安石。从"收召好名之士、不得志之人，相与造作言语，私立名字"，说明《字说》不是他一个人的研究成果，而是在他的带领下，组成一帮说解文字的班子，共同完成。《字说》确非王安石一人的创作，王安石的诗作也反映了这一点。王安石《成〈字说〉后与曲江谭掞、丹阳蔡肇同游齐安寺》："据梧杖策事如毛，久苦诸君共此劳。遥望南山堪散释，故寻西路一登高。"④ 从"久苦诸君共此劳"一句可知，《字说》非王安石独创。《字说》为集体创作，反映了当时"疑古"之风之强，随意解字之烈，当然也招来了苏洵等的影射挖苦，甚至是

---

① 王应麟：《困学纪闻》，上海古籍出版社 2008 年版，第 1094 页。
② 张宗祥：《王安石〈字说〉辑》，福建人民出版社 2005 年版，前言第 3 页。
③ 陈书良：《眉山三苏》，岳麓书社 1998 年版，第 15 页。
④ 王安石：《王文公文集》，上海人民出版社 1974 年版，第 682 页。

漫骂。

　　王安石不仅贬斥《说文》，主编《字说》，而且倚仗手中的权力，隆重推出《字说》作为科举考试的教材。王安石《进〈说文〉札子》云："臣在先帝时，得许慎《说文》古字，妄尝覃思，究释其意，冀因自竭，得见崖略。若蒙视天，终以罔然。念非所能，因画而已。"①王安石未能透悟《说文》，转而对《说文》吹毛求疵，自荐《字说》。《〈字说〉序》："惜乎先王之文缺已久，慎所记不具，又多舛，而以予之浅陋考之，且有所不合。虽然，庸讵非天之将兴斯文也，而以予赞其始？故其教学必自此始。能知此者，则于道德之意，已十九矣。"②在此札子中，王安石认为文字是治学之始、道德之阶，如果要兴复文字，《字说》无疑是最好的教材，因为《说文》"多舛"，与自己考证不合。王安石自矜之情昭然若揭！王安石身居宰相之职，依靠国家机器，使《字说》风行。《宋史·王安石传》载："初，安石训释《诗》《书》《周礼》。既成，颁之学官，天下号曰'新义'。晚居金陵，又作《字说》，多穿凿傅会，其流入于佛老。一时学者，无敢不传习，主司纯用以取士，士莫得自名一说，先儒传注，一切废不用。"③《字说》既为科举取士之阶，一些见风使舵、阿谀奉迎、趋炎附势之徒便趋之若鹜，蜂拥附会，相继训释，传习征引，以此加官进爵。宋陆游的《老学庵笔记》记载了这一现象："《字说》盛行时，有唐博士耜、韩博士兼，皆作《〈字说〉解》数十卷；太学诸生作《〈字说〉音训》十卷。又有刘全美者，作《〈字说〉偏旁音释》一卷、《〈字说〉备检》一卷，又以类相从，为《字会》二十卷。故相吴申元试辟雍，程文尽用《字说》，特免省。门下侍郎薛肇明作诗奏御，亦用《字说》中语。"④征引《字说》可以得到一些实际的利益，由此可知，《字说》对社会的影响是靠政治功利这个杠杆来实现的。《字说》成为当时科考取士的重要内容，而《说文》传统的正统地位则逐渐被边缘化。

　　王安石《字说》违背《说文》，混淆视听，必然遭人嘲笑与诟病。陶宗仪《说郛》引宋代徐慥《漫笑录》曰："东坡闻荆公《字说》，谓亲朋曰：'以竹鞭马为笃，以竹鞭犬，有何可笑？'又曰：'鸠字从九从鸟，亦

---

① 王安石：《王文公文集》，上海人民出版社1974年版，第237页。
② 王安石：《王文公文集》，第428页。
③ 脱脱：《宋史》，载上海古籍出版社编辑部《二十五史》，上海古籍出版社1986年版，第1190页。
④ 陆游：《老学庵笔记》，中华书局1979年版，第25页。

有证据。《诗》曰:"鸤鸠在桑,其子七兮。"和爹和娘,恰是九个。'"①北宋邵博《邵氏闻见后录》卷二十:"王荆公晚喜《字说》。客曰:'霸字何以从西?'荆公以西在方域主杀伐,累言数百不休。或曰:'霸从雨不从西也。'荆公随辄曰:'如时雨之化耳。'其学务穿凿,无定论类如此。"②

王安石不本《说文》,随意说字;张有专本《说文》,不妄下一笔。他们曾一起论字,毋庸赘言,两者不欢而散。《研北杂志》:"喻子才云:'吴兴张谦中善篆,因篆而深于字学,未尝妄下一笔也。王介父闻而致之,所论不契。'"③

《字说》盛行,《说文》旁落。为澄清臆说,张有高擎复古大旗,撰写《复古编》,匡正王安石《字说》的穿凿谬误,维护《说文》的正统地位。

《复古编》张有自序不传,我们无从知道发自张有内心的撰写《复古编》的缘由。王安石权倾一时,影响非凡。宋人《复古编》序跋没有直接说明张有《复古编》为匡正王安石《字说》而著的文字,大概是畏惧王安石及其支持者的权势。然而,这些序跋字里行间又委婉曲折地点出了张有《复古编》是为反对《字说》而作。何以见得?陈瓘大观四年《〈复古编〉序》云:"凡集三千余字,名之曰《复古编》。其说以谓专取会意者,不可以了六书。离析偏旁,不可以见全字。求古人之心而质诸糟粕,固以未矣。又取一全体凿为多字,情生之说可悦、可玩而不足以消人之意。譬犹入海箅沙无有畔岸,运筹役志,迷不知改。岂特达如轮扁,然后能笑其误哉!往扬子云留意古字,用之于玄。或笑其自苦,或讥其作经,而子云意在赞《易》,非与《易》竞。而刘歆之徒,方计目前利害,无意于古。覆酱瓿之语,足以发子云一笑而已。今去子云又千有余岁,士守所学而不能忘复古之志者,可不谓之难得也哉!谦中用心于内,不务进取一裘一葛,专趣内典。予方杜门待尽,亦读法界之书。尝闻枣柏之言曰:'作器者先须立样,造车者当使合辙。'古无今有,即是邪道,不可学也。予尝三复此语,因思学道之要,不以古圣为样辙者,皆外游尔。"④

王安石疑古创新,他的《字说》说解文字的方法是通过离析偏旁,以会意说解字义。《字说》虽佚,然而从王安石的弟子陆佃所作《埤雅》征

---

① 陶宗仪:《说郛》,载纪昀《文渊阁四库全书》(第877册),(台北)商务印书馆1986年版,第782页。
② 邵博:《邵氏闻见后录》,中华书局1983年版,第157页。
③ 陆友仁:《研北杂志》,中华书局1991年版,第144页。
④ 张有:《复古编》,影宋精抄本。

引《字说》的文字，我们可以管窥端绪。《字说》曰："豹……虎、豹、狸皆能勺物而取焉。大者犹勺而取，不足为大也；小者虽勺而取，所取小矣。不足言也，故于豹言勺"，"貊，善睡，则于宜作而无作，于宜觉而无觉，不可以涉难矣。舟以涉难，利则涉，否则止。貊，舟在右，能止者也"，"貂，或涓之毛，自召也。"豹、貊、貂均为从豸的形声字，与勺、舟、召本风马牛不相及，而王安石《字说》却拆分为多字，生搬硬套，牵强附会，强拉一处，让人忍俊不禁。王安石不仅专以会意解字，而且提出与之相应的文字学理论——"情生说"。也就是说，在王安石看来，文字的义符、声符，甚至其偏旁位置、笔画曲直，皆非人私智所为，而是造法自然，是"可视""可听"、含有非人为的"自然之义"。当然这个"自然之义"是王安石赋予的。王安石《进〈字说〉表》云："盖闻物生而有情，情发而为声。声以类合，皆是相知。人声为言，述以为字。字虽人之所制，本实出于自然。凤鸟有文，河图有画，非人为也，人则效此。故上下内外，初终前后，中偏左右，自然之位也。衡邪曲直，耦重交折，反缺倒仄，自然之形也。发敛呼吸，抑扬合散，虚实清浊，自然之声也。可视而知，可听而思，自然之义也。以义自然，故先圣之所宅，虽殊方域，言音乖离，点划不同，译而通之，其义一也。"①

陈瑾《复古编》中所云"专取会意者，不可以了六书。离析偏旁，不可以见全字。……又取一全体凿为多字，情生之说……犹入海筭沙无有畔岸……"②，影射了王安石离析偏旁，一字析为多字，望文生训，随意解字，专以会意说解字义的"情生说"，必将导致"入海筭沙无有畔岸"的主观主义的泥潭，最终必将落下"笑其误哉"的可悲下场。

对于王安石拆分偏旁为多字、专以会意说解文字的做法，南宋文学家叶梦得也有指摘。《文献通考》引叶梦得语云："王氏见字多有义，遂一概以义取之，虽六书且不问矣。况所谓小学之专门者乎？是以每至于穿凿附会，有一字析为三四文者，古书岂如是烦碎哉？"③

王安石自恃才高，写诗讽刺反对《字说》的各地官员。《成〈字说〉后》诗："鼎湖龙去字书存，开辟神机有圣孙。湖海老臣无四目，谩将糟粕污修门。"④ 此处王安石用"黄帝鼎湖升天"及"仓颉四目制字"之典，暗夸《字说》其实是自己之伟大；讽刺遵依文字传统的四方各地官员没有

---

① 王安石：《王文公文集》，上海人民出版社1974年版，第236页。
② 张有：《复古编》，影宋精抄本。
③ 马端临：《文献通考》，中华书局1986年版，第1614页。
④ 王安石：《王文公文集》，上海人民出版社1974年版，第807页。

仓颉的能力,他们所秉持的传统《说文》之学是"糟粕",只会玷污京城的学风。陈瓘序中"质诸糟粕"即针对此诗而言。"质诸糟粕"使用了《庄子·天道》轮扁斫轮的典故。轮扁把古书视为糟粕,反映了庄子片面的思想。王安石传承了这种思想,势必遭到坚守传统文化官员的反对。另外,陈瓘序中用"覆酱瓿"的典故,除了歌赞扬雄,斥责刘歆外,还另有所指。王安石《进〈字说〉》诗:"正名百物自轩辕,野老何知强讨论?但可与人漫酱瓿,岂能令鬼哭黄昏?"① 王安石《进〈字说〉》诗用了两个典故:一是刘歆嘲笑扬雄的《太玄》《法言》为"覆酱瓿"的典故;二是《淮南子》所载"仓颉作书而天雨粟,鬼夜哭"的典故。此诗流露出了王安石的自傲和对别人的贬斥,把与他论字的人贬为"野老",认为他们的文字观点是毫无价值、毫无意义的"覆酱瓿",而他的《字说》则有"令鬼哭黄昏"的强大威力。

  以直谏闻名的陈瓘是反对王安石新法和新学的先锋人物,因反对王安石最终被蔡京迫害致死。建中靖国(1101)时,右司员外郎陈瓘因著《辨日录》反对王安石,被贬官至合浦(今属广西)。政和元年(1111),陈瓘又因著反对王安石新政的《尊尧集》,被宋徽宗下诏押至台州羁管。大观四年(1110),因长子正汇告蔡京有谋反状而牵累,陈瓘被贬谪通州。同年十一月,才获得自由。作于大观四年十一月的《〈复古编〉序》就是在这样的背景下产生的。陈瓘虽因反对王安石而屡遭贬谪,但他并没有因此失去斗志。在这篇序中,陈瓘用委婉含蓄的笔法影射了王安石的狂妄自大,否定了其说解文字的错误做法;歌颂了张有能遵依传统小学,全力打造《复古编》去匡正王安石《字说》之讹谬,实为"难得"之举;提出了"学道"要以"古圣为样辙"的复古思想。

  程俱政和三年(1113)《〈复古编〉后序》也委婉含蓄地歌颂了张有能恪守古道不随时俯仰的高尚品格。程俱《〈复古编〉后序》:"然其寄妙技于言意之表,守古学于寂寞之濒,固非浅俗之所能识也。且汉之诸儒比肩立,扬子云以识字称,韩文公言语妙天下而犹自谓略须识字,字亦岂易识哉?观《复古编》则其于识字几矣。嗟夫!使人之学与艺也,皆能致其专而求其是。既得之,又能守其所学而不与时上下,则学虽有小大,其有不至者哉?不得于今,必得于后世矣。"② 程俱比陈瓘更为委婉,他赞扬了张有能"守其所学而不与时上下",以扬子云、韩文公"略须识字"的

---

① 王安石:《王文公文集》,上海人民出版社1974年版,第807页。
② 张有:《复古编》,影宋精抄本。

谦卑胸怀影射了王安石的狂妄自大,提出了张有《复古编》"不得于今,必得于后世矣"的预言。王安石《字说》不传,张有《复古编》虽小有纰缪,但仍流传不息,正印证了程俱的高瞻远瞩。

程俱为人耿介清高。建中靖国元年(1101),因上疏论时政,触上怒,被黜。绍兴六年(1137),秦桧慕其才华,举荐高官,程俱深知秦桧为人,力辞不受。政和三年(1113),程俱到吴兴拜访友人期间,应张有所求,作《〈复古编〉后序》。政和元年,奸臣蔡京重新征用;政和二年,第三次拜相;政和三年,正是蔡京当道。程俱在后序中没有直书张有著作《复古编》的目的,大概是对阴险毒辣的擅搞文字狱的蔡京的淫威有所戒备。

王佐才绍兴十三年(1143)《〈复古编〉序》没有提及张有撰写《复古编》的缘由。大概与当时的社会背景有关。绍兴十三年,卖国贼秦桧把持朝政,在科场上,他力挺王安石之学。《文献通考》卷三十二《选举考》五载:"至绍兴末年,正字叶谦亨上言:'向者朝论专尚程颐之学,士有立说稍异者,皆不在选。前日大臣则阴右王安石,稍涉颐学,一切摈弃。程、王之学,时有所长,皆有所短,取其合于孔、孟者,皆可以为学也。'上曰:'赵鼎主程颐,秦桧主王安石,诚为偏曲。'诏有司,自今毋拘一家之说,务求至当之论。道学之禁,至是稍解矣。"① 《宋史·艺文志》也有类似的记载②。由于秦桧提倡王安石新学,王佐才在《〈复古编〉序》中没有提及张有《复古编》撰写的真正目的,大概也是惧骇秦桧的构陷。佞臣秦桧独掌大权,为了自己的利益,排除异己,陷害忠良,岳飞、赵鼎先后遭其媒孽;同时,由于他防民之口,大搞文字狱,制造了一起起令人发指的文祸,天下陷入万马齐喑的黑暗之中。在万马齐喑的环境中,王佐才避谈张有撰写《复古编》的目的,是可以理解的。

楼钥嘉定三年(1210)《〈复古编〉序》仅用一笔简单提及张有撰写《复古编》的目的:"吴兴张有谦中,笃志古道,伤俗学之混淆,为书一编,号曰《复古》。……正奉大夫参知政事兼奉化郡开国公。"③ 楼钥写此序时,离张有《复古编》成书已有百年。此时,楼钥的同乡史弥远为相,楼钥为朝中重臣,能为张有赞上一笔,表明学风已转,王学已去。

敢于明确提出张有《复古编》为匡正王安石《字说》而作,始见于清代葛鸣阳《复古编》刻本中张有的同乡丁杰的《重刻〈复古编〉书

---

① 马端临:《文献通考》,中华书局1986年版,第300页。
② 脱脱:《宋史》,载上海古籍出版社编辑部《二十五史》,上海古籍出版社1986年版。
③ 张有:《复古编》,影宋精抄本。

后》。此外，丁杰在《重刻〈复古编〉书后》中还揭示出当时由于新旧党斗争激烈，支持王安石新政的蔡京新党重握大权后，大肆迫害旧党人士，不少旧党人士惨遭毒害。《重刻〈复古编〉书后》云："无已，则推其作书之意，可乎？真静之言曰：'专取会意者不可以入六书，离析偏旁者，不可以见全字。'呜呼！之两言者，为王介甫发也。介甫误宋，始以《新经》，愚天下终以《日录》，诬其君而始终自欺欺人者，则在《字说》一书。《字说》今不传。其零章断句，犹散见于《埤雅》《博古图》等书，而郑宗颜《周礼新讲义》载之尤多，皆离析偏旁，专取会意。故其自序《进札子》力贬《说文》。一时魁人杰士，如刘公非、苏东坡起与之争。然刘、苏皆不精小学，且杂以谑词，不足关其口而夺其气。真静故与介甫有连。自少时与介甫论字，不合，退而著书，名曰《复古》。复古者，复《说文》而已。盖原本叔重，羽翼其书。《字说》之非，不攻自破。其用力深、其用心苦而世莫之知也。杰少读《朱子文集》《语类》知了斋先生有《四明尊尧集》《辨日录》之诬也。龟山先生又有《三经义辨》，南北往来求两书，不得见。今观了斋序云：'君尊臣卑，父坐子立。此六经之大闲。'则《四明尊尧》之大旨，可见矣。龟山序云：'图书之文，天实启之，非人私智所能为'，则《三经义辨》之大旨可见矣。然龟山奏毁之经版，冯澥桡之，遂乞宫观。了斋以《尊尧集》为蔡京所挤，困厄流离以死。而真静隐居苕、霅，晚遁黄冠，名不入党，人书不遭毁弃。通道之笃，保身之明，两无愧焉。……呜呼！东汉之初，孔氏古文微矣。'马头人为长''人持十为斗''虫为屈中'，小学之一厄也。北宋之季，许氏字指亦晦，'同田为富''分贝为贫''大坐为奎'，小学又一厄也。《说文》作而六书明，《复古编》修而《字说》废。力障狂澜，后先一揆。彼介甫之徒，陆佃、王子韶辈，曾入资善堂修定《说文》矣。大约穿凿小智，变乱旧章。今陆、王所更定者与《字说》皆湮灭；而真静之书岿然独存，鬼神实呵护焉。"①

王安石宋神宗熙宁年间所作《字说》，行之于天下，其命运随北宋新旧党之争而沉浮，最终而湮灭。宋哲宗元祐间，旧党司马光、吕公著秉政，《字说》被明令禁绝。晁公武《郡斋读书志》云："元佑中，言者指其糅杂释老，穿凿破碎，聋瞽学者，特禁绝之。"② 宋哲宗绍圣元年，曾

---

① 张有：《复古编》，葛鸣阳刻本。
② 晁公武：《郡斋读书志》，载中华书局编辑部《宋元明清书目题跋丛刊》（第2册），中华书局2006年版，第25页。

第一章 《复古编》著述背景及撰写缘由　29

被王安石提携的被旧党贬黜的章惇为相，"绍述"熙宁、元丰新法，大肆报复元祐旧党，斥司马光为奸党，逐出朝门。此外，章惇又解除科场《字说》之禁令。《宋史·本纪》第十八载："绍圣元年……六月……甲申，除进士引用王安石《字说》之禁。秋七月丁巳，以御史黄履、周秩、谏官张商英言，夺司马光、吕公著赠谥。"① 宋徽宗时，新党蔡京、张商英相继为相，《字说》又得以沿袭。政和之初，崇尚王安石学说，后在"公议"的压力下，方才有所收敛。南宋周必大《文忠集》卷十八："政和初，春秋鼎盛，且方崇尚王氏学，以苏、黄为异端。"② 吴曾《能改斋漫录》曰："先是，崇宁以来，专意王氏之学，士非《三经》《字说》不用。至政和之初，公议不以为是，蔡嶷为翰林学士，慕容彦逢为吏部侍郎，宇文粹中为给事中，张琮为起居舍人，列奏：'欲望今后时务策并随事参以汉唐历代事实为问。'奉御笔：'经以载道，史以纪事，本末该贯，乃称通儒。可依所奏。今后时务策问并参以历代事实，庶得博习之士，不负宾兴之选。'"③ 南渡后赞同王安石变法的秦桧专揽大权，王安石之学又有复兴之势。《字说》何时被毁禁，没有确切文献记载，最迟当在秦桧死后，在南宋学者朱熹、吕祖谦等人清算王安石新政与新学的活动中被封杀。王安石《字说》大起大落，在北宋科场俯仰沉浮长达数十年之久，最终没有摆脱淹没亡佚的命运，仅存个别笔记及训诂学著作中。这一方面反映了北宋新旧党斗争激烈，彼此起伏，文祸迭起；另一方面也说明了凡是违背文字发展规律，主观臆断，牵强附会，不论以怎样的权压利诱，这些学说终归出乖露丑，贻笑大方，淘汰出局。

另外，张有《复古编》为匡正王安石《字说》而作，也可以从陆佃征引《字说》的字头被《复古编》列为字头加以辨正的百分比得到旁证。陆佃作《埤雅》征引《字说》35条，其中有14条被张有列为字头加以辨正，约占百分比为40%。为何不是百分之百，而是40%呢？原因之一，《字说》虽主观臆断，但也不是一塌糊涂、一无是处，其中也有可取之处，不能全盘否定；原因之二，《复古编》陈瓘序云《复古编》有3000余字，而不管是影宋精抄本，还是元明清刻本，包括"笔迹小异"中的笔画仅有细微差别的一字而两形字及"上正下讹"中的错讹字，才2652个小篆字头，这说明《复古编》也有小部分散失，不可能做出精确判断。

---

① 脱脱：《宋史》，载《二十五史》，上海古籍出版社1986年版，第1190页。
② 周必大：《文忠集》，载纪昀《文渊阁四库全书》（第1147册），（台北）商务印书馆1986年版，第182页。
③ 吴曾：《能改斋漫录》，上海古籍出版社1979年版，第371页。

综上所述，从《复古编》序跋委婉隐射的文字及其写作时间可知两点：其一，张有《复古编》确为匡正王安石《字说》而作；其二，当时，新旧党之争、文祸迭起，对文人的摧残异常严酷，以至于他们在万马齐喑的环境中无法痛快淋漓地直抒胸臆。王安石《字说》"湮灭"亡佚，张有《复古编》"岿然独存"，不是什么"鬼神实呵护"，而是文字发展规律使然：顺文字发展规律者终昌，逆文字发展规律者终亡！

二　间接原因

张有撰写《复古编》的间接原因主要有两个：

一是前人正字不彻底。魏晋南北朝时期，汉字形体发生由隶书到楷书的转变，人们凭臆私决为文，随俗逞意造字，以致楷字错讹萌生，俗讹滋蔓流行，社会用字混乱。北齐颜之推《颜氏家训·杂艺》曰："晋宋以来，多能书者。故其时俗，递相染尚。所有部帙，楷正可观，不无俗字，非为大损。至梁天监之间，斯风未变；大同之末，讹替滋生。萧子云改易字体，邵陵王颇行伪字；朝野悉然，以为楷式，画虎不成，多所伤败。至为一字，唯见数点，或妄斟酌，逐便转移。尔后坟籍，略不可看。北朝丧乱之余，书迹鄙陋，加以专辄造字，猥拙甚于江南。乃以'百念'为'忧'，'言反'为'变'，'不用'为'罢'，'追来'为'归'，'更生'为'苏'，'先人'为'老'。如此非一，遍漫经传。"[①] 此外，颜氏还记载了晋人张敞随意造字的故事。《颜氏家训·书证》："或问曰：'《东宫旧事》何以呼"鸱尾"为"祠尾"？'答曰：'张敞者，吴人，不甚稽古，随宜记注，逐乡俗讹谬，造作书字耳。吴人呼"祠祀"为"鸱祀"，故以"祠"代"鸱"字；呼"绀"为"禁"，故以"糸"傍作"禁"代"绀"字……诸如此类，专辄不少。'"[②]

除随意造字外，《颜氏家训》还记录了随意假借、错讹萌生的社会用字混乱现象，以及颜氏欲用《说文》字体而不得的矛盾心理。《颜氏家训·书证》："古无二字，又多假借，以'中'为'仲'，以'说'为'悦'，以'召'为'邵'，以'间'为'闲'，如此之徒，亦不劳改。昔有讹谬，过成鄙俗，'乱'旁为'舌'，'揖'下无'耳'……'窜'变成'窜'，'业'左益'片'，'灵'底着'器'，'率'字自有'律'音，强改为别；'单'字自有'善'音，辄析成异：如此之类，不可不治。吾

---

① 颜之推：《颜氏家训》，辽宁教育出版社2001年版，第60页。
② 颜之推：《颜氏家训》，第53页。

昔初看《说文》,蚩薄世字,从正则惧人不识,随俗则意嫌其非,略是不得下笔也。"①

魏晋以降,文改字变,异体纷呈,社会用字不便,客观现实要求一次正字活动。唐太宗贞观之时,海清河晏,天下太平,为辨正文字提供了可能。颜师古的《颜氏字样》是中国文字学史上第一部正字专书,惜其不传。颜元孙《干禄字书》祖述《颜氏字样》而更加完备。"《干禄》的重要地位在于它是唐代'字样之学'运动成果的历史总结,又是汉字规范化历史上的第一部专门著作。"②但是《干禄字书》的弊端在于正字不彻底。《干禄字书》"对规范字的要求不够严格,出现了一部分'并正'字。汉字字书中的'并正'现象不自《干禄》始,《玉篇》中就有不少'二同''三同'的字。但公然承认二字'并正'是《干禄》开的头。这固然是由于古人同我们的规范观念不同。古人所谓'正字',只求'并有凭据',即只要能在某种典籍(如《说文》《字林》《石经》之类)中找到依据,便可认为正字,而不考虑是否会由此出现规范多元化将难以完全克服用字混乱局面的负面效应,更没有想到规范多元化现象流传后世,久久不衰,会使后世的文字规范化工作发生困难。"③《干禄字书》与科举取士挂钩,在汉字规范史上起到了一定的积极作用,但因为它规范汉字的标准不一,无法彻底改变社会用字的混乱局面。其后,张参的《五经文字》、唐玄度的《新加九经字样》也存在类似规范汉字不彻底的情况。因此,规范汉字将是"路漫漫其修远兮"!

因为前人正字不力,宋时,字形歧杂无改,用字混乱未变。《容斋随笔·容斋四笔》卷十二之《小学不讲》:"古人八岁入小学,教之六书,《周官》保氏之职,实掌斯事,厥后浸废。萧何著法,太史试学童,讽书九千字,乃得为吏。以六体试之,吏人上书,字或不正,辄有举劾。刘子政父子校中秘书,自《史籀》以下凡十家,序为小学,次于六艺之末。许叔重收集篆、籀、古文诸家之学,就隶为训注,谓之《说文》。蔡伯喈以经义分散、传记交乱、讹伪相蒙,乃请刊定五经,备体刻石,立于太学门外,谓之《石经》。后有吕忱,又集《说文》之所漏略,著《字林》五篇以补之。唐制,国子监置书学博士,立《说文》《石经》《字林》之学,举其文义,岁登下之。而考功、礼部课试贡举,许以所习为通,人苟趋

---

① 颜之推:《颜氏家训》,辽宁教育出版社2001年版,第55页。
② 范可育:《楷字规范史略》,华东师范大学出版社2000年版,第18页。
③ 范可育:《楷字规范史略》,第23—24页。

便，不求当否。大历十年，司业张参纂成《五经文字》，以类相从。至开成中，翰林待诏唐玄度又加《九经字样》，补参之所不载。晋开运末，祭酒田敏合两者为一编，并以考正俗体讹谬。今之世不复详考，虽士大夫作字，亦不能悉如古法矣。"① 此处，洪迈叙述了汉字虽多次制定规范标准，但到宋代依然是"虽士大夫作字，亦不能悉如古法"。

二是小篆的正统地位受到严重威胁，甚至达到泯灭湮没的地步。秦始皇统一天下，李斯等以史籀大篆为基础，删繁就简，称为小篆，以为范式，推行全国。《〈说文〉叙》："秦始皇帝初兼天下，丞相李斯乃奏同之，罢其不与秦文合者。斯作《仓颉篇》，中车府令赵高作《爰历篇》，太史令胡毋敬作《博学篇》。皆取《史籀》大篆，或颇省改，所谓小篆者也。"② 由于李斯在书法方面颇有名气，后人把小篆亦称为"李斯小篆"，误为小篆自李斯始。东汉时，人们以一己之私，穿凿解字，巧说邪辞，是非无定，学者生疑。针对这种情况，许慎博采通人，兼容并蓄，殚精竭虑，历经数载，终成《说文》。自东汉末豪强混战到隋文帝一统天下，其间400年，战乱纷起，时局纷扰，尊卑易位，名士避世，抛经弃儒，趋附老庄，崇尚清谈，玄学兴盛，经学式微，小学消沉。

隋灭唐立，唐太宗尊孔褒儒，经学统于一尊，然篆学衰微。唐大历中，李阳冰"刊定《说文》，修正笔法，学者师慕，篆籀中兴"③。李阳冰篆法超绝，无人堪比。徐铉《上〈说文〉表》云："唐大历中，李阳冰篆迹殊绝，独冠古今，自云：'斯翁之后，直至小生。'此言为不妄矣。"④ 宋朱长文《墨池编》："赞之曰：'斯去千年，冰生唐时，冰复去矣。后来者谁？后千年有人，谁能待之？后千年无人，篆止于斯！'自阳冰后，虽余风所激，学者不坠，然未有能企及之者。"⑤ 然泱泱大唐擅篆者，仅李阳冰一人。其后篆法沉寂。宋初徐铉摹李阳冰篆法，篆体精劲，堪称妙品。"盖自阳冰之后，篆法中绝。而骑省于危乱之间，能存其法，归遇真主。字学复兴，其为功岂浅哉？初虽患骨力歉阳冰，然其精熟奇绝，点划皆有法。及入朝见峄山摹本，自谓得师于天人之际。搜求旧迹，焚掷略

---

① 洪迈:《容斋随笔》，上海古籍出版社1978年版，第749页。
② 许慎:《说文解字》，中华书局1963年版，第315页。
③ 许慎:《说文解字》，第320页。
④ 许慎:《说文解字》，第320页。
⑤ 朱长文:《墨池编》，载纪昀《文渊阁四库全书》（第812册），(台北) 商务印书馆1986年版，第736页。

尽，较其所得，可以及妙。"① 徐铉之后好篆者固多，然难以逾越前人。北宋张有深得李斯之法，遒健体修，世莫能偕。程俱《〈复古编〉后序》："吴兴张有，弱冠以小篆名。自古文奇字与夫许氏之书了如烛照而数计也。他书余艺一不入于胸中。盖其专如此。故四十而学成，六十而其书成，《复古编》是已。余尝论其书曰：'小篆之作自峄山，真刻不传。至唐字学虽盛，而以篆法盖一时、名后世者，唯李阳冰为称首。徐铉后出，笔力劲古，遂出阳冰之上。近世名笔固多，其分间布白，规圆绳直，不为不工而笔力劲古，尟复铉比。今有自振于数千载后，独悟周秦石刻用笔意，落纸便觉岐阳、峄山去人不远。'"②魏晋以降，楷书日臻成熟，俗文别字滋蔓，小篆正统不保，日渐替废湮灭。宋时，虽然"疑古"风盛，但整饬端庄的小篆在庄重严肃、正式规范的场合仍被使用。小篆在后代被使用的过程中也遇到了一个新问题，即后出的俗文别字在《说文》中没有对应的小篆字体，于是就出现用小篆笔法写俗文别字的现象。楼钥的《〈复古编〉新序》、洪迈的《夷坚志》、陈振孙的《直斋书录解题》均记载了中书侍郎林摅请张有为其母魏国夫人书写篆碑的故事。张有用小篆书"魏"为"巍"。林中书认为"魏国"中的"魏"今人用"魏"，用"巍"不当，命令张有去掉"山"字。张有则说《说文》中无"魏"，宁断手指，也不更改。由这则故事可推知，后出新字与《说文》相去甚远，在《说文》中没有一一对应的小篆形体，调和这个矛盾的最好做法就是用小篆笔法写《说文》后出俗文新字。如此，则《说文》小篆系统大乱。为了匡正世俗讹谬，恢复《说文》小篆正统地位，张有积30年之功，劳心焦思，终成《复古编》。王佐才《刻〈复古编〉叙》曰："魏晋以来，篆籀既泯，惟真草盛行。至唐韩择木、李阳冰踵峄山秦望之余，近代徐铉宗阳冰之法，复以小篆行于世。然去古弥远，未能有臻其妙者。吴兴张谦中先生素留心此学，深造古人之妙。自元丰以来，以小篆名天下。"③

综上所述，为了匡正王安石的《字说》，规范字形歧杂的异体字，维护《说文》的正统地位，张有不畏权贵，不慕闻达，笃志篆学，心无旁骛，殚思极虑，积近三十年心血，撰成《复古编》，名传后世。

---

① 朱长文：《墨池编》，载纪昀《文渊阁四库全书》（第812册），（台北）商务印书馆1986年版，第740页。
② 张有：《复古编》，影宋精抄本。
③ 张有：《复古编》，葛鸣阳刻本。

第二章 《复古编》版本研究

第一节 《复古编》版本介绍

张有擅长篆书，《说文》中没有的字不随意书写。《复古编》乃其亲手写成。陈振孙《直斋书录解题》记载："《复古编》二卷。吴兴道士张有谦中撰。有工篆书，专本许氏《说文》，一点划不妄错。……晚著此书，专辨俗体之讹。手自书之。陈了斋为之序。"①《复古编》据《说文》辨析异体，毫厘必较，至为精密，为人推崇。宋何薳《春渚纪闻》卷五《杂记·张有篆字》云："吴兴张有以小篆名世，其用笔简古，得石鼓遗法，出文勋、章友直之右。所作《复古编》，以正篆隶之本，识者嘉之。"②《书史会要》云："至陈晞、章友直、文勋辈，萦豪泄墨如朽如画，是故笔痴而无神。近世吴兴张有用写篆法，神明意用到昔人波澜。《复古编》出而晞辈废矣。"③张有以小篆闻名，他的《复古编》一经问世，便刊刻、传抄不息。现将逐一介绍宋元明清诸多版本。

一 宋刊本

《复古编》最早由张有同乡徐元象刊于南宋绍兴十三年（1143），王佐才为之写序。王佐才《〈复古编〉序》："其平昔所著如《复古编》《千字文》之类，属纩之际，尽以遗之。臧于巾笥，如获大宝。今将镂板勒

---

① 陈振孙：《直斋书录解题》，载中华书局编辑部《宋元明清书目题跋丛刊》（第1册），中华书局2006年版，第557页。
② 何薳：《春渚纪闻》，载纪昀《文渊阁四库全书》（第863册），（台北）商务印书馆1986年版，第491页。
③ 陶宗仪：《书史会要》，载纪昀《文渊阁四库全书》（第814册），（台北）商务印书馆1986年版，第741页。

碑，以广其传于永久。命仆作叙以志之。聊书其梗概云。时绍兴十三年七月六日。王佐才序叙。"① 其后南宋虞仲房重新刊刻，惜其刻板亡佚。葛鸣阳《芸素馆跋》曰："初，谦中乡人徐元象刻于绍兴十三年。其后虞仲房刻于遂宁，旋遭莫简之变，亡其板。"②《直斋书录解题》③《宋史》④ 均著录张有《复古编》为二卷，然仅存书名及卷数，无法判定刊刻具体情况。《袁本昭德先生郡斋读书志》⑤《艺云书舍本郡斋读书志》⑥《衢本郡斋读书志》⑦ 皆著录《复古编》为三卷，亦仅存书名及卷数。由此，我们可以推测，宋刊《复古编》可能有两个版本：一为两卷本，一为三卷本。宋刊本今已不存于世。

二 元刊本

《宋存书室宋元秘本书目》⑧《海源阁宋元秘本书目》⑨《文禄堂访书记》⑩ 均著录元刻本《复古编》。《中国古籍善本书目》："宋张有撰，元至正六年吴志淳好古斋刻本，明杨哲跋，周叔弢跋。"⑪ 元刻本今藏国家图书馆。2008 年中国文化部《第一批国家珍贵古籍名录》著录此书⑫。

元刻本二卷二册；半框高 24 厘米，宽 18.1 厘米；半页七行，大字篆书，小字楷书，小字双行二十四字，一大字约当六小字；白口，左右双边，版心左上记小篆大字数，右上记楷书小字数，下记刻工姓、名、姓名

---

① 张有：《复古编》，葛鸣阳刻本。
② 张有：《复古编》，葛鸣阳刻本。
③ 陈振孙：《直斋书录解题》，载中华书局编辑部《宋元明清书目题跋丛刊》（第1册），中华书局 2006 年版。
④ 脱脱：《宋史》，载上海古籍出版社编辑部《二十五史》，上海古籍出版社 1986 年版。
⑤ 晁公武：《袁本昭德先生郡斋读书志》，载中华书局编辑部《宋元明清书目题跋丛刊》（第2册），中华书局 2006 年版。
⑥ 晁公武：《艺云书舍本郡斋读书志》，载中华书局编辑部《宋元明清书目题跋丛刊》（第2册），中华书局 2006 年版。
⑦ 晁公武：《衢本郡斋读书志》，载中华书局编辑部《宋元明清书目题跋丛刊》（第2册），中华书局 2006 年版。
⑧ 杨绍和：《宋存书室宋元秘本书目》，载顾廷龙《续修四库全书》（第 927 册），上海古籍出版社 2002 年版。
⑨ 杨保彝：《海源阁宋元秘本书目》，载王绍曾《补订海源阁书目五种》，齐鲁书社 2002 年版。
⑩ 王文进：《文禄堂访书记》，上海古籍出版社 2007 年版。
⑪ 中国古籍善本书目编辑委员会：《中国古籍善本书目》（经部），上海古籍出版社 1998 年版，第 432 页。
⑫ 中国国家图书馆·中国国家古籍保护中心：《第一批国家珍贵古籍名录图录》，国家图书馆出版社 2008 年版。

(徐、徐德充、魏、克明、魏克明）；卷首钤有"寿亭侯印"，印后附录"寿亭侯印辨"，并钤"赵氏子印""吴国司马""李芾图书""庆云县令（中书小字'四年十二月初二日知何'）"诸印，背面有"海源阁"印；次刻大观四年陈瓘序，序首钤有"天下同文""观海主""安乐堂藏书记"等印；其后刻有正文，正文首钤"张""东郡宋存书室珍藏""瀛海仙班""东郡杨绍合字彦合藏书印""李氏希文""周暹""北京图书馆藏"等印；卷末刻有"至正丙戌秋九月望日曹南吴志淳刻于好古斋"三行小篆牌记，钤有"张""○○枢斋"等印；后刻"至正丙戌四月十八日雍虞集"题记，下钤"赵氏子印""○○枢斋""大痴""李芾图书""李氏希文""东郡杨氏宋存书室珍藏""周暹"；其后有《程俱序》；再次书有洪武甲子《杨哲跋》，后钤"秉哲"印，此跋被朱笔加句读，跋前钤"挂笏画"；后面附条一钤有"燕相府印"，其中书有"初一日"毛笔黑字，右有"左相"毛笔黑字，下钤"北京图书馆藏"；附条二钤有"寿清右卫指挥使司印（中书'洪武二十二年八月二十九日'）"等印；最后有周叔弢题记，钤"自庄严堪"印。

此书为怡府旧藏，后归海源阁[①]。民国二十三年（1934）由北京藻玉堂书估王子霖转给周叔弢，后归北图[②]。

元刊本与其他版本分卷相同，盖源于宋刻两卷本。元刊本收 2653 个小篆，比其他版本多出"坫"字小篆字头及楷书注释。其他版本"刮"字后为"醶"，而元刊本则为"坫，屛也。从土占。别作店，非"。元刊本相对其他版本，小篆形体肥大厚重，缺少灵动神气；楷书字形规整清秀，注释比其他版本正确率要高得多。比如，其他版本"胑"字小篆字头下注为"胑，体四胑也。从肉只。或作肢。别作䏬，并非。章移切"。而元刊本"胑"则为"别作䏬、肢"，比其他版本多一异体字。按照《复古编》"并非"的体例，别作字要有两个以上才可以标为"并非"。再如其他版本"犴"注为"犴，胡地野犬名。从犬干。或作狂。别作豻、犴，并非。河干切"，显而易见，"或作犴"与"别作豻、犴"相抵牾，元刊本则为"或作犴。别作豻、犴"。类似例子较多，不烦举例。总之，元刻本是校勘其他版本最好的参照。如果从研究《说文》异文、异体字、正字的角度来说，元刊本是最好的本子。

[①] 冀淑英：《自庄严堪善本书目》，天津古籍出版社 1985 年版。
[②] 王绍曾：《楹书隅录补遗》，载王绍曾《补订海源阁书目五种》，齐鲁书社 2002 年版，第 511 页。

三 明刊本

莫友芝《藏园订补郘亭知见传本书目》著录《复古编》为"明万历中黎民表刊"[1]。《中国科学院图书馆藏中文古籍善本书目》："宋张有撰，明刻本，清冯龙官题记。二册一函。"[2] 此本前有著名翻译家、教育家叶启芳一九五八年手书藏书题记："明版《复古编》二册。据冯龙官跋文，认为吾粤从化黎瑶石刊本。《四部丛刊续编》张菊生[3]跋称，黎本极少见，故以旧钞本影印。可见此书之稀有矣。余亦有乾隆葛鸣阳刻本，与此同时入藏。盖两书均藏广州雕刻家冯氏，以业务不振，两书一并售出也。余绝不嗜字学，藏此两书，聊以自娱耳。两书均有冯龙官跋文，考据精确，然不免夸大矣。余复有影刻本《续复古编》，亦颇精美。一九五八年十一月十一日。"下钤"叶启芳印""天涯芳草"篆印。

此本分卷同元刻本；半框高22.2厘米，宽11.1厘米，半页6行，大小字数不一，一大字约合6小字；白口，左右双边，版心上为书名、卷数，下为页数及刻工"子惠"或"彦纶"。首刻《陈瓘序》，序前钤有"叶启芳丁酉六十藏书""叶启芳藏"印，《陈瓘序》后有冯龙官手书《王佐才叙》。其后为《复古编》正文，首页钤有"冯龙官印""叶启芳藏""中国科学院藏"三印；上卷末有冯龙官手抄楼钥叙；下卷首钤"叶启芳藏""叶启芳丁酉六十藏书""中国科学院藏"三印；下卷末有冯龙官手抄行书："《复古编》字书，不为时人姿媚之体，已自尚可。而学必欲合乎古而后止。万世之下，明子心异。通之书。"《复古编》下卷后刻程俱序。最后是冯龙官手书两跋：

其一，"是书乾隆庚子安邑葛氏鸣阳刻于京师。所据程氏晋芳本，建立韵纽，极有条理。其后校正一卷考订亦密，而成为此本所有。又附录一卷，亦颇辨博，而或失之梦。至附刻《曾乐轩稿》及《安陆集》于后，则殊垂不先父食之谊，即篆隶书削亦不及，此之犹有古意也。此本出自从化黎瑶石。迄今二百二十余载矣。余居距瑶石三百里耳。乃不能继此再刻，而徒为临渊之羡邪，毋忘衣食之累人甚也。陈生崑藏此书，二以让余，辄记之。嘉庆庚申（1800）冬十月戊寅晦。顺德冯龙官书于疋荷唐之

---

[1] 莫友芝撰，傅增湘订补：《藏园订补郘亭知见传本书目》，中华书局2009年版，第179页。
[2] 中国科学院图书馆：《中国科学院图书馆藏中文古籍善本书目》，科学出版社1994年版，第58页。
[3] 张元济号。

梨花小阁。夜澉雨,囱风朔寒,烛光摇摇,竟不成寐。"

其二,"《说文解字》部有新附字,乃徐书,非许书。张氏辄溷称不辨,未免失之眉睫。顾其为书,用力勤笃,立说精醇,自有不以一眚掩者。是不惟羽翼六谊,固当津逮九千尔。龙官又记。"

两跋下钤"叶启芳藏""叶启芳丁酉六十藏书"。

此本没有具体的刊刻年代。根据冯龙官跋可知,此本为黎民表刻本。黎民表,字惟敬,号瑶石,广东从化人。明刻本极为罕见,现仅中国科学院图书馆有藏。

比照四部丛刊影宋精抄本,黎民表刻本与之小篆形体及释文相差无几。据此可知,明刻本源于宋刻本。此本篆法规整,运笔富有神韵,保存了宋刻本的原貌。对研究小篆形体、练习小篆书法者来说,此本算是不错的本子。然此本注文讹误颇多,研究者需多加注意。例如"商,别作商"。"商"字头当作商。明刊本字头与"别作"字形相同,这与《复古编》的正字体例是不符的。

四 明抄本

清常熟瞿氏铁琴铜剑楼曾藏有明末冯舒抄本。此本题记云"默庵[①]手书",又云"崇祯辛未(1631)七月甫抄成,为何士龙借去,越六年丙子始见,归如见故人,如得已失物,九月十七日夜记",下钤"冯巳苍印"。此本篆文为默庵手书。瞿镛《铁琴铜剑楼藏书目录》:"此书与安邑葛氏所刊新安程氏旧写本大致相同,似出自一源。"[②] 比勘冯舒抄本与明黎民表刻本,两者有影宋抄本、元刻本没有的相同讹误、脱漏及用笔特点。例如,"壊燻,乐器也,以土为之,六孔"。冯舒抄本与黎民表刻本均讹作"以上为之"。"潚津,水渡也。从水聿。别作津,俗。将邻切。文二。"冯舒抄本与黎民表刻本均无"文二"。又如从"豸"的字,冯舒抄本与黎民表刻本均作"豸"。由此可知,冯舒抄本据明黎民表刻本抄写。黎民表刻本源自宋本,与冯舒抄本同出一源。冯舒抄本虽小有讹谬,但对校勘《复古编》仍有一定的参考价值。瞿镛《铁琴铜剑楼藏书目录》:"默庵书不无小有舛错,如支韵'窥'讹为'窥'、'莜'讹为'菠'、灰韵之'頯'当在'胚'字之下而讹在上,则紊其纽矣。然其结构谨严,运笔圆

[①] 冯舒号。
[②] 瞿镛:《铁琴铜剑楼藏书目录》,载中华书局编辑部《宋元明清书目题跋丛刊》(第10册),中华书局2006年版,第106页。

健，盖亦陶九成所谓写篆，而非画篆者，正非刊本所及。至其小注则属钞胥影写，默庵亦未遑审勘。如'䪥'字注云别作'䪥'，刊本讹作'䪥'，无此字也；'鉏'字注云'士鱼切'，刊本讹'士'为'七'。'柴'字注云'师行野次，竖木为区落，名曰柴蕱'，案本书'蕱'字注'草名，又藩也。别作篱，非'，则此从艸是也，刊本乃讹从竹。其足资订正者不少。葛氏撰校正一卷，颇为疏略，惜未见此帙也。"①

冯舒抄本曾藏瞿氏铁琴铜剑楼，后归国家图书馆。《藏园订补郘亭知见传本书目》："明冯舒手写本，有跋。海虞瞿氏藏。"②《中国古籍善本书目》："《复古编》二卷，宋张有撰，明崇祯四年冯舒抄本，明冯舒跋。"③冯舒抄本今藏国家图书馆。冯舒抄本与影宋精抄本同出一源，对校正后者大有帮助。冯舒（1593—1649），字巳苍，号默庵，清初虞山诗派的核心人物，著名藏书家，以抄书闻名，与弟冯班并负才名，有"海虞二冯"之称。《复古编》冯舒抄本对研究书法有一定的参考价值。

五 清刊本

清代刊本影响最大的当属葛氏刻本。周中孚《郑堂读书记补逸》④、李慈铭《越缦堂读书记》⑤均提及乾隆庚子安邑葛鸣阳刊本。乾隆庚子年（1780），安邑葛云峰鸣阳以近儒数校本依新安程氏旧抄本式，雕版于京师并为之跋。《中国古籍善本书目》经部所录葛氏刻本戈襄校本⑥最为珍贵。戈襄校本为合刻本，共三册，线装，函套，框高12.8厘米，宽16.2厘米，正文半页五行，大小字数相间不等，白口，四周单边，无鱼尾，内封题"乾隆辛丑安邑葛氏借新安程氏旧写本登板"，每卷尾镌有"乾隆四十五年庚子安邑葛氏借新安程氏旧钞本雕板于京师琉璃厂"牌记，页眉有戈襄手校文字。此本前刻大观庚寅陈瓘序，序前钤有"韩绳大一名熙字价藩

---

① 瞿镛：《铁琴铜剑楼藏书目录》，载中华书局编辑部《宋元明清书目题跋丛刊》（第10册），中华书局2006年版，第106页。
② 莫友芝撰，傅增湘订补：《藏园订补郘亭知见传本书目》，中华书局2009年版，第180页。
③ 中国古籍善本书目编辑委员会：《中国古籍善本书目》（经部），上海古籍出版社1998年版，第432页。
④ 周中孚：《郑堂读书记补逸》，载中华书局编辑部《宋元明清书目题跋丛刊》（第15册），中华书局2006年版。
⑤ 李慈铭：《越缦堂读书记》，辽宁教育出版社2001年版。
⑥ 中国古籍善本书目编辑委员会：《中国古籍善本书目》（经部），上海古籍出版社1998年版。

读书印""甲子丙寅韩德均钱润文夫妇两度携书避难记""韩应阶鉴藏宋元名钞名校各善本于读有用书斋印记",序后钤有"韩绳大印""藩价"。其次为正文,正文首页钤有"半树斋戈氏藏书印""曾为云间韩熙鉴藏""价藩又名熙""云间韩氏考藏""戈襄""云间韩氏图书""戈载""水莲校本""上海图书馆藏"。

正文后刻有《葛氏芸素馆跋》:"右《复古编》二卷,宋吴兴张有谦中撰。初,谦中乡人徐元象刻于绍兴十三年。其后虞仲房刻于遂宁,旋遭莫简之变,亡其板。元初重刻于吴兴。今皆不可见矣。予有桂明经馥曾得写本,复叚翁学士纲本、钱孝廉大昭本、汪户部启淑元棨吴均增修本、沈上舍心醇《六书正讹》初雕本,对校一过。又从程编修晋芳乞得乌丝阑旧钞,建立韵纽,迥异他本,尺幅格眼宛如宋式。虽不免讹漏,而字体瘦劲可喜。桂君谓予曰:'昔钱唐汪氏得潜采堂所写《汗简》,登板流传。君盍仿其例?'予曰:'善!'并增校正一卷、附录一卷,开雕于瑠璃厂,属宋君葆董其成焉。乾隆四十五年庚子安邑鸣阳书于京师韩家潭芸素馆。"

次刻葛鸣阳《〈复古编〉校正》。其后为明黎民表跋:"黎民表《复古编》书后曰:自许氏《说文》之后,论六书者无虑数十家。李阳冰《新义》不复行于世。徐氏《系传》亦寖亡矣。元戴侗《六书故》、杨桓撰《六书统》诸书颇为详赡。然戴则古今混淆,杨亦说义繁多,六书之义离矣。惟宋张谦中《复古编》考据精核,不为浮词,举其一隅真妄斯别,盖有功于许氏者。吾子行以为载古今异文字,不可以为字少。而周伯温之《正讹》实祖尚其说耳。民表少喜篆学,往从京师阅于顾舍人汝和,所以授范鸿胪子宣副墨焉。逾十年,复从范假请金陵陈文学子礼为樵篆字。予告南归,经豫章,又从朱贞吉得前序,其书始完。得异书之难如此。暇日手勒入梓而友人潘氏子明为醵金成之。近世操觚者往往师心臆见,不复检勘,私印铭石十讹其九,使阅张氏书岂至是耶?固不可以为艺学而少之也。览者因文见义,以溯制作之原。观时察变,以复古始之道,则是书不为无助焉。万历丙子夏五岭南黎民表书。"

其次为《李文藻跋》:"李文藻大云山房所见书目题跋曰:张有《复古编》二卷。明万历丙子刻本。陈瓘序云云,程俱序后序云云,黎民表书后云云。按是书刻印精整,每篆字下以正书注其义,又云'俗作某某,非'。今观者一目了然,而其用功乃至二十九年之久。盖为《说文》之学者莫精于此。高邮王孝廉念孙著《字学辨误》,将《说文》所无之字标出而详辨之,用力极勤。予于房师纪先生所借此书示之。爱玩殊甚,然先生方成西域不便携之以去；而念孙又将出京，不及录副，怅然之意形于色，可谓好学之士也。此乾隆己丑七月事。"

其次为《辛丑春三月朔日鸣阳又记》："此刻既成，复从周编修永年假得李郡呈文藻所见书目。内载有明黎维敬及郡丞跋各一则，亟为补刊以见异书难得，而好古之心无古今，一也。海盐张明经燕昌有小字本，经名手精写，一点划不妄错。丁孝廉杰曰二十年前曾一见之。惜燕吴远隔无从借校云。辛丑春三月朔日鸣阳又记。"

其次为葛鸣阳《〈复古编〉附录》，附录辑录典籍中有关张有及《复古编》相关记载。最后刻有《曾乐轩稿》一卷、《安陆集》一卷。[①] 葛氏刻本戈襄校本属善本极品，今藏上海图书馆。

此外，葛氏还有含程俱、丁杰等序跋的合刻本，亦有单刻本，即无《曾乐轩稿》及《安陆集》。单刻本刊刻顺序为：陈瑾序、程俱序、小篆"通之书"、王佐才《刻〈复古编〉叙》、楼钥《〈复古编〉新叙》、佚名叙（下文阙），之后为丁杰《重刻〈复古编〉书后》、葛鸣阳《〈复古编〉校正》以及《复古编》正文。

葛氏刻本与四部丛刊影宋抄本均源自宋刻本，大致相同，然葛本用缺笔避康熙及孔丘讳。此本小篆形体与影宋抄本极为相似，注文讹误相对较少。例如葛本："份，文质備也。从人分。古文作彬。别作斌。以文配武，过为嵒浅。又作赟，音额，亦于义无取。悲申切。"四部丛刊影宋抄本："份，文质倫也。从人分。古文作彬。别作斌。以文配武，过为嵒浅。又作赟，音额，亦于义无取。悲申切。"又葛本："環，璧也。肉好若一谓之环。别作镮，非。"四部丛刊影宋抄本："環，璧也。玉好若一谓之环。别作镮，非。""文质備""玉好若"于义不协，且据其他文献考证，葛本正确，宋抄本错误。

葛氏刊本存世尚多，国家图书馆、北京大学图书馆、南京图书馆、中国人民大学图书馆、南开大学图书馆等均有收藏。

此后，葛氏刻本又有翻刻。主要有如下版本：

清嘉庆七年（1802）葛鸣阳刻本。《复古编》二卷，校正一卷，附《曾乐轩稿》《安陆集》。嘉庆刻本今藏香港中文大学[②]、南京图书馆。

清道光十六年（1836）葛鸣阳刻本。《复古编》二卷，校正一卷，附录一卷。今藏南京图书馆。

[①] 《曾乐轩稿》《安陆集》分别为张有曾祖父张维、祖父张先所撰。
[②] 贾晋华：《香港所藏书籍书目》，上海古籍出版社2003年版，第46页。

傅增湘在《藏园补订邵亭知见传本书目》中补录了淮南局本。光绪八年（1882），淮南书局重刻葛氏刊本《复古编》。此本二卷，附录一卷，校正一卷，序跋部分半页九行，每行十六字，正文半页五行，字数不等，黑口，版心上刻每页字数、书名、卷数，下刻刻工，一函三册，与《曾乐轩稿》《安陆集》合刻。上海图书馆所藏淮南局本正文前两页为朱字，其他为墨字，甚为罕见。此本虽为葛氏重刻本，然刊刻顺序与葛氏原本不同。此本首刻陈瑾序，次刻程俱序，次刻小篆"通之书"、王佐才《刻〈复古编〉叙》、楼钥《〈复古编〉新叙》、佚名叙（仅前文几句，下文原阙），之后刻丁杰《重刻〈复古编〉书后》。次刻葛鸣阳《芸素馆跋》。其后为葛鸣阳《乾隆辛丑二月跋》："余既刻张谦中《复古编》，考其家世，盖卫尉寺丞维之曾孙，都官郎中先之孙。维有《曾乐轩稿》，先有《安陆集》，残阙之余散见他书。先以乐府擅名一时。毛氏《六十家词》初不及先。今搜辑遗逸，得如干首，合其诗为一卷。维诗则采之《十咏图》，自为一卷。然因端踵事，实阶于《复古编》也。并为锓木。归安丁小雅杰、海宁沈匏尊心醇、曲阜未谷馥、吾乡宋芝山葆淳同与校雠，佐余不逮云。乾隆辛丑二月安邑葛鸣阳跋。"

其次刻正文，首页钤"王摘孙纪念物"。正文后分别为《黎民表跋》《李文藻跋》《葛鸣阳又记》《〈复古编〉附录》。

国家图书馆[①]、香港新亚书院[②]、南京图书馆等也藏有淮南局本。

光绪十八年（1892），广东香山刘燏芬小苏斋重刻葛氏《复古编》。此本6册，半页5行，字数不等，白口，四周单边，后有附录、校正。今国家图书馆[③]、上海图书馆均有收藏。

六　清抄本

莫有芝《藏园订补邵亭知见传本书目》卷三："影写宋刊本，五行，黄丕烈藏印，涵芬楼藏，已印入四部丛刊三编。"[④] 此本书尾大篆题识曰："癸巳六月钱求赤家本钞，无他本可校，舛误不能是正。伟夕。"[⑤] 钱求赤

---

① 北京图书馆普通古籍组：《北京图书馆普通古籍总目》，书目文献出版社1995年版，第67页。
② 贾晋华：《香港所藏书籍书目》，上海古籍出版社2003年版，第46页。
③ 北京图书馆普通古籍组：《北京图书馆普通古籍总目》，书目文献出版社1995年版，第67页。
④ 莫友芝撰，傅增湘订补：《藏园订补邵亭知见传本书目》，中华书局2009年版，第180页。
⑤ 张有：《复古编》，影宋精抄本。

生于 1624 年，为清初藏书家，乃知此癸巳盖为 1653 年，此本当为清早期影宋抄本。此本二卷，每页五行，字数不一。陈瓘《复古编序》下钤"黄丕烈印""荛圃"印章，《陈瓘序》后钤"竹泉珍秘图籍""謏闻斋"之印。此本据宋刊本影写，篆法规整，运笔富有神韵，品格高雅，保存了宋刊本的原貌，在存世诸本中最为珍贵。对研究小篆形体、练习小篆书法者来说，此抄本是最好的本子。1935 年商务印书馆据此本影印刊行，1985 年上海书店又据商务印书馆本重印，故而此本最为常见易得。

随着文字学研究的深入、小篆书法事业的发展，《复古编》越来越受到人们的关注。影宋精抄本相对其他版本楷书字头及注文用字较古，然讹误颇多，而前人的校正又粗疏简略。有鉴于此，比勘其他版本，对通行易得的影宋精抄本进行校勘，正谬补阙，是十分必要而迫切的。我们以上海书店 1985 年印行的"上海涵芬楼影印影宋精钞本"为底本，以元刻本、明刻本、四库本、葛氏刻本为参照，以《说文》《玉篇》《类篇》《广韵》《集韵》等文字学著作为旁证，以字头先后为顺序，正其讹误，补其阙略（详见"附录一"）。

除影宋精抄本外，文渊阁四库全书经部收录的《复古编》也较常见。四库全书提要曰："此本为明万历中黎民表所刊。不载钥序，钥所云陈瓘、程俱前后序则皆相符合云。乾隆四十二年五月恭校上。"① 由此可知，文渊阁四库本《复古编》据明黎民表刊本抄写，但改易分卷。明黎明表刊本《复古编》与其他版本均为两卷，四库本共十一卷：上平、下平、上声、去声、入声、联绵字、形声相类、形相类、声相类、笔迹小异、上正下讹各一卷。此本每半页六行，字数不等，大字小篆，小字楷书双行，四周双边，白口，版心单黑鱼尾，版心鱼尾上有"钦定四库全书"，下有书名、卷数、页码，卷首及卷四首钤"文渊阁宝"朱文方印，卷尾及卷七末钤"乾隆御览之宝"朱文方印。文渊阁四库本《复古编》今藏台湾。

文渊阁四库本《复古编》据明黎民表刊本抄写，亦属宋本一源。此本其小篆形体较为瘦小呆板，运笔缺乏神韵，注文讹误较多。例如元刊本："赴，趋也。从走仆省。别作赴，非。芳遇切。"又"泰，滑。从廾从水大。古文作夳，同。别作汰，非。他盖切。文二。"文渊阁本："赴，趋也。从走卜省。别作赴，非。芳遇切。"又"泰，滑。从廾从水大。古文作太，同。别作汰，非。他盖切。文二。""赴"字形为"从走仆省"，

---

① 张有：《复古编》，载纪昀《文渊阁四库全书》（第 225 册），（台北）商务印书馆 1986 年版，第 680 页。

"泰"古文作"夳"。毋庸赘言，元刊本正确，文渊阁本错误。尽管四库本小有舛缪，但也有一定的校勘价值。例如"畺"影宋本为"从畺从三"，四库本作"从畕从三"；"苻"别作为"䇹、荶"，四库本作"䇹、蒔、荶"，同元刊本。无须多言，四库本正确，影宋本错误。

《复古编》清抄本出自名家且今有藏的还有莫有芝、桂中行据葛鸣阳刻本的抄本。

《宋元旧本书经眼录》："《复古编》。十有一月上旬，访王少山于东乡，见案头有吴稷堂先生所藏《复古编》旧抄本，亟借持以归。日来得暇乃举而披之，与去秋所写安邑葛氏刻本相校。……今但就葛吴两本篆注小异同及互夺误处，朱笔表识于旁或上下，俟他日多暇当更为清迻成完本云。道光十有六年十一月廿有四日。"① 据此莫友芝跋可知，此抄本乃莫友芝于道光十五年（1835）据葛氏刊本抄写，并据吴本校正。此抄本抄录《复古编》二卷，校正一卷（清葛鸣阳辑），今藏于上海图书馆。

《中国古籍善本书目》："《复古编》二卷，宋张有撰；校正一卷，清葛鸣阳撰；附录一卷。清同治十三年（1874）桂中行抄本，清桂中行跋并录清莫友芝校跋。"② 桂中行抄本据葛本抄录，今藏于南京图书馆。

莫友芝（1811—1871），字子偲，自号邵亭，又号紫泉、眲叟，贵州独山人。晚清金石学家、版本目录学家、书法家，宋诗派重要成员。莫友芝的书法四体皆工，小篆和隶书尽脱古人窠臼，朴茂厚重，潇洒灵动，自成一格。桂中行（？—1895），字履真，江西临川人。晚清名臣，书法家、画家，善工书画，尤能画兰。莫有芝、桂中行在书法上均有造诣，由他们手抄的《复古编》无疑是书法爱好者研习、临摹的佳品。

第二节 石印本《复古编》非张有《复古编》考辨

《北京图书馆普通古籍总目》第十卷文字学门载："0833《复古编》二卷/（宋）张有撰．—光绪十三年（丁亥1887）上海积山书局石印本．—2册．部二1册．字139/557.2。"③ 该书一函两册；半框高12.5厘米，宽

---

① 莫有芝：《宋元旧本书经眼录》，上海古籍出版社2009年版，第95—96页。
② 中国古籍善本书目编辑委员会：《中国古籍善本书目》（经部），上海古籍出版社1998年版，第433页。
③ 北京图书馆普通古籍组编：《北京图书馆普通古籍总目》，书目文献出版社1995年版，第67页。

8.3厘米，半页7行，字数不一；白口，四周单边，版心上刻书名、卷数，下刻页码。封面有"复古编芝田①署签"，扉页为"复古编吴兴包承善②署首"，牌记为"光绪丁亥六月上海积山书局石印云间张心庵藏"，下钤"翰墨因缘"朱印。

该书首印大观四年（1110）陈瑾《〈复古编〉序》，"复古编序"字下有摹写印"查山鉴定"；次印四香老人郑基相③跋语："按：《书法会要》：'张有，字谦中，吴兴人。隐于黄冠。善篆，书法甚古。有所撰《复古编》行于世。张征云："昔人作篆，如李丞相、李少监、徐骑省皆写篆非画篆。是故用工至易，如神行乎！其中至陈晞、章友直、文勋辈萦豪曳墨如朽如画，是故笔凝而无神。近世吴兴张有用写篆法，神明意用到昔人波澜。《复古编》出而晞辈废矣。"'古歙四香老人郑基相识。"

接着印"扬州八怪"之一的罗聘绘张有肖像，上附桂馥题篆书"谦中先生小像"及摹写"未谷"④印，下附"扁峰"摹写印。次印翁方纲张有赞："先生之容清癯若仙，先生之学超轶江式。颜之推刊俗书，谬衍古学。传宋四百年，仅式人焉。吁嗟乎！召陵不作，希冯⑤死，钟、王、褚、虞俗学耳。阳冰、铉、锴皆犹余子。微先生乎，谁崛起？肃瞻遗容，敢首稽。乾隆四十四年北平翁方纲敬赞。"下附"覃溪"⑥摹写印。

下刊《复古编》正文。正文首页有摹写印"张查山监藏图书印""太原我亦爱吾庐收藏图书"。正文共分两卷，上卷为上平声、下平声、上声、去声，下卷为入声、联绵字、形声相类、形相类、声相类、笔迹小异、上正下讹。

《复古编》下卷后为张心庵雍正七年跋："《复古编》上、下二卷。宋吴兴张有谦中撰。首载大观四年陈莹中序。己酉夏予得旧抄本于市。有四香老人郑基相跋语印记。疑即郑氏所录也。书主分别亦墨守许氏者。周伯琦《六书正讹》盖脱胎于此。吾子行云：'字有古今，检《说文》颇觉费力，先熟于《复古编》，大概得矣。'又云：'载古今异文字，不可以为字少。'予尝见赵凡夫《六书汉义》载谦中'论六书'甚详。此全不载，疑当有'自叙'或'六书论'，为抄书者所逸耳。向从吴兴书船觅此书垂二

---

① 宋伯鲁，字芝栋，一字芝田，亦署芝钝，光绪进士。
② 包承善，吴兴大收藏家，清代著名书画家包虎臣之孙。
③ 明末清初篆刻家，有《郑弘佑印谱》传世。
④ 桂馥号。
⑤ 顾野王，字希冯。
⑥ 翁方纲号。

十年，今乃一旦得之。近又得元至大版《六书统》《书学正韵》五十六卷及汉闻喜长韩仁铭碑、汉孔子廿世孙孔褒碑，二刻皆前人所未见者。插架之富顿增数倍。火齐木难一齐入纲。并书之以志喜。时雍正七年四月廿八大雨中记。"

次印《郡斋读书志》[①]《直斋书录解题》[②] 有关张有的内容。接着印沈铦[③]跋："宋吴兴张谦中墨守《说文》。尝书魏国夫人墓道碑。书'魏'为'巍'，以为许氏如此，手可断，字不可易也。此《复古编》式卷，以《说文》正俗字，为许学不可少之书。张君心庵旧藏景钞北宋本，其篆文由钩摹张氏之真迹，注中隶书间有脱讹，然无从校补，且以存北宋本之真，不敢臆改也。此书今淮南有刊，较此脱讹尤多，岂非旧本之尤可宝者？躬余借读讫，爰缀数语而归之。光绪十年三月古娄沈铦元咸并跋。"后附"沈铦""元咸"摹写印。

依沈铦光绪十年跋，石印本《复古编》为张心庵旧藏影钞北宋本。实则不然，石印本《复古编》当在元末清初之间，以北宋张有《复古编》为基础，增益改动而成。其理由如下：

一 "上正下讹"完全不同

石印本《复古编》与张有《复古编》一样，主干部分均据《说文》辨正俗讹，除多出四个字头外（详见下文），其他字头基本相同；联绵字、形声相类、形相类、声相类、笔迹小异五部分，除石印本用"从某某声"、张有用"从某某"分析形声字外，字头及注文两者有诸多相同之处。然而"上正下讹"两者迥然不同。现逐一列举，加以比较。

张有《复古编》"上正下讹"部分收78组，共156个正讹字，正讹字皆为小篆。分别是：

天，他前切。毒，徒沃切。走，子苟切。步，簿故切。乏，房法切。章，诸良切。殳，市朱切。攸，以周切。羽，王矩切。鸟，都了切。焉，有虔切。畢，卑吉切。争，侧茎切。昌，房九切。耒，卢对切。乃，奴亥切。可，肯我切。豆，徒候切。井，子郢切。今，居音切。高，古牢切。京，举卿切。娶，子力切。夋，七伦切。

[①] 见上文"《复古编》研究概述"部分。
[②] 见本章第一节。
[③] 字符咸，号诚斋，娄县廪贡。光绪初流寓上海。精汉隶，工山水，善刻印。

第二章 《复古编》版本研究

㞢出，尺律切。𤣩𤣩𤣩，子红切。舍舍舍，始夜切。𠕅𠕅𠕅，于㩜切。

甬甬甬，余陇切。彔彔录，卢谷切。丙丙丙，呼讶切。𢁉𢁉戎，而中切。

众众众，之仲切。㐅㐅交，古爻切。𦒳𦒳老，卢浩切。石石石，常只切。而而而，如之切。吴吴吴，五乎切。亢亢亢，古郎切。囟囟囟，息进切。云云云，王分切。非非非，甫微切。恶恶恶，乌代切。俞俞俞，羊朱切。囟囟囟，古代切。甚甚甚，常枕切。𠫓𠫓古文泰字，堇堇堇，巨斤切。金金金，居音切。斗斗斗，当口切。厽厽厽，力轨切。亚亚亚，衣驾切。五五五，疑古切。𠷎𠷎𠷎，许救切。酉酉酉，与久切。丣丣古文酉字。足足足，即玉切。𨐬𨐬𨐬，息廉切。高高高，郎激切。失失失，式质切。承承承，署陵切。𡕾𡕾𡕾，古尧切。卷卷卷，居转切。县县县，胡涓切。直直直，除力切。广广广，鱼俭切。新新新，息邻切。方方方，府房切。矛矛矛，莫浮切。伯伯伯，博陌切。邑邑邑，于汲切。良良良，吕张切。纪纪纪，居拟切。专专专，职缘切。战战战，之扇切。丰丰丰，敷戎切。主主，知庾切。音音音，天口切。

石印本"上正下讹"部分共收正讹字179组，共367字，且正讹字为楷字（见下表）。

凡俗作九	土俗作圡	幺俗作么	内俗从人	氏俗作玄	出俗作出	外俗作外
幼俗从刀	色俗作色	旨俗作旨又作旨	兆俗作𠧞	匈俗作匃	灰俗作灰	夾俗作夹
妒俗作妬	秃俗作秃	私俗作私	佞俗作佞	乖俗作乖	岡俗作崗	亯俗作享
兒俗作児	亞俗作亚	剌从朿俗作刺	奔俗作卒	兔俗作兔	邺俗作抑	來俗作来
屈俗作屈	宛俗作宛	甂俗作𤬪	羌俗作羌	舍俗作舍	臭俗作臭	蚓俗作蚓
面俗作面	迴俗作迥	柤俗作柤	韋俗作帋	狥俗作狗	狠俗作狠	胤俗作胤
燮俗作燮	看俗作看	珍俗作珎	若俗作若	盈俗作盈	眇从目俗从耳	派俗作泒
亟俗作亟	枽俗作枀	卻俗作却	姦俗作奸	荅俗作答	鬲俗作鬲	蒭俗作蒭
笑俗作笑	溼俗作濕又作湿	祕俗作秘	恥俗作耻	紙俗作紙	隻俗作隻	哥俗作哥
耽俗作躭	荔俗作茘	蚍俗作蚜	虔俗作虔	兼俗作兼	叜俗作叟又作叟	健俗作健
爽俗作爽	密俗作密	翏俗作翏	處俗作處	參俗作叅	敘俗作叙	偃俗作偃

48　北宋张有《复古编》研究

续表

曼俗作曼	婁俗作娄	庶俗作庶	兜俗作兠	授俗作授	淵俗作渊	船俗作舡
畢俗作畢	菴俗作庵	辜俗作辜	莽俗作莽	禼俗作禼	甯俗作寗	游俗作游
菌俗作菌	飱俗作飱	堉俗作婿	堯俗作尧	庚俗作庚	肅俗作肅 又作肅	喪俗作丧
奥内从米 俗从米	温俗作温	廏俗作廏	鼠俗作鼠	隙俗作隙	鈎俗作鈎	歲俗作岁
解俗作觧	亂俗作亂	漾俗作漾	毀俗作毁	達中从羊 俗从羊	腦俗作腦	遊俗作遊
箸俗作著	嗇俗作啬	羣俗作群	廈俗作厦	廉俗作廉	鄙俗作邨	鳳俗作凤
麼俗作麽	鄰俗作邻	睽从日	膚俗作膚	衙俗作衙 又作啊	圓俗作圓	嘗俗作甞
尧俗作尧	蒙俗作蒙	盡俗作盡	奥俗作奥	憂俗作憂	澀俗作澁	潛俗作潜
廝俗作廝	鶂俗作鵠	羹俗作羮	厨俗作厨	塵俗作塵	膈俗作膈	鄰俗作隣
爾俗作尓	賴俗作頼	贏俗作贏	隨俗作随	衡俗作衡	隸俗作隷	奮俗作舊
廩俗作廩	蕊俗作蕊	龜俗作龟	盧俗作盧	歸俗作歸	懷俗作懷	館俗作舘
彎俗作樊	戲俗作戲	隱俗作隐	襄俗作襄	雖俗作雖	斂俗作歛	嬰俗作婴
黏俗作粘	聲俗作声	覿俗作覿	鎖俗作鎖	雙俗作雙 又作双	蘗俗作蘗	獻俗作献
鵝俗作鹅	鹹俗作醎	糵俗作蘖	囂俗作嚣	瓊俗作瑷 又作瑷	霸俗作覇	鯤俗作鯤
竊俗作竊 又作窃	鼇俗作鳌	蠶俗作蚕	覊俗作羁			

由上表可知，石印本《复古编》与张有《复古编》"上正下讹"部分，不仅两者数量不同，字体不同，而且两者体例也完全不同，当属两本不同的著作。

二　石印本《复古编》征引《通志》

石印本《复古编》"回"小篆字头下注文为："回，胡隈切。转也。从口，中象回转之形。天周地外，二气回转其中也。《通志》云：回，古雷字，借为回旋之回。别作徊、廻，并非。"

《通志·六书略》"象形第一"中的"天物之形"中云："回，古雷字。后人加雨作靁。又作靇，省作雷。回象雷形，借为回旋之回。古尊罍器多作云回。"①

郑樵，字渔仲，世称夹漈先生，生于北宋徽宗崇宁三年（1104），卒于南宋高宗绍兴三十二年（1162）。考张有《复古编》陈瓘序，该书至少成于大观四年（1110），而此时郑樵才六岁。如果《复古编》征引郑樵《六书略》，岂不谬哉？

然而与此完全相同的内容也出现于元代周伯琦的《六书正讹》② 释"回"中。考《六书正讹》，文中亦仅出现一次"通志"，所以我们不可以轻率地推断石印本《复古编》脱胎于《六书正讹》，或《六书正讹》脱胎于石印本《复古编》。

三 石印本《复古编》征引《六书故》

第一次是石印本《复古编》"㕔"小篆字头下注文："㕔，汤丁切。聆也。《六书故》云：从耳，会意，壬声，古者治官处谓之事，谓受事察讼于是也。叚借隶作聽。别作廳，非。"

此处间接征引《六书故》卷十"人三"释"㕔"的内容。《六书故》："㕔，地定切。耳之职。㕔亦作聽。㕔，耳之德也。《书》云：'聽曰聦。'又曰：'㕔惪惟聦。'又平声。治事之地谓之㕔事。古所谓庙朝也。俗作廳、厅。"③

第二次是"旅"小篆字头下注文："旅，两举切。军五百人之名。从㫃从二人。《六书故》云：并人于㫃下；㫃，旗之斿也；以旗致民众。会意。又借为禾自生之名。别作穭、稆，并非。"

此处亦为间接征引《六书故》卷三十一中的"工事七"释"旅"的内容。《六书故》："旅，力与切。师众也。《周官》：五百人为旅。并人在㫃下，以旗致民之义也。"④

戴侗，字仲达，永嘉（今浙江温州市）人，生于宋宁宗庆元六年（1200），卒于元代至元二十二年（1285）。张有《复古编》写于北宋神宗元丰四年（1081）至宋徽宗大观四年（1110）之间。而此时戴侗还没有出生，张有撰写《复古编》时怎么可能引用他的《六书故》中的内容？

---

① 郑樵：《通志》，中华书局1995年版，第235页。
② 周伯琦：《六书正讹》，明嘉靖元年重刻元刊本。
③ 戴侗：《六书故》，上海社会科学院出版社2006年版，第242页。
④ 戴侗：《六书故》，上海社会科学院出版社2006年版，第763页。

与此巧合的是《六书正讹》亦征引《六书故》，且达 12 次之多。分别胪列如下：

1. 朤，先彫切。参差管乐，象凤之翼。戴侗《六书故》作此。象形。今从之。凡从朤者，皆如此。《说文》作箫，注肃声。声不可谐，义舛。盖传写之讹也。当改作此。

2. 熩，纰招切。火飞也。《说文》作熛，从囱，无义。戴侗《六书故》云：从火，会意；从要，谐声。今从之。凡嘌、趭、䮽等字从此。《汉书》并单作票。

3. 饕，它刀切。贪也。从食号声。《说文》作饕。《六书故》案：古文作饕。别作叨，非。

4. 収，即芊切。奉也。《六书故》云：从又手也，会意，从廾谐声。今从之。旧说将从肉从寸，非。

5. 䀝，汤丁切。聆也。《六书故》云：从耳，会意，壬声，古者治官处谓之䀝事，谓受事察讼于是也。假借。隶作聽。别作廰，非。

6. 參，疏簪切。商星也。白虎宿三星，直下有三星。《六书故》云：从晶，星字也，三声。今从古文。《说文》作曑，从晶；参，非声，传讹。

7. 虫，诩鬼切。一名蝮，博三寸，首大如擘指。象形。《六书故》云：此即蟲字省文。俗作虺，非。

8. 旅，军五百人之名。从㫃从二人。《六书故》云：并人于㫃下；㫃，旗之斿也；以旗致民众。会意。又借为禾自生之名。别作穭、稆，并非。

9. 武，冈甫切。扬戈定乱也。从戈而引之，亾声。会意。古文珷字亦从亾声。旧说止戈为武，讹。今从《六书故》。

10. 耍，乳兖切。罢弱也。从而，颊毛也；颊毛盛大而肤理耍弱，故从大。会意。《史记》：以耍脆之体。《六书故》云：即今软字。又借为奴乱切者，即今懦字，皆同义借音。通作偄。别作软、媆、愞、懦，并非。

11. 埽，稣老切。除弃也。从土帚。会意。《六书故》云：从朩，象帚形；又，手也；帚除之意。别作掃，非。

12. 秃，它谷切。无发也。《六书故》云：从人，从木声。旧说从禾，无义。俗作秃，非。

由上可知，石印本《复古编》释"䀝""旅"所征引《六书故》的内容均完全同于《六书正讹》的征引。尽管如此，如果我们就此推断石印本《复古编》脱胎于《六书正讹》似乎略显草率。但是，通过以上分析，我们可以肯定地说石印本《复古编》绝不是北宋张有《复古编》。

四　石印本《复古编》征引《六书正讹》

石印本《复古编》雍正七年跋载："周伯琦《六书正讹》盖脱胎于此。"是《六书正讹》脱胎于石印本《复古编》，亦还是石印本《复古编》脱胎于《六书正讹》，这是一个棘手的问题。然而仔细比勘两书具体内容，我们发现石印本《复古编》征引周伯琦《六书正讹》相关内容。

（一）石印本《复古编》征引《六书正讹》注解术语

尃，布也。从甫声，从又。布之义也。旧注从寸，非。芳无切。

兑，徒外切。说也。从人从口，上从八者，张口而气分散。会意。易卦名。旧注从谷声，讹。俗作兊，非。

《六书正讹》与之相应内容为：

尃，芳无切。布也。从甫声，从又。布之义也。旧注从寸，非。隶作敷，通。

兑，徒外切。说也。从人从口；上从八者，张口而气分散。会意。易卦名。旧注从谷声，讹。俗作兊，非。

这里要解决的关键问题是"旧注"所指为何书旧注。石印本《复古编》仅出现如上两处"旧注"。考《六书正讹》共出现 15 次"旧注"，从"旧注"的 15 个字头分别是：囲、尃、午、普、虎、臥、叜、兑、舉、侯、庽、告、戌、亚、妾。其注文如下：

1. 囲 由，竹器。象形。盖畚、䏿、䒱皆从此。旧注象缶形，非。俗用笛，非。

2. 尃，芳无切。布也。从甫声，从又。布之义也。旧注从寸，非。隶作敷，通。

3. 午，敵吕切。古杵字。春午也。象形。故舂字从午，是其证也。又疑古切。借为十干子午字。后人因从木作杵，以别之。旧注以午为声，非。

4. 普，颇五切。从日，日光所照徧及；会意；竝声。旧注谓日无色者，非。通用溥。俗作普，非。

5. 虎，火五切。山兽之君。从虍声，下象爪。旧注从人，讹。俗作虎，非。

6. 臥，语两切。反首望也。从二人相向；在左者，转立；在右者，向而望之。会意。借为五冈切。别作仰、昂，并非。旧注从卩，非。

7. 叜，稣后切。老人之称。人老则以手掖之；故从又，手也；从亦，即掖也。会意。与丈字同义。旧注从灾，讹。俗作叟、傁，并非。

8. 兑，徒外切。说也。从人从口；上从八者，张口而气分散。会意。易卦名。旧注从㕣声，讹。俗作兖，非。

9. 奥，于到切。室在西南隅之名，深密之地也。古者室在东南隅开门，东北隅为穴，入西北隅为堂，西南隅为奥；故从宀，屋也；从釆、廾者，辨其尊位而奉之。会意。旧注从𠬸声，讹。俗作奥，非。

10. 佚，送也。古者诸侯取夫人则同姓，两国佚之，谓从嫁之男女也。从人从火者，歕食所先；从廾者，奉承之义，此佚之事也。会意。凡脄、迷、媵、䞄等字从此。旧注从𠬸声者，讹。字中无此声也。《史记》伊尹为有莘佚臣，则不特女也。俗作媵，非。

11. 庿，郎豆切。屋穿水入也。从雨广；广，屋也；雨入屋下。会意。又室西北隅曰屋庿。旧注从屋省，乃尸字，于庿无义。传写之讹也。今改从广。隶作漏，通。

12. 告，沽沃切。以言语启示人也。古者告庙用牲，必有祝词，故从牛牲也。从口，祝词也。会意。旧注牛角横木告人者，讹。借为桎告、牢告字。又古奥切。别作告、梏、牿，非。

13. 戌，击伤而灭之也。从戊会意，一声。借声为戌亥字。九月之象。古作㦮，用戈之状也。旧注易气灭于戌者，非。

14. 亚，遏剔切。古垩字。涂饰墙也。象圬者纵横涂饰之状。会意。《周礼注》："素车以白土垩车，藻车以苍土垩车。"然则凡涂饰皆言垩，不特白也。又乌故切。借为憎亚、善亚字。《释名》云："垩者，亚之也，次之也。"先之以泥，后饰以灰，次之义也。故又因义借为亚次字。衣驾切。亚字既为借义所专，小篆遂从土作垩字，又从心作恶字，以别之。要之，亚、垩、恶字本皆一字也。秦《诅楚文》石刻亦以"亚驼"代"滹沱"，则因声借用明矣。旧注丑也，象局背者，非。又平声。借为叹息词。

15. 妾，七接切。女子给事之得接于夫者也。从立从女，侍侧之义，会意。旧注以从辛为有辠，非。

上列15个字头有7个在石印本《复古编》出现，分别是：曳、𢦏、奥、奥、兑、佚、亚。而这7个字头中，仅释"𢦏""兑"中从"旧注"。《六书正讹》中除了有15个"旧注"外，还出现13个"旧说"、2个"旧从"、3个"旧音"、2个"旧作"。考文献相应内容可知，"旧"指《说文》。这35处《说文》内容，涉及释义、析形、字音、字形等内容。由此，我们说"旧注""旧说""旧从""旧音""旧作"为《六书正讹》的注解术语是成立的。而石印本《复古编》仅出现2个"旧注"，而"旧说"等并未出现，因此"旧注"为石印本《复古编》注解术语则不具说服力。

（二）石印本征引《六书正讹》"转注"术语

唐代裴务齐《〈切韵〉序》据许慎《〈说文解字〉叙》"考老"之例，推出"考字左回，老字右回"之说，认为文字改变方向为转注，此说虽被徐锴《说文系传》斥为"俗说"，被郭忠恕《佩觿》斥为"野言"，然而却被戴侗《六书故》与周伯琦《六书正讹》承继下来①。《六书正讹》以此分析字形达 21 次之多。下面把它们胪列出来，以观其形转"转注"说。

1. 𦣻月，于希切。归也。从反身。取月归之义。身之转注。殷字从此声。隶用依，倚也。

2. 尼仁，而邻切。心之德，爱之理也。从人从二；二，古上字。元之转注。盖元从二从人，仁则从人从二。在天为元，在人为仁。人所以出于万物之上者，仁也。旧说从二声，误。隶作仁。

3. 丂ㄈ，虎何切。气舒也。丂之转注。俗作呵，非。

4. 𣍘良，吕张切。善也。从㐭转注。会意。亾声。又贤也，甚也。假借。隶作良。

5. 丏丏，弥殄切。避箭短墙也。正字转注。借为不见也。象雍蔽之形。沔、眄等字从此。俗作丐，非。

6. 叵叵，普火切。不可也。从反可转注。俗作叵，非。

7. 𠂇爪，止两切。𠃛持也。从反爪转注。𠃛古执字。通用掌，非。

8. 𠂤𠂤，很口切。从反亯；亯者，进上也。以进上之具反之于下，则𠂤也。亯之转注。隶作厚，从此。山陵之厚也。今通用俗作厚，非。

9. 𣲻派，普卦切。水之衺流别也。水长流，反则分𠂢。从反永转注。俗作派，非。

10. 𥃩艮，古恨切。目不见也。从目从反人。人反身，则无所见。见之转注。又卦名。今文作艮。

11. 𠄔幻，相诈惑也。𢆶声。𢆶，古环字。从𢆶而丨之。会意。倒幻为予。予乃幻之转注。通用眩。

12. 凵匕，火跨切。变之成也。从倒人转注。借为教行也。隶作化。

13. 卪可，从反卪。卪可，抑扬之形。转注。抑字从此。合符有二：与者，执左；取者，执右，古卪可字如此。隶用节奏字。

---

① 黄德宽、陈秉新：《汉语文字学史》，安徽教育出版社 2006 年版，第 123 页。

14. 𠬞, 居六切。叉手也。象两手用力之形。廾之转注。小篆作匊，以手屈掌匊米。会意通。

15. 彳, 厨玉切。亍, 步行止也。从反彳。彳音敕。象行步之形。彳之转注。别作蹢躅、踯躅，并非。

16. 𦥑, 拘玉切。挖持也。从反丮转注。俗作捐，非。

17. 𠫓, 它骨切。从倒子不顺忽出也。子不顺生有𠫓之义。《易》："𠫓如来如。"从倒子转注。𠫓，古文流字从此。俗用突，乃灶囱也。

18. 𣥂, 蹈也。从反止转注。

19. 𠨔, 按也。从反印。印者，外向而印之。反印为内，自𠨔。印之转注。借为反语词。隶作抑。

20. 帀, 作荅切。艸根也。艸未出地，根延蔓周帀，故从倒屮为义。屮字转注。俗作匝、迊，并非。

21. 𠣒, 扶法切。藏矢之具也。反正为𠣒。正受矢，而𠣒藏矢也。正之转注。借为匮乏字。隶作乏。

由上可知，周伯琦认为，凡是一个字转变形体方向而成其他字，那么其转向字就是本字的转注字。这种观点黄德宽称为"形转说"，而张有却主张"声转说"[1]。明杨慎《升庵集·张有论六书》："张谦中《复古编》谓：'象形者，文之纯，肇于此；指事者，文之加，滋于此；会意者，字之纯，广于此；谐声者，字之加，备于此；假借者，因其声，借其义；转注者，转其声，注其义。文字之变化无穷矣。'"[2] 顾炎武《音论·六书转注之解》载："宋张有曰：'转注者，辗转其声，注文他字之用也。如其、无、少、长之类。'"[3] 张有认为，语言中存在的一些有义无字的词，人们选定某个字在保留其本来的字音、字义的基础上，把该字音稍作转变成为另外一个字音，最后把一个新义灌注到这个有新读音的字中。如"其"本是"簸箕"的"箕"字，后转借为代词。由此可知，张有主张"声转说"，是"声转说"的代表。石印本《复古编》竟出现一处"形转"转注字："𠫓，从倒子转注。它骨切。古突字。不顺忽出也。子不顺生有𠫓之义。"而张有《复古编》涵芬楼影南宋精抄本、元好古斋吴志淳刻本、明黎民表刻本、清四库本及葛鸣阳刻本释"𠫓"均为"𠫓，从到子，他骨

---

[1] 黄德宽、陈秉新：《汉语文字学史》，安徽教育出版社 2006 年版，第 123 页。

[2] 杨慎：《升庵集》，载纪昀《文渊阁四库全书》（第 1270 册），（台北）商务印书馆 1986 年版，第 597 页。

[3] 顾炎武：《音论》，载纪昀《文渊阁四库全书》（第 241 册），（台北）商务印书馆 1986 年版，第 26 页。

切，不顺忽出也"。毋庸赘言，石印本"形转说"与张有"声转说"相抵牾。此例再次证明，石印本《复古编》非张有《复古编》。

结语

　　从以上分析，我们不难看出石印本《复古编》无论征引郑樵《通志》，还是征引《六书故》，亦还是征引"旧注"，征引内容几乎完全与《六书正讹》相同。我们不能简单地判断两者征引巧合。除征引《通志》外，其他相关征引，周伯琦《六书正讹》远远多于石印本《复古编》，且《六书正讹》的征引完全包含石印本《复古编》的征引。由此，我们可以大胆地推断，石印本《复古编》非北宋张有所著；它是一本以张有《复古编》为基础，以元周伯琦《六书正讹》为参考材料，借鉴前人训诂成果，辅以个人见解而写成的、独立的、被前人误识的、今人未知的文字学正字著作。其成书时间不早于《六书正讹》成书（1351年）时间，不晚于郑基相生活的明末清初（据上郑基相跋推知），当在元末清初之间。石印本《复古编》真正的书名与作者，我们暂无具体文献考证，存疑待考。因为石印本《复古编》是在张有《复古编》的基础上增益注文而成，我们建议其书名为《增注复古编》。至于其作者，暂且不论，我们可以肯定地说，他必是一位在书法、文字、训诂、音韵方面颇有造诣的文字学家。

　　石印本《复古编》因其小篆形体与影宋本张有《复古编》较为相似，且其前面特别是前18个字头（从"僮"至"功"）及注释与后者相差无几，很容易让人误解两者为同一本著作，以至沈铦这样一个精汉隶、工山水、擅篆刻的书画家也判断失误。石印本《复古编》的作者之所以如此，其用意无非假托张有《复古编》达到流传其书的目的。今人如果仅从石印本《复古编》封面题字、扉页题字、牌记、序跋、藏书印来判断，很容易误认为是北宋张有的著作，因此《北京图书馆普通古籍总目》著录错误也无可厚非，希冀修订时予以更正。

第三节　石印本《复古编》与张有《复古编》、周伯琦《六书正讹》之比较

　　既然石印本《复古编》假托张有《复古编》而著，石印本《复古编》张心庵雍正七年跋又认为《六书正讹》脱胎于《复古编》，我们有必要把这三者简单做一比较以察三者之异同。

石印本《复古编》与张有《复古编》均为两卷。上卷均为上平声、下平声、上声、去声，下卷为入声、联绵字、形声相类、形相类、声相类、笔迹小异、上正下讹。平声至入声部分，根据《说文解字》辨正俗体之讹谬，以四声分隶诸字，字头用篆书，或体、别体、俗体等则附载注中；入声之后六部分为附录。《六书正讹》没有附录，与张有《复古编》、石印本《复古编》平声至入声部分体例大致相同。石印本《复古编》相较张有《复古编》《六书正讹》，其差异主要表现在以下几个方面：

一 石印本《复古编》多收四个字

张有《复古编》据《说文解字》辨正俗体之讹部分共收 1239 个小篆（含个别古字）字头，而石印本《复古编》共收 1243 个小篆字头。多出的 4 个字头及注文为：

銛銛，思廉切。臿属。从金从舌。会意。又借为利也。俗用鍂，从昏者，古活切，断也。与此不同。

厱厱，离盐切。棱也。从厂。石之棱隅也。又厉石。兼声。又足胫外隅亦曰厱。《说文》作廉，从广，无义。别作磏、礛，并非。

軷軷，蒲撥切。出行祭名。出将有事于道，必先告其神，立坛四通，树茅以依神，为軷；轹于牲而行，为范軷。《诗》："取羝以軷。"《周礼》："掌祀軷。"从车犮声。

尺尺，昌石切。度名。十寸也。人手却十分动脉为寸口。十寸为尺，规巨事也。古者寸、尺、咫、寻、常、仞诸度量，皆以人之体为法。故从尸从乀，象布指之状。会意。《家语》："布指知尺，舒肱知寻"，是也。

《六书正讹》也收录了以上四个字。如下：

銛銛，思廉切。臿属。从金从舌。会意。又借为利也。俗用鍂，从昏者，古活切，斷也。与此不同。

厱厱，离盐切。棱也。从厂。石之棱隅也。又厉石。兼声。又足胫外隅亦曰厱。盖借义也。《说文》作廉，从广，无义。传写之讹也。别作磏、礛，并非。

軷軷，出行祭名。出将有事于道，必先告其神，立坛四通，树茅以依神，为軷；轹于牲而行，为范軷。《诗》："取羝以軷。"《周礼》："掌祀軷。"从车犮声。

尺尺，昌石切。度名。十寸也。人手却十分动脉为寸口。十寸为尺，规巨事也。古者寸、尺、咫、寻、常、仞诸度量，皆以人之体为法。故从尸从乁，象布指之状。会意。《家语》："布指知尺，舒肱知寻"，是也。古书亦借用。

根据上列四个字，我们可以看出石印本《复古编》汲取了《六书正讹》的相关内容。

二　石印本《复古编》部分内容与张有《复古编》相同

石印本《复古编》个别字头、注文与张有《复古编》相同。例如：
张有《复古编》：穖穖，布之八十缕也。从禾㡭。别作緵，非。
张有《复古编》：襛襛，衣厚皃。从衣農。别作穠，非。尼容切。
张有《复古编》：䘛䘛，肿血也。从血，農省。或作膿。别作癕，非。奴冬切。
石印本《复古编》相对内容与之完全相同。

三　石印本在张有《复古编》的基础上汲取前人训诂成果

石印本《复古编》在张有《复古编》注文基础上，汲取前人训诂成果，直接或稍作改动增益而成。例如：
张有：腔腔，肉空也。从肉空。别作羫，非。苦江切。
《六书正讹》：腔腔，枯江切。骨体之总称。从肉空声。俗作羫，非。
石印本：腔腔，羊腔也。从肉空。肉空也。别作羫，非。枯江切。
关于"腔"的注解，大徐本《说文》新附为"内空也。从肉从空，空亦声。苦江切"。《玉篇》为"腔，去江切。羊腔也"。显然，石印本《复古编》汲取了张有《复古编》的释义以及周伯琦《六书正讹》的反切，增益了《玉篇》的内容。
张有：糉糉，芦叶裹米也。从米㚇。别作粽，非。作弄切。
石印本：糉糉，作弄切。芦叶裹米。角黍也。从米㚇声。俗作粽，非。
《六书正讹》未收"糉"字。把"糉"释为"角黍"首见于《类篇》。《类篇·米部》："糉、粽，作弄切。角黍也。或作粽。文二。"张有《复古编》分析形声字偏旁时，一般用"从某某"，不用"从某某声"，而石印本则一般采用《说文》分析方式。张有《复古编》释"糉"同大徐本《说文》新附。石印本在此基础上增衍了《类篇》的释文。
张有：𡐛𡐛，引击也。从幸支，见血也。扶风有𡐛厔县。俗作䑏，从执，非。张流切。
石印本：𡐛𡐛，张流切。引击也。从幸支，见血也。扶风有𡐛厔县。

又山曲曰鳌，水曲曰厔。俗作埶，从執，非。

《六书正讹》未收"鳌"字。石印本所增释义，汲取了《集韵》的训诂成果。《集韵·尤韵》："鳌，《说文》：引击也；扶风有鳌厔县。一说：山曲曰鳌，水曲曰厔。俗作埶，非是。"

张有：枷枷，栧也。一曰所以举物。俗作架。古牙切。又古迓切。文二。

《六书正讹》：枷枷，居讶切。栧也。一曰所以举物也。从木召声。通作架。

石印本：枷枷，居讶切。栧也，打谷具。一曰所以举物也。从木召声。通作架。又古牙切。文二。

石印本承《六书正讹》字头，又在张有《复古编》的基础上增释"打谷具"。此义始见于原本《广韵》。《广韵·木部》："枷，枷锁。又连枷，打谷具。"

张有：肴肴，啖也。从肉爻。别作餚，非。胡茅切。

石印本：肴肴，胡茅切。啖也。凡非谷而食曰肴。从肉爻声。别作餚，非。

《六书正讹》未收"肴"字。"凡非谷而食之曰肴"始见于《诗经》郑笺。石印本在张有《复古编》的基础上增益此解。

张有：騥騥，黍（按：原文如此）也。从黍髟。别作髹，非。

《六书正讹》：騥騥，棃也。从黍髟声。俗作髹，非。

石印本：騥騥，棃也。又赤多黑少之色。从黍髟声。俗作髹，非。

石印本承《复古编》之讹。所增"赤多黑少之色"之义，始见于《周礼》郑玄注。

张有：蝕蝕，败创也。从虫人食。别作蚀，非。乘力切。

石印本：蝕蝕，乘力切。曰蝕。又败疮也。《释名》："日月亏，一曰蝕。稍小侵亏如蛊会（按：'蛊'当为'虫食'之讹）艸木之叶也。"别作蚀，非。

《六书正讹》未收此字。石印本在张有《复古编》的基础上增益刘熙《释名》中的常用义。

四　石印本改易《六书正讹》部分内容

石印本《复古编》在《六书正讹》的基础上稍作省改。例如：

张有：升升，十龠也。从斗，象形。后人作昇，俗。别作陞，非。识蒸切。

《六书正讹》：🗆升，书蒸切。登合之量也。从斗而小之。其旁有柄，可执。象形。古升，上径一寸，下径六分，其深八分。龠十为合，合十为升。又布以八十缕为升。又借为升进、升高字。小篆讹作🗆。别作昇、陞，并非。

石印本：🗆升，书烝切。从斗而小之。象形。龠十为合，合十为升。又布以八十缕为升。又借为升进、升高字。小篆讹作🗆。别作昇、陞，并非。

考古文，"升"作🗆（甲550）、🗆（友簋）、🗆（秦公簋）、🗆（古陶）、🗆（睡虎简·秦一八二）。《六书正讹》、石印本小篆形体为小篆常见字形。石印本承《六书正讹》释义，并稍作减省。

张有：🗆斗，十升也。象形。有柄。别作斝、抖、陡、蚪，并非。当口切。

《六书正讹》：🗆斗，当口切。十升之量也。象形。古者斗有柄。俗作斗，非。

石印本：🗆斗，当口切。十升之量也。象形。古者斗有柄。俗作斗，非。

考古文，"斗"作🗆（秦公簋）、🗆（古陶）、🗆（睡虎简·秦七二）。石印本与《六书正讹》小篆更合乎文字形体演变规律。石印本承《六书正讹》释义，并稍作改易。

五 石印本《复古编》部分内容与《六书正讹》相同

石印本《复古编》有些字头、释义、析形、反切、辨正俗讹完全同《六书正讹》。此不赘述，参见上文"铦"字头及注文。

六 石印本《复古编》敢于创新

石印本除了继承张有《复古编》、周伯琦《六书正讹》的成果外，也敢于对前人的说解采取怀疑的态度，勇于求得真解，甚至别立新说。

张有：🗆窥，小视也。从穴规。别作闚、窺，并非。去陆切。

石印本：🗆窥，穴中视也。从穴規。别作闚、窺，非。去为切。

《六书正讹》未收此字。石印本汲取徐锴《说文系传》的说解而改易。《说文系传》："窥，小视。从穴规声。曰视之于隙穴也。东方朔曰：'以管窥天。'丘规反。"从字形来看，"穴中视"要比"小视"更为具体明确。

张有：俞俞，空中木为舟也。从亼从舟从巜。别作俞、腧、愈，并非。羊朱切，又勇主、春遇、丑救四切。文二。

《六书正讹》：俞俞，容朱切。空中木为舟也。从亼从舟从巜。音畎，水也。会意。又勇主切。借为俞越、俞胜字。别作逾、愈，并非。

石印本：俞俞，并木为舟也。又借为然义。又姓。从亼从舟从巜。音畎，水也。会意。容朱切。又勇主切。借为俞越、俞胜字。别作逾、愈，并非。

石印本作者盖以为"俞"从"亼"，"亼"有"集合"之义；加之"空中木为舟"不合其所见舟之形状，于是就由常见的简易木筏得到启示，而释"俞"为"并木为舟"。此说有一定道理，存参。

张有：文文，错画也。象交文。别作纹，非。无分切。文二。

石印本：文文，机丝经所挽之交也。别作纹，非。无分切。文二。

《六书正讹》未收"文"。石印本作者盖嫌"文"的释义"错画"不好理解，改易为织布丝线相交而成的花纹为"文"。此说存参。

张有：痂痂，疥也。从疒加。别作㿊，非。

石印本：痂痂，疥也。办肌溃败而干者。从疒加声。别作㿊，非。

《六书正讹》未收此字。《复古编》"痂"的释义承《说文》，而《说文》"疥"释为"搔也"。如此，"痂"的释义略显含糊不清。石印本用较为简洁明了的话语解释清楚了"痂"的意义。

张有：尾尾，微也。从倒毛在尸后。隶作尾，从正毛字。无斐切。文二。

《六书正讹》：尾尾，武斐切。散也。从倒毛在尸后。象形。俗作尾，从毛，非。

石印本：尾尾，武斐切。微也。鸟兽之余体后巫者，从倒毛在尸后。象形。俗作尾，从毛，非。

《说文解字》：尾，微也。从到毛在尸后。古人或饰系尾，西南夷亦然。凡尾之属皆从尾。

石印本承《说文》《六书正讹》释义，并补充自己的观点。作为动物的尾巴，"尾"释为"微也"，确实让人难以理解。《说文解字》加上"古人或饰系尾，西南夷亦然"补充解释，但也并没解释清楚"尾"的概念。石印本用"鸟兽之余体后巫者"解释"尾"字，恰到好处。

通过以上比较，我们可以推知石印本《复古编》是一本以张有《复古编》为基础，参考《六书正讹》，同时又汲取其他语言学著作成果，而编撰的一部匡正字形、释义和反切的正字专书。

第三章 《复古编》小篆研究

第一节 《复古编》小篆收字概况

关于《复古编》的收字数量，陈瓘《〈复古编〉序》云："凡集三千余字，名曰《复古编》。"① 北宋陈瓘所见《复古编》收三千多字。清瞿镛《铁琴铜剑楼藏书目录》载："张氏《复古编》凡二千七百六十一字，子学因其旧文，裒集汇次，增'音同字异'一类，多至四千余字。"② 元代曹本（字子学）所撰《续复古编》据张有《复古编》增益而成，而曹本所依《复古编》收字为2761个。元吴志淳好古斋刻本收字2653个，影宋精抄本、明黎民表刻本、清葛鸣阳刻本均为2652个。《复古编》正文中标明同一小韵的字数有一些与实际收字数不符，例如"麤"注文中标注"文三"，而实际文中读音相同的字仅收两个；又"斷"注文中标注"文三"，而实际文中读音相同的字亦仅收两个。由此可知，我们现在所见影宋精抄本、元好古斋刻本、明黎民表刻本、清葛鸣阳刻本已失张有《复古编》原貌。

影宋精抄本《复古编》共收小篆字头2652个。上平声至入声部分为《复古编》正文部分，该部分共收1239个小篆字头（重出3个）。"联绵字"部分共收58组联绵字，116个小篆字头，其中18字正文部分已出。"形声相类"共收102组、204个形音相近字，其中20个字形前文已出。"形相类"共收239组、508个字形相近字，前209组为两字组，后30组为三字组，其中73个字形前文已出。"声相类"共收129组、273个字音相近字，前109组为两字组，后15组有13组为三字组、2组为五字组，其中39个字形前文已出。"笔迹小异"共收78组、156个字形稍异字，

---

① 张有：《复古编》，影宋精抄本。
② 瞿镛：《铁琴铜剑楼藏书目录》，上海古籍出版社2000年版，第182页。

其中 24 个字形上文已出。"上正下讹"共收 78 组，156 个上字正确、下字讹误的小篆字形，其中 31 个字形上文已出。

《复古编》2652 个小篆字头中，字形重复的有 208 个，实际收录小篆字形为 2444 个。其中还包括一字两形、结构小异、字形小异以及上正下讹字。例如：

一字两形：王—玊、王，叚—叚、叚；

结构小异：叡—叡、叡，鬱—欝、欝；

字形小异：衺—衺、衺，意—意、意；

上正下讹：亚—亞、亚，酉—酉、酉。

《复古编》根据大徐本《说文》辨正俗讹。北宋程俱、晁公武皆云《复古编》以古《说文》为据加以辨正。程俱政和三年（1113）《〈复古编〉后序》云："据古《说文》以为正。其点划之微，转侧纵横，高下曲直，毫厘有差，则形声顿异。"① 晁公武《郡斋读书志》曰："此书三千言。据古《说文》以为正。"② 而实际上，《复古编》小篆字头中混杂了徐铉校订本《说文解字》③ 中的新附字。最早指出《复古编》混有徐铉本《说文》新附字的是清代冯龙官。他在明万历年间黎民表《复古编》后手书跋曰："《说文解字》部有新附字，乃徐书，非许书。张氏辄溷称不辨，未免失之眉睫。"④ 清代学者钱大昕也持相同观点。他在《潜研堂集·跋〈复古编〉》中云："谦中虽笃信《说文》，然其所据者乃徐氏校定本，如'挎''璇''裲''韵''塾''剧''坳''辦''毯'，皆徐新附字。"⑤

大徐本《说文》共有 402 个新附字，《复古编》中共收 39 个新附字，分别是：

羧、腔、挎、鑨、暖、猫、犕、醒、砒、裲、縌、鎖、晫、樕、韵、欿、闟、欨、翿、棃、盋、勠、圿、琲、䲷、䀡、鑪、䲘、辦、寙、彔、䈰、毯、塌、墜、樕、叵、嚗、㸌。

其中前 22 个在《复古编》正文部分出现，后 17 个分散在附录部分。然而《复古编》中的《说文》新附字小篆字形与陈昌治刻本在某些字形

---

① 张有：《复古编》，影宋精抄本。
② 晁公武：《郡斋读书志》，载《文渊阁四库全书》（第 674 册），（台北）商务印书馆 1986 年版，第 182 页。
③ 以中华书局 1963 年影印陈昌治刻本《说文》为比较对象。
④ 参见中国科学院藏明黎民表刻本《复古编》。
⑤ 钱大昕：《潜研堂集》，上海古籍出版社 2009 年版，第 473 页。

上存在细微差异。具体如下：

鬏—鬏①、腔—腌、鑵—鑵、暖—煖、岵—岵、繖—繖、鎖—鎖、瞭—瞭②、橪—橪、槊—槊、盏—盏、龓—龓、䎒—䎒、罏—罏、罏—罏。

《复古编》所收《说文》新附字与《说文》某些小篆字形存在细微差异，说明张有在编撰《复古编》时，不仅参考了徐铉校订本《说文》以及其他来源小篆，同时又加以自己对字形的理解。张有在《复古编》中收录《说文》新附字，也是他"复古不戾今"思想的具体体现。《四库总目提要》评曰："是其说复古而不戾今，所以为通人之论。"③《说文》新附字是徐铉在《说文》正文卷后新附的字。关于新附字的收字原则，徐铉进《说文》表云："复有经典相承传写，及时俗要用而《说文》不载者，承诏皆附益之，以广篆籀之路。亦皆形声相从，不违六书之义者。"④ 新附字虽不属许慎《说文》正文内容，但它毕竟是大徐本《说文》的一部分。张有《复古编》继承徐铉"广篆籀"的思想，把部分新附字小篆字形加以辨正，体现了张有在复《说文》之古的同时兼顾了新附字在经典文献中具体存在的客观现实。

第二节 《复古编》与《说文》小篆比较

《复古编》小篆字形相较陈昌治刻本《说文》有以下几种类型：

一 字形相同

《复古编》共有 2652 个小篆字头，与《说文》小篆完全相同的字形有 1299 个，占总数的 48.98%。例如 蕭—蕭、玨—玨、𥛱—𥛱、跨—跨。

二 结构不同

《复古编》相对《说文》结构不同的小篆，指构件位置不同或因笔画长短不同而造成的字形不同的小篆。《复古编》2652 个小篆字头中，有 63 个与《说文》小篆字形存在结构差异。分别是：

---

① 前为《复古编》字形，后为《说文》字形。下同。
② 陈昌治刻本《说文》与 SW 字库字形有细微差异的以纸本为准。下同。
③ 永瑢等：《四库全书总目》，中华书局 1965 年版，第 350 页。
④ 许慎：《说文解字》，中华书局 1963 年版，第 321 页。

蒙—蒙、额—额、埔—埔、獳—獳、腔—腔、盎—盎、虚—虚、顺—顺、蹟—蹟、粢—粢、辛—辛、塞—塞、香—香、桧—桧、盒—盒、雪—雪、梦—梦、献—献、塔—塔、牗—牗、宜—宜、皋—皋、戠—戠、搌—搌、茶—茶、叡—叡、阽—阽、菁—菁、嚻—嚻、冕—冕、旬—旬、謄—謄、研—研、粤—粤、孑—孑、鳖—鳖、縻—縻、累—累、昌—昌、脒—脒、蕺—蕺、箅—箅、芈—芈、卯—卯、厎—厎、朱—朱、管—管、秦—秦、芋—芋、諞—諞、桐—桐、啧—啧、槥—槥、櫱—櫱、歗—歗、蒙—蒙、櫰—櫰、檀—檀、柆—柆、瞽—瞽、雯—雯、喟—喟、献—献。

根据当前文献资料，我们虽不能一一找出上列《复古编》小篆字形的出处，但是某些小篆形体确是信而有征的。例如：

1. 蒙，《复古编》作蒙，《说文》作蒙。汉及之前文献小篆字形较少，且均与《说文》《复古编》有细微差异，例如蒙（秦印编16：矦蒙）[①]、蒙（秦印编16：武蒙）、蒙（汉蒙阴宰之印）。《说文》蒙与李阳冰《千字文》蒙大致相同，《复古编》蒙与释梦英《千字文》蒙相同。

2. 额，《复古编》作额，《说文》作额，两者差异在于"容"字不同。《说文》单字"容"作容，而偏旁却有两种：一作容，例字有嵱、嵷、額、额、鎔；一作容，与《说文》单字同，例字有額。

"容"，秦文字作容（盉阳鼎）、容（盉阳鼎）、容（秦陶文），汉文字作容（大贾壶）、容（新承水盘）。《复古编》偏旁"容"、《说文》单字和秦汉篆书相同。相比较而言，《说文》偏旁容出现较晚，当是在容（新承水盘）的基础上变异而成。在额字形上，《复古编》与金文对应，是从古的。

3. 埔，《复古编》作埔，《说文》作埔；獳，《复古编》作獳，《说文》作獳。埔、獳，《复古编》与《说文》小篆的差异在于偏旁"庸"中间笔画一个是相连，一个是相离。"庸"，《说文》单字作庸，与埔、獳的偏旁不同。《复古编》埔、獳的偏旁"庸"，与西周金文庸（甸簋）相同，与唐李阳冰《千字文》庸亦同。《说文》单字庸与魏三体石经庸大致相同。

4. 腔，《复古编》作腔，《说文》作腔，两者差异在于偏旁"空"不同。"空"，金文作空（十一年库啬夫鼎），秦篆作空（集证·141.141）、空（秦印编146：右司空印），秦隶作空（睡虎简·杂四〇）、空（睡虎

[①] 为减少书名号的使用，表明文字出处的碑刻、石刻的名称以及括号中的文献，省略书名号。下同。

简·秦——六），汉篆作▨（霍去病墓刻石）、▨（袁安碑）、▨（楚营司空），汉隶作▨（五十二病方二三七）、▨（韩仁铭）。《说文》"空"与金文、秦文字、汉篆相同，唐篆也有这种写法，例如李绩碑▨。《复古编》▨中的"空"盖受隶书影响而形成，唐李阳冰《千字文》▨与之相同。

5. 虚，《复古编》作▨，《说文》作▨，两者的差异在于构件"虍"两边的笔画长短不同。"虚"，秦隶作▨（睡虎简·日乙八九），汉篆作▨（封泥1280），汉隶作▨（华山庙碑）。《复古编》《说文》"虚"与秦汉文字都不同。《复古编》▨与宋释梦英《千字文》▨相同。

6. 虓，《复古编》作▨，《说文》作▨；跳，《复古编》作▨，《说文》作▨。两者的差异在于构件"虎"两边的笔画前者比较短，后者比较长。《说文》"虓""跳"中的"虎"与秦诏版▨相同；《复古编》与秦大墓残磬▨相同，宋释梦英篆书目录偏旁字源碑▨及其《千字文》▨中的"虎"传承了这种写法。《复古编》其他相关的小篆还有▨，《说文》对应字形作▨，情况与▨相同，兹不赘述。

7. 秊，《复古编》作▨，《说文》作▨。相比较而言，《复古编》小篆更接近秦篆原貌。"秊"，甲骨文作▨（甲二八二七）、▨（乙六四二二），金文作▨（颂鼎），秦文字作▨（秦两诏椭量）、▨（秦诏权）、▨（秦诏方升）、▨（秦大诏版）、▨（秦峄山碑）、▨（秦陶文）。毋庸赘言，《复古编》▨与秦篆部分字形相同，与甲骨文[①]、金文[②]有传承关系。《说文》▨笔画较为婉转，当是在▨的基础上美化而成。《说文》▨，相对来讲出现较晚，见于汉篆，例如▨（袁安碑）。

8. 香，《复古编》作▨，《说文》作▨。"香"，甲骨文作▨（合集36752），金文作▨（猎簋盖），汉文字作▨（香口）、▨（香泽之印），《复古编》《说文》与之皆不同。而唐李阳冰《千字文》▨中的"香"与《说文》同，释梦英《千字文》▨中的"香"与《复古编》同。

9. 戲，《复古编》作▨，《说文》作▨。"戲"，金文作▨（豆闭簋），秦篆作▨（秦印编244：王戏），汉篆作▨（戲丞之印）。《复古编》▨与金文构件布局相同，与秦印字形大致相同；《说文》▨与汉印字形大致相同，与唐篆▨（峿台铭）相同。

10. 冥，《复古编》作▨，《说文》作▨。"冥"，秦篆作▨（诅楚

[①] 甲骨文指殷商甲骨文。
[②] 没有特别说明的金文指两周金文。

文)，汉篆作🔲（新嘉量），唐篆作🔲（李阳冰栖先茔记）。《复古编》🔲与释梦英篆书目录偏旁字源碑🔲相同，《说文》🔲盖是在此基础上美化而成。

11. 亂，《复古编》作🔲，《说文》作🔲，两者差异在于左边构件两侧笔画长短不同。"亂"，诅楚文作🔲，汉简作🔲（老子甲后三五四）、🔲（天文杂占二·五）。《复古编》同诅楚文。《说文》🔲盖为后出美观字形。与此情况相同的还有"敵"，《复古编》作🔲，《说文》作🔲。兹不赘述。

12. 千，《复古编》作🔲，《说文》作🔲。比较而言，《复古编》🔲更为古朴。"千"，甲骨文作🔲（甲三一一五）、🔲（甲二九〇七）；金文作🔲（孟鼎）；秦篆作🔲（羽阳宫瓦）、🔲（秦印编42：千金）、🔲（秦印编42：千元）；汉篆作🔲（千秋万岁砖）、🔲（开母石阙）、🔲（大利千万泉范）、🔲（文德左千人）。相对《说文》🔲而言，《复古编》🔲接近金文，与秦汉多数篆书相同。

13. 慕，《复古编》作🔲，《说文》作🔲。"慕"，金文作🔲（史墙盘）、🔲（默簋）、🔲（陈侯因咨敦）；唐宋篆书作🔲（碧落碑）、🔲（李阳冰千字文）、🔲（释梦英千字文）。"慕"，《复古编》与金文、李阳冰《千字文》同，《说文》与释梦英《千字文》同。

14. 印，《复古编》作🔲，《说文》作🔲。两者差别在于前者是左右结构，后者是上下结构。左右结构、上下结构的"印"，在更古的文字中都可以找到踪迹。金文🔲（毛公鼎）为左右结构，金文🔲（曾伯簠）为上下结构。出土秦印中，"印"多与《说文》同，例如🔲（秦印编179：公孙谷印）、🔲（秦印编180：咸阳丞印）；也有个别与《复古编》相类，例如🔲（秦印编179：吾印）。出土汉印中，左右、上下结构的"印"均可见，例如🔲（长沙出土西汉印）、🔲（长沙出土西汉印）、🔲（武陵尉印）。"归"，《说文》作🔲，从反印。如果从🔲"从反印"的角度考虑，"印"当从《复古编》作🔲。张有把🔲、🔲放在《复古编·形相类》中加以比较，区分不同，凸显了他较为强烈的规范意识。

15. 洞，《复古编》作🔲，《说文》作🔲，两者差异在于"同"的不同。"同"，甲骨文作🔲（合集26870）；金文作🔲（沈子它簋盖）、🔲（同卣）；秦篆作🔲（石鼓文）、🔲（秦印编150：矦同）；汉篆承秦篆，作🔲（新衡杆）、🔲（开母石阙）。从上可知，《复古编》"洞"的声符"同"与甲骨文、金文、秦篆一脉相承，而《说文》则是在此基础上演变而成。

三 字形不同

字形不同，指小篆构件不同。这类小篆仅 15 个，分别是：㮨—㮨、鑲—鑲、幅—幅、卺—卺、梱—梱、编—编、竊—竊、嘩—嘩、兂—兂、薛—薛、柔—柔、鼏—幞、隱—儒、冘—冘、卪—卪。

1. 㮨，《复古编》作㮨，《说文》作㮨，两者差异在于偏旁"皀"上部构件不同。

2. 鑲，《复古编》作鑲，《说文》作鑲。前者构件为"立"，后者为"羊"。

3. 幅，《复古编》作幅，《说文》作幅，两者差异在于前者无"口"，而后者则有。

4. 卺《复古编·上声》："卺卺，谨身有所承。从巴、丞。"《说文·己部》："卺，谨身有所承也。从己、丞。"两者差异在于从"巴"，还是从"己"。

5. 梱，《复古编·上声》："梱梱，门橜也。从木困。"《说文·木部》："梱，门橜也。从木困声。"两者差异在于从"囷"，还是从"困"。

6. 编，《复古编》编与《说文》编的情况与鑲—鑲相同。

7. 竊，《复古编》作竊，《说文》作竊，两者右下构件不同。

8. 嘩，《复古编》作嘩，《说文》作嘩，两者差异在于前者无"艸"，而后者则有。

9. 兂，《复古编》为"尧"的古文，《说文》查无此字，《说文》"尧"的古文作兂，两者相去甚远。《复古编》影宋精抄本、明刻本、清刻本兂均为"尧"的古字，而元刻本作"羌"的古字。《说文》"羌"的古字作兂，与兂存在差异。

10. 薛，小篆形体究竟作薛还是薛，就目前文献资料很难作出评判。而依据出土文献资料，秦汉隶书"薛""薛"两者皆有。秦隶作"薛"，例如薛（睡虎简·五三·四三），汉隶多作"薛"，例如薛（纵横家书二〇）、薛（礼器碑阴）、薛（史晨碑）。《复古编·形声相类》影宋抄本、明刻本、四库本"薛"小篆均作薛，然而《复古编·入声》"薛"以上三个版本又皆作薛，并加辨正曰，"别作薛，非"。由此，我们可以看出张有肯定薛。出现这种前后矛盾的情况，盖是张有或抄手疏忽所致。据目前文献，以上字形孰是孰非我们很难做出判断。

11. 柔，《复古编》作柔，《说文》作柔，两者差异在于"木"上构件不同。据《说文》"柔，从木予声"，《复古编》盖是，《说文》盖非。

12. 意，《复古编》作🲽，《说文》作🲽，两者差异在于中间竖笔是否下伸至"口"。《说文》："音，从言从中"，小篆作🲽。"音"，金文作🲽（墙盘）、🲽（音篡），东汉鲁峻碑作🲽。由此可知，《说文》🲽，其偏旁"音"当同单字作🲽。以"意"作构件的"億"，《复古编》作🲽，《说文》作🲽，两者差异在于"意"字不同。由"音"可知，《复古编》🲽、🲽正确，《说文》🲽、🲽错误。《说文》这种讹误是由于在传抄、刊刻过程中书手大意而致。

13. 六，《复古编》小篆作🲽，《说文》作🲽。两者存在形体差异，虽然如此，张有均加以肯定，并收进"笔迹小异"部分。张有并收的🲽、🲽均是信而有据的。"六"，甲骨文作🲽（前七·三九·一）、🲽（戬二四·一），金文作🲽（保卣）、🲽（师奎父），秦文字作🲽（石鼓文）、🲽（秦诏方升）、🲽（秦大诏版）、🲽（美阳铜权）、🲽（旬邑铜权），汉篆作🲽（新量斗）、🲽（骄🲽博局）、🲽（池阳宫行镫）、🲽（寿成室）、🲽（新嘉量）。就目前文献看，《复古编》🲽比《说文》🲽出现得早，符合秦小篆笔势，也更符合文字发展演变规律。

14. 匃，在《复古编》中共有三个小篆形体，分别是🲽、🲽、🲽。第三个字形被张有否定掉了，前两个字形张有是肯定的。"匃"，《说文》作🲽，从人从亡。"人"作为构字部件在《说文》中除在🲽中作🲽外，不见于其他文字。而"人"作🲽，在《说文》中见于其他文字，例如🲽、🲽、🲽、🲽。张有认为"匃"小篆作🲽盖依据于此。"匃"作🲽更符合文字发展演变规律。"匃"，甲骨文作🲽（粹一二六〇），金文作🲽（善夫克），与🲽仅构件位置不同。

四　字形讹误

影宋抄本《复古编》小篆字形相较《说文》，存在明显讹误的有 23 个（具体分析参见本文附录中的"校正"部分）。分别是：

🲽—🲽、🲽—🲽。

五　字形微异

字形微异指因笔画方向、曲直、分连、位置等有细微不同而造成的字形之间有细微差异。《复古编》相对《说文》而言，笔迹有细微差异的有 1054 个①，约占小篆总数的 40%。存在差异的字作偏旁时，有时会关涉一系列字。例如：

(1) 金—金—鏻、鏉、鈍、鉏、钁、鑪、鏽、鐺、銓、鐄、鈔、鑛、鉉、鐙、鍼、鑯、鑐、鎖、鈇、針、鍛、鎬、鑱、鑒、銅、鐘、鈴、鈐、鋈②。

(2) 壴—壴—尌、尌、尌、尌、壃、鐘、尌。

(3) 癶—癶—㝡、㝡、㝡、㝡。

(4) 馬③—馬—䭾、䮾、駢、㺒、䮛、㻝、欥、駃、馵、馬、馵、篡。

(5) 莫—莫—蘱、蘱、曊。

六 字体不同

《复古编》与《说文》对应字盖属不同的字形体系，关涉字有 3 个：歐—歐、㑟—㑟、囯—囯。

七 无对应字

《复古编》个别字在《说文》中无对应字形，关涉字仅有 1 个：《复古编》古文"夷"作尸，《说文》"夷"无古文。

尸，《复古编》为"古夷字"。《汗简》《古文四声韵》收此字。《汗简·尸部》"尸，夷，见《尚书》。尉字从此。"《古文四声韵·上平声》："尸，古《尚书》。"《玉篇·尸部》："尸，古文夷字。"《广韵·脂韵》："尸，阳尸，地名，本古文夷字。"《汉书·地理志上》："尸江在西北。"颜师古注："尸，古夷字。"《班马字类·六脂》："尸，《史记·高祖纪》：'司马尸将兵北定楚地。' 古夷字。《汉纪》同。"尸，《说文》所无，《说文》古"仁"字作尸，与尸相似。

第三节 《复古编》与《说文》微异小篆考察

《复古编》与《说文》小篆比较存在笔迹细微差异的有 1054 个。而

---

① 差异情况可能会出现因人而异的状况。
② 第一横线前为《复古编》字形，横线后为《说文》字形，第二横线后为《复古编》偏旁关涉字形。
③ 根据同偏旁字析出。

实际却集中于为数不多的偏旁，偏旁的不同导致了一系列字形的不同。《复古编》偏旁主要集中于"笔迹小异""上正下讹"两部分，下文详述。此节重点考察《复古编》"笔迹小异""上正下讹"没有列出而关涉诸多字，却又与《说文》存在细微差异的偏旁，亦兼及个别单字。这些小篆与《说文》比较主要有以下几种类型：

一 《复古编》先出，《说文》后出

《复古编》一些小篆更接近秦篆乃至金文、甲骨文大部分字形，比《说文》先出。例如：

（一）童

《复古编·声相类》"童"作童，《说文》作童。《复古编》含①"童"字有䣛、䎝、糧、䕫、䕶、鐘、穜；《说文》对应字作䣛、䎝、糧、䕫、䕶、鐘、穜。《复古编》"童"中的"土"上构件笔画作倒"V"形折笔；《说文》多作上阿曲笔，仅个别同《复古编》，例如䵻。

"童"或含"童"字，金文作童（毛公鼎）、童（虞钟）、童（者瀛钟），秦文字作鐘（秦公镈）、童（秦印编 48：童）、童（秦陶文）、穜（睡虎简·日乙四八）。《复古编》童与金文童（者瀛钟）的偏旁相同，均为直笔。曲笔的"童"当是在直笔的基础上美化而成，汉篆有这种写法，例如鐘（一石钟）中的"童"。据目前文献，《说文》童盖为汉出字形，《复古编》童同金文。

（二）重

《复古编》无"重"，含"重"字有䅺、鐘、䡾、踵、穜，《说文》对应字为䅺、鐘、䡾、踵、穜。由偏旁类推可知，偏旁"重"《复古编》作重，《说文》作童。两者差异与"童"情况相同。《说文》"重"作重，与偏旁同。

"重"或含"重"字，金文作重（安邑下官壶）、重（外卒铎）、鐘（郱公铚钟）、穜（韩钟剑），战国印作䡾（香续 66），秦文字作重（大良造鞅方量）、重（咸阳四斗方壶）、重（睡虎简·效六〇），汉文字作重（富平侯家鋗）、重（公主家鬲）、重（开母石阙）。

《复古编》重与绝大多数金文字形较为接近，下面均为直笔；《说文》童与战国印䡾（香续 66）较为接近，相对重，当为后出字形。《说文》童与

---

① 为行文方便，不再区分形符、声符或局部构字部件，统一用"含"表示。

三国魏正始石经𠂉相同，唐李阳冰《千字文》𠂉传承了这种写法。

（三）上

"上"古文，《复古编·形相类》作二，《说文》作⊥。

"上"，金文作二（墙盘）、二（启卣）、⊥（平安君鼎）、⊥（蔡侯盘），秦文字作二（秦编钟）、二（大墓残磬）、⊥（秦公镈钟）、🗲（集证 149.262）、上（集证 185.768）、上（睡虎简·效四九），汉篆作上（新郪虎符）、🗲（上沇渔监）、🗲（上林量），《古文四声韵》作二（古老子）。

"上"，金文多作二，同《复古编》古文"上"；少数金文作⊥（平安君鼎），同《说文》古文。段玉裁《说文解字注》："古文上作二，故帝下、旁下、示下皆云从古文上，可以证古文本作二，篆作⊥。各本误以⊥为古文，则不得不改篆文之上为上，而用⊥（按：当作⊥）为部首，使下文从二之字皆无所统。示次于二之旨亦晦矣。今正⊥为二，上为⊥。"

关于《说文》"古文"，《说文解字·叙》相关表述云："宣王太史籀著大篆十五篇，与古文或异。至孔子书《六经》，左丘明述《春秋传》，皆以古文"，"古文，孔子壁中书也"，"往往得鼎彝，其铭即前代古文"[①]。孙诒让《名原》释《说文》"古文"时云："《说文》九千文，则以秦篆为正，其所录古文，盖捃拾漆书经典及鼎彝款识为之。"[②] 孙氏认为，《说文》"古文"源于前代用漆书写的古文经典以及钟鼎彝器铭文。若《说文》"古文"如孙氏所言，那么"上"古文可作二，亦可如平安君鼎作⊥。如此则段氏没必要改"上"古文作二，但是为使"上"部字有所属，段氏所改极佳。此外，段氏又改《说文》篆文上为⊥，其实大可不必，因为秦汉实物文字也可见。但我们不能以今人的眼光审视段氏，毕竟他依据的古文字材料有限。

（四）马

《复古编》无"马"，根据偏旁类推，《复古编》"马"作馬，《说文》作馬。《复古编》含"马"字有骥、䯄、骅、骉、骊、骍、馱、骎、驫、骉、骉、鴌、鷰，《说文》对应字为骥、䯄、骅、骉、骊、骍、馱、骎、驫、骉、鴌、鷰。《说文》"马"单字与偏旁均作馬。《复古编》馬与《说文》馬两者差异在于末笔是否有折。

"马"或含"马"字，甲骨文作🐎（粹一一五六）、🐎（甲二九八），

[①] 许慎：《说文解字》，中华书局 1963 年版，第 314—315 页。
[②] 孙诒让：《名原》，齐鲁书社 1986 年版，"叙录"第 1 页。

金文承甲骨文作🐎（克钟）、🐎（虢季子白盘）、🐎（守簋），秦文字作🐎（石鼓文）、🐎（石鼓文）、🐎（大騩铜权）、🐎（駉玉版）、🐎（秦印编190：右厩将马）。《复古编》"马"与金文🐎（虢季子白盘）相同。相对而言，《复古编》🐎字形古朴；而《说文》🐎则是为字形美观而后出的字形，唐李阳冰三坟记碑阴中的篆传承了这种笔法。

（五）尤

《复古编》无"尤"，含"尤"字有🀄、🀄、🀄、🀄、🀄、🀄、🀄，《说文》对应字作🀄、🀄、🀄、🀄、🀄、🀄、🀄。《复古编》构件"尤"作🀄，《说文》单字与构件作🀄。

"尤"或含"尤"字，金文作🀄（沈子簋）、🀄（番生簋盖）、🀄（猷钟），秦篆作🀄（诅楚文）、🀄（集证·泰沈）、🀄（秦印编221：沈登传送）、🀄（秦印编221：泰沈），汉篆作🀄（新嘉量）、🀄（新衡杆）。

《复古编》🀄与《说文》🀄在实物文字中皆存，相对而言，🀄与金文"尤"同，比🀄更古朴。

（六）金

《复古编》无"金"，而含"金"字有🀄、🀄、🀄、🀄、🀄、🀄、🀄。《复古编》偏旁"金"作🀄，《说文》单字与偏旁皆作🀄，两者差异在于"金"字不同。

"金"或含"金"字，实物文字较少，金文作🀄（师同鼎）、🀄（吴季子之子剑）、🀄（富郑剑），秦文字作🀄（睡虎简·为七）、🀄（睡虎简·法八四），汉文字作🀄（汝阴侯布衣）、🀄（孙膑四〇）。

《复古编》偏旁🀄与金文🀄（吴季子之子剑）相同，《说文》🀄盖为受隶变影响而出的字形。

（七）真

"真"，《复古编》作🀄，含"真"字有🀄、🀄、🀄。《说文》与之相对应字形为🀄、🀄、🀄、🀄。🀄、🀄，两者的差异在于上面一笔是斜竖还是竖折。

"真"或含"真"字，金文作🀄（伯真甗）、🀄（季真鬲），秦文字作🀄（诅楚文）、🀄（石鼓文）、🀄（泰山刻石）、🀄（秦印编211：慎）、🀄（秦印编172：杜颠）、🀄（秦陶文）、🀄（睡虎简·法四九）、🀄（睡虎简·秦一九六），汉文字作🀄（寿成室鼎）、🀄（新嘉量）、🀄（寨山滇王印）、🀄（老子甲五八）、🀄（老子甲后二二三）。

由上可知，《复古编》🀄与石鼓文🀄、泰山刻石🀄中的"真"相同，而实际上出土秦汉实物文字与之相同的较少。据目前文献，与《说文》䦥完全相同的字形不见于秦汉实物文字，为后出字形，三国魏正始石经䦥中的"真"与之相同。相对而言，《复古编》䦥比《说文》䦥更为古朴。

（八）秀

《复古编》"秀"作秀，《说文》作秀，两者差异在于下部是否有撇。《复古编》含"秀"字有䠷，《说文》对应字作䠷。两者构件相同，差异在于构件位置不同。《说文真本》①"秀"作秀，"䠷"作䠷。

"秀"或含"秀"字，秦大篆作秀（石鼓文），秦隶与大篆相类，作秀（睡虎简·日甲一三）、秀（睡虎简·日乙一三）；楚简作秀（包二·二三）、秀（上博简二容34·12）；汉篆作秀（长沙出土西汉印）、秀（封泥2548），汉简帛作秀（古地图）、秀（孙膑一六六）；三国文字作秀（吴禅国山碑）；《古文四声韵》录古《老子》作秀、秀。由上可知，《复古编》秀与石鼓文秀相同，与秦简、楚简、汉简大致相同；《说文》秀，相对秀来讲，盖为后出字形，由下部起笔过于朝下所致。

（九）及

《复古编》无"及"，含"及"字有䢩、䢵。"及"，《复古编》偏旁作䢩；除䢵外，《说文》单字及偏旁皆作䢩。

"及"或含"及"字，秦文字作䢩（石鼓文）、䢩（石鼓文）、䢩（秦镈钟）、䢩（睡虎简·日乙四六）、䢩（睡虎简·秦五四），汉文字作䢩（孙膑二一）、䢩（汲□家行锭）。

由上可知，《复古编》䢩与秦篆相同；而《说文》䢩与汉文字䢩（汲□家行锭）中的"及"大致相同。相对《复古编》䢩，《说文》䢩当是受隶变影响而出的字形。

（十）益

《复古编》无"益"，含"益"字有䇂、䇂，《说文》对应字为䇂、䇂。《说文》"益"作䇂，同偏旁。

"益"，金文作䇂（班簋），秦文字作䇂（睡虎简·杂一五），汉文字作䇂（北海相景君铭）、䇂（封泥1224）。

《复古编》偏旁䇂与秦隶有传承关系，与汉印相同；《说文》䇂上部为水波状，较为象形，然不见于汉及之前实物文字，为后出字形，李阳冰

---

① 许慎：《说文解字真本》（大兴朱氏依宋重刻本），中华书局1998年版。以下简称《说文真本》。

《千字文》❏、三坟记❏中的"益"与之相同。

(十一) 中

《复古编》无"中",含"中"字有❏,《说文》作❏。《说文》"中"单字作❏,偏旁与之相同,例如❏、❏、❏、❏。

"中"或含"中"字,甲骨文作❏(甲三九八),金文作❏(無仲卣)、❏(兮仲簋)、❏(克鼎),秦文字作❏(石鼓文)、❏(仲滋鼎)、❏(六年汉中守戈)、❏(秦印编7:西宫中官)、❏(睡虎简·日甲九八背)、❏(睡虎简·为一二),汉文字作❏(泰官鼎)、❏(昭明镜)、❏(南越中大夫)、❏(中左偏将军)、❏(老子甲一三)、❏(孙膑九〇)、❏(马王堆易五)。

据目前文献,《复古编》偏旁❏与甲骨文、金文、大多数秦汉篆书相同。《说文》❏与秦汉篆书中的个别字形相同,当为后出不常见字形。

(十二) 夬

"夬",《复古编·形相类》作❏,《说文》作❏,两者相同。《复古编》含"夬"字有❏、❏,《说文》对应字作❏、❏。《说文》"夬"单字作❏,而偏旁有二:一作❏,例字有❏、❏、❏;一作❏,例字有❏、❏、❏。

"夬"或含"夬"字,金文作❏(师夬钟)、❏(六年格氏令戈),战国印作❏(玺汇1733),楚简作❏(曾一三七),秦文字作❏(泰山刻石)、❏(秦印编118:鲜贵)、❏(睡虎简·日甲一三五),汉文字作❏(纵横家书四一)、❏(老子乙前一六〇上)、❏(长富贵镜)。

由上可知,"夬"常见字形当同《复古编》及《说文》单字❏,《说文》偏旁❏当为受隶变影响的后出字形,唐代李阳冰《千字文》❏传承了这一写法。根据偏旁类推,《复古编》❏、❏当比《说文》❏、❏先出。

(十三) 仓

《复古编》无"仓",含"仓"字"玱"作❏,《说文》作❏,两者差异在于"仓"下"口"字竖笔是否超出"口"上横笔。《说文》"仓"作❏,而偏旁"仓"却有两种:一作❏,例字有❏、❏、❏、❏、❏、❏;一作❏,例字有❏、❏、❏、❏。

"仓"或含"仓"字,甲骨文作❏(通别二·八·八),金文作❏(叔仓父盨),秦文字作❏(新见宜阳鼎)、❏(秦印编92:仓)、❏(秦陶文)、❏(睡虎简·秦一六八)、❏(睡虎简·日甲一五五背)、❏(睡虎简·秦三六),汉篆作❏(楚太仓印)、❏(封泥326)、❏(马王堆三号墓印)。

第三章 《复古编》小篆研究　75

由上可知，《复古编》倉与秦篆、部分汉篆相同，《说文》倉与秦简、部分汉篆相同。《复古编》倉中的"口"与甲骨文、金文相同，相对《说文》倉来讲，字形较古。《说文》倉盖为受隶变影响的后出字形。

（十四）幻

"幻"，《复古编·形相类》作幻，《说文》作幻。"幻"实物文字极少，西周金文作幻（孟戮父簋），与《复古编》幻大致相同。此亦当为《复古编》小篆古朴一例证。

（十五）称

"称"，《复古编·下平声》作稱，《说文》作稱。

"称"，甲骨文作（乙七七九九），金文作（卫盉）、（荣有司再鬲），秦文字作稱（两诏椭量）、稱（元年诏版）、稱（睡虎简·秦一三〇）。《复古编》稱与《说文》稱在秦实物文字中皆存，相对来讲，《复古编》稱中的"爯"与甲骨文、金文更接近。

（十六）猷

"肬"，籀文为"猷"，《复古编》作猷，《说文》作猷，两者差异在于"尤"字不同。"尤"，《说文》单字作尤，与《复古编》偏旁尤同，其偏旁多同猷中的"尤"。

"尤"或含"尤"，金文作（鼒伯簋）、（铸嗣寇鼎），秦文字作（秦印编276：尤卫），汉文字作（五十二病方·目录）、（纵横家书一四六）、（王尤私印）、（王就印）。

《复古编》偏旁尤与秦文字（秦印编276：尤卫）相同，汉篆"尤"单字与偏旁多同《说文》偏旁尤。相对《复古编》猷的偏旁尤，《说文》偏旁尤盖为后出字形。如此，则猷比猷字形古朴。

（十七）曹

"曹"，《复古编·下平声》作曹，《说文》作曹。《复古编·下平声》："曹，狱之两曹也。从日从棘。"《说文》："曹，狱之两曹也。在廷东。从棘，治事者；从曰。"曹，《复古编》从日，《说文》从曰。

"曹"，甲骨文作（前二·五·五），金文作（赵曹）、（曹公子戈），秦文字作（秦驷玉版）、（秦印编84：曹缯）、（睡虎简·杂一七）、（睡虎简·杂二五），汉文字作（曹丞仲承）、（开母庙石阙）、（少室石阙）。

"曹"，金文含"甘"或含"曰"，后"曰""日"混同。据目前文献，汉之前实物文字没有与《说文》曹相同的，曹当为后出字形。"曹"标准小篆形体当作䰜，《复古编》䰜与秦简䰜（睡虎简·杂二五）、汉篆䰜（曹丞仲承）同，当为䰜的讹变字形。

（十八）畀

"畀"，《复古编·形相类》作畀，《说文》作畀，两者差异在于《说文》上部中间竖笔出头，而《复古编》则否。

"畀"，金文作畀（班簋）、畀（永盂），秦文字作畀（秦印编82：张畀）、畀（集证161.451）、畀（睡虎简·法五）、畀（睡虎简·日甲七〇背），汉文字作畀（张·二30）、畀（张·二135）。

根据实物文字，"畀"秦汉小篆常见字形当作畀。《复古编》与《说文》字形盖为受隶书影响而出的字形。相对而言，《复古编》畀与秦简畀（睡虎简·法五）相同，《说文》畀为后出字形，魏三体石经畀与之相同。

二 《复古编》后出，《说文》先出

《说文》一些小篆字形与实物文字大致相合，盖为先出字形；而《复古编》则盖为后出字形。

（一）奚

《复古编》无"奚"字，含"奚"字有谿、鞻；《说文》对应字形为谿、鞻。两者差异在于"奚"字不同。《说文》单字及偏旁"奚"作奚。

"奚"或含"奚"字，甲骨文作奚（甲七八三）、奚（粹一五六二），金文作奚（遹簋），秦文字作奚（秦印编206：奚黼）、奚（睡虎简·秦六三）、奚（睡虎简·日乙七六），汉文字作奚（提奚长印）、奚（老子甲后四〇四）、奚（仓颉篇八）、奚（相马经二五上）。

据目前文献，《说文》奚与汉篆奚（提奚长印）相同，没有与《复古编》奚一样的写法。奚盖为后出不典型字形。

（二）丬

《复古编》无"丬"字，含"丬"字有牉、牆、牀、牖、牂、牀、牘、牕，《说文》对应字为牉、牆、牀、牖、牂、牀、牘、牕。《复古编》与《说文》偏旁"丬"两者差异在于竖笔是否右曲。

含"丬"字，甲骨文作丬（粹一一六一）、丬（粹一二一九），金文作丬（墙盘）、丬（子璋钟），秦文字作丬（大良造鞅方量）、丬（二十六年椭诏量）、丬（秦印编7：壮沽）、丬（平阳铜权）、丬（秦印编197：状）、丬（睡虎·简一九五），汉文字作丬（老子甲一五四）、丬（林光宫行灯）。

《说文》偏旁㕚与甲骨文、金文相同,与多数秦篆相同;《复古编》㕚与秦篆部分字形相同,相对㕚,当为后出字形。

(三) 鼓

"鼓",《复古编》作鼓,《说文》作鼓,两者差异在于"又"上笔画不同。《复古编》含"鼓"字有鼛、鼖,《说文》对应字为鼛、鼖。

"鼓"或含"鼓"字,金文作鼓(鼓辜作父辛鱓)、鼓(瘨钟)、鼓(克鼎),秦大篆作鼓(诅楚文)。

《说文》鼓与金文大致相同,与诅楚文相同;《复古编》鼓不见于汉及之前实物文字,为后出字形,宋释梦英篆书目录偏旁字源碑鼓与之相同。

(四) 芈

"芈",《复古编》作芈,《说文》作芈,两者差异在于中间竖笔是否左曲。

"芈",甲骨文作芈(前五·四七·一)、芈(甲二六二),汉文字作芈(大芈家印)、芈(芈长公印)。"芈",实物文字较少,然而有限的几个实物文字与《说文》芈较为接近;《复古编》芈盖为后出字形。

(五) 此

《复古编》无"此",而含"此"字有紫、髭、紫。《说文》对应字作紫、髭、紫。《说文》"此"单字作此,与偏旁同。通过偏旁类推,《复古编》"此"作此。

"此"或含"此"字,金文作此(此尊)、此(此簋),秦文字作此(大驺权)、此(旬邑权)、此(元年诏版)、此(元年诏版)、此(两诏椭量)、此(平阳铜权)、此(睡虎简·甲一三三正)、此(睡虎简·乙一一一),汉篆作此(柴是鼎)。

《说文》此与秦小篆同;《复古编》此与秦隶同。相对而言,《复古编》此盖为受隶变影响而后出的字形。

三 《复古编》与《说文》均为不典型字形

《复古编》与《说文》小篆字形与目前所见汉及之前实物文字中的常见字形不同,两者均为后出字形。

(一) 亭

"亭",《复古编·下平声》规范字形作亭,《说文》作亭,两者差异在于中间的"冂"不同。

"亭",秦文字作亭(秦印编95:市亭)、亭(秦印编95:召亭之印)、

■（秦印编95：亭）、■（睡虎简·效五二）、■（睡虎简·封二一），汉文字作■（老子甲二八）、■（亭罐）、■（庐江亭闲田宰）、■（封泥464）。

由上可知，"亭"的标准形体当作■。汉及之前实物文字均无与《说文》■、《复古编》■相同的字形。《说文》■与唐代李阳冰峄台铭■相同。《复古编》■与《金石大字典》录《金索》中前蜀镜中的■相同。

（二）卑

《复古编·联绵字》"卑"作■，含"卑"字有■、■、■。《说文》与之对应字为■、■、■、■。显而易见，单字■下部从"又"，偏旁■从"ナ"，《说文》单字与偏旁同，皆作■。

"卑"或含"卑"字，金文作■（散盘）、■（余卑盘）、■（静簋），诸侯国文字作■（侯马盟书）、■（中山王鼎）、■（郭·老甲二〇）、■（包二牍一反上），秦文字作■（秦印编56：卑言）、■（秦陶文）、■（睡虎简·秦八三）、■（睡虎简·秦四三），汉文字作■（卑板瓦戳印）、■（一号汉墓竹简二三四）、■（老子甲一六〇）、■（春秋事语四九）。

由上可知，"卑"从"ナ""又"，实物文字均有相类似的字形。"从卑及含卑字诸字看，卑从■而不从■。■■本是不同的字，秦汉时代，■演变成■，导致■■混同。东汉以后有人把卑中■误解成甲，并将它改为■。因此《说文》小篆卑及从卑之字都不合汉字演进序列。"① 张有《复古编》沿袭了《说文》小篆从■的讹误。"卑"的小篆标准或常见形体当从■或■，作■或■②。《复古编》■与《说文》■为后出讹变字形。据目前文献，《复古编》■与《说文》■汉及之前实物文字中没见到与之相同字形，而传世文献中却有相同字形。清汪仁寿《金石大字典》收录杨守敬《望堂金石》中的东汉陈君碑额作■，其中"卑"与《复古编》■相同；《金石大字典》收录陈善墀《金石摘》中的东汉沛相杨君碑额作■，与《说文》相同。此外，唐代■（伯夷叔齐碑）、■（寂照墓碑额）中的"卑"以及李阳冰谦卦碑■、《千字文》■也与《说文》相同。

（三）賓

《复古编》无"賓"，含"賓"字有■、■、■③。前两字偏旁"賓"

---

① 赵平安：《〈说文〉小篆研究》，广西教育出版社1998年版，第14页。
② 詹鄞鑫：《谈谈小篆》，语文出版社2007年版，第40页。
③ 闇，从門，賓省声。

作賓，与后一字偏旁賓①中间笔画小异。《说文》"賓"作賓，而偏旁有二：一作賓，例字有蘭、曠、儐、髖；一作賓，例字有髕、靚、驫、闌、懷。《说文》与《复古编》偏旁字形情况相同。

"賓"或含"賓"字，金文作賓（史颂簋）、賓（大簋盖），汉文字作賓（老子乙前二二下）、賓（纵横家书一〇三）、賓（威武简·士相见七）、賓（袁安碑）、賓（熹·礼仪·乡饮酒）、賓（熹·公羊·僖卅三年）、賓（张迁碑）、濱（樊敏碑）。

由上可知，据目前文献，"賓"小篆常见字形当作賓。《说文》与《复古编》两偏旁賓、賓汉及之前实物文字皆无对应字形，两者盖为后出字形。唐李阳冰《千字文》賓与第一个偏旁相同。如果从《说文》字形分析上，"賓"小篆字形当作賓，因为"賓"《说文》"从贝宀声"；又"宀，从宀丏声"；丏，《说文》小篆作丏。由"丏"得声的"沔"，唐李阳冰三坟记作沔，其中"丏"与第二个偏旁相同。

（四）皆

《复古编》无"皆"，而含"皆"字有階、稭、諧、鱠，《说文》对应字为階、稭、諧、鱠。《说文》"皆"作皆，其上部构件"比"与《复古编》偏旁皆小异，然皆从"白"。

"皆"或含"皆"字，金文作皆（皆壶），秦文字作皆（秦诏方升）、皆（秦诏版）、皆（秦大诏版）、皆（秦诏权）、皆（秦陶文）、皆（睡虎简·杂三三）、皆（睡虎简·日甲一〇六背）、皆（睡虎简·秦九二）、皆（睡虎简·法五），汉文字作皆（汉海内皆臣砖刻）、皆（老子甲二四）、皆（孙膑二一五）、皆（天玺纪功碑）、皆（杨震碑）、皆（樊敏碑）。

由上可知，"皆"小篆常见字形当作皆或皆，《说文》与《复古编》含"白"的"皆"为后出字形，汉文字中可见，例如，皆（杨震碑），然而此种"皆"极为罕见，当为皆的讹变字形，唐李阳冰峿台铭皆及其《千字文》皆传承了这种写法。

（五）専

"専"，《复古编·上平声》规范字形作専，含"専"字有槫、縛、磚、博、蒪。《说文》与之对应字作専、槫、縛、磚、博、蒪。《复古编》専与《说文》専上部竖笔方向不同。

"専"或含"専"字，甲骨文作専（戬三六一五），金文作専（毛公

---
① 由偏旁类推而得。

鼎)、✦(克钟)、✦(中山王鼎),楚文字作✦(信阳楚简)、✦(郭·语一二八),秦文字作✦(石鼓文)、✦(大墓残磬)、✦(峄山碑)、✦(秦印编154:傅广秦)、✦(秦印编154:傅勃)、✦(睡虎简·法八一),汉文字作✦(仓颉篇二六)、✦(老子甲三六)、✦(上林铜鉴二)、✦(封泥1068)。

由上可知,"専"秦汉常见小篆字形多作✦、✦。《复古编》✦、《说文》✦与大多数甲骨文、金文、秦战国文字不同。《复古编》✦、《说文》✦与✦(中山王鼎)中的"専"大致相同,然较为少见,属于不典型小篆字形;三国魏三体石经✦、吴天发神谶碑✦传承了这种写法。

(六) 津

"津",《复古编》作✦,《说文》作✦。

"津",秦文字作✦(宜阳津印)、✦(睡虎简·为一四),汉文字作✦(纵横家书一五七)、✦(孙膑二一七)。

秦汉实物文字"津"中三撇居于"水"下,而非"聿"中竖笔下部。《复古编》✦与《说文》✦均与汉及之前实物文字不同,盖为后出字形。

(七) 叀

"叀",《复古编》作✦,《说文》作✦,两者差异在于中间竖笔是否与"口"相接。

"叀"或含"叀"字,甲骨文作✦(前一·一八·一),金文作✦(克鼎)、✦(𣄰簋)、✦(王孙钟),秦文字作✦(峄山碑)、✦(秦陶文),汉文字作✦(西狭颂额)、✦(老子甲后二八一)、✦(杨统碑)。

"叀"常见实物字形作✦;《说文》✦与《复古编》✦不见于汉及之前实物文字,盖为后出字形。

四 《复古编》收录《说文》以外的常见字形

《说文》小篆字形在汉及之前实物文字中较为常见,而《复古编》并没有传承,而是收录了另外一个常见字形。

(一) 犬

《复古编》无单字"犬",含"犬"字有✦、✦、✦、✦、✦、✦、✦、✦、✦、✦、✦、✦、✦、✦。《说文》"犬"作✦,与《复古编》含"犬"诸字相对应的字为✦、✦、✦、✦、✦、✦、✦、✦、✦、✦、✦、✦、✦、✦。由上列字形偏旁类推可知,《复古编》偏旁"犬"作✦;《说文》多数作✦,少数作✦,个

第三章 《复古编》小篆研究 81

别作󰀀，例如󰀀。

"犬"或含"犬"字，金文作󰀀（贝鼎）、󰀀（狈簋），秦篆作󰀀（诅楚文）、󰀀（石鼓文）、󰀀（石鼓文）、󰀀（峄山碑）、󰀀（秦大诏版）、󰀀（廿六年诏权）、󰀀（廿六年诏椭量）、󰀀（秦印编 198：任获）、󰀀（集证·183.736）。

"犬"或含"犬"字秦篆实物文字较多，常见小篆形体当作󰀀，与《复古编》偏旁󰀀相同；《说文》󰀀或󰀀在秦篆中为不典型字形，在汉文字中也可见，例如󰀀（弄狗厨印）、󰀀（献耻里附城）。

（二）女

《复古编》无"女"字，含"女"字有󰀀、󰀀。《复古编》偏旁"女"作󰀀，《说文》单字与偏旁均作󰀀。

"女"或含"女"字，金文作󰀀（盂鼎）、󰀀（作姬簋），秦文字作󰀀（不其簋盖）、󰀀（诅楚文）、󰀀（诅楚文）、󰀀（石鼓文）、󰀀（石鼓文）、󰀀（泰山刻石）、󰀀（峄山碑）、󰀀（两诏椭量）、󰀀（二世元年诏版）、󰀀（秦印编 236：女阴丞印）、󰀀（封泥集 306·1），汉篆作󰀀（封泥 469）、󰀀（汉匈奴破虏长）、󰀀（新郪虎符）。

由上可知，《说文》󰀀与秦篆󰀀（封泥集 306·1）相同，在汉篆中较常见；金文、秦篆多与《复古编》󰀀相同，"女"常见小篆字形当从此。

（三）下

《复古编》无"下"，含"下"字有󰀀，《说文》对应字作󰀀，两者偏旁"下"不同。

"下"，甲骨文作󰀀（甲六三六），金文作󰀀（虢叔钟）、󰀀（蔡侯盘），秦文字作󰀀（大驷权）、󰀀（旬邑权）、󰀀（廿六年诏椭量）、󰀀（廿六年诏十六斤权）、󰀀（秦印编 2：下家马丞）、󰀀（集证·222.274）、󰀀（两诏斤权）、󰀀（睡虎简·秦六一）、󰀀（睡虎简·法二）。

由上可知，秦篆中除󰀀外，󰀀也是常见字形。

（四）祝

"祝"，《复古编》作󰀀，《说文》作󰀀。

"祝"，甲骨文作󰀀（甲七四三），金文作󰀀（大祝禽鼎）、󰀀（申簋盖）、󰀀（长由盉），秦篆作󰀀（诅楚文）、󰀀（石鼓文）、󰀀（秦印编 4：祝阑），汉篆作󰀀（祝阿侯钟）、󰀀（祝僕印信）。

《复古编》䄷与金文䄷（长由盉）大致相同，与秦篆䄷（诅楚文）相同；《说文》䄷与部分秦汉篆文相同。两者均为秦汉篆文常见字形。

（五）崇

"崇"，《复古编》作崇，《说文》作崇，两者差异在于"宗"上是否有点。

"宗"或含"宗"字，金文作宗（何尊）、宗（盂鼎），秦大篆作宗（秦公簋）、宗（诅楚文），汉篆作宗（宗伯郎印）、宗（新嘉量）、宗（新衡杆）。

汉及之前实物文字，上面有点无点的字形均常见。

（六）州

"州"，《复古编》作州，《说文》作州，《说文》古文作州。

"州"，甲骨文作州（粹二六二），金文作州（井侯簋），楚简作州（包二·二七）、州（上二·容·二五），秦文字作州（睡虎简·法一〇〇）、州（集证·165.514）、州（秦印编224：州潘），汉文字作州（老子乙前一二六上）、州（古地图）、州（扬州理军一印），《汗简》作州（尚书）。

《说文》古文州与甲骨文、金文、楚简相同，《复古编》州与秦篆州（集证·165.514）相同、《说文》州与秦篆州（秦印编224：州潘）相同，两者与秦汉隶书为一系。《复古编》《说文》均为汉及之前实物文字常见字形。

（七）冤

"冤"，《复古编·上平声》作冤，《说文》作冤，两者相同，皆"从兔"。《复古编·形相类》："冕、冕，冕，大夫以上冠也，从冃免，亡辨切。冤，屈也，从免在冂下，不得走，于袁切。"此处，"冤"作冤，"从免"。"冤"，汉实物文字作冤（马王堆·养生）、冤（居延新简·8252）、冤（苍山画像石题记）、冤（夏承碑）、冤（校官碑）。"冤"实物文字较少，然而有限的实物文字多"从免"。

五 《复古编》兼收有细微差异的字形

除收录《说文》字形外，《复古编》尊重客观事实，兼收微异字形。《复古编》在复《说文》之古的同时，兼收微异字形，体现了张有在规范小篆字形的同时，能够尊重文字演变过程中出现异形的客观事实。

（一）皀

"皀"，《复古编·形相类》规范字形作皀，《说文》作皀，两者相同。

第三章 《复古编》小篆研究　83

《复古编》含"皀"字有⿰、⿰、⿰（见"联绵字"）、⿰—⿰（见"笔迹小异"）、⿰—⿰（见"笔迹小异"），《说文》对应字作⿰、⿰、⿰、⿰。由此可知，《复古编》"皀"偏旁有三：⿰、⿰、⿰，前两个大致相同。《说文》单字与偏旁皆作⿰。

含"皀"字，金文作⿰（盂鼎）、⿰（颂鼎）、⿰（中山王壶），楚简作⿰（郭·性·26），秦文字作⿰（石鼓文）、⿰（石鼓文）、⿰（泰山刻石）、⿰（秦陶文）、⿰（秦印编91：即墨丞印）、⿰（秦骃玉版）、⿰（睡虎简·为一二）、⿰（睡虎简·秦八〇），汉文字作⿰（老子甲三八）、⿰（新嘉量）、⿰（开母石阙）、⿰（新衡杆）、⿰（封泥904），《汗简》作⿰、⿰、⿰、⿰（并出《尚书》）。

"皀"常见小篆字形当与《复古编》⿰、⿰中的"皀"同。《复古编》规范字形⿰、《说文》⿰与⿰（秦陶文）的构件"皀"大致相同。《复古编》偏旁⿰与⿰（秦陶文）中的"皀"相同。⿰、⿰与《汗简》所录《古文尚书》含"食"的构件"皀"相同。由此可知，在"皀"字迹演变过程中有⿰、⿰、⿰的写法，但为不典型字形。唐宋篆书多与《说文》⿰、《复古编》⿰相同，例如⿰（唐李阳冰千字文）、⿰（释梦英篆书目录偏旁字源碑）。

（二）昜

《复古编》无"昜"，含"昜"字有⿰、⿰、⿰、⿰、⿰，《说文》对应字为⿰、⿰、⿰、⿰、⿰。《复古编》"昜"有两种，一作⿰，一作⿰。《说文》单字与偏旁皆作⿰。

"昜"或含"昜"字，金文作⿰（䧹叔鼎）、⿰（宋公差戈）、⿰（虢季子白盘），秦文字作⿰（石鼓文）、⿰（阳陵虎符）、⿰（秦印编271：宜阳津印），汉文字作⿰（少室石阙）、⿰（开母石阙）、⿰（阳信家铜钟）、⿰（长阳鼎二）。

《说文》与《复古编》偏旁⿰与金文、秦篆相同，当为小篆典型字形；相对⿰，⿰当为后出字形，见于汉篆。

（三）兄

《复古编》无"兄"字，含"兄"字有⿰、⿰，《说文》对应字为⿰、⿰。《说文》单字与偏旁"兄"皆作⿰。《复古编》偏旁"兄"，一作⿰，一作⿰。

"兄"或含"兄"字，甲骨文作⿰（前一·三九·六），金文作⿰（剌卣）、⿰（何作兄日壬尊），楚简作⿰（郭·六·一三），秦文字作⿰（秦印编4：祝阑）、◇（睡虎简·日乙一七〇）、◇（秦印编168：王竸），汉篆作◇（宜弟兄镜）、◇（毕长兄印）。

由上可知，《复古编》两偏旁◇、◇都是秦汉篆书常见字形。

（四）夂

"夂"，《复古编·形相类》作◇，《说文》作◇。《复古编》含"夂"有◇、◇、◇、◇、◇、◇、◇、◇、◇、◇、◇、◇、◇、◇，《说文》对应字为◇、◇、◇、◇、◇、◇、◇、◇、◇①、◇、◇、◇、◇、◇、◇。《复古编》单字与偏旁皆作◇，《说文》皆作◇，两者差异在于中间一笔上部是否左弯。

含"夂"字，金文作◇（令簋）、◇（威鼎）、◇（长陵盉），秦文字作◇（诅楚文）、◇（石鼓文）、◇（二世元年诏版八）、◇（秦阳陵虎符）、◇（两诏椭量）、◇（秦印编98：夏㑥偃）、◇（睡虎简·日乙二四三）、◇（睡虎简·为四〇）、◇（睡虎简·日甲八三）、◇（睡虎简·秦一〇八），汉文字作◇（天文杂占三·六）、◇（纵横家书四）、◇（孙子四七）、◇（建昭雁足灯）、◇（上林鼎）、◇（新量斗）、◇（满城汉墓宫中行乐钱）。

由上可知，《复古编》◇与《说文》◇在秦汉篆书中均常见。

（五）兑

"兑"，《复古编·去声》作◇，《说文》与之相同。《复古编》偏旁"兑"有二：一作◇，关涉字作◇、◇、◇；一作◇，关涉字有◇。《说文》对应字作◇、◇、◇、◇。

"兑"或含"兑"字，甲骨文作◇（粹一一五四），金文作◇（师兑簋）、◇（䍐羌钟），楚简作◇（郭·五·一〇），秦文字作◇（秦印编75：东门脱）、◇（睡虎简·日甲六九）、◇（睡虎简·效五八），汉文字作◇（吴兑平）、◇（李脱）。

由上可知，《复古编》◇、《说文》◇在汉及之前实物文字中均有相同字形。

（六）勺

"勺"，《复古编·入声》作◇，《说文》作◇，《复古编》含"勺"字有◇、◇、◇、◇，《说文》对应字作◇、◇、◇、◇。《复古编》"勺"偏旁与《说文》单字同。《说文》"勺"单字作◇，偏旁除◇外，皆作◇。

---

① "◇"两字形分别对应"笔迹小异"两字形。

"勺"或含"勺"字，金文作▇（我鼎）、▇（伯公父勺），楚简作▇（天策），秦文字作▇（秦印编 190：王豹）、▇（睡虎简·日甲七一背）、▇（睡虎简·法一三九），汉文字作▇（平国丞）、▇（豹骑司马）、▇（莲勺卤咸督印）。

《复古编》偏旁与与金文偏旁"勺"类似，《复古编》单字与汉篆▇（莲勺卤咸督印）类似；《说文》▇为后出字形，唐李阳冰《千字文》▇中的"勺"与之大致相同。

（七）斤

《复古编》无"斤"，含"斤"字有▇、▇、▇、▇、▇、▇、▇。《复古编》▇偏旁▇与其他字偏旁▇不同。《说文》"斤"单字与偏旁相同，均作▇。

"斤"或含"斤"字，甲骨文作▇（坊间四·二〇四），金文作▇（征人鼎），秦文字作▇（始皇诏十六斤铜权）、▇（頵阳鼎）、▇（宜工铜权），汉文字作▇（封泥 1299）、▇（封泥 1300）、▇（新郪虎符①）、▇（新衡杆）。

《复古编》两偏旁秦与先秦文字中没有相同的字形。《复古编》偏旁▇与汉篆▇（新郪虎符）中的"斤"相同，偏旁▇汉篆▇（新衡杆）中的"斤"相同。

（八）音

《复古编》无"音"，含"音"字有▇、▇、▇、▇、▇、▇、▇、▇、▇，《说文》对应字为闇、闇、章、竟、暗、韻、意、譛、黷。《复古编》与《说文》构件"音"均有▇、▇两类。

"音"或含"音"字，秦文字作▇（秦公钟）、▇（大墓残磬）、▇（秦怀后磬）、▇（秦印编 209：辛意），汉文字作▇（颜音）、▇（封泥 2572）。▇、▇秦汉篆文中皆存。

（九）大

"大"，《复古编·去声》作▇，"形相类"两字形作▇、▇，与《说文》两字形▇、▇大致相同。《复古编》偏旁"大"有二：一作▇，关涉字有▇、▇、▇、▇、▇、▇、▇，《说文》对应字作▇、爽、夹、美、杏、牵、咽；一作▇，关涉字有▇、▇、▇、▇、▇、▇、▇，《说文》对应字作▇、紫、亣、市、桼、㯱、囱。

---

① 安徽省阜阳市博物馆原馆长韩自强先生考证为汉淮南王刘安私铸，今从。下同。

"大"两种字形,在秦篆中皆存,例如🔲(不其簋盖)、🔲(石鼓文)、🔲(泰山刻石)、🔲(始皇诏铜方升)、🔲(秦诏陶量)、🔲(秦诏版)、🔲(秦大诏版)。对于秦篆的两种笔法的"大"字,张有皆认可。

(十)世

《复古编》无"世",含"世"字有🔲、🔲、🔲、🔲、🔲、🔲、🔲、🔲,由此可知,《复古编》偏旁"世"大致有三种:世、世、世。《说文》单字"世"作🔲,偏旁有三种:一作🔲,例字有🔲、🔲;一作🔲,例字有🔲、🔲;一作🔲,例字有🔲、🔲。《复古编》偏旁世与《说文》第二个偏旁世相同,世与《说文》单字世相同。

"世"或含"世"字,汉及之前实物文字较为繁乱,金文作🔲(矢令彝),秦文字作🔲(诅楚文)、🔲(诅楚文)、🔲(峄山碑)、🔲(秦陶文)、🔲(秦陶文)、🔲(睡虎简·为一四)、🔲(睡虎简·日甲一二二),汉文字作🔲(承安宫行灯)、🔲(臣奉世)、🔲(万事无极砖)、🔲(老子甲后二九五)、🔲(纵横家书一九六)。

《复古编》偏旁世、《说文》单字世与🔲(诅楚文)中的"世"以及🔲(峄山碑)相同。其他偏旁世、世、世、世很难在实物文字中找到完全相同的字形。

《说文》"世"单字与偏旁之间的差异表明,《说文》在字形规范上缺乏一致性。《复古编》没有克服这一缺陷,而是继续沿袭。

(十一)尸

《复古编》无单字"尸",含"尸"字共25个,分别为🔲、🔲。《说文》与之对应字为🔲、🔲。显而易见,《复古编》偏旁"尸"有两种,一作🔲,共23字;一作🔲,仅2字。而《说文》部首与偏旁"尸"均作🔲。

"尸"或含"尸"字,甲骨文作🔲(粹五一九),金文作🔲(默钟)、🔲(犀尊),秦文字作🔲(秦印编166:公孙尼)、🔲(秦陶文)、🔲(睡虎简·日甲一一二)、🔲(睡虎简·日甲三七背)、🔲(睡虎简·日甲一二〇),汉文字作🔲(汉匈奴恶适尸逐王)、🔲(设屏农尉章)、🔲(老子甲后一八四)、🔲(仓颉篇二六)。

由上可知,🔲比🔲稍早,就目前文献看,两者秦时皆有。🔲像人卧之形,与甲骨文、金文相同,🔲当为受隶变影响的后出字形。《复古编》偏旁"尸"绝大多数作🗔，我们认为，这是复古的表现；而极少数的偏旁作🗔，既可以认为这是张有尊重字形演变轨迹的表现，也可以认为因受《说文》的影响张有复古思想贯彻不彻底的表现。

(十二) 食

《复古编》无单字"食"，含"食"的字共13个，而偏旁"食"却有4种：一作🗔，关涉字有🗔、🗔、🗔、🗔、🗔、🗔；二作🗔，关涉字有🗔、🗔、🗔、🗔；三作🗔，关涉字有🗔、🗔；四作🗔，关涉字有🗔。《说文》"食"作🗔，单字与偏旁相同，与《复古编》第四个偏旁相同。

"食"或含"食"字，甲骨文作🗔（甲一二八九），金文作🗔（瓶共簋）、🗔（仲义昱鼎）、🗔（寠儿鼎），楚文字作🗔（天卜），晋文字作🗔（侯马盟书），秦文字作🗔（诅楚文）、🗔（秦陶文）、🗔（秦陶文）、🗔（秦陶文）、🗔（睡虎简·秦七八）、🗔（睡虎简·秦一七二），汉文字作🗔（信都食官行灯）、🗔（楚飤官印）、🗔（开母石阙）。

由上可知，如果从与金文、秦篆相对应的角度来讲，"食"小篆典型字形当作🗔或🗔。《说文》🗔及《复古编》🗔在秦汉篆书中亦可见，当为受隶变影响而后出的字形。《复古编》🗔与宋《汗简》所录《尚书》🗔、🗔、🗔、🗔中的"食"相同。

由《复古编》含"食"字在四种偏旁中的分布数量，可以窥见张有尽管保留笔迹小异字形，但仍以复古为主。

(十三) 见

"见"，《复古编·去声》规范字形作🗔，同《说文》🗔。《复古编》偏旁"见"有两种：一作🗔，关涉字有🗔、🗔、🗔、🗔、🗔；一作🗔，关涉字有🗔、🗔。《说文》与之对应字为🗔、🗔、🗔、🗔、🗔、🗔、🗔。《说文》"见"单字与偏旁同，皆作🗔。

"见"或含"见"字，甲骨文作🗔（甲三五二一），金文作🗔（匽矦）、🗔（九年卫鼎）、🗔（史颂簋），秦文字作🗔（诅楚文）、🗔（峄山碑）、🗔（秦印编169：张视）、🗔（秦印编169：陈视）、🗔（睡虎简·秦二二）、🗔（睡虎简·日甲七三背），汉文字作🗔（老子乙二二八下）、🗔（纵横家书一一）、🗔（见日之光镜）、🗔（汉匈奴归义亲汉长）。

由上可知，🗔与甲骨文、金文有传承关系，相对🗔，🗔与秦篆🗔（秦印编169：张视）中的"见"相同；而🗔当为后出字形，汉篆中也可见。

(十四) 其

《说文》小篆字头无"其"。《说文》"箕"作🗔，其古文有三：🗔、🗔、㕣，籀文有二：🗌、🗌。《复古编》含"其"字有🗌、🗌、🗌、🗌、🗌、🗌（"斯"笔迹小异字），《说文》对应字为🗌、🗌、🗌、🗌、🗌。通过《复古编》含"其"字偏旁类推，《复古编》偏旁"其"有三种：🗌、🗌、🗌。🗌、🗌均是在《说文》古文甘、㕣的基础上加丌而成。

"其"或含"其"字，甲骨文作🗌（乙八六八五反），金文作🗌（盂鼎）、🗌（仲师父鼎），秦文字作🗌（石鼓文）、🗌（泰山刻石）、🗌（泰山刻石）、🗌（两诏椁量）、🗌（秦印编130：毋期）、🗌（睡虎简·秦八四）、🗌（睡虎简·日乙四八），汉文字作🗌（新嘉量）、🗌（魏其侯盆）、🗌（圣主佐宫中行乐钱）、🗌（陈祺）。

由上可知，《复古编》🗌上承金文，与秦传世石刻🗌（石鼓文）、🗌（泰山刻石）相同；🗌与传世泰山刻石🗌中的"其"相同；相对来讲，🗌实物文字出现较晚，盖为后出字形，汉篆🗌（陈祺）中的"其"与之相同。

（十五）台

《复古编》无"台"字，而含"台"字有🗌、🗌、🗌、🗌、🗌，《说文》对应字为🗌、🗌、🗌、🗌、🗌。《复古编》偏旁"台"，一作🗌，一作🗌；《说文》单字与偏旁皆作🗌。《复古编》偏旁🗌与《说文》相同。

"台"或含"台"字，金文作🗌（王孙钟）、🗌（颂鼎），秦篆作🗌（秦印编23：鞶台）、🗌（石鼓文）、🗌（峄山碑）、🗌（泰山刻石）、🗌（两诏椁量）、🗌（元年诏版）。

由上可知，《复古编》🗌与王孙钟🗌相同；🗌与颂鼎🗌中的"台"大致相同，与🗌（元年诏版）中的"台"相同。相对🗌，🗌当为后出字形。《复古编》"台"收两种字形，这说明张有对于有字迹可寻的偏旁持兼容并蓄的态度。

（十六）兒

《复古编》无"兒"，含"兒"字有🗌、🗌，两者偏旁"兒"不同。《说文》"兒"作🗌，同🗌中的"兒"。

"兒"，金文作🗌（者兒觶）、🗌（易兒鼎），楚简作🗌（郭·语四·二七），睡虎简作🗌（日甲二九背），汉印作🗌（兒尊之印）、🗌（兒宽之印）、🗌（杨少兒）。《复古编》🗌的偏旁🗌不见于实物文字，盖为🗌的讹误字形。🗌与金文大致相同，与汉篆🗌（杨少兒）相同；🗌与汉篆🗌（兒尊之印）相同，相对🗌，当为后出字形。

（十七）㚔

"㚔"，《复古编·形声相类》作🗌，《说文》作🗌，两者相同。《复古编》含"参"字有 □、□、□、□、□、□、□，《说文》对应字为 □、□、□、□、□、□。《复古编》□的构件 □与其他字的构件 □小异。

"参"或含"参"字，金文作 □（参卣盖）、□（参尊），秦文字作 □（诅楚文）、□（睡虎简·封六八），汉简帛作 □（老子甲后二九六）、□（仓颉篇二六）。

"参"或含"参"字汉及之前实物文字虽然较少，然而《复古编》□、□、□及《说文》□与实物文字相类。相对而言，《复古编》□的构件 □更为古朴，比较接近金文，唐李阳冰三坟记 □的构件"参"与之相同。《复古编》□与《说文》□盖为后出字形，李阳冰《千字文》□中的"参"与之相同。

（十八）比

"比"，《复古编·形相类》作 □，《说文》作 □，两者相同。《复古编》偏旁"比"有二：一作 □，关涉字有 □、□、□；一作 □，关涉字有 □、□。《说文》对应字作 □、□、□、□、□。

"比"或含"比"字，甲骨文作 □（京都一八二二），金文作 □（比簋）、□（昆疕王钟），秦文字作 □（秦印编159：比督）、□（睡虎简·杂一七），汉文字作 □（老子甲三六）、□（山阳邸邓）。

《复古编》□、□在汉及之前实物文字中皆有相同字形，当为笔迹小异字。

（十九）弓

"弓"，《复古编·形相类》作 □，《说文》作 □。《复古编》偏旁"弓"字形有二：一作 □，关涉字有 □、□、□、□、□、□、□；一作 □，关涉字有 □。《说文》单字与偏旁"弓"均作 □。

"弓"或含"弓"字，金文作 □（裁簋）、□（同卣）、□（颂簋）、□（兮吉父簋），秦文字作 □（秦公簋）、□（石鼓文）、□（诅楚文）、□（峄山碑）、□（秦陶文）、□（秦印编249：张黑）、□（秦印编249：张敦），汉篆作 □（刘疆）、□（张武）。

"弓"常见小篆字形当作 □；而 □亦见于实物文字。

（二十）尧

《复古编》无小篆"尧"，而偏旁"尧"字有二：一作 □，关涉字有 □、□；一作 □，关涉字有 □、□，《说文》对应字作 □、□、□、□。《说文》单字与偏旁皆作 □。

"尧"或含"尧"字，汉文字作 □（五十二病方二五二）、□（孙膑二二)、㫲(春秋事语二九)、䵪(譊姊)、䭲(广饶侯相)、䮻(刀尧之印)。

《复古编》偏旁㚯与汉篆䮻(刀尧之印)同；㚯与汉篆䵪(譊姊)中的"尧"相同。

(二十一) 从

"从",《复古编·形相类》作巛,含"从"字有鑶、綡,《说文》对应字作鑶、綡。根据偏旁类推,《复古编》两偏旁分别作巛、从,与《说文》偏旁"从"稍异。《复古编》"从"单字作巛,《说文》作从,两者大致相同。《说文》"從"作從,其偏旁"从"与《复古编》鑶中的"从"大致相同。

"从"或含"从"字,甲骨文作外(后上二七·二),金文作从(从鼎)、从(吏从壶)、从(启卣)、从(兮甲盘),秦文字作从(秦印编159:志从)、从(泰山刻石)。

《复古编》鑶中的"从"与秦篆从(秦印编159:志从)中的"从"相同；《复古编》綡中的"从"与金文从(吏从壶)相同。

(二十二) 百

"百",《复古编·形相类》单字作百,《说文》作百。《复古编》含"百"字有佰、佰,《说文》对应字作佰、佰。《说文》单字与偏旁皆作百。《复古编》偏旁与《说文》均作百。

"百",甲骨文作百(乙六八六三),金文作百(召鼎)、百(史颂簋),秦文字作百(秦公镈钟)、百(蒖阳鼎)、百(秦印编68:百向)、百(秦印编68:百赏)、百(睡虎简·效九)、百(睡虎简·日甲一五九背),汉篆作百(甘泉山题字)、百(开母庙石阙)、百(上林鼎)、百(新嘉量)。

《复古编》单字百及偏旁百皆为秦汉实物常见字形。

六 《复古编》与《说文》均无文献证据

《复古编》与《说文》字形微异,由于缺乏充足的文献证据,目前无法证明孰是孰非。关涉字有:

芛—芛、柣—机、杏—杏、䩐—䩐、結—結、闞—闞、㴹—㴹、㴱—㴱、㴺—㴺、脮—脮、䝼—䝼、匆—匆、䶈—䶈、蘸—蘸、寒—寒、䨻—䨻、攢—攢、䨻—䨻、䵼—䵼、藉—藉、絕—絕、廖—廖、八—八、医—医、乎—乎、乙—乙、甘—甘、朮—朮、㮚—㮚、葲—葲、䚔—䚔、爪—爪、丿—丿、凡—凡、李—李、䇂—䇂、甯—甯、

◻—◻、◻—◻、◻—◻、◻—◻。

七 《复古编》依据《说文》字形说解拼合字形

《复古编》并没有选用常见实物文字，也没有采用《说文》字形，而是依据《说文》字形说解拼合字形来规范小篆字形。

（一）臺

"臺"，《复古编》作◻，《说文》作◻，两者差异在于中间"冂"用笔不同。

"臺"，秦文字作◻（秦印编 228：李台）、◻（秦印编 228：安臺丞印），汉文字作◻（老子甲五七）、◻（老子乙二〇一上）、◻（昭臺宫匾）、◻（梧臺里石社碑额），三国吴天玺纪功碑作◻，唐篆作◻（嶍臺铭）。据目前文献，实物文字中没有与《复古编》◻相同的笔法，实物文字"臺"同《说文》。《说文》："臺，从至从之，从高省。"《说文》："高，象臺观高之形。从冂、口。"《说文》"冂"作H，《复古编》"臺"作◻，盖据《说文》字形说解拼合。

（二）弔（吊）

"弔"，《复古编》作◻，《说文》作◻，两者差异在于"弓"字不同。

"弔"，金文作◻（叔父丁簋）、◻（叔仓父盨），李阳冰《千字文》作◻。

相对来讲，《说文》◻与金文较为接近，与李阳冰篆书相同。《说文》"弔，从人持弓"，"弓"小篆作◻。《复古编》之所以定"弔"为◻，盖紧扣《说文》字形说解。

（三）洟

"洟"，《复古编·去声》规范字形作◻，《说文》作◻，两者差异在于偏旁"夷"不同。

"夷"或含"夷"字，金文作◻（柳鼎），秦文字作◻（长夷泾桥）、◻（夷忌）、◻（睡虎简·法二〇八），汉文字作◻（老子甲一一六）、◻（王氏镜）、◻（安夷将军章）。

《复古编》◻的偏旁"夷"汉及之前实物文字中无对应字形。其规范依据同"弔"。"洟"，《复古编》规范字形作◻，盖据《说文》"夷，从大从弓"，"弓"小篆作◻。

（四）绋

"绋"，《复古编》作◻，《说文》作◻，两者差异在于偏旁"弗"

不同。

"弗",甲骨文作🀫(甲三九一九),金文作🀫(毛公鼎),秦文字作🀫(不其簋盖)、🀫(秦骃玉版)、🀫(睡虎简·秦六八),汉文字作🀫(弗成)、🀫(老子甲后一八五)。"弗"汉及之前实物文字多同《说文》🀫。《复古编》之所以定"绋"作🀫,盖据《说文》"弗"字形分析"从丿从乀从韦省","韦"小篆作🀫,上部与《复古编》偏旁"弗"相同。

第四节 《复古编》小篆来源

《复古编》小篆来源较为复杂。其来源大约有以下七个方面:

一是源自古《说文》。《复古编》有 1353 个小篆字形与徐铉本《说文》不同,可能张有依据的《说文》较古,与我们现在所见徐铉本《说文》有一定的差异。程俱政和三年(1113)《〈复古编〉后序》云:"《复古编》据古《说文》以为正。"①

二是源自徐铉本《说文》小篆。《复古编》共有小篆字头 2652 个,与徐铉本《说文》小篆完全相同的字形有 1299 个,占总数的 48.98%。《复古编》据徐铉校订本《说文》匡正字形。《潜研堂集·跋〈复古编〉》中云:"谦中虽笃信《说文》,然其所据者乃徐氏校定本。"② 《复古编》以大徐本《说文》为匡正字形的依据最有力的证据是收录《说文》新附字。

三是源自汉及汉之前实物文字以及传世秦石刻篆书(参见本章相关内容与下文"笔迹小异"研究、"上正下讹"研究)。通过比对《复古编》与汉及之前实物文字以及传世秦石刻篆书,我们发现《复古编》一些小篆字形与《说文》不同,但却与它们相同。饶节《赠道士张谦中》诗云:"道人得师在何许?秦汉鼎彝周石鼓。若峄山碑若诅楚,二李而下初不数。"③ 因为张有《复古编》参考汉及汉之前实物文字以及传世秦石刻篆书,所以杨龟山称赞张有"善篆,用笔有古意"。④

四是源自魏晋至唐宋的篆书字形(参见本章相关内容与下文"笔迹小

---

① 张有:《复古编》,影宋精抄本。
② 钱大昕:《潜研堂集》,上海古籍出版社 2009 年版,第 473 页。
③ 饶节:《倚松诗集》,载纪昀《文渊阁四库全书》(第 1117 册),(台北)商务印书馆 1986 年版,第 220 页。
④ 张有:《复古编》,影宋精抄本。

异"研究、"上正下讹"研究)。《复古编》有些小篆与汉及之前实物文字不同,但却与魏晋至唐宋的篆书相同。

五是源自《汗简》《古文四声韵》以及其他传世文献中的字形(参见本章相关内容与下文"笔迹小异"研究、"上正下讹"研究)。《复古编》中少数字形与宋郭忠恕的《汗简》、夏竦的《古文四声韵》字形相同,个别字形可以在清人传承前人的基础上编撰而成的文字学著作中觅到踪影。

六是《复古编》收录张有可能根据实物文字偏旁而拼合的小篆字形。例如《复古编》从"馬"诸字有骎、騛、騂、馮、騼、騂、駃、駮、鴯、篤、駕,据目前文献,除駕(参见"笔迹小异"研究)有相类篆文实物文字外,其他均无;其他字小篆形体盖张有根据实物文字偏旁并参照《说文》拼合而成。因为我们所据实物文字文献与张有之间存在差异,具体指出哪一个从"馬"字为张有拼合而成确有困难。

七是《复古编》小篆掺杂了部分张有根据《说文》字形说解而拼合的字形。张有在根据所见实物文字规范字形的同时,还根据《说文》字形说解,以一己之见规范字形,例如臺、龟、綑、湨、門、畢等单字以及走、今、金等偏旁关涉诸字(参见本章相关内容与下文"笔迹小异"研究、"上正下讹"研究)。

张有根据实物文字规范一些小篆字形的做法是值得肯定的,然而有时候他又无视实物文字,仅凭一己私意规范字形,这种做法是不足取的,同王安石《字说》一样存在主观主义的弊端。《复古编》存在这种主观主义的弊端,一方面反映了《说文》存在小篆字头与字形说解不一致的弊端;另一方面也反映出张有在规范小篆字形时不能恰到好处地解决这种弊端,而是走向另一个极端:既否定一些传世《说文》小篆字形,而又绝对遵依《说文》字形说解的矛盾偏执心理。张有这一规范字形的理念是主观的、错误的,是应予以否定的。只有建立在尊重客观存在字形基础上的汉字规范才是可取的,也才能得到大众的认可。

第四章 《复古编》释文研究

第一节 隶定研究

"隶定,文字学术语,也叫'隶古定''隶古'。原指把古文字转写成隶书,今也指把古文字转写成楷书。"① 我们现在所进行的"隶定研究"是针对《复古编》把小篆转写成楷书而言的。

《复古编》以小篆作为字头,在注文中首列隶定字,并以此作为规范楷书字形的标准。《复古编》收录2652个小篆字形,因为"笔迹小异""上正下讹"两个小篆字形共用一个隶定字形,加之某些字形没有隶定字形,实际隶定字形有2476个。其类型大致如下:

一 与宋代字书字头相同

《复古编》绝大多数字形根据小篆隶定字形,与宋代影响较大的字书《玉篇》《类篇》字头相同。《复古编》2476个隶定字形,其中有2092个字形与《玉篇》字头相同,其余384个字形有234个与《类篇》字头相同,即《复古编》共有2326个隶定字形与《玉篇》《类篇》字头相同,所占比例高达93.94%。如果把《广韵》《集韵》算进去,比例会更高一些。

二 与宋代字书字头稍异

与《说文》小篆字形保持一致,而与宋代字书字头稍异。《复古编》一些字形严格根据小篆转写字形,与《玉篇》《类篇》常见通行字形不同。这种不同,既有字形上的小异,也有构件位置上的不同,例如:

---

① 杨剑桥:《实用古汉语知识宝典》,复旦大学出版社2008年版,第55页。

𤁖，《复古编》隶作浾，《玉篇》《类篇》均作渿。
𦦋，《复古编》隶作𧾷翟，《玉篇》《类篇》均作趯。
俞，《复古编》隶作俞，《玉篇》《类篇》均作俞。
𩧢，《复古编》隶作驈，《玉篇》《类篇》均作鬻。
孫，《复古编》隶作㩎，《玉篇》《类篇》均作㪣。

三 选取宋代简化字形

《复古编》没有严格依据小篆转写字形，也没有采纳《玉篇》《类篇》字形，而是选用宋代简化字形。例如：

鱟，如据小篆字形当隶定作鱟，《玉篇》字头作鱟，《类篇》作鱟，而《复古编》依简化字形隶作鱟。

𦣝，如据小篆字形当隶定作𦣝，《玉篇》《类篇》字头均作𦣝，而《复古编》依简化字形隶作𦣝。

顛，如据小篆字形当隶定作顛，《玉篇》《类篇》字头均作顛，而《复古编》依简化字形隶作颠。

奔，如据小篆字形当隶定作奔，《玉篇》《类篇》字头均作奔，而《复古编》依简化字形隶作奔。《五经文字》："奔、奔，上《说文》，下经典相承隶省。"

舍，如据小篆字形当隶定作舍，《玉篇》作舍，《类篇》作舍。《五经文字》："舍、舍，上《说文》从中从口，口音围，下《石经》。"《复古编》依简化字形隶作舍。

结语

综上所述，第一类隶定字形所占比例高达 93.94%，其余两类仅占 6.06%。由此可知，《复古编》在选用楷书字形进行隶定时，绝大多数字形依据《说文》小篆进行转写，主要选用与《说文》小篆字形保持一致、得到当时社会认可的有字书可据的楷书字形，这也可以说是《复古编》"复古而不戾今"思想的具体体现之一。

第二节 释义研究

《复古编》释义基本源自大徐本《说文》，大致可分为以下几种情况：

一 与大徐本《说文》释义相同

《复古编》除去无释义字，共对 2168 字加以训释，其中有 1373 字释义与《说文》相同。这 1373 字释义包括三类：

（一）释义与文字完全相同

例如：

《复古编》："僮，未冠也。"《说文》："僮，未冠也。"

《复古编》："箾，断竹也。"《说文》："箾，断竹也。"

《复古编》："憂，和之行也。《诗》曰：'布政憂憂。'"《说文》："憂，和之行也。《诗》曰：'布政憂憂。'"

《复古编》："檟，楸也。《春秋传》曰：'树六檟于蒲圃。'"《说文》："檟，楸也。《春秋传》曰：'树六檟于蒲圃。'"

（二）释义相同，文字小异

此种差异主要表现为：

1. 正俗字形的差异。例如：

《复古编》："巨，䂓巨也。"《说文》："巨，䂓巨也。"

按：《干禄字书》："䂓、規，上俗下正。"

《复古编》："龤，富龤龤皃。"《说文》："龤，富龤龤皃。"

按：《干禄字书》："冨、富，上俗下正。"

《复古编》："餕，祭酹也。"《说文》："餕，祭酹也。"

按：《干禄字书》："祭、祭，上俗下正。"

《复古编》："柏，鞠也。"《说文》："柏，鞠也。"

按：《龙龛手鉴》："鞠，俗。鞠，正。"

《复古编》："廛，一畒半，一家之居。"《说文》："廛，一畒半，一家之居。"

按：《字汇·田部》："畒，俗畝字。""畝"为《说文》"畮"的或体。"畝"为《说文》畮的后出隶定字形。

2. 通正字形的差异。例如：

《复古编》："恩，多遍恩恩也。"《说文》："恩，多遽恩恩也。"

按：《干禄字书》："遍、遽，上通下正。"

《复古编》："瘗，幽、埋也。"《说文》："瘗，幽、薶也。"

按：《干禄字书》："埋、薶，上通下正。"

《复古编》："貓，貍属。"《说文》："貓，貍属。"

按：《干禄字书》："貍、貍，上通下正。"

3. 繁简字形的差异。例如：

《复古编》："齹，齿参䶧。"《说文》："齹，齿参差。"

《复古编》："僃，慎也。"《说文》："僃，慎也。"

4. 正讹字形的差异。例如：

《复古编》："䜌，陋也。"《说文》："䜌，陋也。"

按：《说文》小篆作䜌，本当隶作"陋"，后盖讹作"陋"，此后经典相承。

《复古编》："稺，幼禾也。"《说文》："稺，幼禾也。"

按：《字汇》："幼，俗从刀，误。"

《复古编》："饴，米糱煎也。"《说文》："饴，米糵煎也。"

按：常见字书无"糱"字，盖为"糵"的讹误字形。

5. 古今字形的不同。例如：

《复古编》："胖，膀胱也。"《说文》："胖，膀光也。"

按："膀胱"为联绵词盖本作"旁光"，后增形旁。《淮南子·说林训》："旁光不升俎，駃騠不入牲。"高诱注："旁光，胞也。"

《复古编》："堤，塘也。"《说文》："堤，唐也。"

按：段玉裁《说文解字注·口部》："唐，凡陂塘字古皆作唐。"

6. 本字、通假字的差异。例如：

《复古编》："叫，惊呼也。"《说文》："叫，惊嘑也。"

按："呼""嘑"本不同，后通用。《说文》："呼，外息也。从口乎声。"《说文》："嘑，唬也。从口虖声。"《集韵》："諻、嘑、呼，荒故切。《说文》：'評，諻也。'或作嘑、呼。"

《复古编》："佰，相什佰也。"《说文》："佰，相什伯也。"

按："佰""伯"古通用。朱骏声《说文通训定声·豫部》："伯，叚借为佰。"

《复古编》："蘜，日精，似秋華。"《说文》："蘜，日精也。以秋华。"

按："似""以"古通用，此处作"如"解。《汉书·高帝纪上》："乡者夫人儿子皆以君。"颜师古注引如淳曰："以或作似。"段玉裁改"似"作"㠯"。《说文解字注》："蘜，日精也。㠯秋华。'以'各本作'似'。今依宋本及《韵会》正。"段氏作此改易盖据《说文》字头无"以"字。其实，段氏大可不必作此改易，"以"发轫于甲骨文，形成于金文。徐中舒《甲骨文字典》："甲骨文𠂤、𠂤，象人用耜形，金文讹作𠥑

（□似鼎）、𠨒（趙盂），篆文𠔺（以）即从此出。"① "以"小篆作𠂼（峄山碑）。《复古编》："目，用也。从反已。秦刻作以。《说文》不加人字。"

《复古编》："䊤，粟重一䄷，为十六斗大斗半，舂为米一斛曰䊤。"《说文》："䊤，粟重一䄷，为十六斗太半斗，舂为米一斛曰䊤。"

按："大"通"太"。《说文》字头无"太"。清江沅《说文释例》："古只作'大'，不作'太'。《易》之'大极'，《春秋》之'大子''大上'，《尚书》之'大誓''大王王季'，《史》《汉》之'大上皇''大后'，后人皆读为太。或径改本书，作'太'及'泰'"②。

《复古编》、大徐本《说文》虽为正字专书，但并没有完全采用正体字。这说明《复古编》《说文》在编撰或传抄过程中不自觉地受到当时俗用字的影响，从而打上时代用字的烙印。

（三）释义相同，表述小异③

此种小异主要表现为语气词、解释术语、连接词、词序以及用字多少的不同。例如：

《复古编》："跔，天寒足跔。"《说文》："跔，天寒足跔也。"
《复古编》："𧕦，蟲，似豪猪。"《说文》："𧕦，蟲，似豪猪者。"
《复古编》："紞，冕冠塞耳也。"《说文》："紞，冕冠塞耳者。"
上例为语气词的有无或不同。

《复古编》："两，二十四铢也。"《说文》："两，二十四铢为一两。"
《复古编》："陛，败城阜也。"《说文》："陛，败城阜曰陛。"
《复古编》："稯，布之八十缕也。"《说文》："稯，布之八十缕为稯。"
上例为解释术语的有无。

《复古编》："毅，妄怒也。从殳豙。又有决也。"《说文》："毅，妄怒也。一曰有决也。"

《复古编》："卤，惊声也。从乃省，从西。一曰往也。"《说文》："卤，惊声也。从乃省，西声。籀文卤不省。或曰卤，往也。"
上例为表并列关系的连词不同。

《复古编》："睑，上下目睑也。"《说文》："睑，目上下睑也。"
《复古编》："喿，群鸟鸣也。"《说文》："喿，鸟群鸣也。"

---

① 徐中舒：《甲骨文字典》，四川辞书出版社1998年版，第592—593页。
② 江沅：《说文释例》，清光绪二年江都李氏半亩园刊小学类编本。
③ 个别也包括文字小异。

第四章 《复古编》释文研究　99

《复古编》："宙，舟舆所覆极也。"《说文》："宙，舟舆所极覆也。"
上例为词序的不同。
《复古编》："棱，柧棱也。"《说文》："棱，柧也。"
《复古编》："舆，车也。"《说文》："舆，车舆也。"
《复古编》："宽，屋大也。"《说文》："宽，屋宽大也。"
《复古编》："缫，绎丝也。"《说文》："缫，绎茧为丝也。"
上例为用字多少的不同。

二　在大徐本《说文》释义的基础上有所简省

《复古编》在《说文》释义的基础上，保留正解，要么舍去别说，要么舍去补充说明，要么舍去冗余释义，要么舍去方言俗语。

《复古编》："恫，痛也。"《说文》："恫，痛也。一曰呻吟也。"
《复古编》："雟，周燕也。"《说文》："雟，周燕也。……一曰蜀王望帝，淫其相妻，惭亡去，为子雟鸟。故蜀人闻子雟鸣，皆起云'望帝'。"
上两例舍去别说。
《复古编》："䜇，狱之两曹也。"《说文》："䜇，狱之两曹也。在廷东。"
《复古编》："龙，鳞虫之长。"《说文》："龙，鳞虫之长。能幽，能明，能细，能巨，能短，能长；春分而登天，秋分而潜渊。"
上两例舍去补充说明。其中前一例舍去对具体位置的补充，后一例舍去对性能的补充。
《复古编》："囱，在屋曰囱。"《说文》："囱，在墙曰牖，在屋曰囱。"
《复古编》："冂，古荧切，林外也。"《说文》："冂，邑外谓之郊，郊外谓之野，野外谓之林，林外谓之冂。象远界也。"
上两例舍去冗余释义。"在墙曰牖"与"囱"无关，"邑外谓之郊，郊外谓之野，野外谓之林"与"冂"无关，当为冗余释义。
《复古编》："聿，所以书也。"《说文》："聿，所以书也。楚谓之聿，吴谓之不律，燕谓之弗。"
《复古编》："皇，大也。从自王。自，始也。始皇者，三皇，大君也。"《说文》："皇，大也。从自。自，始也。始皇者，三皇，大君也。自，读若鼻，今俗以始生子为鼻子。"
上两例舍去方言俗语。第一例舍去三地方言名称，第二例舍去汉代俗语。

三 在大徐本《说文》释义的基础上有所增补

这种增补有的根据字书、韵书，有的根据前人训诂成果，有的根据经典常用字加以训释，有的根据传统经书，有的根据古代其他非经典文献。

(一)《复古编》增补释义多根据前人字书、韵书

其中，《复古编》多征引《集韵》《类篇》，此外，大徐本《说文》《玉篇》《广韵》也少有征引，然均不标注出处。

1. 多根据《集韵》《类篇》增补释义。例如：

踦——《复古编》："踦，一足也。又旅寓也。"《说文》："踦，一足也。"《集韵》："羇、踦，旅寓也。或从足。"《类篇》："踦，旅寓也。羇或作踦。"

牙——《复古编》："牙，牡齿也。象上下相错之形。一曰古者军行有牙，尊者所在。后人因以所治为牙。"《说文》："牙，牡齿也。象上下相错之形。"《集韵》："衙，彭衙地名。一曰古者军行有牙，尊者所在。后人因以所治为衙。"《类篇》："衙，牛加切。彭衙，地名。一曰古者军行有牙，尊者所在。后人因以所治为衙。"

萌——《复古编》："萌，艸牙也。一曰心所在。"《说文》："萌，艸芽也。"《集韵》"蕄，心所在也。通作萌。俗作菵，非是。"

嬛——《复古编》："嬛，材緊也。从女瞏。一曰独也。《春秋传》曰：'嬛嬛在疚。'"《说文》："嬛，材紧也。从女瞏声。《春秋传》曰：'嬛嬛在疚。'"《类篇》："嬛，又葵营切。独也。"

2.《复古编》有时会根据《说文》原文或徐铉研究成果增补释义。例如：

氐——《复古编》："氐，至也。从氏，下一。一，地也。一曰下也。"《说文》："氐，至也。从氏下箸一。一，地也。"

《说文》"氐"的别解"下也"隐于"昏"释义中。《说文》："昏，日冥也。从日氐省。氐者，下也。一曰民声。"《复古编》把此别解"下也"析出，与正解"至也"合并一处。

沱——《复古编》："沱，江别流也。从水它。又沼也。陂也。"《说文》："沱，江别流也。出㟬山东，别为沱。"

《复古编》相对《说文》除增"沱"常用义项"沼也"外，又增"陂也"。"陂也"源于《说文》"陂"释文。《说文》："陂，阪也。一曰沱也。"

叉——《复古编》："叉，手之指相错也。从又，象叉之形。又笄属

也。"《说文》:"叉,手指相错也。"

《复古编》"叉"增补"筓属也",据徐铉本《说文》新附字:"钗,筓属。从金叉声。本只作叉。此字后人所加。楚加切。"

雁——《复古编》:"雁,知时鸟也。大夫以为挚,昏礼用之,故从人隹厂。"《说文》:"雁,鸟也。从隹从人,厂声。读若鴈。臣铉等曰:雁,知时鸟。大夫以为挚,昏礼用之。故从人。"

《复古编》"雁"据徐铉按语增补"知时"。

3.《复古编》亦少量征引《玉篇》《广韵》。例如:

茎——《复古编》:"茎,枝柱。从艸巠。又颛帝乐名。"《说文》:"茎,枝柱也。"

《复古编》增补"茎"别义"颛帝乐名"源自《重修玉篇》。《重修玉篇》:"䯘,骇耕切。䯘,刑也。颛顼乐名《五䯘》。亦作茎。"

豪——《复古编》:"豪,豕,鬣如笔管者。又九江郡。古钟离国隋改作州。别作濠、毫,并非。乎刀切。"《说文》:"豪,豕,鬣如笔管者。出南郡。"

《复古编》增补"豪"别义"九江郡。古钟离国,隋改作州"源自《重修广韵》。《重修广韵》:"豪,豪侠。《说文》曰:'豕,鬣如笔管者。'亦州名。属九江郡。古钟离国与吴争桑而灭,隋改为州。"

(二)《复古编》增补释义有时也征引郑玄、高诱、郭璞等的训诂成果

例如:

椑——《复古编》:"椑,籀也。从木卑。别作牌,非。部皆切。又步迷切,圜榼也。步覓切,亲身棺也。宾弥切,柿也。"《说文》:"椑,圜榼也。"

"椑"的别解"亲身棺也"根据郑玄注。《礼记·檀弓》:"君即位为椑,岁一漆之,藏焉。"郑玄《礼记注》:"椑谓杝棺,亲尸者。椑,坚著之言也。"

唐——《复古编》:"唐,大言也。一曰堤也。"《说文》:"唐,大言也。"

"唐"的别解"堤也"根据高诱注。《吕氏春秋》:"治唐圃,疾灌寖,务种树。"高诱注:"唐,堤。以壅水。"

敦——《复古编》:"敦,怒也。诋也。大也。勉也。又一成为敦丘。江东呼地高堆为敦。"《说文》:"敦,怒也。诋也。一曰谁何也。"

"敦"的别解"江东呼地高堆为敦"出自郭璞《尔雅注》。《尔雅·释丘》:"丘一成为敦丘。"郭璞《尔雅注》:"注:成犹重也。《周礼》曰:

为坛三成。今江东呼地高堆者为敦。"

荼——《复古编》:"荼,苦荼也。早采为荼,晚采为茗。"《说文》:"荼,苦荼也。"

"早采为荼,晚采为茗"源自郭璞语,北宋唐慎微《证类本草》明确说明该句为郭璞语。

(三) 对于一些经典常见字的常用意义而不见于前人字书的,《复古编》则加以增补

例如:

思——《复古编》:"思,容也。又颔也。"《说文》:"思,容也。"

《复古编》"思"补增"颔也"。《说文》释"凤":"天老曰:'凤之象也,鸿前麐后,蛇颈鱼尾,鹳颡鸳思,龙文虎背,燕颔鸡喙,五色备举。'"此处,"思"当为"颐"的古字,释为"颔也",不见于字书。《类篇》:"颐,桑才切。颔也。"《复古编》"思"补增"颔也"当综合了《说文》古字与《类篇》释义。

敖——《复古编》:"敖,游也。从出放。一曰蟹大足者。"《说文》:"敖,出游也。"

《复古编》"敖"增补"蟹大足者"。《说文》:"蟹,有二敖八足,旁行,非蛇鳝之穴无所庇。从虫解声。"宋陆佃《埤雅》:"蟹,八跪而二敖。水虫。壳坚而脆、团脐者。"此处,"敖"当为"螯"的古字,释为"蟹大足",然不见于字书,《复古编》据经典常用字增补。

精——《复古编》:"精,择也。从米青。又目童也。"《说文》:"精,择也。"

《复古编》补增"精"常用于典籍而字书罕收的义项"目童"。《礼记》:"子夏丧其子而丧其明。"《礼记注疏》郑玄注云:"明,目精。"《荀子·解蔽》:"瞽者仰视而不见星,人不以定有无,用精惑也。"汉刘向《说苑·辨物》:"〔灵龟〕……虺头龙翅,左精象日,右精象月。"《汉书·王莽传中》:"莽为人侈口蹷頋,露眼赤精,大声而嘶。"《说文》:"瞕,目童子精也。从目喜声。读若禧。"《说文》无"睛",表示"眼珠"经典多用"精","睛"当为后出本字。

泮——《复古编》:"泮,诸侯乡射之宫。一曰冰释也。"《说文》:"泮,诸侯乡射之宫,西南为水,东北为墙。"

"泮"别解作"冰释"不见于前人工具书,然而此义却存于经典。《诗·邶风·匏有苦叶》:"士如归妻,迨冰未泮。"《史记·历书第四》:"昔自在古,历建正作于孟春。于时冰泮发蛰,百草奋兴,秭鴂先滜。"

贾——《复古编》:"贾,物直也。一曰坐卖售也。"《说文》:"贾,贾市也。一曰坐卖售也。"

"贾"释作"物直"不见于前人工具书,然而此义却存于经典。《论语·子罕》:"求善贾而沽诸。"《礼记·王制》:"命市纳贾以观民之所好恶。"

(四)《复古编》根据传统经书增补释义

这种增补有时直接征引经书释义,有时直接征引经书内容。例如:

猋——《复古编》:"猋,犬走皃。从三犬。《尔雅》:'贝居陆曰猋,在水曰蜬。'"《说文》:"猋,犬走皃。"

《复古编》根据《尔雅》增补"猋"的别义"贝居陆曰猋"。

尽——《复古编》:"尽,器中空也。从皿㶳。慈忍切。又即忍切。《礼记》曰:'虚坐尽前。'"《说文》:"尽,器中空也。"

《复古编》根据《礼记》增补"尽"的假借义"尽可能"。

(五)《复古编》除根据经书增补释义外,也根据其他非经典文献加以征引

例如:

《复古编》:"谶,验也。《释书》:一曰悔过也。"《说文》:"谶,验也。"

《复古编》根据《释书》增补"谶"的别义"悔过"。

四 《复古编》与《说文》释义完全不同

此种不同主要表现为:

(一)在编撰或传抄过程中,因文字字形相近而造成的不同①
例如:

《复古编》:"敧,鞁也。"《说文》:"敧,敁也。"
《复古编》:"鬖,黍也。"《说文》:"鬖,秦也。"
《复古编》:"扦,忮也。"《说文》:"扦,忮也。"
《复古编》:"刑,劲也。"《说文》:"刑,刭也。"
《复古编》:"束,轉也。"《说文》:"束,縛也。"
《复古编》:"韵,味也。"《说文》:"韵,和也。"

上例中,《复古编》讹误,《说文》正确。

《复古编》:"坑,阆也。"《说文》:"坑,门也。"

---

① 不包括语气词。

《复古编》:"嬴,但也。"《说文》:"嬴,袒也。"
《复古编》:"诔,謚也。"《说文》:"诔,謚也。"
《复古编》:"碌,阾也。"《说文》:"碌,陵也。"

上例中,《复古编》正确,《说文》讹误(参见下文"匡正《说文》释文的价值")。

(二) 词义范围大小不同

《复古编》:"钁,戟属也。"《说文》:"钁,兵器也。"
《复古编》:"稄,稻名也。"《说文》:"稄,沛国谓稻曰稄。"
《复古编》:"蓠,艸名。"《说文》:"蓠,江蓠,蘼芜。"

上例中,"戟属"为"钁"的小总名,其范围小;"兵器"为"钁"的总名,其范围大。"稻"为"稄"的总名,其范围大;"沛国谓稻"仅指某地稻名,其范围比前者小。"艸名"为"蓠"的总名,其范围大;"江蓠,蘼芜"为"蓠"的别名。

(三) 异名同实

《复古编》:"屩,履也。"《说文》:"屩,屐也。"
《复古编》:"萑,萑也。"《说文》:"萑,薍也。"
《复古编》:"首,头也。"《说文》:"首,百同。"
《复古编》:"棓,木杖也。"《说文》:"棓,梲也。"

(四) 释义取向不同

《复古编》:"杠,石桥也。"《说文》:"杠,床前横木也。"
《复古编》:"濯,所以进船也。"《说文》:"濯,瀳也。"
《复古编》:"肎,可也。"《说文》:"肎,骨间肉肎肎箸也。一曰骨无肉也。"
《复古编》:"蠱,食物也。"《说文》:"蠱,有足谓之蠱,无足谓之豸。"
《复古编》:"林,野外也。"《说文》:"林,平土有丛木曰林。"
《复古编》:"臭,臊也。"《说文》:"臭,禽走,臭而知其迹者,犬也。"
《复古编》:"甚,会集之也。"《说文》:"甚甚,盛也。汝南名蚕盛曰甚。"
《复古编》:"王,则天之义。"《说文》:"王,天下所归往也。"

五 因释文个别用字不同而造成两者释义不同

因个别字的不同而造成的释义不同。这种不同可以分为以下几种情况：

（一）《复古编》讹误，《说文》正确

现分列如下：

《复古编》："環，璧也。玉好若一谓之環。"《说文》："環，璧也。肉好若一谓之環。"

《复古编》："辯，駁文也。"《说文》："辯，駁文也。"

《复古编》："钞，又取也。"《说文》："钞，叉取也。"

《复古编》："夒，贪兽也。一曰母猴，从人。"《说文》："夒，贪兽也。一曰母猴，似人。"

《复古编》："次，慕欲口液口。"《说文》："次，慕欲口液也。"

《复古编》："復，却也。一曰行過也。"《说文》："復，却也。一曰行遲也。"

《复古编》："驳，马角不纯也。"《说文》："驳，马色不纯也。"

《复古编》："熏，火烟吐出也。"《说文》："熏，火烟上出也。"

《复古编》："段，推物也。"《说文》："段，椎物也。"

《复古编》："奘，妄强大也。"《说文》："奘，妄强犬也。"

（二）《复古编》正确，《说文》讹误

现分列如下：

《复古编》："岡，山脊也。"《说文》："岡，山骨也。"

《复古编》："鍰，锊也。从金爰。《虞书》曰：'罚百鍰。'"《说文》："鍰，锊也。从金爰声。《罚书》曰：'列百鍰。'"

《复古编》："杂，五彩相合。"《说文》："杂，五彩相会。"

《复古编》："釋，渍米也。"《说文》："釋，渍米也。"

（三）《复古编》《说文》均误

这种情况有两例：

《复古编》："份，文质倫也。"《说文》："份，文质借也。《论语》曰：'文质份份。'"

《复古编》："改，毅巳，大刚卯，以逐鬼魅也。"《说文》："改，毅改，大刚卯，以逐鬼彪也。"

现将两者错误原因分析如下：

"倫""借"当为"備"。《经典释文》："文质彬彬，彼贫反，文质相半也。《说文》作'份，文质備。'"《说文真本》："份，文质備也。从人分声。《论语》曰：'文质份份。'府巾切。彬，古文份。从彡林。林者从焚省声。臣铉等曰：'今俗作斌，非是。'"《说文系传》："份，文质備也。

从人分声。《论语》曰:'文质份份。'臣错曰:'文质相半也。'彼困反。"《宋本玉篇》:"份,彼陈切。《说文》云:'文质備也。《论语》曰:"文质份份。"'亦作彬。"《重修广韵》:"份,《说文》曰:'文质備也。'"《类篇》:"份,悲巾切。《说文》:'文质備也。'引《论语》:'文质份份。'又敷文切。"《集韵》:"份、彬,悲巾切。《说文》:'文质備也。'引《论语》;'文质份份。'古从彡林。俗作斌,非是。"

《复古编》"巳"、《说文》"改"当为"攺"。《说文真本》:"攺,毅攺,大刚卯,以逐鬼魅也。"

(四)《复古编》与《说文》形成异文关系

现分列如下:

《复古编》:"腔,肉空也。"《说文》:"腔,内空也。"

《复古编》:"蠡,陛也。修为蠡,圜为蟡。"《说文》:"蠡,阶也。修为蠡,圜为蟥。"

《复古编》:"馘,羊裘之缝。"《说文》:"馘,羔裘之缝。"

《复古编》:"舀,从爪臼。以沼切。杼臼也。"《说文》:"舀,抒臼也。从爪、臼。《诗》曰:'或簸或舀。'"

现将异文情况分析如下:

肉—内

宋丁度《附释文互注礼部韵略·江韵》:"腔,苦江切。《释》云:'羊腔。'按:《说文》:'肉空也。'"宋毛晃《增修互注礼部韵略·江韵》:"腔,苦江切。羊腔。《说文》:'肉空也。'《广韵》亦作䏰。"元黄公绍、熊忠《古今韵会举要·江韵》:"腔,枯江切。角次清音。《说文》:'肉空也。从肉空声。'骨体曰腔。《广韵》:'羊腔也。'《集韵》或作䏰、䏶。"明乐韶凤《洪武正韵·阳韵》:"腔,羊腔。《说文》:'肉空也。'《广韵》亦作䏰。"《六书故》:"腔,枯江切。《说文》:'内空也。'"

蟡—蟥

郑樵《尔雅注》:"蛭蠡,音陛皮。《说文》云:'修为蠡,圜为蟡。'"戴侗《六书故》引《说文》曰:"蠡,蛭也。修为蠡,圜为蟥。"《集韵》:"蠡、蠡、蜂、蚌,《说文》:'蛭也。修为蠡,圜为蟡。'或从虫,亦作蜂、蚌。"

羊—羔

《广韵》:"羊裘之缝。"《说文系传》:"羔裘之缝。"《重修玉篇》:"羔裘之缝。"《类篇》:"《说文》:'羔裘之缝。'"

杼—抒

陈昌治刻本同《说文真本》。《说文真本》："舀，抒臼也。从爪、臼。《诗》曰：'或簸或舀。'"然其他文献异文多同《复古编》。慧琳《一切经音义》："舀大海水：上遥小反。舀即以器酌水也。《说文》云：'抒臼也。从爪从臼。'或作㧻，亦作抌。经本作𦥑，非，经义失。"《说文系传·臼部》："舀，抒臼也。从臼爪声。《诗》曰：'或簸或舀。'臣错曰：'会意也。爪向下取之也'。滔、韬、稻之类音近舀者，皆从此。以绍反。"《宋本玉篇·臼部》："舀，翼珠、弋周二切。抒臼也。亦作揄。又以沼切。"《类篇·臼部》："舀、㧻、䭃，以沼切。《说文》：'抒臼也。从爪臼'。《诗》曰：'或簸或舀。'或作㧻、䭃。舀，又容朱切。舀、㧻，又夷周切。文三。重音二。"宋郑樵《通志·六书略·象形第一》："舀，以沼切。《说文》：'抒臼也。从爪臼。'引《诗》：'或簸或舀。'夷周切。"

第三节　书证研究

《复古编》征引书证有以下四个特点：

一　相对《说文》省略书证

《说文》与《复古编》相对应字注文，《说文》征引了经书或通人之说作为书证，而《复古编》则没有征引。例如：

《复古编》："斯，析也。从斤其。"[1]《说文》："斯，析也。从斤其声。《诗》曰：'斧以斯之。'"

《复古编》："衷，里亵衣也。从衣中。"《说文》："衷，里亵衣。从衣中声。《春秋传》曰：'皆衷其衵服。'"

《复古编》："而，颊毛。"《说文》："而，颊毛也。象毛之形。《周礼》曰：'作其鳞之而。'"

《复古编》："刲，刺也。从刀圭。"《说文》："刲，刺也。从刀圭声。《易》曰：'士刲羊。'"

《复古编》："餱，干食也。从食矦。"《说文》："餱，干食也。从食矦声。《周书》曰：'峙乃餱粮。'"

《复古编》："櫌，摩田器。从木憂。"《说文》："櫌，摩田器。从木憂声。《论语》曰：'櫌而不辍。'"

---

[1] 析形术语不在书证研究之列。下同。

《复古编》:"檋,山行所乘者。"《说文》:"檋,山行所乘者。从木豦声。《虞书》曰:'予乘四载。'"

《复古编》:"謓,恚也。从言真。"《说文》:"謓,恚也。从言真声。贾侍中说:'謓,笑。'"

《说文》与《复古编》相对应注文,《说文》含《诗》书证的共78字,而《复古编》仅有4字;《说文》含《春秋传》书证的共41字,而《复古编》仅有3字;《说文》含《易》书证的共31字,而《复古编》仅有4字;《说文》含《周礼》书证的共26字,而《复古编》仅有2字;《说文》含《周书》书证的共17字,而《复古编》仅有3字;《说文》含《论语》书证的共15字,而《复古编》无此书证;《说文》含《虞书》书证的共14字,而《复古编》仅有"锓"含《虞书》[①];《说文》与《复古编》相对应注文从"贾侍中说"的共12字,而《复古编》仅有1字。《复古编》相对《说文》省略诸多书证,与其为正字专书有关。

二 相对《说文》增添书证

《复古编》征引经典文献以及后世文献,或申明字义,或增补字义,或点出字用,而《说文》则没有征引。例如:

《复古编》:"娓,顺也。从女尾。《易》曰:'定[②]天下之娓娓。'"《说文》:"娓,顺也。"

《复古编》:"鱓,鱼名,似虵者。《战国策》曰:'蚕似蜀,鳝似虵。'"《说文》:"鱓,鱼名。皮可为鼓。"

以上例证为申明字义之用。"娓",《复古编》征引《易》以明"娓娓"有"勤勉不倦貌"之义;"鱓",《复古编》征引《战国策》以明"似虵"。

《复古编》:"菆,麻烝也。一曰蓐也。从艸取。案:《周礼》为涂菆字。"《说文》:"菆,麻蒸也。从艸取声。一曰蓐也。"

《复古编》:"尽,器中空也。从皿𦘕。慈忍切。又即忍切。《礼记》曰:'虚坐尽前。'"《说文》:"尽,器中空也。"

《复古编》:"亚,醜也。象人局背之形。一曰次第也。《尔雅》云:'两壻相谓曰亚。'"《说文》:"亚,丑也。象人局背之形。贾侍中说:以为次弟也。"

[①] 按:《说文》"锓"书证为《罚书》。
[②] 《易》作"成"。

《复古编》:"讖,验也。《释书》:'一曰悔过也。'"《说文》:"讖,验也。"

以上例证《复古编》在《说文》释义的基础上征引文献以增补义项。《复古编》征引《周礼》增补"蔵"还有"聚集"之义,征引《礼记》增补"尽"还有"尽可能"之义,征引《尔雅》增补"亚"还有"两壻相谓"之义,征引《释书》增补"讖"还有"悔过"之义。

《复古编》:"仝,完也。从入工。或从玉。纯玉曰仝。《道书》以仝为同字。"《说文》:"仝,完也。从入从工。"

《复古编》:"縈,垂也。一曰艹木花縈。从惢糸。别作蘂,俗。《玉篇》作蘂,同。"《说文》:"縈,垂也。从惢糸声。"

《复古编》:"蘆菔,似芜菁,实如小尗,根似荠苣。蘆,从艹盧,洛乎切;菔,从艹服,蒲北切。别作蘿蔔,非。《本艹》或作莱菔。"《说文》:"蘆菔。似芜菁,实如小尗者。"

《复古编》:"縛,衣状如襜褕者。从糸尊。杨倞注《荀子》云:'縛与撙同。'"《说文》:"縛,蕿貉中,女子无绔,以帛为胫空,用絮补核,名曰縛衣,状如襜褕。从糸尊声。"

《复古编》:"镐,饷也。一曰温器也。从金高。别作犒,非。《五经文字》注:'劳师也。借镐字为之。'"《说文》:"镐,温器也。从金高声。武王所都,在长安西上林苑中,字亦如此。"

以上例证《复古编》征引《道书》《玉篇》《本艹》以明异体关系;征引杨倞注《荀子》《五经文字》以明假借字关系。

三 《复古编》征引大徐说解多数不标注出处

《复古编》征引徐铉说解(包括徐铉引用徐锴说解),或分析字形,或正字形,或正字音,或补字义,仅1例加以说明,其他均不说明。例如:

《复古编》:"秀,实也。有实之象,下垂。从禾人。别作秀,从乃,非。"《说文》:"秀,上讳。汉光武帝名也。徐锴曰:'禾实也。有实之象,下垂也。'"

《复古编》:"消摇,犹翱翔也。消,从水肖,相邀切;摇,从手䍃,余招切。别作逍遥。《字林》所加。"《说文新附》:"逍遥,犹翱翔也。从辵肖声。臣铉等案:《诗》只用消摇。此二字《字林》所加。"

《复古编》:"頿,口上须也。从须此。别作髭,非。"《说文》:"頿,口上须也。从须此声。臣铉等曰:今俗别作髭,非是。"

《复古编》:"鏦,矛也。从金從。或作鏂。别作槦,非。七恭切。又楚江切。"《说文》:"鏦,矛也。从金從声。臣铉等曰:今音楚江切。"

《复古编》:"㚼,好皃。从女耎。而沇切。案:《切韵》又奴困切。别作輭、嫩,并非。"《说文》:"㚼,好皃。从女耎声。臣铉等案:《切韵》又音奴困切。今俗作嫩,非是。"

《复古编》:"柴,小木散材。从木此。师行野次,竖木为区落,名曰柴蘺。后人语讹,转入去声。别作寨者,非。"《说文》:"柴,小木散材。从木此声。臣铉等曰:师行野次,竖散木为区落,名曰柴篱。后人语讹,转入去声。又别作寨字,非是。"

上例《复古编》征引徐铉语均不加说明。《复古编》仅1例加以说明:

《复古编》:"赢,有余、贾利也。从贝羸。徐铉曰:'当从赢省乃得声。'"《说文》:"赢,有余、贾利也。从贝羸。臣铉等曰:'当从赢省乃得声。'"

四 《复古编》征引其他语言学著作多不标注出处

《复古编》征引《玉篇》《集韵》《类篇》等语言学著作,或释义,或正音,或正形,多不标注出处。例如:

《复古编》:"肎,可也。"《说文》:"肎,骨间肉肎肎箸也。一曰骨无肉也。"

《复古编》:"王,则天之义。"《说文》:"王,天下所归往也。"

《复古编》释"肎"没有沿用《说文》释义,而采用了《玉篇》中作为假借义的常用义"可也"。《重修玉篇》:"肎,口等切。《说文》曰:'骨间肉肎肎箸也。一曰骨无肉也。'《诗》曰:'惠然肎来。'肎,可也。今作肯,同上。"《复古编》释"王"没有采用《说文》释义,而采用了李阳冰释"王"义。《说文》:"王,天下所归往也。董仲舒曰:'古之造文者,三画而连其中谓之王。三者,天、地、人也,而参通之者王也。'孔子曰:'一贯三为王。'凡王之属皆从王。李阳冰曰:'中画近上。王者,则天之义。'"

《复古编》根据《集韵》《类篇》加以释义,上文已述,兹不再赘,此处就正音、正形而论。

《复古编》:"戒,兵也。从戈甲。隶作戎。别作狨,非。而融切。"
《复古编》:"襛,衣厚皃。从衣農。别作穠,非。尼容切。"

上两例征引为正音。"戎"徐铉作"如融切"。《集韵》《类篇》均作

"而融切"。"襛"徐铉作"汝容切",《集韵》《类篇》均作"尼容切"。

《复古编》:"攲,䫜也。从支也。别作敧、攱,并非。"《集韵》:"攲、敧、攱,《说文》:'敷也。'或作敧、攱。通作施。"

《复古编》:"铊,短矛也。从金它。别作鎘、䥭、鉈,并非。"《集韵》:"鎘、鈶、䥭、鉈,《方言》:'矛吴楚之间谓之鎘。'或作鈶、䥭、鉈。"

上两例征引为正形。《复古编》所列异体字,多同《集韵》。

第四节 析形术语研究

《复古编》虽以《说文》为蓝本编撰而成,然在分析字形时,在保留《说文》部分析形术语的同时,又独具特色。主要表现为:

一 象形字析形术语

《说文》象形字一般用"象形""从某,象形""象某某""从某,象某某""象某某之形""从某,象某某之形""从某省,象某某形"等形式表述,《复古编》有些传承下来,有些则在此基础上加以改易或简而化之为"象形"。例如:

(一) 象形

乌——《说文》:"象形。"《复古编》:"象形。"

丆——《说文》:"象形。"《复古编》:"象形。"

(二) 从某,象形

衺——《说文》:"从衣,象形。"《复古编》:"从衣,象形。"

黾——《说文》:"从它,象形。"《复古编》:"从它,象形。"

巢——《说文》:"从木,象形。"《复古编》:"从木从巛从臼,象形。"

(三) 象某某

文——《说文》:"象交文。"《复古编》:"象交文。"

丮——《说文》:"象手有所丮据也。"《复古编》:"象手有所丮据也。"

彳——《说文》:"象人胫三属相连也。"《复古编》:"象人胫三属相连也。"

(四) 从某,象某某

巨——《说文》:"从工,象手持之。"《复古编》:"从工,象手持之。"

果——《说文》:"从木,象果形在木之上。"《复古编》:"从木,象形，在木上。"

（五）象某某之形

亚——《说文》："象人局背之形。"《复古编》："象人局背之形。"

牙——《说文》："象上下相错之形。"《复古编》："象上下相错之形。"

（六）从某，象某某之形

嗇——《说文》："从口，象宫垣、道、上之形。"《复古编》："从口，象宫垣、道、上之形。"

夔——《说文》："从夊，象有角、手、人面之形。"《复古编》："从夊，象形。"

（七）从某省，象某某形

亯——《说文》："从高省，曰象进孰物形。"《复古编》："从高省，曰象进孰物形。"

卤——《说文》："从西省，象盐形。"《复古编》："从西省，象盐形。"

二 指事字析形术语

《说文》在分析指事字时一般用"指事""象某某""从某，象某某""从某从某"等形式表述，《复古编》或省略"指事"，或沿袭《说文》等形式。例如：

（一）指事

丄——《说文》："高也。此古文上，指事也。"《复古编》："丄，高也。"

丅——《说文》："底也。指事。"《复古编》："丅，底也。"

（二）象某某

乃——《说文》："象气之出难。"《复古编》："象气之出难。"

屯——《说文》："象艸木之初生，屯然而难。"《复古编》："象艸初生，屯然而难引。"

（三）从某，象某某

牟——《说文》："从牛，象其声气从口出。"《复古编》："从牛，象其声气从口出。"

亦——《说文》："从大，象两亦之形。"《复古编》："从大，象两亦之形。"

三 会意字析形术语

《说文》在分析会意字时一般用"会意""从某从某""从某某""从某，从某省""从某从某，从某省""从二、三或四某""从反某""从到某""在从某的基础上，演绎其余构件""不用从某，而用复句表构件关联"等形式来表述，《复古编》不用"会意"，而是承用《说文》其他表述形式或稍作改易。例如：

（一）从某从某

裘——《说文》："从衣从毛。"《复古编》："从衣从毛。"

介——《说文》："从八从人。"《复古编》："从八从人。"

规——《说文》："从夫从见。"《复古编》："从夫见。"

须——《说文》："从页从彡。"《复古编》："从页彡。"

俞——《说文》："从亼从舟从巜。"《复古编》："从亼从舟从巜。"

祝——《说文》："从示从人口。"《复古编》："从示从人从口。"

夏——《说文》："从夂从页从臼。"《复古编》："从夂从页臼。"

暴——《说文》："从日从出，从廾从米。"《复古编》："从日出廾米。"

（二）从某某

走——《说文》："从夭止。"《复古编》："从夭止。"

縻——《说文》："从糸𠖇。"《复古编》："从糸𠖇。"

（三）从某，从某省

乔——《说文》："从夭，从高省。"《复古编》："从夭，从高省。"

象——《说文》："从乌，从豕省。"《复古编》："从乌，从豕省。"

燅——《说文》："从炎，从热省。"《复古编》："从炎，热省。"

脆——《说文》："从肉，从绝省。"《复古编》："从肉，绝省。"

（四）从某从某，从（"从"或省）某省

攸——《说文》："从支从人，水省。"《复古编》："从支从人，水省。"

臺——《说文》："从至从之，从高省。"《复古编》："从至从之，从高省。"

叡——《说文》："从奴从目，从谷省。"《复古编》："从奴从目，从谷省。"

（五）从二、三或四某

叩——《说文》："从二口。"《复古编》："从二口。"

麤——《说文》："从三鹿。"《复古编》："从三鹿。"

歰——《说文》:"从四止。"《复古编》:"从四止。"

(六) 从反某

司——《说文》:"从反后。"《复古编》:"从反后。"

亍——《说文》:"从反彳。"《复古编》:"从反彳。"

(七) 从到某

匕——《说文》:"从到人。"《复古编》:"从到人。"

去——《说文》:"从到子。"《复古编》:"去,从到子。"

(八) 在从某的基础上,演绎其余构件

尾——《说文》:"从到毛在尸后。"《复古编》:"从倒毛在尸后。"

氐——《说文》:"从氏下箸一。"《复古编》:"从氏下一。"

伐——《说文》:"从人持戈。"《复古编》:"从人持戈。"

尉——《说文》:"从尸,又持火以尉申缯也。"《复古编》:"从尸,又持火以尉申缯也。"

鼓——《说文》:"从壴,支象其手击之也。"《复古编》:"从壴殳。"

(九) 不用从某,而用复句表构件关联

器——《说文》:"象器之口,犬所以守之。"《复古编》:"象器之口,犬所以守之。"

畫——《说文》:"象田四界,聿所以畫之。"《复古编》:"象田四界,聿所以畫之。"

四 有"声"的形声字析形术语

《复古编》有9个亦声字、形声字析形术语与《说文》相同或大致相同。

綦——《说文》:"从糸;糸,綦也。廾持米,器中宝也。丮声。"《复古编》:"从糸,綦也;廾持米,器中实也;丮声。"

蛗——《说文》:"从虫之声。"《复古编》:从虫之声。"

楳——《说文》:"从木其声。"《复古编》:从木其声。"

稘——《说文》:"从禾其声。"《复古编》:从禾其声。"

單——《说文》:"从吅早,吅亦声。"《复古编》:"从吅早,吅声。"

金——《说文》:"从土;左右注,象金在土中形;今声。"《复古编》:"从土,左右注,象金在土中形;今声。"

主——《说文》:"从呈,象形。从丶,丶亦声。"《复古编》:"从呈,象形,形亦声。"

竊——《说文》:"从穴从米,卨、廿皆声。"《复古编》:"从穴从米,冎、廿皆声。"

米——《说文》:"象形,八声。"《复古编》:"象形,八声。"

五 无"声"的形声字析形术语

《说文》在分析形声字时一般用"从某某声""从某,某省声""从某省,某声""从某从某,某亦声""从某某,某亦声"等形式表述,而《复古编》绝大多数形声字在此形式上省去"声"字,有些则稍作改易。例如:

(一) 从某某声

僮——《说文》:"从人童声。"《复古编》:"从人童。"
龓——《说文》:"从有龍声。"《复古编》:"从有龍。"
繇——《说文》:"从系䌛声。"《复古编》:"从系从䌛。"
勴——《说文》:"从力从非,慮声。"《复古编》:"从力非慮。"
泰——《说文》:"从廾从水,大声。"《复古编》:"从廾从水大。"

(二) 从某,某省声

充——《说文》:"从儿,育省声。"《复古编》:"从儿,育省。"
逢——《说文》:"从辵,夆省声。"《复古编》:"从辵,夆省。"
余——《说文》:"从八,舍省声。"《复古编》:"从八,舍省。"
麇——《说文》:"从鹿,囷省声。"《复古编》:"从鹿,囷省。"
怳——《说文》:"从心,況省声。"《复古编》:"从心,況省。"
吸——《说文》:"从口,投省声。"《复古编》:"从口,投省。"
肇——《说文》:"从攴,肁省声。"《复古编》:"从攴,肁省。"
笏——《说文》:"从筋,夗省声。"《复古编》:"从筋,夗省。"
敳——《说文》:"从人从支,豈(按:徐鉉按语疑作耑)省声。"《复古编》:"从人支,耑省。"

(三) 从某省,某声

屩——《说文》:"从履省,喬声。"《复古编》:"从履省,从喬。"
纱——《说文》:"从弦省,少声。"《复古编》:"从弦省,从少。"
橐——《说文》:"从橐省,石声。"《复古编》:"从橐省石。"
亭——《说文》:"从高省,丁声。"《复古编》:"从高从丁省。"

(四) 从某从某,某亦声

齅——《说文》:"从鼻从臭,臭亦声。"《复古编》:"从鼻从臭。"
蝕——《说文》:"从虫人食,食亦声。"《复古编》:"从虫人食。"
功——《说文》:"从力从工,工亦声。"《复古编》:"从力工。"

腔——《说文》："从肉从空，空亦声。"《复古编》："从肉空。"
（五）从某某，某亦声
恩——《说文》："从心囟，囟亦声。"《复古编》："从心囟。"
樊——《说文》："从火㯃，㯃亦声。"《复古编》："从火㯃。"
瞑——《说文》："从目冥，冥亦声。"《复古编》："从目从冥。"

六　形声字析形术语无"声"原因推测

由上可知，《复古编》在分析象形字、指事字、会意字时所用术语与《说文》大致相同，而在分析亦声字、形声字时所用术语与《说文》差异较大，即《复古编》在分析亦声字、形声字时仅9例与《说文》相同或大致相同，绝大数情况下省略"声"字，而以会意字析形术语出现。《复古编》绝大多数亦声字、形声字析形术语为什么以会意字的形式出现？这个问题让人百思不得其解。是张有不懂会意字与形声字的区别吗？显然不是，上列9例即是明证。究其编撰《复古编》的时代背景，我们推测《复古编》绝大多数亦声字、形声字析形术语省"声"的缘由大概有如下四种可能：

一是张有《复古编》为反对王安石《字说》而著，而王安石《字说》离析偏旁，专以会意说解字义。张有绝大多数形声字、亦声字省略"声"字，大概是表面上迎合当时受王安石《字说》影响而专以会意说解字义的流俗，实则是为了保护个人安危，掩盖反对《字说》的意图。《复古编》中的9个特例可能是张有有意保留以示自己并非不学无术，连会意字、形声字都分不清楚；也可能是张有一时疏忽忘记略去这9个"声"字。

二是《复古编》形声字、亦声字析形术语本与《说文》相同，后人刊刻时为了顺应以会意说解字义的世俗风气，避免被支持王安石《字说》者打压而有意省略了"声"字。在刊刻的过程中，个别地方因书手大意，忘记省略"声"字而保留了其中的9例。

三是张有在编撰《复古编》的过程中，盖受当时专以会意说解字义世风的影响，不自觉地专以会意分析字形。不过这种可能性极小。考张有《复古编》散佚在明朝杨慎《丹铅录》中的"论六书"①，可知张有对"六书"研究颇有深度，不可能把会意字、形声字混为一谈。

---

① 杨慎《丹铅录》："张有'论六书'：张谦中《复古编》谓：象形者，文之纯，肇于此；指事者，文之加，滋于此；会意者，字之纯，广于此；谐声者，字之加，备于此；假借者，因其声，借其义；转注者，转其声，注其义。文字之变化无穷矣。"

四是随着文字的发展演变，许慎根据《说文》小篆字形而制定的析形术语已不适用一些楷书字形，特别是一些俗讹字形，字形分析到了宋代渐被淡化。例如《重修玉篇》除了一些象形字简单使用"象形"加以分析，其他三种类型的分析术语则省略。在析形术语被淡化的社会背景下，张有省略绝大多数形声字、亦声字中的"声"字，有可能是一种省略。

《复古编》绝大多数形声字、亦声字析形省略"声"字而以会意字析形术语出现，这样做一定有它的理由，但是，不管当时这样做的理由是如何充分，这种做法都是应该否定的。

第五节　反切研究

一　《复古编》与徐铉本《说文》反切用字比较

《复古编》反切主要依据徐铉本《说文》反切，然而又具有自己的特色。《复古编》共 2652 个字头，而实际注音字头共 2453 个，其中有 2090 个字头反切用字与大徐相同，所占比例达 85%；有 363 个与大徐反切相异。《复古编》与徐铉相同的反切包括两类：

（一）反切用字完全相同

例如：

衷，《复古编》：陟弓切；徐铉反切：陟弓切。

然，《复古编》：如延切；徐铉反切：如延切。

董，《复古编》：多动切；徐铉反切：多动切。

祭，《复古编》：子例切；徐铉反切：子例切。

属，《复古编》：之欲切；徐铉反切：之欲切。

（二）反切用字有正俗、正通、繁简、或体、正讹、本假之分①

1. 正俗之分

《复古编》、徐铉反切用字有正体、俗体之分。

斯，《复古编》：先稽切；徐铉反切：先稽切。

---

① 这些分别不是绝对对立关系，有些分别名称可能会因文献不同而不同。另外，关于正、俗、通的理解，沿用颜元孙《干禄字书·序》的说法。其《序》云："所谓'俗'者，例皆浅近，唯籍帐、文案、券契、药方，非涉雅言，用亦无爽，傥能改革，善不可加；所谓'通'者，相承久违，可以施表奏、笺启、尺牍、判状，固免诋诃；所谓'正'者，并有凭据，可以施著述文章、对策、碑碣，将为允当。"

"稽"为正体,"稽"为俗体。《干禄字书》:"稽、稽,上俗下正。"

𫐄,《复古编》:附表切;徐铉反切:附袁切。

"袁"为正体,"表"为俗体。《古今韵会举要·元韵》:"袁从口,俗省从厶作表。"

𣱵,《复古编》:胡涓切;徐铉反切:胡涓切。

"涓"为正体,"泪"为俗体。《字汇·水部》:"泪,俗涓字。"

橵,《复古编》:所衔切;徐铉反切:所衔切。

"衔"为正体,"銜"为俗体。《字鉴》:"衔,从金从行,俗作銜。"

悇,《复古编》:许徃切;徐铉反切:许往切。

"徍"为《说文》隶古定,"往"为经典通行字体,"徃"为俗体。《玉篇》:"往,禹仿切。古往也。行也。去也。徍,古文。"《九经字样》:"徍、往,之也。上《说文》,下隶省。"《正字通·彳部》:"往,俗作徃。"

詹,《复古编》:职廉切;徐铉反切:职廉切。

《龙龛手鉴》:"廉,今。廉,正。""廉"小篆作廉,其正体当作"廉","廉"当作俗体。《篇海类编·宫室类·广部》:"廉,俗作廉。"

扛,《复古编》:古雙切;徐铉反切:古雙切。

"雙"为正体,"雙"为俗体。《字鉴·江韵》:"雙,俗作雙。"《正字通·隹部》:"雙,俗从夂。"

覞,《复古编》:杜兮切;徐铉反切:杜兮切。

"兮"为正体,"丂"为俗体。《古今韵会举要·齐韵》:"兮,俗作丂。"

踦,《复古编》:去奇切;徐铉反切:去奇切。

"奇"为正体,"竒"为俗体。《字鉴》:"奇,俗作竒。"《复古编》相关字还有"綺"。《复古编》:"技,渠綺切。"徐铉反切作"渠綺切"。

覍,《复古编》:矦涧切;徐铉反切:侯涧切。

"矦"为正体,"侯"为后出俗字。《字鉴》:"矦,俗作侯。"《字汇·矢部》:"矦,古侯字。"

2. 正通之分

《复古编》、徐铉反切用字有正体与通行字体之分。有些通行体后来成为社会规范字体。

齹,《复古编》:楚冝切;徐铉反切:楚宜切。

"冝"为正体,"宜"为后出通行字体。《集韵》:"冝,隶作宜。"

絜,《复古编》:古屑切;徐铉反切:古屑切。

"屑"为正体,"屑"为通行字体。《重修玉篇》:"屑,先结切。絜也。碎也。劳也。敬也。屑，《说文》屑。"《五经文字》："屑、屑，先结反。上《说文》，下经典相承。"

田，《复古编》：待年切；徐铉反切：待秊切。

"秊"为小篆隶古定，"年"为后出通行字形。《干禄字书》："年、秊，并同。"《集韵》："秊，或作年。"清邵英《说文解字群经正字》："今经典作年。"

叧，《复古编》：莫保切；徐铉反切：莫保切。

"保"本为正体，"保"为后出通行字形。《九经字样》："保、保，养也。从人从子从八。上《说文》，下隶变。"《重修玉篇》："保，《说文》保字。"

所，《复古编》：疏举切；徐铉反切：疏举切。

"疏"为正体，"疏"为后出通行字体。《干禄字书》："疏、疏，上通下正。"《重修玉篇》作"疏"，《类篇》作"疏"。

3. 繁简之分

《复古编》、徐铉反切用字有繁体、简体之分。

鱉，《复古编》：徂禮切；徐铉反切：徂礼切。

涕，《复古编》：他礼切；徐铉反切：他禮切。

"禮"为繁体，"礼"为简体，两者并行。《干禄字书》："禮、礼，并正。多行上字。"

泰，《复古编》：他盖切；徐铉反切：他蓋切。

"蓋"为繁体，"盖"为简体。

騳，《复古编》：户關切；徐铉反切：户關切。

"關"本为正体，小篆作關，秦简作關（睡虎简·一五·九七），汉隶构件卝讹作卝为關（关邑家壶）。"關"为后出繁化字形，并成为正体。《干禄字书》："關正。"

4. 或体之分

《复古编》与徐铉反切用字两者之间的关系为异体关系。

崋，《复古编》：虚振切；徐铉反切：虚振切。

"虚"为正体，"虚"为或体。《一切经音义》："虚空，许居反。《说文》从虍从丘。或作虚。"

夾，《复古编》：失冉切；徐铉反切：失冄切。

"冄""冉"为或体关系。《重修玉篇》："冉，亦作冄。"《集韵》："冄，或作冉。"

脝，《复古编》：徒冕切；徐铉反切：徒魂切。

"𩱏""魂"为或体关系。《重修玉篇》:"魂,亦作𩱏。"

𪎮,《复古编》:敷容切;徐铉反切:敷容切。

"敷"为正体,"𢾭"为或体。《玉篇》:"敷,布也。亦作𢾭。"

5. 正讹之分

《复古编》、徐铉反切用字有正体与讹变字形的分别。

取,《复古编》:七庾切;徐铉反切:七庾切。

"庾"为正体,"庾"为讹变字形。《集韵·噳韵》:"庾,或作㢏、匬。"方成珪《集韵考证》:"庾、匬讹从史。"

𪐨,《复古编》:昌垂切;徐铉反切:昌𡍮切。

"垂"为正体,"𡍮"为讹体。《五经文字》:"垂,作𡍮者讹。"

6. 本假之分

《复古编》、徐铉反切用字有本字、假借字的分别。

缅,《复古编》:弥沇切;徐铉反切:𢒈沇切。

"弥""𢒈"为通假关系。《集韵·纸韵》:"弥,止也。通作𢒈。"又《荀子·礼论》:"蛟韐、丝末、弥龙,所以养威也。"杨倞注:"弥……又读为𢒈,𢒈,末也。"

䓿,《复古编》:觕卧切;徐铉反切:麤卧切。

"觕""麤"为通假关系。《集韵》:"粗、觕,大也。疏也。物不精也。或作觕。通作麤。"《通雅》:"世之学古者皆以觕即麤字。"

假,《复古编》:古雅切;徐铉反切:古疋切。

"雅""疋"为通假关系。《说文》:"疋,古文以为《诗·大疋》字。"《集韵》:"疋,《说文》古《诗·大疋》字。通作雅。"《尔雅·释文》云:"雅本作疋。"

䉣,《复古编》:稣贯切;徐铉反切:蘇贯切。

"稣""蘇"为通假关系。《集韵》:"稣,《说文》:'把取禾若也。'一曰死而更生曰稣。通作蘇。俗作甦,非是。"

综上,"屑""保""闗""冝"等用字表明《复古编》反切用字在力求复古,而"稽""表""庚"等不少用字则又表明《复古编》反切用字在不经意间难免留下时俗用字的印迹,我们也可以把它看作"复古而不戾今"的表现之一。

二 《复古编》与徐铉本《说文》相异反切概述

《复古编》与徐铉本《说文》相异反切大致有如下情形:与《玉篇》《广韵》《集韵》《类篇》《附释文互注礼部韵略》反切用字相同,自创反切用字[①]，以及反切用字讹误而造成的不同。分述如下：

（一）与《广韵》反切用字相同或部分相同

《复古编》有76个字头反切用字属于这一类。《复古编》仅同于《原本广韵》反切用字的字头为崝、嬛、薆、豽、柏；仅同于《重修广韵》的字头为枏、詿、野、敳、縈、肏、蟬；既同于《原本广韵》，又同于《重修广韵》的字头为鉈、埊、謯、顲、鬬、墀、叉、批、犺、燓、蚰、訑、倡、萌、聽、鬡、玲、襽、盡、蘯、跲、僎、妊、髁、个、忼、煠、蠱、遌、勾、瞋、飯、濯、張、占、斂、厭、活、鐵、徹、勺、拓、撵、遐、炙、適、飾、消、郲、鐘、晨、勳、蕉、氣、魄、庫、能、溺、壘、衰、䗩、歔、脘、㬥。例如：

崝，《复古编》：士耕切；徐铉：七耕切；《原本广韵》：士耕切。

嬛，《复古编》：渠营切；徐铉：许缘切；《原本广韵》：渠营切。

薆，《复古编》：所今切；徐铉：山林切；《原本广韵》：所今切。

柏，《复古编》：博白切；徐铉：博陌切；《原本广韵》：博白切。

枏，《复古编》：汝盐切；徐铉：汝阎切；《重修广韵》：汝盐切。

野，《复古编》：羊者切、承与切；徐铉：羊者切；《重修广韵》：承与切、与者切。

敳，《复古编》：诡伪切、去其切；徐铉：去其切；《重修广韵》：诡伪切、去其切。

縈，《复古编》：居倦切；徐铉：居愿切；《重修广韵》：居倦切。

蟬，《复古编》：五各切；徐铉：吾各切；《重修广韵》：五各切。

咨，《复古编》：即移切；徐铉：即夷切；《原本广韵》：即移切；《重修广韵》：即移切。

批，《复古编》：符真切；徐铉：步因切；《原本广韵》：符真切；《重修广韵》：符真切。

（二）与《玉篇》反切用字相同或部分相同

《复古编》有17个字头反切用字属于这一类。分别是：爐、要、蛇、倭、藑、沈、跱、细、塥、畵、籥、王、溢、餘、芍、望、厥。例如：

爐，《复古编》：洛乎切；徐铉：洛胡切；《重修玉篇》：洛乎切。

倭，《复古编》：乌禾切、于为切；徐铉：于为切；《重修玉篇》：于为切、乌禾切。

藑，《复古编》：户瓜切、呼瓜切；徐铉：户瓜切；《重修玉篇》：胡

[①] 自创反切仅指该字头反切用字不见于前人文献，见于文献的异体字反切不算该字头反切。

瓜切、呼瓜切。

沈，《复古编》：直林切、尸甚切；徐铉：直深切、尸甚切；《重修玉篇》：直林切、式枕切。

峙，《复古编》：直里切、直离切；徐铉：直离切；《重修玉篇》：直里切。

眜，《复古编》：莫达切；徐铉：莫拨切；《重修玉篇》：莫达切。

芍，《复古编》：都历切、胡了切、时灼切、七略切；徐铉：胡了切；《重修玉篇》：都历切、时灼切、七略切、下了切。

（三）与《集韵》相同或部分相同

《复古编》有102个字头反切用字属于这一类。分别是：戎、禮、甂、埔、貓、沱、規、禂、胝、枃、飴、詒、貍、笯、俞、桿、碩、矜、勤、豻、單、鍰、環、辯、擩、鈔、捼、平、脩、闇、鷹、瘴、奉、欼、體、愷、鞔、翌、館、阪、限、鞞、辯、裏、梮、舍、放、徎、竟、餤、質、司、巏、箬、足、作、濩、笙、大、殺、磔、毒、齔、薦、淺、喬、紗、稴、笁、郷、冥、腖、孕、挔、裒、肉、衈、蜀、籒、漆、姪、屑、偬、忽、賫、富、雜、曝、極、箸、屯、亶、虡、眉、翟、罩、晞、睎、淨、扁、漏、盡。例如：

戎，《复古编》：而融切；徐铉：如融切；《集韵》：而融切。

平，《复古编》：蒲兵切；徐铉：符兵切；《集韵》：蒲兵切、毗连切、悲萌切、披耕切、皮命切。

館，《复古编》：古缓切；徐铉：古玩切；《集韵》：古玩切、古缓切。

殺，《复古编》：所介切；徐铉：所八切；《集韵》：式吏切、所例切、所介切、桑葛切、山戛切、私列切。

姪，《复古编》：直质切；徐铉：徒结切；《集韵》：直质切、徒结切。

（四）与《类篇》反切用字相同或部分相同

《复古编》有4个字头反切用字属于这一类。分别是：

刀，《复古编》：都牢切、丁聊切；徐铉：都牢切；《类篇》：都牢切、丁聊切。

凡，《复古编》：浮咸切；徐铉：浮芝切；《类篇》：浮咸切。

杖，《复古编》：直亮切、直两切；徐铉：直两切；《类篇》：杜买切、雉两切、直亮切。

鼓，《复古编》：工户切；徐铉：公户切；《类篇》：工户切。

（五）与《附释文互注礼部韵略》相同或部分相同

《复古编》有14个字头反切用字属于这一类。分别是：夋、稷、墢、

第四章 《复古编》释文研究　123

駿、充、粗、椑、蛇、奉、箸、笙、王、甈、戎。例如：

娄，《复古编》：祖红切；徐铉：子红切；《附释文互注礼部韵略》：祖红切。

充，《复古编》：昌中切；徐铉：昌终切；《附释文互注礼部韵略》：昌中切。

粗，《复古编》：仓胡切、徂古切；徐铉：徂古切；《附释文互注礼部韵略》：仓胡切、坐五切。

甈，《复古编》：胡果切；徐铉：乎果切；《附释文互注礼部韵略》：胡果切。

戎，《复古编》：而中切；徐铉：如融切；《附释文互注礼部韵略》：而中切。

（六）源于自创

《复古编》有146个字头反切用字源于自创。《复古编》源于自创的反切字头为逢、跂、鉏、余、臞、鵁、躍、跔、鑺、斫、躣、氐、齌、𩠐、柴、思、誋、份、欑、蔽、𦮔、廛、鴌、徹、它、衰、蕃、睉、謁、钁、贏、鞼、叚、𣎵、臧、緟、曳、㡃、褒、驦、憭、宂、塵、檥、厃、妮、豈、𡔷、节、隠、縛、悑、黾、湎、棗、仿、盧、姿、纠、感、縱、識、肵、蠱、琲、𦮔、據、癁、埶、勘、渼、見、咽、徧、偃、纱、鎬、枷、賈、䠛、佽、祝、闉、讖、姆、悪、局、籓、岬、薛、說、鳶、昃、釋、蹋、𦜉、鈚、豈、埀、阿、䀨、何、齯、即、夗、蟺、蘆、鼔、龔、惕、釋、釋、燮、粒、拉、醶、鬱、粤、蕫、厭、婬、摩、士、微、卙、亇、彤、璪、環、鏒、浪、鼿、𠁁、逆、別、察、哮、虤、疑、畺、坶、彫、凋、苹、斯、焉。例如：

臞，《复古编》：其居切；徐铉：其俱切。

緟，《复古编》：步朋切；徐铉：冯贡切。

識，《复古编》：职利切；徐铉：赏职切。

姆，《复古编》：莫卜切；徐铉：莫六切。

（七）因反切用字字形相近致讹而造成的不同反切

这类反切共涉及14个字头。

辣，《复古编》：于非切；徐铉：千非切。

簪，《复古编》：即刃切；徐铉：即刀切。

埀，《复古编》：徂卧切；徐铉：但卧切。

籓，《复古编》：丘六切；徐铉：驰六切。

暜，《复古编》：先系切；徐铉：旡擊切。

歎,《复古编》: 他案切; 徐铉: 池案切。

上列 6 例,《复古编》反切正确, 徐铉反切讹误。其中"篍"徐铉反切为"馳六切","馳"当作"駈"。"丘"与"也"形近致讹。

齩,《复古编》: 古巧切; 徐铉: 五巧切。

札,《复古编》: 别八切; 徐铉: 侧八切。

浅,《复古编》: 亡衍切; 徐铉: 七衍切。

丁,《复古编》: 母玉切; 徐铉: 丑玉切。

雋,《复古编》: 徂流切; 徐铉: 徂沇切。

厄,《复古编》: 五呆切; 徐铉: 五果切。

疒,《复古编》: 女疙切; 徐铉: 女戹切。

出,《复古编》: 天律切; 徐铉: 尺律切。

上列 8 例,《复古编》反切讹误, 徐铉反切正确。

三 《复古编》与徐铉反切相异缘由

相较徐铉本《说文》反切,《复古编》之所以选取不同反切, 不外乎以下两个原因:

（一）随意选取

《复古编》尽管有些反切用字没有选用徐铉反切, 而参照其他文献或自创, 但实际反切语音相同。这体现了张有选取反切存在随意用字的倾向。例如:

1. 与《广韵》相同

僎, 徐铉作士勉切,《复古编》与《广韵》同, 作士免切。

煣, 徐铉作人久切,《复古编》与《广韵》同, 作人九切。

两者反切上字相同, 下字音韵地位[①]相同: 勉、免均为明母、仙韵、上声、开口、山摄、重纽三等, 久、九均为见母、尤韵、上声、开口、流摄、三等。

鐵, 徐铉作天结切,《复古编》与《广韵》同, 作他结切。

歔, 徐铉作虎乌切,《复古编》与《广韵》同, 作荒乌切。

两者反切下字相同, 上字声母相同: 天、他均为透母, 虎、荒均为晓母。

---

① 本书一些字的音韵地位来自东方语言学网（http://www.eastling.org）中的中古音查询系统。

2. 与《重修玉篇》相同

要，徐铉作于消切，《复古编》与《重修玉篇》同，作于宵切。

沈，徐铉作直深切，《复古编》与《重修玉篇》同，作直林切。

两者反切上字相同，反切下字韵相同：要，反切下字消、宵音韵地位相同，均作心母、宵韵、平声、开口、效摄、三等；沈，反切下字音韵地位：深为书母、侵韵、平声、开口、深摄、三等，林为来母、侵韵、平声、开口、深摄、三等。

堉，徐铉作稣计切，《复古编》与《重修玉篇》同，作思计切。

望，徐铉作巫放切，《复古编》与《重修玉篇》同，作无放切。

两者反切下字相同，上字声母相同：堉，反切上字稣、思均为心母。望，反切上字巫、无均为微母。

3. 与《集韵》相同

胝，徐铉作竹尼切，《复古编》与《集韵》同，作张尼切。

勤，徐铉作巨巾切，《复古编》与《集韵》同，作渠巾切。

两者反切下字相同，上字声母相同：竹、张均为知母，巨、渠均为群母。

笒，徐铉作胡误切，《复古编》与《集韵》同，作胡故切。

拯，徐铉作里甑切，《复古编》与《集韵》同，作里孕切。

两者反切上字相同，反切下字韵相同：误为见母、模韵、去声、合口、遇摄、一等，故为疑母、模韵、去声、合口、遇摄、一等；甑为精母、蒸韵、去声、开口、曾摄、三等，孕为以母、蒸韵、去声、开口、曾摄、三等。

规，徐铉作居随切，《复古编》与《集韵》同，作均窥切。

扇，徐铉作卢后切，《复古编》与《集韵》同，作郎豆切。

两者反切用字不同，但反切音的音韵地位完全相同："居随切""均窥切"均为见母、支韵、平声、合口、止摄、重纽四等，"卢后切""郎豆切"均为来母、侯韵、去声、流摄、一等。

4. 与《附释文互注礼部韵略》相同

奊、稯、堫、騣，徐铉作子红切，《复古编》与《附释文互注礼部韵略》同，作祖红切。子、祖均为精母。

充，徐铉作昌中切，《复古编》与《附释文互注礼部韵略》同，作昌终切。中音韵地位为知母、东韵、平声、合口、通摄、三等，终为章母、东韵、平声、合口、通摄、三等，两者韵相同。

5. 自创

咽，徐铉作乌前切，《复古编》作于前切。

䅺，徐铉作人勇切，《复古编》作而勇切。

两者反切下字相同，反切上字声母相同：乌、于均为影母，人、而均为日母。

跂，徐铉作巨支切，《复古编》作巨移切。

赍，徐铉作祖鸡切，《复古编》作祖兮切。

两者反切上字相同，反切下字韵相同：支音韵地位为章母、支韵、平声、开口、止摄、三等，移音韵地位为以母、支韵、平声、开口、止摄、三等；鸡音韵地位为见母、齐韵、平声、开口、蟹摄、四等，兮音韵地位为匣母、齐韵、平声、开口、蟹摄、四等。

攒，徐铉作在丸切，《复古编》作才官切。

龚，徐铉作俱容切，《复古编》作纪庸切。

两者反切用字皆异，但反切用字音韵地位相同。攒，上字在、才均为从母，下字韵相同：丸音韵地位为匣母、桓韵、平声、合口、山摄、一等，官为见母、桓韵、平声、合口、山摄、一等。龚，上字俱、纪均为见母，下字容、庸音韵地位均为以母、钟韵、平声、合口、通摄、三等。

（二）记录时音

《复古编》之所以选用与其他字书、韵书不同的反切以及自创反切，其主要原因有二：一是语音产生了变化，徐铉反切不能反映这种变化，需要制定新的反切与之相协；二是徐铉反切与张有方音不同，需要制定新的反切与之协调。《复古编》与徐铉不同的一些反切，一方面保留了时音，反映了当时语音发展变化的趋势；一方面记录了张有个别字的方言语音，反映了张有语音系统中的方言印迹。

四 《复古编》与徐铉相异反切研究

关于《广韵》《玉篇》《集韵》《类篇》《附释文互注礼部韵略》的语音问题，前人研究颇多，不烦赘述。我们现在重点讨论的是《复古编》自创反切所反映的语音现象。为了比较直观地展现《复古编》自创反切所反映的语音现象，我们用表格的形式列出张有、徐铉、《广韵》的反切，并比较其音韵地位。

（一）声母方面
1. 精庄相混

字头	张有反切	张有反切音韵地位					徐铉反切	徐铉反切音韵地位					《广韵》反切	《广韵》反切音韵地位				
		声	韵	呼	等	调	摄		声	韵	呼	等	调	摄		声	韵	呼	等	调	摄
鉏	七鱼	清	鱼	合	三	平	遇	士鱼	崇	鱼	合	三	平	遇	士鱼	崇	鱼	合	三	平	遇
箐	七革	清	麦	开	三	入	梗	士革	崇	麦	开	三	入	梗	测戟	初	陌	开	二	入	梗
蓮	七洽	清	洽	开	二	入	咸	士洽	崇	洽	二	入	咸	山洽	生	洽	开	二	入	咸

由上表可知，《复古编》"鉏、箐、蓮"均为清母；徐铉均为崇母；《广韵》"鉏"为崇母，"箐"为初母，"蓮"为生母。清母属于精组声母，崇母、初母、生母属于庄组声母。《复古编》以清母切崇母、初母、生母，表明精庄混切。精庄混切当是古音在张有方音中的保留。其理论依据为黄侃的"照二归精说"。黄侃《声韵略说》中云："由精而变者，曰庄；由清而变者，曰初；由从而变者，曰床；由心而变者，曰邪，曰疏。"① 钱玄同认为，黄侃对于古声纽研究的一些结论大体是正确的，如"'照''穿''床''审'四组之二等（今称'庄''初''崇''生'四组）古归'精''清''从''心'四纽。"② 即中古的照二穿二床二审二（庄初崇生）四母在上古读作齿头音精清从心。精庄不分反映了当时一种方言特点。

此外，《复古编》"彳"的反切也反映了精庄不分。

字头	张有反切	张有反切音韵地位					徐铉反切	徐铉反切音韵地位					《广韵》反切	《广韵》反切音韵地位
		声	韵	呼	等	调	摄		声	韵	呼	等	调	摄		
彳	侧候	庄	侯	开	一	去	流	则候	精	侯	开	一	去	流	无收录	

"彳"，徐铉为精母，《复古编》为庄母，表明庄精互切。"彳"徐铉作"则候切"当为古音的遗留，《复古编》作"侧候切"当为宋时音。

---

① 黄侃：《黄侃国学文集》，中华书局2006年版，第101—102页。
② 钱玄同：《钱玄同文字音韵学论集》，上海古籍出版社2011年版，第152页。

2. 见群合流

字头	张有反切	张有反切音韵地位						徐铉反切	徐铉反切音韵地位						《广韵》反切	《广韵》反切音韵地位					
		声	韵	呼	等	调	摄		声	韵	呼	等	调	摄		声	韵	呼	等	调	摄
臞															其俱	群	虞	合	三	平	遇
鸲															其俱	群	虞	合	三	平	遇
躣															其俱	群	虞	合	三	平	遇
跔	其居	群	鱼	合	三	平	遇	其俱	群	虞	合	三	平	遇	举朱	见	虞	合	三	平	遇
鑺															其俱	群	虞	合	三	平	遇
斪															其俱	群	虞	合	三	平	遇
𦧇															其俱	群	虞	合	三	平	遇

《广韵》"臞、鸲、躣、鑺、斪、𦧇"作"其俱切",为群母;"跔"作"举朱切",为见母。"臞、鸲、躣、跔、鑺、斪、𦧇",徐铉、《复古编》均作群母。《复古编》以群切见,表明浊音清化。浊音清化在唐五代西北方言中就开始了①,大部分在宋代已经形成②。

3. 帮非分化

字头	张有反切	张有反切音韵地位						徐铉反切	徐铉反切音韵地位						《广韵》反切	《广韵》反切音韵地位					
		声	韵	呼	等	调	摄		声	韵	呼	等	调	摄		声	韵	呼	等	调	摄
份	悲申	帮	真	开	三	平	臻	府巾	非	真	开	重三	平	臻	府巾	非	真	开	重三	平	臻
啚	兵美	帮	脂	开	重三	上	止	方美	非	脂	开	重三	上	止	方美	非	脂	开	重三	上	止

《复古编》"份"为"彬"的本字,"啚"为"鄙"的本字。两者反切上字《复古编》为重唇音帮母,徐铉、《广韵》为轻唇音非母。徐铉、《广韵》均以轻唇音切重唇音,显然与时音不协。在徐铉所处的晚唐五代轻重唇音已经开始分化。"非、敷两母在这四种藏音里,除去四个例外,一律变成 p' 音;奉母在千字文跟《大乘中宗见解》里也逐渐有变成 p' 音的趋势,因此我觉得轻唇音在那个时候已然开始分化了。"③ "份""啚"

---

① 罗常培:《唐五代西北方言》,商务印书馆 2012 年版。
② 陆华:《〈资治通鉴释文〉音切反映的浊音清化现象》,《古籍整理研究学刊》2004 年第 3 期。
③ 罗常培:《唐五代西北方言》,商务印书馆 2012 年版,第 51 页。

为重唇音，而徐铉、《广韵》的反切上字为轻唇音，在宋代为类隔切，与时音不符；张有把轻唇音改为重唇音，为音和切，与时音相符。

4. 定透不分

字头	张有反切	张有反切音韵地位						徐铉反切	徐铉反切音韵地位						《广韵》反切	《广韵》反切音韵地位					
		声	韵	呼	等	调	摄		声	韵	呼	等	调	摄		声	韵	呼	等	调	摄
詑	徒何	定	戈	开	一	平	果	託何	透	戈	开	一	平	果	徒河	定	歌	开	一	平	果

"詑"作"欺"义时，徐铉作透母，《广韵》作透母或定母，《复古编》作定母。唐五代时，"全浊平声变次清"①。定母为全浊，透母为次清，张有以定母切透母，说明张有方音定母还没有并入透母。

5. 并奉相混

字头	张有反切	张有反切音韵地位						徐铉反切	徐铉反切音韵地位						《广韵》反切	《广韵》反切音韵地位					
		声	韵	呼	等	调	摄		声	韵	呼	等	调	摄		声	韵	呼	等	调	摄
犝	步朋	并	登	开	一	平	曾	冯贡	奉	东	合	三	去	通	冯贡	奉	东	合	三	去	通

"犝"，徐铉、《广韵》均作"冯贡切"，为奉母，《复古编》作"步朋切"，为并母。上古只有重唇音"帮滂并明"，无轻唇音"非敷奉微"。张有以重唇音"并"切轻唇音"奉"，当是古音在其方言中的遗留。

6. 非敷合流

字头	张有反切	张有反切音韵地位						徐铉反切	徐铉反切音韵地位						《广韵》反切	《广韵》反切音韵地位					
		声	韵	呼	等	调	摄		声	韵	呼	等	调	摄		声	韵	呼	等	调	摄
仿	甫两	非	阳	合	三	上	宕	妃罔	敷	阳	合	三	上	宕	妃两	敷	阳	合	三	上	宕

由上可知，《复古编》"仿"反切上字"甫"为非母，徐铉、《广韵》反切上字为敷母。《复古编》以非母切敷母，表明两者无别。其实非母与敷母在唐五代时已经合流②。

---

① 罗常培：《唐五代西北方言》，商务印书馆2012年版，第56页。
② 罗常培：《唐五代西北方言》。

7. 见溪相混

字头	张有反切	张有反切音韵地位						徐铉反切	徐铉反切音韵地位						《广韵》反切	《广韵》反切音韵地位					
		声	韵	呼	等	调	摄		声	韵	呼	等	调	摄		声	韵	呼	等	调	摄
阚	古滥	见	谈	开	一	去	咸	苦滥	溪	谈	开	一	去	咸	苦滥	溪	谈	开	一	去	咸

《复古编》以不送气的见母切送气的溪母，表明见溪混用。见溪混用为一种方言现象。"在宋元吉安方言、朝鲜对音材料及现代方言中都有见母和溪母混用的现象，这与《醒》中多处见母字与溪母字混用不能仅仅说成是一种巧合。这种现象反映了当时的方言。"①

8. 娘日相混

字头	张有反切	张有反切音韵地位						徐铉反切	徐铉反切音韵地位						《广韵》反切	《广韵》反切音韵地位					
		声	韵	呼	等	调	摄		声	韵	呼	等	调	摄		声	韵	呼	等	调	摄
肉								如六	日	屋	合	三	入	通	如六	日	屋	合	三	入	通
															女六	娘	屋	合	三	入	通
恧	而六	日	屋	合	三	入	通	女六	娘	屋	合	三	入	通	如六	日	屋	合	三	入	通
															尼六	娘	屋	合	三	入	通
衄															女六	娘	屋	合	三	入	通

由上表可知，《复古编》不管"肉、恧、衄"在《广韵》及徐铉的声母如何，统一归为日母，充分表明张有娘日不分。之所以如此，与张有方言有关。张有为湖州人，其方言当为南方音。"泥、娘、日三母在《切韵》音系中不混，只在《玉篇》《博雅音》《文选注》中混，而这三家均代表的是南方音。泥、娘、日三母相混大概也是当时南方音的一个特点。"② 另外，罗常培从《开蒙要训》的注音中也推知五代敦煌方音中娘日也是不分的③。

此外，把《复古编》与徐铉语音相同的"枏""詽"的反切与《广韵》相比较，也可以得出与之相同的结论。

---

① 邸宏香：《〈醒世姻缘传〉语音研究》，硕士学位论文，吉林大学，2005年，第44页。
② 姚志红：《〈说文解字〉大徐反切音系考》，硕士学位论文，首都师范大学，2004年，第28页。
③ 罗常培：《唐五代西北方言》，商务印书馆2012年版。

字头	张有反切	张有反切音韵地位					徐铉反切	徐铉反切音韵地位					《广韵》反切	《广韵》反切音韵地位				
		声	韵	呼	等	调		声	韵	呼	等	调		声	韵	呼	等	调	摄
枏	汝盐	日	盐	开	三	平	咸	汝阎	日	盐	开	三	平	咸	那含	泥	覃	开	一	平	咸
誀															女咸	娘	咸	开	二	平	咸

泥母、娘母在宋代合流,"娘母并入了泥母"①。"枏"在《广韵》中为泥母字,"誀"为娘母字,而实际两者声母已无分别。"枏""誀"在徐铉与《复古编》反切中均以日切娘、泥,造成泥、娘、日三母混切。徐铉、张有泥、娘、日相混与他们的方言不无关系。

9. 匣疑混切

字头	张有反切	张有反切音韵地位						徐铉反切	徐铉反切音韵地位						《广韵》反切	《广韵》反切音韵地位					
		声	韵	呼	等	声	声		声	韵	呼	等	调	摄		声	韵	呼	等	调	摄
鍰環	五关	疑	删	合	二	平	山	户关	匣	删	合	二	平	山	户关	匣	删	合	二	平	山

由上表可知,《复古编》以疑切匣,可知匣疑相混。《复古编·声相类》中"鍰、環"作"五关切",而两者在《上平声》中却作"胡关切"。由此可知,《复古编》匣疑相混无疑。匣疑相混当为南方音,亦见于宋人笔记。曾敏行《独醒杂志》卷一:"江南人唤和为诉。"②《广韵》"和"作"户戈切","诉"为"五禾切"。"户"为匣母,"五"为疑母。"唤和为诉"当是匣疑相混。匣疑混切的例子在唐五代时期就有了③。"以匣纽字作疑纽字切上字,匣疑纽混。疑纽在中古是一个鼻音声母,鼻音声母与喉擦音声母有相谐的习惯。唐代音义书中也有例子。"④

(二) 韵部方面

1. 鱼虞合流(见上文"朧"等字音韵地位表)

《广韵》、徐铉"朧、鹆、躍、跔、跔、钁、趯"均为虞韵,《复古编》为鱼韵,表明鱼虞合流,而实际上鱼虞早在晚唐五代已经合流⑤,宋

---

① 王力:《汉语语音史》,中国社会科学出版社1985年版,第261页。
② 曾敏行:《独醒杂志》,载周光培《历代笔记小说集成》,河北教育出版社1995年版,第390页。
③ 罗常培:《唐五代西北方言》,商务印书馆2012年版。
④ 曹洁:《裴务齐正字本〈刊谬补缺切韵〉的特殊"音注"与"字形"考》,《中国文字研究》第十九辑,上海书店2014年版,第183页。
⑤ 王力:《汉语语音史》,中国社会科学出版社1985年版,第257页。

时"鱼虞合一"①。

2. 皆佳同用

"柴",《复古编》作"士皆切",徐铉作"士佳切"。《广韵》皆佳同用。皆佳早在隋唐时代就已合部,两者互切②。周祖谟据唐代《俗务要名林》中的反切也推知"佳皆不分"③。

3. 真之相混

"誫",《复古编》作"昌意切",徐铉作"昌真切",《广韵》也作"昌真切"。"意"为之韵。《复古编》以之韵切真韵,盖为方音或张有反切用字错误。

4. 歌戈同用

字头	张有反切	张有反切音韵地位						徐铉反切	徐铉反切音韵地位						《广韵》反切	《广韵》反切音韵地位					
		声	韵	呼	等	调	摄		声	韵	呼	等	调	摄		声	韵	呼	等	调	摄
齹 脞 讹	昨何	从	歌	开	一	平	果	昨河 昨禾	从 从	歌 戈	开 合	一 一	平 平	果 果	昨何 昨禾	从 从	歌 戈	开 合	一 一	平 平	果 果
	五何	疑	歌	开	一	平	果	五禾	疑	戈	合	一	平	果	五禾	疑	戈	合	一	平	果

徐铉"齹"为歌韵,"脞、讹"为戈韵,《广韵》用韵同徐铉,而《复古编》"齹、脞、讹"均为歌韵。这表明歌戈合流。《广韵》歌戈同用。实际上,隋唐时期,歌戈已互切④。

5. 东登相混(见上文"䌰"音韵地位表)

"䌰",《复古编》作登韵,徐铉、《广韵》作东韵。"(苏州南面)古东韵字与登韵字相混"⑤。苏州南部与张有所在的湖州相邻。以登韵切东韵,当是张有的方言现象。

6. 咸凡严相混

字头	张有反切	张有反切音韵地位						徐铉反切	徐铉反切音韵地位						《广韵》反切	《广韵》反切音韵地位					
		声	韵	呼	等	调	摄		声	韵	呼	等	调	摄		声	韵	呼	等	调	摄
凡 骦	浮咸	奉	咸	开	二	平	咸	浮芝符严	奉 奉	凡 严	合 开	三 三	平 平	咸 咸	符咸	奉	咸	开	二	平	咸

---

① 鲁国尧:《鲁国尧语言学论文集》,江苏教育出版社2003年版,第366页。
② 王力:《汉语语音史》,中国社会科学出版社1985年版,第257页。
③ 周祖谟:《周祖谟语言学论文集》,商务印书馆2001年版,第299页。
④ 王力:《汉语语音史》,中国社会科学出版社1985年版,第180页。
⑤ 叶祥苓:《苏州方言志》,江苏教育出版社1988年版,第10页。

"凡""颿"《复古编》作"浮咸切",与《广韵》"符咸切"音韵地位相同。徐铉"凡"为凡韵,"颿"为严韵,《复古编》《广韵》统一归为咸韵,表明凡严咸三韵混用。《广韵》严凡同用。罗常培据五代后梁周兴嗣《千字文》的藏音,认为咸韵、凡韵相同,同读为 am[1]。

7. 戈仙相混

字头	张有反切	张有反切音韵地位					徐铉反切	徐铉反切音韵地位					《广韵》反切	《广韵》反切音韵地位				
		声	韵	呼	等	调	摄		声	韵	呼	等	调	摄		声	韵	呼	等	调	摄
鞾	许䑋	晓	仙	合	三	平	山	许䑋	晓	戈	合	三	平	果	许肥	晓	戈	合	三	平	果

"鞾",《复古编》作仙韵,徐铉与《广韵》均作戈韵。戈仙相混,盖为方言现象。唐五代西北方言中也有类似的情况,《开蒙要训》"䑋"作"缕驼切",为戈韵;"䜌"作"力卷切",为线韵,此处线韵、戈韵相混[2]。

8. 之微同用

字头	张有反切	张有反切音韵地位					徐铉反切	徐铉反切音韵地位					《广韵》反切	《广韵》反切音韵地位				
		声	韵	呼	等	调	摄		声	韵	呼	等	调	摄		声	韵	呼	等	调	摄
豈	虚里	溪	之	开	三	上	止	墟喜	溪	之	开	三	上	止	袪狶	溪	微	开	三	上	止

"豈",《复古编》、徐铉均为之韵,《广韵》作微韵。初唐,支脂之微同用[3]。张有、徐铉以之切微是之微同用的延续。

9. 先仙同用

字头	张有反切	张有反切音韵地位					徐铉反切	徐铉反切音韵地位					《广韵》反切	《广韵》反切音韵地位				
		声	韵	呼	等	调	摄		声	韵	呼	等	调	摄		声	韵	呼	等	调	摄
緬 鮸 䩉 澠	弥沇	明	仙	合	三	上	山	弭兖	明	仙	合	三	上	山	弥兖	明	仙	合	三	上	山
								弥沇	明	仙	合	三	上	山							
								弥殄	明	先	开	四	上	山							
								弥兖	明	仙	合	三	上	山							

---

[1] 罗常培:《唐五代西北方言》,商务印书馆2012年版,第150页。
[2] 罗常培:《唐五代西北方言》,第154页。
[3] 尉迟治平:《欲赏知音非广文路——〈切韵〉性质的新认识》,载何大安《古今通塞:汉语的历史与发展》,"中央研究院"语言学研究所筹备处2003年版,第161页。

《复古编》缅、鞠、恦、涀均作弥沇切；徐铉缅作弭沇切，鞠作弥沇切，恦作弥殄切，涀作弥兖切；《广韵》同《复古编》。《说文·水部》："沇，水。出河东东垣王屋山，东为泲。"段玉裁注："古文作兖，小篆作沇，隶变作兖。"缅、鞠、涀，《复古编》《说文》《广韵》音韵地位完全相同。恦，徐铉为先韵，《广韵》《复古编》均作仙韵，先仙同用。先仙同用始于隋唐①。

10. 尤幽同用

字头	张有反切	张有反切音韵地位						徐铉反切	徐铉反切音韵地位						《广韵》	《广韵》反切音韵地位					
		声	韵	呼	等	调	摄		声	韵	呼	等	调	摄		声	韵	呼	等	调	摄
纠	居酉	见	尤	开	三	上	流	居黝	见	幽	开	三	上	流	居黝	见	幽	开	三	上	流

《复古编》"纠"以尤韵切幽韵，表明两者可以互切，"尤侯幽同用，是从汉代就开始了的"②。

11. 覃谈同用

字头	张有反切	张有反切音韵地位						徐铉反切	徐铉反切音韵地位						《广韵》	《广韵》反切音韵地位					
		声	韵	呼	等	调	摄		声	韵	呼	等	调	摄		声	韵	呼	等	调	摄
糣	土感	透	覃	开	一	上	咸	土敢	透	谈	开	一	上	咸	吐敢	透	谈	开	一	上	咸

《复古编》以覃切谈，表明覃谈同用。覃谈同用，始于魏晋南北朝时代，隋唐时代没有什么变化③。宋代，覃谈依然同用，《广韵》明确标出两者同用。

12. 支脂之同用

字头	张有反切	张有反切音韵地位						徐铉反切	徐铉反切音韵地位						《广韵》	《广韵》反切音韵地位					
		声	韵	呼	等	调	摄		声	韵	呼	等	调	摄		声	韵	呼	等	调	摄
識	职利	章	脂	开	三	去	止	赏职	书	职	开	三	入	曾	赏职/职吏	书/章	职/之	开	三	入/去	曾/止
斯	息兹	心	之	开	三	平	止	息移	心	支	开	三	平	止	息移	心	支	开	三	平	止

---

① 王力：《汉语语音史》，中国社会科学出版社 1985 年版，第 218 页。
② 王力：《汉语语音史》，第 219 页。
③ 王力：《汉语语音史》，第 219 页。

"識",《复古编》作职利切,为脂韵;徐铉作赏职切;《广韵》作赏职、职吏两切,分别为职、之韵。"斯",《复古编》为息兹切,为之韵;徐铉、《广韵》均为息移切,为支韵。如此则表明支之脂合流。"隋唐时代,支脂之三韵已经合流了。"①

13. 齐祭同用

字头	张有反切	张有反切音韵地位					徐铉反切	徐铉反切音韵地位					《广韵》反切	《广韵》反切音韵地位				
		声	韵	呼	等	调	摄		声	韵	呼	等	调	摄		声	韵	呼	等	调	摄
瘱	于计	影	齐	开	四	去	蟹	于劌	影	祭	开	重三	去	蟹	于劌	影	祭	开	重三	去	蟹

隋至中唐时代,齐祭同用,唐五代没有变化②。张有以齐切祭,说明齐祭依然同用。

14. 魂谆相混

字头	张有反切	张有反切音韵地位					徐铉反切	徐铉反切音韵地位					《广韵》反切	《广韵》反切音韵地位				
		声	韵	呼	等	调	摄		声	韵	呼	等	调	摄		声	韵	呼	等	调	摄
潠	稣困	心	谆	合	重三	平	臻	稣困	心	魂	合	一	去	臻	苏困	心	魂	合	一	去	臻

《复古编》以谆韵重纽三等平声字切魂韵一等字去声字,当为方言现象。唐五代方言中也存在这种现象。"《开蒙要训》既然以谆注魂,或者一、三等已然混淆了。"③

15. 陌麦同用

字头	张有反切	张有反切音韵地位					徐铉反切	徐铉反切音韵地位					《广韵》反切	《广韵》反切音韵地位				
		声	韵	呼	等	调	摄		声	韵	呼	等	调	摄		声	韵	呼	等	调	摄
簎	七革	清	麦	开	三	入	梗	士革	崇	麦	开	三	入	梗	测戟	初	陌	开	二	入	梗

---

① 王力:《汉语语音史》,中国社会科学出版社1985年版,第216页。
② 王力:《汉语语音史》,第257页。
③ 罗常培:《唐五代西北方言》,商务印书馆2012年版,第154页。

徐铉、《复古编》均以麦切陌。麦陌互切，始于晚唐五代①。

16. 昔职同用

字头	张有反切	张有反切音韵地位						徐铉反切	徐铉反切音韵地位						《广韵》反切	《广韵》反切音韵地位					
		声	韵	呼	等	调	摄		声	韵	呼	等	调	摄		声	韵	呼	等	调	摄
即	子席	精	昔	开	三	入	梗	子力	精	职	开	三	入	曾	子力	精	职	开	三	入	曾
释釋	赏只	书	昔	开	三	三	梗	赏只施只	书书	职昔	开开	三三	入入	曾梗	施只	书	昔	开	三	入	梗

"即"，徐铉、《广韵》均为职韵，《复古编》以昔切职；徐铉"释"为职韵，"釋"为昔韵，《复古编》与《广韵》尽管反切用字不同，但均为昔韵。这表明昔职可以互切。罗常培通过研究《开蒙要训》的注音，指出唐五代时期职昔有互切现象②。

17. 严盐同用

字头	张有反切	张有反切音韵地位						徐铉反切	徐铉反切音韵地位						《广韵》反切	《广韵》反切音韵地位					
		声	韵	呼	等	调	摄		声	韵	呼	等	调	摄		声	韵	呼	等	调	摄
醶	鱼欠	疑	严	开	三	去	咸	鱼窆	疑	盐	开	重三	去	咸	初槛	初	衔	开	二	上	咸

"醶"，《广韵》作初槛切，当为徐铉、《复古编》反切语音的重音。徐铉"醶"为盐韵，《复古编》为严韵，两者可以互切。"隋—中唐的严盐两部，到晚唐合并为一部。"③

18. 齐之同用

字头	张有反切	张有反切音韵地位						徐铉反切	徐铉反切音韵地位						《广韵》反切	《广韵》反切音韵地位					
		声	韵	呼	等	调	摄		声	韵	呼	等	调	摄		声	韵	呼	等	调	摄
士	鉏礼	崇	齐	开	四	上	蟹	鉏里	崇	之	开	三	上	止	鉏里	崇	之	开	三	上	止

《复古编》"士"以齐韵切之韵，表明两者已经同用。齐之互切始于

---

① 王力：《汉语语音史》，中国社会科学出版社1985年版，第250页。
② 罗常培：《唐五代西北方言》，商务印书馆2012年版，第162页。
③ 王力：《汉语语音史》，中国社会科学出版社1985年版，第257页。

宋代①。宋代，"齐祭废并入脂微，合成支齐部。这就是说，蟹摄三四等字转入止摄去了"②。而在初唐，支脂之微已经同用③。"礼"为蟹摄四等字，当转入止摄。

19. 支微同用

字头	张有反切	张有反切音韵地位					徐铉反切	徐铉反切音韵地位					《广韵》反切	《广韵》反切音韵地位				
		声	韵	呼	等	调	摄		声	韵	呼	等	调	摄		声	韵	呼	等	调	摄
微	无为	微	支	合	三	平	止	无非	微	微	合	三	平	止	无非	微	微	合	三	平	止

《复古编》以支韵切微韵，表明两者同用。支微同用，始于初唐④。

20. 肴宵同用

字头	张有反切	张有反切音韵地位					徐铉反切	徐铉反切音韵地位					《广韵》反切	《广韵》反切音韵地位				
		声	韵	呼	等	调	摄		声	韵	呼	等	调	摄		声	韵	呼	等	调	摄
哮——虓	许娇	晓	宵	开	重三	平	效	许交	晓	肴	开	二	平	效	许交	晓	肴	开	二	平	效

《复古编》以宵韵切肴韵，表明两者可以同用。"（肴韵）喉牙舌齿字并入萧宵，合成萧肴部。"⑤"哮、虓"属于肴韵喉音字，当并入萧肴部。其实，萧宵肴早在初唐就已同用⑥。

（三）重音方面

重音，也作又音，指字的另外一个读音。重音产生的原因是由于方音、古今音及通假音在某一时间共存而造成的。《复古编》除了保留与徐铉相同的反切音外，又根据字头重音或异体字反切语音自创反切。

---

① 王力：《汉语语音史》，中国社会科学出版社1985年版，第293页。
② 王力：《汉语语音史》，第303页。
③ 尉迟治平：《欲赏知音非广文路——〈切韵〉性质的新认识》，载何大安《古今通塞：汉语的历史与发展》，"中央研究院"语言学研究所筹备处2003年版，第161页。
④ 尉迟治平：《欲赏知音非广文路——〈切韵〉性质的新认识》，载何大安《古今通塞：汉语的历史与发展》，第161页。
⑤ 王力：《汉语语音史》，中国社会科学出版社1985年版，第303页。
⑥ 尉迟治平：《欲赏知音非广文路——〈切韵〉性质的新认识》，载何大安《古今通塞：汉语的历史与发展》，"中央研究院"语言学研究所筹备处2003年版，第162页。

字头序号	篇目	字头	《复古编》反切	徐铉反切	重音依据①	重音依据反切	重音来源
39	上平声	逢	符容切、步江切	符容切	逄	薄江切	《广韵》
112	上平声	余	以诸切、成遮切	以诸切	佘	视遮切	《广韵》
138	上平声	氐	都兮切、丁礼切	丁礼切	低	都兮切	徐铉
173	上平声	思	稣来切、息兹切	息兹切	腮	蘇来切	《广韵》
224	上平声	菆	才官切、侧鸠切	侧鸠切	菆	在丸切	《广韵》
229	上平声	䜌	莫班切、莫贤切	莫贤切	鬘	谟官切	《集韵》
261	下平声	鸢	与专切、五各切	与专切	鹗	五各切	《广韵》
277	下平声	徼	古尧切、于宵切	古尧切	邀	于宵切	《广韵》
317	下平声	假	乎加切、古雅切	古雅切	遐	胡加切	《广韵》
354	下平声	臧	则郎切、昨郎切	则郎切	藏	徂郎切	《广韵》
421	下平声	㐱	直由切、重朱切	直由切	裯	直诛切	《广韵》
437	下平声	裒	步矛切、博毛切	博毛切	哀	薄侯切	《广韵》
483	上声	懜	武总切、武亘切	武亘切	懵	莫孔切	《广韵》
512	上声	橫	鱼绮切、鱼羁切	鱼羁切	橫	鱼倚切	《广韵》
530	上声	豈	虚里切、苦亥切	墟喜切	愷	苦亥切	《广韵》
590	上声	隱	于谨切、乌本切	于谨切	穩	乌本切	《广韵》
717	上声	感	胡感切、古禫切	古禫切	憾	户感切	《集韵》
759	去声	痱	扶味切、蒲罪切	蒲罪切	痱	父沸切	《集韵》
814	去声	埶	始制切、鱼祭切	鱼祭切	勢	始制切	《类篇》
915	去声	見	古甸切、贤遍切	古甸切	見	形甸切	《集韵》
933	去声	偃	于扇切、于幰切	于幰切	堰	于扇切	《广韵》
947	去声	鎬	口到切、乎老切	乎老切	犒	口到切	《类篇》
968	去声	枷	古牙切、古迓切	古牙切	架	古讶切	《广韵》
969	去声	賈	古牙切、公户切	公户切	賈	古讶切	《广韵》
989	去声	伖	石证切、以证切	以证切	媵	石证切	《集韵》
1003	去声	祝	之秀切、之六切	之六切	祝	职救切	《广韵》
1011	去声	闞	古滥切、许滥切	苦滥切	闞	许鉴切	《广韵》
1020	去声	讖	人鉴切、楚譖切	楚荫切	讖	叉鉴切	《集韵》
1119	入声	薛	私列切、桑葛切	私列切	薩	桑葛切	《集韵》
1182	入声	臭	古阒切、苦臭切	古阒切	䦅	苦臭切	徐铉

① 与字头不同的字，如果没有特别标明，则为《复古编》所列异体字。

续表

字头序号	篇目	字头	《复古编》反切	徐铉反切	重音依据	重音依据反切	重音来源
1183	入声	释	赏职切、羊益切	赏职切	怿	羊益切	徐铉
1297	联绵字	唲	汝俱切、当侯切	当侯切	嚅	汝俱切	《重修玉篇》
1342	联绵字	夗	于阮切、于元切	于阮切	蜿	于袁切	《广韵》
1343	联绵字	蟺	常演切、以然切	常演切	蜒	以然切	《广韵》
2014	形相类	彤	丑林切、以中切	丑林切	彤	余中切	《类篇》
2125	声相类	别	兵列切、凭列切	凭列切	汃	兵列切	徐铉
2314	声相类	苹	薄经切、符兵切	符兵切	萍	薄经切	徐铉

由上表可知，《复古编》相对徐铉反切多出的重音反切用字或反切语音均来自宋代常见的字书、韵书。上表中，《复古编》重音反切与重音依据反切所反映的语音现象为：

1. 删桓同用

鳗，《复古编》作莫班切；鬘，《集韵》作谟官切。莫、谟均为明母，班为删韵，官为桓韵。宋代，"删山并于寒桓"①。班为山摄、删韵、二等字，官为山摄、桓韵、一等字，两者合并，可以互切。

2. 平去相混

贾，《复古编》作古牙切，《集韵》作古讶切。贾音韵地位为见母、麻韵、去声、开口、假摄、二等字，讶音韵地位为疑母、麻韵、去声、开口、假摄、二等字，讶与贾韵母相同。牙音韵地位为疑母、麻韵、平声、开口、假摄、二等字。贾，《复古编》作古牙切。《复古编》以平声切去声，盖为方音。

3. 明微不分

懵，《复古编》作武总切；懜，《广韵》作莫孔切。总、孔韵母相同，均为东韵。懵为明母，武为微母，莫为明母。上古只有重唇音"帮滂并明"，无轻唇音"非敷奉微"。微母、明母上古相同。晚唐五代轻重唇音分化，而《复古编》以微母切明母，表明张有明微不分。

4. 谈衔同用

阚，《复古编》作许滥切，《广韵》作许鉴切。两反切上字同，《复古编》反切下字滥为谈韵，鉴为衔韵。宋代，"覃谈和咸衔合并，成为

---

① 王力：《汉语语音史》，中国社会科学出版社1985年版，第304页。

覃咸部"①。谈衔可以互切。

5. 日初混切

谶,《复古编》作人鉴切,《集韵》作叉鉴切,两反切下字同。谶为初母,人为日母,叉为初母。《复古编》以日母切初母,盖为方音,亦或者张有叉讹作人。

综上所述,《复古编》反切是以徐铉本《说文》反切为主,参以《广韵》《玉篇》《集韵》《类篇》《附释文礼部韵略》以及自创反切。张有这样做的主要目的是反映时音。这充分体现了张有在复宋初徐铉本《说文》反切之古的同时,又不违背语音发展变化的现实,是"复古而不戾今"的具体体现。

第六节 异体字研究

《复古编》正文依《广韵》共分五部分:上平声、下平声、上声、去声、入声。每部分字头也依《广韵》韵部顺序排列。字头首列小篆,注文首列隶定字形,然后释文,其次为字形分析,接着一般列举异体字。《复古编》异体字术语②均沿用前人。

一 《复古编》异体字的类型

(一)籀文

沿用许慎的说法。一般指西周晚期通行的、著录于《史籀篇》的文字。《复古编》共出现11个"籀文",与《说文》籀文相较如下:

字头序号	篇目	楷书字头	《复古编》籀文	《说文》对应字
194	上平声	麋	麢	麗
286	下平声	鼐	豪	豪
847	去声	籬	苷	芇*
856	去声	話	譮	譮
881	去声	疢	疹	胗*
1046	入声	枲	藥	枲

① 王力:《汉语语音史》,第304页。
② 偶尔会出现两个术语叠加,这属于极个别现象,不影响最终结论。

续表

字头序号	篇目	楷书字头	《复古编》籀文	《说文》对应字
1088	入声	回	囘	囘
1591	形相类	宿	宿	宿
1859	形相类	誉	誉	誉
1869	形相类	垩	牡	牡
2209	声相类	袨	絵	繪

注：带 * 的不是字头的籀文、古文等异体字形式，而是出现于《复古编》或《说文》注文中的字形。下同。

由上表可知，《复古编》有时直接列举籀文，有时列举籀文隶定形式。《复古编》所列举的籀文隶定字形廡、荐、谕、疹、氁、牡、絵与《说文》籀文相符；《复古编》籀文隶定字豪与《说文》豪不符，《复古编》省口，《说文》不省；囘为徐铉本《说文》新附字筠的籀文隶定形式，徐铉没列籀文，《复古编》列籀文并隶定；宿为岫的籀文，《复古编》与《说文》相同；愨，《复古编》籀文作誉，《说文》作誉，两者构件相同，但笔法稍异。《复古编》对籀文这种异体字形式一律持肯定态度。

（二）古文

沿用许慎的说法。古文一指小篆以前的各种古文字，一指东土文字。《说文》古文，一般指战国东方国家的文字。《复古编》共出现 63 个古文，与《说文》古文相较如下：

字头序号	篇目	楷书字头	《复古编》古文	《说文》对应字
181	上平声	份	彬	彬
185	上平声	脣	顅	顅
186	上平声	杻	杻	杻
406	下平声	翢（鳳）①		
407	下平声	鵬		
455	下平声	紟	絵	籀文
513	上声	𨽶（熙）		（熙）
515	上声	旨	旨	旨
517	上声	𦳊	兕	
536	上声	野	壄	壄

续表

字头序号	篇目	楷书字头	《复古编》古文	《说文》对应字
577	上声	疹	胗	籀文𤼐
686	上声	礦	丱	丱
830	去声	泰	态	夳
862	去声	沫	湏	湏
869	去声	悥	慗	慗
961	去声	堊	坐	坐
1019	去声	劍	劎	劎
1072	入声	彌	敉、𢼅	敉、𢼅
1080	入声	燮	盇（悙）*	籀文盇*
1091	入声	櫱	不	市
1118	入声	卨	嵩	嵩
1125	入声	絕	𢇍	𢇍
1569	形相类	俩（夙）	俩	俩
1611	形相类	云（雲）	云	云
1639	形相类	匡（篋）	匡	匡
1641	形相类	二（上）	二	丄
1653	形相类	吾（楣）	亙	亙
1687	形相类	丣（酉）	丣	丣
1693	形相类	厶（肱）	乙	乙（厷）
1699	形相类	冂（及）	乁	乁
1703	形相类	ㄨ（五）	ㄨ	ㄨ
1723	形相类	舩（服）	舩	舩
1737	形相类	丹○[②]	日	日
1741	形相类	丱（礦）	丱	丱
1787	形相类	良○	目	目
1793	形相类	魅○	絫	絫
1835	形相类	枭（困）	枭	枭
1839	形相类	共○	共	共
1845	形相类	兆（𠁱）	兆	兆
1851	形相类	友○	習	習
1852	形相类	手○	乎	乎
1853	形相类	堯○	羍	羍

续表

字头序号	篇目	楷书字头	《复古编》古文	《说文》对应字
1855	形相类	地○	墬	墬
1860	形相类	仁○	忎	忎
1861	形相类	夷○	尸	0③
1869	形相类	圭（封）	圭	圭
1874	形相类	禾（保）	禾	禾
1875	形相类	孟○	孟	孟
1883	形相类	榰（歧）	榰	榰
1968	形相类	子	㜽*	㜽
1969	形相类	去	㐬*	㐬
1971	形相类	山（屾）	屾	屾
1976	形相类	舌（壬）	舌	舌
1977	形相类	玊（玉）	玊	玊
1992	形相类	南○	南	南
2013	形相类	齒○	齒	齒
2025	形相类	默（肶）	默	籀文默
2031	形相类	戠（黃）	戠	戠
2058	形相类	歐（驅）	歐	歐
2061	形相类	出（囚）	出	出
2064	形相类	屵（屵）	屵	屵
2183	声相类	赴	吴（矢）*	吴（矢）

注：①括号中的字为古文正体字。
②○指《复古编》无该古文隶定，只标字头隶定字。
③0 表示《说文》无对应字。下同。

《复古编》共有 63 个古文，其中有 54 个与《说文》古文及说解相同，相同比例高达 85.71%。其中有 9 个与《说文》古文说解稍异。详细说明如下：

䋛，《复古编》古文作繂，与《说文》籀文繂相符。

蠢，《复古编》为悖的古文，《说文》为悖的籀文。

妃，《复古编》为熙的古字，《说文》为熙的古字。"熙"通作"熙"。清桂馥《说文义证·臣部》："熙，又通作熙。"

疹，《复古编》古作胗，《说文》胗的籀文作疹。

上，《复古编》古文作二，《说文》作丄。

厶，《复古编》为肱的古文；《说文》为厷的古文，《说文》厷的或体作肱。

夷，《复古编》古文作尸，《说文》无与之相对应字。唐碧落碑"夷"作尸。《集韵》"夷"或作"㠯"。

尧，《复古编》古文作垚，《说文》作㝩，两者差异较大。元刻本《复古编》羌古文作垚。羌，《说文》古文作㝩，与元刻本《复古编》相似，与宋影抄本《复古编》尧的古文垚相似。《集韵》《类篇》羌古文作㝩，亦与《复古编》相似。《说文》《集韵》《类篇》羌古文均与宋影抄本尧古文垚相似。垚是尧还是羌的古文，存疑。

䏍，《复古编》为肫的古文，《说文》为肫的籀文。

《复古编》古文，包括《说文》古文、籀文以及其他文献古文。《复古编》在列举古文时用"古文作某""古文作某，同""古作""古作某，同""古人作某""古某字""某，古某字"。不管加"同"与否，《复古编》对古文一概持肯定态度。

（三）某与某同和某作某同①

指某字与其他的字用法相同。作为正字术语，"某与某同""某作某同"见于《五经文字》，例如"欔與棹同""邇作迩同"。

《复古编》不和其他术语连用的"某与某同""某作某同"有9个。与《说文》相较如下：

《复古编》：蛇与它同。《说文》："它"或作蛇。

《复古编》：厶与肱同。《说文》："弘，弓声也。从弓厶声。厶，古文肱字。"

《复古编》：抱与捊同。《说文》："捊"或作抱。

《复古编》：爹与鬓同。《说文》："爹"或作鬓。

《复古编》：居与踞同。《说文》："居"俗作踞。

《复古编》：臼与自同。《说文》："臼，此亦自字也。"

《复古编》：叶与协同。《说文》："协"或作叶。

《复古编》：由与塊同。《说文》："由"或作塊。

《复古编》：羴作蝟同。《说文》："羴"或作羶。

由上可知，《复古编》"某与某同"或"某作某同"与《说文》或体、俗体一致。《复古编》对"某与某同""某作某同"是认可的。

---

① "与""作"前有时会插有释义等内容，暂略。

（四）或从与或作

《复古编》或体字以"或从""或作"的形式出现。"或从"沿用《说文》，"或作"最早盖用于汉。郑玄《周礼注》："鲍故书或作鞄。"其后相袭沿用，《干禄字书》《五经文字》、二徐《说文》等字书均见该术语。《复古编》共有 125 个"或作"，17 个"或从"，除去重出字，共有 145 个或体字。这类异体字与《说文》对应情况，详见下表。

字头序号	篇目	《复古编》小篆隶定	《复古编》或体	《说文》字头	《说文》或体	《说文》对应字隶定
24	上平声	盬	膿	盬	膿（俗）	膿
40	上平声	鏦	摐	鏦	摐	摐
45	上平声	囟	窗、窓	囟	窗、0	窗
47	上平声	胑	肢	胑	肢	肢
61	上平声	槑	槑	槑	槑	槑
67	上平声	陸	坴	陸	坴（篆文）	坴
74	上平声	虧	斀	虧	斀	斀
132	上平声	黏	粘	黏	粘	粘
169	上平声	朘	峻	朘	峻（新附字）	峻
180	上平声	玭	蠙	玭	蠙（《夏書》）	蠙
186	上平声	杶	櫄	杶	櫄	櫄
188	上平声	茵	鞇	茵	鞇（司馬相如說）	鞇
197	上平声	䎡	耗	䎡	耗	耗
203	上平声	原	厵	原	厵（篆文）	厵
207	上平声	幝	襌	幝	襌	襌
211	上平声	豚	豚	豚	豚（篆文）	豚
212	上平声	屍	脽、臀	屍	脽、臀	脽、臀
213	上平声	尊	尊	尊	尊	尊
217	上平声	豻	犴	豻	犴	犴
250	下平声	戁	寋、譽	戁	寋、譽（籀文）	寋、譽

续表

字头序号	篇目	《复古编》小篆隶定	《复古编》或体	《说文》字头	《说文》或体	《说文》对应字隶定
253	下平声	全	全	全	全（篆文）	全
269	下平声	鼂	鼂	鼂	鼂（篆文）	鼂
297	下平声	它	佗	它	蛇	蛇
310	下平声	嬴	螺	嬴	螺	螺
326	下平声	茮	鈙	茮	鈙	鈙
336	下平声	刅	創	刅	創	創
347	下平声	畺	疆	畺	疆	疆
360	下平声	秔	稉	秔	稉	稉
362	下平声	宫	亭	宫	亭（篆文）	亭
365	下平声	祘	祊	祘	祊	祊
369	下平声	黥	剠	黥	剠	剠
393	下平声	靈	靈	靈	靈	靈
401	下平声	菱	蓤	菱	蓤（司馬相如说）	蓤
411	下平声	休	庥	休	庥	庥
420	下平声	咢	喁	咢	喁	喁
446	下平声	曑	參	曑	參	參
457	下平声	捡	撟	捡	撟	撟
459	下平声	甬	肟	甬	肟（俗）	肟
467	下平声	叜	𠭥	叜	𠭥	𠭥
486	上声	瘜	廇	瘜	廇（籀文）	廇
499	上声	弛	號	弛	號	號
502	上声	躧	鞭	躧	鞭	鞭
519	上声	謂	謙	謂	謙	謙
532	上声	巨	榘	巨	榘	榘
535	上声	虞	虞、鏤	虞	鏤、扁（篆文）	鏤、虞
552	上声	欈	欙	欈	欙	欙
578	上声	袗	裖	袗	裖	裖
599	上声	縛	傅	縛	0	0

第四章 《复古编》释文研究　147

续表

字头序号	篇目	《复古编》小篆隶定	《复古编》或体	《说文》字头	《说文》或体	《说文》对应字隶定
604	上声	罂	盌	罂	0	0
625	上声	僕	譔	僕	0	0
667	上声	蓏	裸	蓏	裸	裸
670	上声	舍	捨	舍	0	0
691	上声	抍	撜	抍	撜	撜
697	上声	粗	觕	粗	0	0
706	上声	晦	畮	晦	畮	畮
708	上声	窔	俊	窔	俊	俊
732	去声	鄉	巷	鄉	䢽（篆文）	巷
739	去声	質	勢	質	0	0
742	去声	隙	隟	隙	隟	隟
755	去声	飤	食	飤	0	0
758	去声	蠱	蛊	蠱	蛊	蛊
760	去声	气	氣	气	0	0
767	去声	御	馭	御	馭（古文）	馭
772	去声	处	處	处	處	處
793	去声	笝	互	笝	互	互
800	去声	壻	婿	壻	婿	婿
803	去声	普	暜、暜	普	暜、暜	暜、暜
822	去声	詍	呭	詍	0	0
829	去声	叡	睿	叡	睿（古文）	睿
847	去声	䜭	隘	䜭	隘（籀文）	隘
854	去声	懨	瘠	懨	瘠	瘠
859	去声	復	衲	復	衲	衲
868	去声	逮	迨	逮	迨（徐铉按语）	迨
898	去声	灡	浣	灡	浣	浣
910	去声	擶	遺	擶	0	0
918	去声	衕	衕	衕	衕	衕
929	去声	弁	覍	弁	覍	覍

续表

字头序号	篇目	《复古编》小篆隶定	《复古编》或体	《说文》字头	《说文》或体	《说文》对应字隶定
945	去声	濯	棹、櫂	濯 （新附字）	棹、濯（新附字）	棹、濯
971	去声	樗	檴	樗	檴	檴
997	去声	舊	鸺	舊	鸺	鸺
1000	去声	褎	袖	褎	袖（俗）	袖
1006	去声	鬥	鬭	鬥	0	0
1007	去声	槱	鎨	槱	鎨	鎨
1019	去声	劍	劒	劍	劒（籀文）	劒
1022	入声	簏	箓	簏	箓	箓
1034	入声	償	貞	償	0	0
1036	入声	匊	擢	匊	0	0
1037	入声	籟	欶	籟	籟	欶
1038	入声	鞠	鞫	鞠	鞫	鞫
1050	入声	确	殼	确	殼	殼
1059	入声	帥	帨	帥	帨	帨
1071	入声	蕊	䓕	蕊	0	0
1072	入声	瀰	瀰	瀰	瀰	瀰
1077	入声	卒	崒	卒	0	0
1078	入声	市	韨	市	韨（篆文）	韨
1091	入声	櫱	櫱	櫱	櫱	櫱
1094	入声	浯	潏	浯	潏	潏
1097	入声	盇 （新附字）	鉢	盇（新附字）	鉢（新附字）	鉢
1106	入声	鐵	銕、鉄	鐵	銕（古文）、鉄	銕、鉄
1109	入声	絜	潔	絜	0	0
1112	入声	艦	鎋	艦	鎋	鎋
1117	入声	紲	緤	紲	緤	緤
1131	入声	烏	雘	烏	雘（篆文）	雘
1138	入声	篷	艑	篷	艑	艑
1139	入声	拓	摭	拓	摭	摭

第四章 《复古编》释文研究   149

续表

字头序号	篇目	《复古编》小篆隶定	《复古编》或体	《说文》字头	《说文》或体	《说文》对应字隶定
1163	入声	夏	襲	蔞	襲	襲
1169	入声	衇	脈	衇	脈	脈
1171	入声	嘖	讀	嘖	讀	讀
1181	入声	亦	掖	亦	0	0
1185	入声	宋	誄	宋	誄	誄
1193	入声	鴡	鶪	鴡	鶪	鶪
1209	入声	鰂	鯽	鰂	鯽	鯽
1211	入声	䇎	滵	䇎	0	0
1213	入声	畗	荅	畗	0	0
1224	入声	舀	插	舀	0	0
1237	入声	拾	韐	拾	韐	韐
1350	联绵字	蘆菔	萊菔（《本艸》）	蘆、菔	0	0
1370	形声相类	晨	曟	晨	晨	曟
1387	形声相类	甾	蕾	甾	甾	蕾
1421	形声相类	征	延	延	延	征
1458	形声相类	柜	櫸	櫸	柜	柜
1497	形声相类	抗	杭	抗	杭	杭
1536	形声相类	氎	氍、氀	氎	氍、氀	氍、氀
1594	形相类	昏	抎	昏	抎	抎
1643	形相类	胏	贪	贪	贪（扬雄说）	贪
1724	形相类	箋	籛	箋	箋	籛
1903	形相类	胂	屍	胂	胂、屍	屍
1916	形相类	叙	䅳	叙	叙	䅳
1917	形相类	叙	䅳	叙	叙（籀文）	䅳
2068	声相类	玩	貦	玩	貦	貦
2114	声相类	蓈	稂	蓈	蓈	稂
2203	声相类	耐	耏	耏	耐	耐
2252	声相类	經	經	經	經	經
2267	声相类	眴	旬	眴	眴	旬

续表

字头序号	篇目	《复古编》小篆隶定	《复古编》或体	《说文》字头	《说文》或体	《说文》对应字隶定
2272	声相类	歘	咉	㰩	咉	咉
2277	声相类	酖	眈、耽	醓	0	0

《复古编》145 个或体字中，有 117 个或体字与《说文》（包括新附字及徐铉按语中的或作字）相同或大致相同；有 3 个或体字与《说文》字形稍异，分别是䐜（䐜）①、驫（驫）、蘗（櫱）。《复古编》或体字在《说文》中出现形式有正体、或体、篆文、籀文、古文、俗字、通人说解、文献用字以及徐铉新附字、按语中的或体字。《复古编》或体字与《说文》相同或大致相同的共 117 个，所占或体字总数比例为 80.69%。

《复古编》或体字除 117 个与徐铉本《说文》相同或相近外，还包括 25 个《说文》无对应或体的或体字。有如下几类：

1. 《说文》同训字

䀉（盌）

《说文·瓦部》："䀉，小盂也。从皿夗声。"《说文·皿部》："盌，小盂也。从皿夗声。"

粗（䊋）

《说文·米部》："粗，杂饭也。从米丑声。"《说文》："䊋，杂饭也。从食丑声。"

詍（呭）

《说文·言部》："詍，多言也。从言世声。《诗》曰：'无然詍詍。'"《说文·口部》："呭，多言也。从口世声。《诗》曰：'无然呭呭。'"

掼（遦）

《说文·手部》："掼，习也。从手贯声。《春秋传》曰：'掼渎鬼神。'"《说文·辵部》："遦，习也。从辵贯声。"

踂（濇）

《说文·止部》："踂，不滑也。从四止。"《说文·水部》："濇，不滑也。从水嗇声。"

儥（賣）

---

① 括号中的字为《说文》或体。

"儥",《复古编》或体作"賣"。《说文》:"賣,衙也。"《说文》:"儥,賣也。"段玉裁《说文解字注》:"儥,《贝部》'賣'下曰:'衙也。'衙者行且賣也。賣即《周礼》之儥字,今之鬻字。"按:儥与儥同,賣与賣同。《复古编》指出"賣"为"儥"的或体。

亦(掖)

"亦",《复古编》或体作"掖",别作"腋"。"亦"与"掖"均有"腋窝"义。《说文》:"亦,人之臂亦也。"《说文》:"掖,以手持人臂投地也。从手夜声。一曰臂下也。"王筠《说文句读》:"《左传正义》云:'掖本持臂之名,遂谓臂下胁上为掖,是因名转而相生也'……俗作腋。"表"腋窝"义时,经典有时用"掖"。《史记·商君列传》:"千羊之皮,不如一狐之掖。"《礼记·儒行》:"丘少居鲁,衣逢掖之衣。"

由上可知,《复古编》还把《说文》中的一些音训相同的字当作或体字。

2. 《说文》训近字

匊(擱)

《说文》:"匊,在手曰匊。臣铉等曰:今俗作掬,非是。"《说文》:"擱,爪持也。臣铉等曰:今俗别作掬,非是。""匊、擱"两者均有用手拿之义,且时俗均用作"掬"。

苾(馝)

《说文》:"苾,馨香也。"《说文》:"馝,食之香也。《诗》曰:'有馝其香。'"两者均有香义,已混用。《一切经音义》:"苾芬:又作馝、秘、咇、祕,四形同。蒲结反。"

3. 《说文》训异字

縛(僔)

《说文》:"縛,蔑貉中,女子无绔,以帛为胫空,用絮补核,名曰縛衣,状如襜褕。"《说文》:"僔,聚也。从人尊声。《诗》曰:'僔沓背憎。'""縛"或作"僔"不见于其他文献。

僎(譔)

《说文》:"僎,具也。"《说文》:"譔,专教也。""僎"或作"譔"不见于其他文献。

它(佗)

《说文》:"它,虫也。从虫而长,象冤曲垂尾形。上古艸居患它,故相问无它乎。"《说文》:"佗,负何也。""它"或作"佗"见于其他字韵书。《玉篇》:"它,托何切。蛇也。上古草居而畏它,故相问无它乎。又非也，异也。今作佗。"《集韵》："佗、它，佗佗美也。或省。"

舍（捨）

《说文》："舍，市居曰舍。"《说文》："捨，释也。""舍"或作"捨"见于宋时韵书。《广韵》："捨，释也。书冶切。舍，止息。亦上同。"《集韵》："捨、舍，始野切。《说文》：'释也。'或省。"

質（贄）

《说文》："質，以物相贅。"《说文》："贄，至也。从女執声。《周书》曰：'大命不贄。'读若摯同。一曰《虞书》雉贄。""質"或作"贄"见于《集韵》。《集韵》："贄、贅、質，《说文》：'至也。'引《周书》：'大命不贄。'一曰《虞书》：'雉贄。'亦作贅、質。通作摯。"

飤（食）

《说文》："飤，粮也。"《说文》："食，一米也。""飤"或作"食"见于《集韵》。《集韵》："飤、飼、食、飴，《说文》：'粮也。'或从司。亦作食、飴。"

气（氣）

《说文》："气，云气也。"《说文》："氣，馈客刍米也。从米气声。《春秋传》曰：'齐人来氣诸侯。'""气"或作"氣"见于《集韵》。《集韵》："气、氣、䊠，丘既切。《说文》：'云气也。象形。'一曰息也。或作氣、䊠。"

鬥（鬬）

《说文》："鬥，两士相对，兵杖在后，象鬥之形。"《说文》："鬬，遇也。""鬥"经典有时用"鬬"。《论语·季氏》："及其壮也，血气方刚，戒之在鬬。"《史记·范睢蔡泽列传》："民怯于私鬬而勇于公战，此王者之民也。"《一切经音义》："鬬争：当遘反。顾野王云：'称兵相攻战曰鬬。'《苍颉篇》云：'鬬争也。'《通俗文》云：'相牵曰鬬。'《字镜》：'鬬，競也。'《篆韵》：'遇敌交争也。'《说文》：'两士相对，兵仗其后。'……先贤诸儒见与门字相乱，中加斲字为鬬以简别之也。"

卒（猝）

《说文》："卒，隶人给事者衣为卒。卒，衣有题识者。"《说文》："猝，大夫死曰猝。""卒"表"死亡"义，经典有时用"卒"。《尔雅·释诂下》："卒，死也。"《礼记·曲礼下》："天子死曰崩，诸侯曰薨，大夫曰卒。"《说文》："猝，大夫死曰猝。"徐灏注笺："卒、猝古今字。"《玉篇》："猝，死也。"

絜（潔）

《说文》:"絜,麻一端也。"《说文》:"潔,瀞也。"絜或作潔见于文献。《广韵》:"潔,清也。经典用絜。"

䆿(荅)

《说文》:"䆿,满也。"《说文》:"荅,小尗也。"䆿或作荅见于《集韵》。《集韵》:"答、畣、䆿,德合切。当也。古作畣、䆿。通作荅。"

舂(插)

《说文》:"舂,舂去麦皮也。"《说文》:"插,刺肉也。""舂"作"夹杂,穿插"义时,同"插"。《一切经音义》:"鶡鸭:胡葛反。似雉鬬,死乃止,故武士戴冠以象之也。《山海经》云:'辉诸之山多鶡鸡。以其尾舂头也。'"《汉书·司马相如传》:"赤瑕驳荦,杂舂其间。"

酖(眈眈)

《说文》:"酖,乐酒也。"《说文》:"眈,视近而志远。从目尤声。《易》曰:'虎视眈眈。'"《说文》:"耽,耳大垂也。从耳尤声。《诗》曰:'士之耽兮。'"作"乐"义,三者同。《书·无逸》:"惟眈乐之从。"传:"过乐之谓眈。"《中庸》:"和乐且眈。"《一切经音义》:"酖酒:都含反。《说文》:'酖,乐也。'《字书》:'嗜也。'或作媅、妉、耽三体并同。"

4. 其他文献所见或体字

囱(窗)

《集韵》:"囱、窗、牕、窻、囪,初江切。《说文》:'在墙曰牖,在屋曰囱。'或作窗、牕、窻。古作囪。俗作窻,非是。"

蘆菔(莱菔)

《本艸》或作"莱菔"。"蘆""莱"均为《说文》艸部字。

由上可知,除"窗"外,《复古编》或体字均出自《说文》。《复古编》或体字主要包括《说文》重文或正体字、《说文》同训字以及出自《说文》且有文献依据的通假字、古今字。《复古编》对或体字一律持肯定态度。

(五)或用

指某字也可以用作某字。作为正字术语"或用"见于《说文系传》,如"𨰻,籒文枢如此。臣锴曰今《周礼》或用此字"。《复古编》共出现3个"或用"。

1. 瞳或用童

"瞳"或用"童"见于文献。《汉书·项籍传赞》:"舜盖重童子,项羽又重童子。"颜师古注:"童子,目之眸子。"《说文》"眸子"用"童子"。《说文·目部》:"目,人眼。象形。重童子也。"又"瞳,目童子精也。""睞,目童子不正也。"

2. 屎或用溺

"溺"作"小便"义时,同"屎"。《庄子·人世间》:"夫爱马者,以筐盛矢,以蜄盛溺。"《史记·扁鹊仓公列传》:"中热,故溺赤也。"《集韵》:"屎、尿、溺,奴吊切。《说文》:'人小便也。从尾水。'或省。亦作溺。"

3. 虙虧或用虙羲

"虙虧""虙羲"均指"伏羲",两者皆见于工具书。《集韵》:"虧,虙虧。古帝号。通作犧。"《说文》:"㩉,见鬼鬽皃。从立从录。录,籀文鬽字。读若虙羲氏之虙。"

《复古编》对见于经典的"或用"字是肯定的。

(六) 通用或通作

《复古编》两者用法相同。"通用"作为正字术语见于《干禄字书》,如"烝烝,上众也,火气,亦祭名。今并通用上字"。"通作"作为正字术语见于《说文系传》,例如"臣锴按:徐通作徐。"《复古编》共出现9个"通用",1个"通作"。"通用""通作"用法相同。详述如下:

叩(讙)

《复古编》:"叩,通用讙。"《说文》:"叩,惊嘑也。读若讙。"徐铉按语曰:"或通用讙。"《集韵》:"叩,亦作讙、喧,通作誼。"

婾(愉)

《复古编》:"婾,通用愉。"《汉书·韦贤传》:"烝民以匱,我王以婾。"颜师古注:"婾与愉同,乐也。"《集韵》:"愉,或从女。"

豈(愷)

《复古编》:"豈,通用为愷。"又"愷,通作豈。"《诗经·小雅·鱼藻》:"王在在镐,豈乐饮酒。"陆德明《经典释文》:"豈,本亦作愷。"《集韵》:"愷,《说文》:'乐也'。或省。"

㝃(免)

《复古编》:"㝃,通用为解免之免。"《说文》:"㝃,生子免身也。从子从免。臣铉等曰:今俗作亡辩切。徐锴曰:'《说文》无免字,疑此字从𠑇省。以免身之义,通用为解免之免。娩冕之类皆当从㝃省。'""㝃"经典通用"免"。《国语·越语上》:"将免者以告,公令医守之。"韦昭注:"免,乳也。"《汉书·外戚传上·孝宣许皇后》:"妇人免乳大故,十死一生。"

第四章 《复古编》释文研究　155

皂（草）

《复古编》："皂，栎实可染帛为黑色，故通用为草栈字。"《说文》："草斗，栎实也。一曰象斗子。从艸早声。臣铉等曰：今俗以此为艸木之艸，别作皂字，为黑色之皂。案：栎实可以染帛，为黑色，故曰草。通用为草栈字。今俗书皂或从白从十，或从白从七，皆无意义，无以下笔。"

影（景）

《复古编》："影者，光景之类也。合通用景。非毛髪藻饰之事，不当从彡。"《复古编》认为"光景"义当用"景"，"毛髪藻饰之事"义当用"影"。"影"始于东晋葛洪。《颜氏家训·书证》："凡阴景者，因光而生，故即谓为景。《淮南子》呼为'景柱'，《广雅》云：'晷柱挂景。'并是也。至晋世葛洪《字苑》，傍始加彡，音于景反。"

敶（陳）

《复古编》："敶，通用陳字。"《集韵》："敶、敕，列也。或作敕。通作陳。"《说文》："敶，列也。"段玉裁《说文解字注》："后人假借'陳'为之，'陳'行而'敶'废矣。"

勺（的）

《复古编》："勺，通用的字。"《诗经·小雅·宾之初筵》："发彼有的。"陆德明《经典释文》："勺，音的。质也。本亦作的，同。"《集韵》："豹、勺，射质也。或省。通作的。"

嘲（啁）

《复古编》："嘲，通用啁字。"《说文新附》："嘲，谑也。从口，朝声。《汉书》通用啁。"《集韵》："嘲、謿，《说文》：'谑也。'或作謿。通作啁。"

对于这些通行久远、有据可查的字形，《复古编》是认可的。

（七）后人×作或后人所加

"后人"盖指《说文》之后的人，用在正字方面见于徐锴《说文系传》。例如："䎃，呼鸡重言之。从叩从州声。读若祝。臣锴曰：'重言之，故从二口。《列仙传》有"祝鸡翁"。后人或作䎃。只逐反。'"《复古编》"后人"类的正字术语主要有后人×作或后人所加，这类异体字共23个（详见下表）。

字头序号	篇目	字头	后人×作或后人所加
153	上平声	又	后人别作釵，俗

续表

字头序号	篇目	字头	后人×作或后人所加
316	下平声	瑕	后人俗别作霞
317	下平声	徦	后人别作遐
352	下平声	郎	后人俗别作廊
388	下平声	名	后人别作铭，俗
390	下平声	聽	后人别作廳，非
392	下平声	亭	后人俗作停
393	下平声	霝	后人作齡，俗
396	下平声	升	后人作昇，俗
478	下平声	縿	别作衫，后人所加
689	上声	竟	后人别作境，俗
754	去声	司	后人作伺，俗
773	去声	豫	后人别作預，俗
857	去声	磙	后人俗作墜
941	去声	喬	后人别作嶠
945	去声	濯	或作棹、櫂，后人所加
969	去声	賈	后人别作價
1027	入声	蹴	后人别作蹵
1051	入声	嶭	后人别作巀
1088	入声	曰	后人加笏
1169	入声	衇	后人或从辰肉作脈
1192	入声	歷	别作曆，从日，后人所加

《复古编》共有23个加"后人"字，仅"廳"1字被否定掉。其中"脈"为《说文》"衇"的或体字，"衇"为"衇"的籀文，与《复古编》"衇"的或体字作"脈"不同；"廳"为后出字形。《复古编》除"脈、廳"外，其余均为徐铉本《说文》新附字。《复古编》对徐铉新附字的认可，体现了张有"复古而不戾今"的正字思想。

（八）又作

"又作"顾名思义为又一形体，作为正字术语见于《五经文字》。例如："櫃，侧加反。又作柤，见《礼记》。"《复古编》共出现15个"又作"字（详见下表）。

字头序号	篇目	字头	又作
89	上平声	而	又作胹。奴代切。与耐同
124	上平声	湏	又作湏。荒内切。與沬同
181	上平声	份	又作贇，音頵，亦于义无取
328	下平声	窊	又作窳
354	下平声	臧	又作藏，俗
459	下平声	圅	又作函，亦笔迹小异
542	上声	頯	又作䫓，同
606	上声	但	又作膻，同
722	去声	啖	又作啗
733	去声	刺	又作刾
1077	入声	卒	又作踤，又别作卆，并非
1201	入声	或	又作域，同
1246—1247	联绵字	壹壹	别作氤氲，又作絪緼，并非
2308	声相类	凋	又作雕

《复古编》共出现 14 个"又作"，共关涉 15 字，有 3 字被加"非"否定。《复古编》"又作"包括：

1. 两个《说文》或体

頯，《说文》或作䫓。或，《说文》或作域。

2. 一个《说文》声义相同字

《说文》："但，裼也。从人旦声。徒旱切。"《说文》："膻，肉膻也。从肉亶声。《诗》曰：'膻裼暴虎。'徒旱切。"

3. 一个《说文》声义相近字

《说文》："啖，噍啖也。从口炎声。一曰啗。徒敢切。"《说文》："啗，食也。从口臽声。读与含同。徒滥切。"

4. 三个《集韵》"或作""亦作"字

《集韵》："沬、湏、靧、頮，《说文》：'洒面也。'古作湏。或作靧、頮。"《集韵》："窊、窳、洿，乌瓜切。《说文》：'污衺下也。'亦作窳，或从水。"《集韵》："藏、臧、匨、匩，慈郎切。《说文》：'匿也。'或作臧。古作匨、匩。"

5. 其他盖从时俗用字

这类"又作"指张有所见时俗用字，比如佛经文字。例如：

卒

《一切经音义》:"猝暴,村讷反。《周书》云:'卒暴,急也。'《考声》云:'仓忙也。'或作踤,或单作卒。"

壹壹

《说文》:"壹壹也。从凶从壶。不得泄,凶也。《易》曰:'天地壹壹。'"《说文系传》:"壹壹也。从凶从壶。不得泄凶也。《易》曰:'天地壹。'臣错曰:'气拥也。'今《易》作'絪缊'。会意。迂分反。"《一切经音义》:"氤氲:上音因,下威云反。《易》曰:'天地絪缊,万物化淳。'《广雅》:'絪缊缊,元气也。'案:氤氲,祥瑞气也。似云非云而轻盈如青烟。从气,音氣,因、昷皆声也。或从糸作絪缊。昷音温,从曰从皿,会意字也。"

由上可知,《复古编》对《说文》"或作"及声义相同字,加"同",表明张有对《说文》持一种非常忠信的态度。其他未加"同",亦未加"非"的"又作",张有持一种认可的态度,这种认可相较加"同"的"又作"稍逊一筹。

(九) 隶作

当为楷书的写法。《复古编》"隶作"这一术语与《集韵》同。例如《集韵》:"陰、隂,《说文》:'闇也。水之南,山之北。'隶作隂。""隶作"盖来源于唐。唐人字书有"隶书作"。例如《一切经音义》:"虫蠍……下香谒反,《集训》云,'螫人虫也。'《说文》作'蠆,象形。毒虫也'。隶书作蠍,从虫歇声。"其后相袭沿用。例如徐铉本《说文》:"丂,臣铉等曰今隶书作乃。"

《复古编》"隶作"共出现56次,关涉57字。《复古编》"隶作"可分三种类型:

1. 直接标明"隶作某",不作评判

详列如下:

戜(戎)①、杶(椿)、歬(前)、䎽(曹)、䨲(螯)、漿(漿)、冈(岡)、䋽(朋)、鳳(鵬)、畤(疇)、愕(憏)、侵(侵)、䇞(箏)、尾(尾)、丂(乃)、袤(表)、昂(早)、簎(筮)、㘩(幻)、競(競)、䭔(饕)。

2. 表明"隶作某",然后标注"俗"

详列如下:

淖(潮)、疴(痾)、香(香)、䨘(䨘)、罨(罘)、珡(琴)、𡇌

---

① 括号前的字为《复古编》隶古定,括号中的字为隶作字。

（夏）、桂（柱）、徍（侄）、盃（走）、猷（飲）、縈（素）、衛（衛）、復（退）、晋（晉）、璹（璹）、肉（肉）、王（玉）、桌（栗）、雪（雪）、覼（爵）、虎（虐）、蚕（蠶）、曊（嘩）。

以上两种类型的"隶作"，与小篆字形差异相对较小，《复古编》持肯定态度。

3. 表明"隶作某"，然后加否定词"非"

小篆字头与字形分析分列如下：

字头序号	篇目	小篆字头	小篆隶定字	隶作
288	下平声	䐢	奥	从牛冬省。隶作牢，从宀，非
438	下平声	牟	犀	从牛，象其声气从口出。隶作牟，从厶，非
690	上声	䇂	夵	从屰从夭。隶作幸，别作倖，并非
763	去声	胃	胃	从囗从肉。象形。隶作胃，从田，非
764	去声	彙	彚	从㣇，胃省。隶作彚，非
785	去声	布	布	从巾父。隶作布，从𠂇，非。
799	去声	細	細	从糸囟。隶作细，从田，非
905	去声	斷	斷	从斤㡭。隶作斷、断，并非
1072	入声	彌	彌	从弓丙。隶作弼，从百，非
1094	入声	活	活	从水㕦。隶作活，非
1095	入声	闊	闊	从門㕦。隶作闊，非

由上表可知，牢、牟、胃、布、细、弼，《复古编》强调了它们与小篆字形不相符的构件。幸、彚、斷、断、活、闊，《复古编》虽没有强调它们与小篆构形的不同，但它们与小篆字形差异较大，这是毋庸赘言的。《复古编》57个"隶作"字有12字被加"非"否定。在张有看来这些加"非"的"隶作"字，均不合小篆构形理据。上列《复古编》所否定的"隶作"字，除"断"外，均在《广韵》中作字头出现，表明它们在宋时已是通行字体，而张有却加以否定，体现了他的强烈的复古意识。

（十）俗作

指时俗写作某字。"俗作"作为正字术语见于《干禄字书》。例如："辝辤辭，上中并辝让。下辭说，今作辞；俗作辞，非也。"《复古编》共25个"俗作"字（详见下表）。

字头序号	篇目	字头	俗作
99	上平声	勅	俗作勅，从束，非
114	上平声	凫	俗作凫，从几，非
115	上平声	朦	俗作臃，非
206	上平声	鵷	俗作宛，非
294	下平声	螬	俗作曹，非
421	下平声	忉	俗作祸
432	下平声	銴	俗作墊，从執，非
458	下平声	鄠	俗作谭，非
550	上声	虜	俗作虜，从男；别作擄，并非
575	上声	采	俗作彩、綵，并当用采
599	上声	縛	俗作搏，从手，非
610	上声	扳	俗作报，从反，与反少异
700	上声	栁	俗作柳，从夗者，非
741	去声	謚	俗作谥，非
779	去声	霚	俗作雾
840	去声	盍	俗作从去，非
881	去声	疾	俗作疥，非
928	去声	券	俗作倦，同
968	去声	枷	俗作架
981	去声	鄉	俗作嚮，非
1441	形声相类	蹇	俗作謇，非
1769	形相类	陜	俗作峡，非
1925	形相类	桮	俗作棒，非
2269	声相类	黽	俗作蛙，非

《复古编》字头关涉俗字与徐铉新附字、按语所列俗字及其辨正态度相同的有：

鄠：臣铉等曰：今作谭，非是。

彩（新附字）：文章也。

霚：臣铉等曰：今俗从务。

疾：臣铉等曰：今俗别作疥，非是。

券：臣铉等曰：今俗作倦，义同。

蹇：臣铉等案：《易》："王臣蹇蹇。"今俗作謇，非。

陕：臣铉等曰：今俗从山，非是。

另外，"襉"为《说文》正体字，《复古编》也是认可的。其他俗字不管其他字书、韵书态度如何，《复古编》均予以否定。例如：

《广韵》："臞，瘠也。癯，上同。"

《集韵》："謐、謐，行之迹也。或省。"

《重修玉篇》："桮，步项切。杖也。棒，同上。棓，同上。又连枷也。"

《复古编》"俗作"共出现24个，关涉25字，有18字加"非"予以否定。彩、綵二字虽未加"非"，但其后加"并当用采"，表明《复古编》对采俗作彩、綵是不认可的。

(十一) 今

"今"指当时。《复古编》"今"类正字术语，主要形式为今×作、今×用，当为张有编撰该书时的时俗用字。"今"字类正字术语见于《干禄字书》，例如："辤辝辞，上中并辞让；下辞说，今作辞，俗作辞，非也。"又如："妖祅，上妖冶；下祅祥，今亦用上字。"《复古编》"今"字类异体字共28个（详见下表）。

字头序号	篇目	字头	"今"类用字
63	上平声	鬻	今别作粥，音之六切
109	上平声	樺	今作桦，乎化切
130	上平声	荼	此即今之茶字
228	上平声	辬	今用班
300	下平声	廊	今以鄡为廊阳，恐非
324	下平声	牙	今别用衙，非
413	下平声	甹	今俗作由，非
567	上声	䭿	今以稽为䭿，讹
699	上声	杻	今作杻，古文杽字
766	去声	巍	今人省山以为魏国之魏
788	去声	酢	今作醋，音在谷切
805	去声	渧	今作涕，从水弟，他礼切，泣也
823	去声	泄	今又作洩，音私列切，非
865	去声	瘥	今以差为瘥，非
869	去声	恶	今作恶，从无，讹

续表

字头序号	篇目	字头	"今"类用字
906	去声	叚	今作叚，音古雅切，讹
972	去声	䓿	今俗用華
1089	入声	澩	今用渴，非
1090	入声	渴	今用竭，非
1133	入声	勺	今俗以杓为栖杓之杓，非
1164	入声	素	今用索
1179	入声	秙	今别用石、碩，并非
1346—1347	联绵字	橐佗	今作骆驼，非
1352—1353	联绵字	𢮀𢮃	今俗用提攜二字
1625	形相类	敄	今用勅

《复古编》"今"类正字术语与徐铉按语相同的有4个，分别是：

鬻—粥

《说文》："鬻，键也。从䰜米声。臣铉等曰：今俗鬻作粥，音之六切。"

荼—茶

《说文》："荼，苦荼也。从艸余声。臣铉等曰：此即今之茶字。"

巍—魏

《说文》："巍，高也。从嵬委声。臣铉等曰：今人省山以为魏国之魏。"

橐佗—骆驼

《说文》："佗，负何也。从人它声。臣铉等案：《史记》：'匈奴奇畜有橐佗。'今俗讹误谓之骆驼[1]，非是。"

由上表可知，《复古编》标明时俗用字情况的"今"共出现25个，关涉28字。《复古编》"今"后加"非""讹"以示否定的共13个，共关涉15字。由此，我们可以推知《复古编》对待时俗用字并非一概排斥，而是部分认可。

（十二）俗别作

指张有时代某字时俗作某，与《类篇》"俗别作"同。作为正字术语"俗别作"盖源自徐铉本《说文》"今俗别作"。例如徐铉本《说文》：

---

[1] 《说文真本》同《复古编》作"骆驼"。

"苣，臣铉等曰：今俗别作炬，非是。"《复古编》共9个"俗别作"异体字（详见下表）。

字头序号	篇目	字头	俗别作
189	上平声	堊	俗别作垔、陻、凐，并非
529	上声	婗	俗别作㜽。字书所无，不知所从，无以下笔
539	上声	傴	俗别作瘟，非
625	上声	僎	俗别作撰，非
795	去声	頋	俗别作顾，古文脣字
842	去声	鉞	俗别作鏺，以钺音王伐切，为斧戉字，非
851	去声	个	俗别作个。字书所无，不知所从，无以下笔
1109	入声	絜	俗别作潔，非
1182	入声	臭	俗别作閴，静静也。从门臭，非。古义当只用臭字

《复古编》"頋"俗别作"顾"，而误"顾"为"顧"，"顧"是"脣"的古文，故《复古编》对此的态度不好断定。"钺俗别作鏺"源于徐铉按语。徐铉本《说文》"钺"字按语为"臣铉等曰：今俗作鏺，以钺作斧戉之戉，非是"。"臭"，俗别作虽用徐铉新附字，然用徐铉"閴"按语结论。徐铉"閴"按语为"臣铉等案：《易》：窥其户，閴其无人。窥，小视也。臭，大张目也。言始小视之，虽大张目亦不见人也。义当只用臭字"。《复古编》共9个"俗别作"，关涉11字，可以说张有对"俗别作"字均不认可。

（十三）作

《复古编》"作某"，指某字另外作某，在《复古编》中与"别作"相类。"作某"作为正字术语，见于《干禄字书》。例如："鲠、哽，上刺在喉；下哽咽，作鲠，亦通。"《复古编》共27个"作"类异体字（详见下表）。

字头序号	篇目	字头	作
43	上平声	雙	作雙、霜，并非
128	上平声	盃	作塗，非
204	上平声	熏	作燻，非
209	上平声	衺	作㷇，非

续表

字头序号	篇目	字头	作
255	下平声	鐫	作鑴,非
436	下平声	鬐	作鬛,非
439	下平声	𥥍	作𥥎,非
472	下平声	黏	作粘,非
524	上声	秄	作籽,非
579	上声	㢮	作矧,非
686	上声	磺	作礦、鑛,非
721	上声	茵	作菖,非
746	去声	器	作噐,非
781	去声	注	作註,非
801	去声	閉	作閇,非
806	去声	弟	作第,非
889	去声	萬	作万,非
1002	去声	璕	作琇,非
1013	去声	豓	作艶,非
1096	入声	豽	作貀,非
1119	入声	薛	作薩,亦非
1124	入声	䕡	作蔓,非
1203	入声	𦁐	作絨,非
1260—1261	联绵字	嶔㠢	作崎嶇,非
1286—1287	联绵字	顲顉	作憔悴,非

《复古编》共有25个"作",关涉27字。对于"作某"字,《复古编》一概否定。

(十四) 别用

指另外用作某字。作为正字术语,见于唐人字书。《干禄字书》:"廌薦,上本獬廌字,触邪兽也,音丈买反,相承别用'豸'字以'廌举'字,作'薦'亦通。"《复古编》共9个"别用"字(详见下表)。

字头序号	篇目	字头	别用
2	上平声	箈	别用筒,徒弄切,通箫也

续表

字头序号	篇目	字头	别用
224	上平声	菆	别用攒，非
590	上声	隱	别用穩，非
1282—1283	联绵字	褎襃	别用懷抱，非
1312—1313	联绵字	昆侖	别用崑崙，非
1332—1333	联绵字	盤蝥	别用班猫，非

《复古编》共6个"别用"，关涉9字，除"箳"作"通箫"义时别用"筒"未作否定外，其余则持否定态度，共否定8字。

（十五）别作

指某字另外作某。作为正字术语"别作"见于《五经文字》。例如："沈，别作沉字。"

《复古编》共出现1148个"别作"。其中1096个出现于《复古编》正文部分，即"上平声""下平声""上声""去声""入声"部分，50个出现于"联绵字"部分，2个出现于"形相类"。出现于"形相类"的2个与上文重出，因此《复古编》实际共1146个"别作"。《复古编》正文1096个"别作"共关涉1325字。《复古编》"别作"字主要有以下几个来源：

1. 《集韵》是《复古编》"别作"字的重要来源

《复古编》正文"别作"字有927个字以"或作""或书作""或从""或省""亦作""亦书作""亦从""亦省""隶作""古作""俗作""通作"等形式出现于《集韵》，即《复古编》中的"别作"字有70%多出现于《集韵》字头或异体字。分述如下：

（1）或作。《复古编》中的"别作"字在《集韵》中以"或作"字出现，《集韵》的字头多数与《复古编》一致，少数则相反。例如：

《复古编》："籠，别作笼，非。"《集韵·东韵》："籠笼①，或作笼。"

《复古编》："胑，别作肢、胑，并非。"《集韵·支韵》："胑胑肢胑，《说文》：'体四胑也。'或作胑、肢、胑，通作支。"

《复古编》："蓰，别作蔆、菱，并非。"《集韵·脂韵》："蓰蔆菱，或作蔆、菱。"

---

① 与《复古编》无关的异体字略去。

《复古编》："鉏，别作锄，非。"《集韵·鱼韵》："鉏锄，或作锄。"
《复古编》："邕，别作雍，非。"《集韵·肿韵》："雍邕，或作邕。"
《复古编》："繇，别作繁，俗。"《集韵·桓韵》："繁繇，或作繇。"

（2）或书作。《复古编》中的"别作"在《集韵》中与"或作"相类的还有"或书作"。例如：

《复古编》："崇，别作崈，俗。"《集韵·东韵》："崇，或书作崈。"

（3）或从。《复古编》中的"别作"字在《集韵》中列在字头的下面，而在注解中并不再出现，而是以"或从"某偏旁的形式出现。例如：

《复古编》："堫，别作穄，非。"《集韵·东韵》："堫穄，或从耒。"
《复古编》："蹢，别作蹄，非。"《集韵·齐韵》："蹢蹄，或从帝。"
《复古编》："賴，别作耘，俗。"《集韵·文韵》："賴耘，或从云。"
《复古编》："迦，别作迦，俗。"《集韵·戈韵》："迦迦，或从加。"

（4）或省。《集韵》中与"或从"相类的是"或省"。例如：

《复古编》："過，别作渦，非。"《集韵·戈韵》："過渦，或省。"
《复古编》："鮮，别作鮮，非。"《集韵·清韵》："鮮鮮，或省。"

（5）亦作。《复古编》中的"别作"字在《集韵》中以"亦作"字的形式出现。例如：

《复古编》："麠，别作羚，非。"《集韵·青韵》："麠羚，亦作羚。"
《复古编》："蠱，别作蚛，非。"《集韵·送韵》："蠱蚛，亦作蚛。"

（6）亦书作。《复古编》中的"别作某"在《集韵》中以"亦书作某"的形式出现。例如：

《复古编》："夥，别作墮，非。"《集韵·果韵》："夥，亦书作墮。"
《复古编》："遻，别作迕、悟，并非。"《集韵·莫韵》："遻迕悟，或从午，亦书作悟。"

（7）亦从。《集韵》中的"亦从"与"或从"相类。例如：

《复古编》："澂，别作澄，非。"《集韵·蒸韵》："澂澄，亦从登。"
《复古编》："屩，别作蹻，非。"《集韵·药韵》："屩蹻，亦从革。"

（8）亦省。《集韵》中的"亦省"与"或省"相类。例如：

《复古编》："欰，别作响，非。"《集韵·嘘韵》："欰煦响，或作煦，亦省。"
《复古编》："渾，别作甕、䑽，并非。"《集韵·宋韵》："渾甕䑽，或从乳，亦省。"

（9）隶作。《复古编》中的"别作"字为《集韵》"隶作"字。例如：

《复古编》:"瘦,别作瘦,非。"《集韵·宥韵》:"瘦瘦,隶作瘦。"
《复古编》:"槀,别作粟,非。"《集韵·烛韵》:"槀粟,隶作粟。"
《复古编》:"惡,别作恶,非。"《集韵·铎韵》:"惡恶,隶作恶。"
《复古编》:"脊,别作脊,非。"《集韵·昔韵》:"脊脊,隶作脊。"

(10) 古作。《复古编》中的"别作"字为《集韵》的古字。例如:

《复古编》:"奔,别作犇,非。"《集韵·魂韵》:"奔犇,古作犇。"
《复古编》:"絉,别作㯂,非。"《集韵·荠韵》:"絉㯂,古作㯂。"
《复古编》:"逮,别作逯。"《集韵·霁韵》:"逮逯,古作逯。"
《复古编》:"鐵,别作鏽,非。"《集韵·屑韵》:"鐵鏽,古作鏽。"

(11) 俗作。《复古编》中的"别作"字为《集韵》的"俗作"字。《集韵》的"俗作"字不仅不作为异体字列于字头下面,而且被否定。例如:

《复古编》:"陸,别作隮,非。"《集韵·支韵》:"陸,俗作隮,非是。"
《复古编》:"攜,别作携,非。"《集韵·齐韵》:"攜,俗作携,非是。"
《复古编》:"稱,别作秤,非。"《集韵·蒸韵》:"稱,俗作秤,非是。"
《复古编》:"亂,别作乱,非。"《集韵·换韵》:"亂,俗作乱,非是。"

(12) 通作。《复古编》中的"别作"字为《集韵》的"通作"字。例如:

《复古编》:"籠,别作篩,非。"《集韵·脂韵》:"籠,通作篩。"
《复古编》:"詒,别作贻,俗。"《集韵·之韵》:"詒,通作贻。"
《复古编》:"充,别作珫,非。"《集韵·东韵》:"珫,通作充。"
《复古编》:"猶,别作獣,非。"《集韵·尤韵》:"獣,通作猶。"

2. 《干禄字书》《玉篇》《广韵》《龙龛手鉴》等也是《复古编》"别作"字的重要来源

《复古编》"别作"字在《干禄字书》中以俗、通字出现。例如:

《复古编》:"功,别作㓛,非。"《干禄字书》:"㓛功,上俗下正。"
《复古编》:"單,别作单,非。"《干禄字书》:"单單,上俗下正。"
《复古编》:"凡,别作凢,非。"《干禄字书》:"凢凡,上俗下正。"
《复古编》:"羌,别作羗,非。"《干禄字书》:"羗羌,上通下正。"
《复古编》:"博,别作愽,非。"《干禄字书》:"愽博,上通下正。"

《复古编》:"輙,别作輒,非。"《干禄字书》:"輒輙,上通下正。"

《复古编》的别作字在《玉篇》《广韵》《龙龛手鉴》中以或作、今作、同、俗、或作、古文等形式出现。例如:

《复古编》:"橦,别作幢,俗。"《玉篇》:"橦,或作幢。"

《复古编》:"而,别作髵,非。"《玉篇》:"而,今作髵。"

《复古编》:"捭,别作擺,非。"《玉篇》:"捭,擺上同。"

《复古编》:"札,别作扎,非。"《玉篇》:"扎,俗札字。"

《复古编》:"虞,别作虡、篪,并非。"《广韵·语韵》:"虞,虡上同,俗作篪。"

《复古编》:"蠶,别作蚕,非。"《广韵·覃韵》:"蠶,俗作蚕。"

《复古编》:"刺,别作刾,非。"《广韵·寘韵》:"刺,刾俗。"

《复古编》:"衄,别作衂,非。"《广韵·屋韵》:"衄,俗作衂。"

《复古编》:"彝,别作彝,非。"《龙龛手鉴》:"彝彛彝,三或作。"

《复古编》:"戲,别作戱,非。"《龙龛手鉴》:"戲戱,下又古文。"

3. 社会时俗用字或佛经用字也是《复古编》"别作"字的重要来源

例如:

《复古编》:"顚,别作巓,非。"《一切经音义》:"巓墜,上丁坚反。《尔雅》:'巓,顶也。'《广雅》:'上也。'《考声》:'末也',又云'殒也'。从山顚声。顚字正体右从页左从真,俗从二真,误也。"

《复古编》:"甹,别作甹,非。"《一切经音义》:"驰骋,下程郢反。《说文》:'直驰也。'形声字。甹,音匹丁反。《集中》从甹,作骋误。"

《复古编》:"鬧,别作肉,非。"《一切经音义》:"憒肉,回外反。下奴筓反,俗作鬧,经作肉,不成字。"

《复古编》:"祝,别作呪,非。"《一切经音义》:"祝术,上周救反,顾野王云:'盟祝主于要誓,事鬼神以祈福佑也。'《说文》从示从人口从兑省。《易》曰:'兑为巫,为口也。'或作呪。或作詶,亦通也。"

张有虽不一定见过《一切经音义》,但其征引的佛经用字或时俗用字,张有当是见过的,这些字成为《复古编》异体字的来源是毋庸置疑的。

《复古编》正文中 1096 个"别作",共涉及 1325 个"别作"字,其中有 1289 个字被加"非"[①] 予以否定;58 组"联绵字"有 50 组"别作"联绵字,其中有 48 组"别作"联绵字被否定掉。两者共被否定掉 1385 字。《复古编》正文及"联绵字"中"别作"字共关涉 1425 字,凡是与

---

① 包括1例以"讹"予以否定的"别作"字。

《说文》隶古定字不相符的诸多字形绝大多数被否定掉,否定率高达97.19%。

二 《复古编》对异体字的态度

综合以上研究结果,《复古编》对15种异体字的态度如下:

(1) 全都肯定。包括:11个籀文,63个古文,8个"某与某同"字,145个或体字,3个或用字,10个通用、通作字。

(2) 大部分肯定。包括:23个"后人"类字,22个肯定,1个否定,肯定率达95.65%;15个又作字,12个肯定,3个否定,肯定率达80%;57个隶作字,45个肯定,12个否定,肯定率达78.95%;25个俗作字,18个肯定,7个否定,肯定率达72%;28个"今"类异体字,15字肯定,13字否定,肯定率达53.57%。

(3) 全部否定。包括:11个俗别作字,27个"作"字均否定。

(4) 大部分否定。包括:9个别用字,8个否定,1个肯定,否定率达88.89%;1425个别作字,1385字否定,40字肯定,否定率达97.19%。

由此可知,《复古编》对以出现在《说文》为主的籀文、古文、"某与某同"字、或体字,均持肯定态度,这体现了《复古编》复《说文》之古的正字思想;对于时俗所用的俗别作、"作"字一概否定,对时俗所用的绝大多数别用字、别作字,持否定态度,则体现了张有强烈的厚古薄今的正字思想;而对于经典常见的一些或用字、通用或通作字,"后人"类字中的徐铉《说文新附字》,合乎小篆的部分隶作字,部分"今"字、俗作字,个别别用字、别作字,持肯定态度,则又体现了张有"复古而不戾今"的正字思想。由此可见,张有"复古"的思想是强烈的,相对而言,其"不戾今"的思想则是微弱的。至于张有对《说文》之外的一些字所持的态度,即肯定或否定,其把持尺度在于张有个人,没有具体标准。从《集韵》中同类的异体字有的被肯定有的被否定,便可知一斑。由于张有对《说文》以外的异体字的规范缺乏统一、科学的标准,很难真正达到规范汉字的目的。

第五章 《复古编》附录研究[①]

第一节 "联绵字"研究

一 今人对"联绵字"的理解

《复古编》最早提出了"联绵字"的概念,然而却未作任何解释。联绵字又叫"连绵字""联绵词""连绵词""连语""謰语""连字""骈字""骈语"等。今人对联绵字的解释大致相同。《现代汉语词典》(第6版)释"联绵词"为"指双音节的单纯词,包括:(a)双声的,如'仿佛、伶俐';(b)迭韵的,如'阑干、逍遥';(c)非双声非迭韵的,如'妯娌、玛瑙'。旧也叫联绵字。"[②] 齐佩瑢认为:"连绵词多托名表识,故无定写……连绵词的音与音之间是黏合的,不可分离,分开则无义。"[③] 陆宗达、王宁指出:"连绵词又称'连语'或'连字',是古代汉语里的一种特殊的双音节单纯词。"[④] "联绵词的两个音节有的本来都没有意义,连缀在一起,才构成一个语素,表示一种意义……有的分开来虽然可以作为两个独立的单音词,各有其义,但当它们连缀在一起组成联绵词时,就只代表两个没有意义的音节,成了一个新词,表示一种新的意义。"[⑤] 今人对于联绵字的论述,其共同点在于联绵字是由双音节构成的不能拆分的

[①] 《复古编》附录包括联绵字、形声相类、形相类、声相类、笔迹小异、上正下讹六个部分,上文"《复古编》释文研究"略有涉及该部分的反切、异体字等内容。凡上文涉及的内容,兹不赘述。

[②] 中国社会科学院语言研究所词典编辑室:《现代汉语词典》(第7版),商务印书馆2019年版,第810页。

[③] 齐佩瑢:《训诂学概论》,中华书局1984年版,第64页。

[④] 陆宗达、王宁:《训诂方法论》,中国社会科学出版社1983年版,第114页。

[⑤] 解惠全:《古代汉语教程》,南开大学出版社1990年版,第127页。

单纯词，即使拆分成两个音节，但它们各自所表示的意义与联绵字的整体意义无关。今人联绵字不能拆分的观点源于王念孙。王念孙《读书杂志·〈汉书〉第十六》"连语"条曰："凡连语之字，皆上下同义，不可分训。说者望文生义，往往穿凿而失其本指。"①

二 《复古编》"联绵字"相关情况简介

《复古编》"联绵字"部分的体例与正文部分相类，大致分为两类：其一，首列小篆形体，注文首先分列联绵字上下字的隶古定字形、字义、字形说解及反切，最后列出该联绵字的异体；其二，首列联绵字的小篆形体，注文首列联绵字隶古定字形，下列联绵字字义（或略），其次分列联绵字上下字字形说解及其反切，最后列出该联绵字的异体，其异体大多以"别作"的形式出现。该部分是正文正字的延续。

《复古编》共收录 58 组联绵字，其异体、与《说文》的关系以及类型，分列如下：

联绵字	《复古编》异体及态度	是否见于《说文》①	所在《说文》或其他文献语境②	徐铉异体	词的结构
劈歷	别作霹靂，非	是	释"震"	今俗别作霹靂，非是	单纯词
滂沛	别作霶霈，非	是	释"滂"	今俗别作霶霈，非是	合成词
廫霩	别作寥廓，非	否	閴③	今别作寥，非是 今俗别作廓，非是	合成词
壹壺	别作氤氲，又作絪緼，并非	是	释"壹"	无	单纯词
消搖	别作逍遥	是	释"逍"（新附）	逍遥	单纯词
裵回	别作徘徊，非	是	释"裵"	今俗作徘徊，非是	单纯词
豈弟	别作愷悌，俗	否	《诗经》	无	单纯词
左右	别作佐佑，非	否④	《易》	今俗别作佐，今俗别作佑	合成词
蹉跎	别作蹉跎，非	是	释"蹉"（新附）	蹉跎	单纯词
籧篨	别作蘧蒢，非	是	释"籧"	无	单纯词
崟嵁	作崎嶇，非	是	释"崟"	今俗作崎嶇，非是	合成词

---

① 王念孙：《读书杂志》，中国书店 1985 年版，第 31 页。

续表

联绵字	《复古编》异体及态度	是否见于《说文》	所在《说文》或其他文献语境	徐铉异体	词的结构
匍匐	别作蒲伏, 非	是	释"匍"	无	合成词
踌躇	别作踟蹰, 非	是	释"踌"	无	单纯词
阚阆	别作缤纷, 非	是⑤	释"阆"	无	合成词
坳垤	别作凹凸, 非	否	《经典释文》	无	合成词
阺阮	别作嵬峨, 非	否	阙	无	单纯词
怳忽	别作恍惚, 非	否	宋玉《〈神女赋〉序》	无	单纯词
阿邨	别作婀娜, 非	否	张衡《南都赋》	无	单纯词
蹢躅	别作踯躅, 非	是	释"蹢"	无	单纯词
坎坷	别作轗轲, 非	是	释"坎"	无	单纯词
玓瓅	别作的皪, 非	是	释"玓"	无	单纯词
褱褒	别用怀抱, 非	是	释"捊"	无	合成词
潧洧	别作溱洧, 讹	是	释"郑"	无	合成词
顑顡	作憔悴, 非	是	释"顑"	无	单纯词
琲瓃	别作蓓蕾, 非	否	(唐)卢仝《走笔谢孟谏议寄新茶》	无	单纯词
罋罃	别作甇罂, 非	否	阙	无	合成词
丁寧	别作叮咛, 非	否	《汉书·谷永传》	无	单纯词
屯邅	别作迍邅, 非	否	《汉书·叙传》	无	单纯词
嚅哎	别作嚅嚅, 非	是	释"哎"	无	合成词
踨迹	别作踪跡, 非	否	阙	今俗别作踪, 非是	合成词
儋何	别作擔荷, 非	是	释"何"	今俗别作擔荷, 非是	合成词
髳髢	别作髫髦, 非	否	《后汉书》	无	合成词
襁緥	别作繦褓, 非	是	释"褓"	今俗作褓, 非是	合成词
千秋	语讹转为"鞦韆"	是	《说文》卷十五	鞦韆, 讹	合成词单纯词
空侯	别作箜篌, 非	否	(唐)吴兢《古乐府解题》	无	单纯词
虑戯	别作伏犠, 非或用虑羲	是⑥	释"录"	无	单纯词

第五章 《复古编》附录研究　173

续表

联绵字	《复古编》异体及态度	是否见于《说文》	所在《说文》或其他文献语境	徐铉异体	词的结构
昆侖	别用崑崙，非	是	释"崑"（新附）	《汉书》杨雄文通用昆侖	单纯词
目宿	别作苜蓿，非	是	释"苜"	无	单纯词
族絫	别作瘯蠡，非	是	释"瘯"	今别作瘯蠡，非是	单纯词
車渠	别作硨磲，非	否	《尔雅》	无	单纯词
流離	别作琉璃，非	否	《汉书》	无	单纯词
餘皇	别作艅艎，非	是	释"艅"（新附）	经典通用餘皇	单纯词
蓄苢	别作薏苡，非	是⑦	释"蓄"	无	单纯词
枇杷	别作琵琶，非	是	释"枇"	琵琶（新附）	单纯词
蚍蜉	别作蚍蜉，非	是	释"蚍"（新附）	无	单纯词
詹諸	别作蟾蜍，非	是	释"鼁"	无	单纯词
盤蟄	别用班猫，非	是	释"盤"	无	单纯词
即令	别作鶛鴒，非	否	阙	无	单纯词
卑居	别作鵯鶋，非	是	释"雅"	无	单纯词
鷩鴺	别作鵽鶨，非	是	释"鵽"（新附）	无	单纯词
蜩蜽	别作魍魎，非	是	释"蜩"	今俗别作魍魎，非是	单纯词
夗蟺	别作蜿蜒，非	是	释"蟺"	无	单纯词
解廌	别作獬豸，非	是	释"解"	无	单纯词
橐佗	今作骆驼，非	是	释"佗"	今俗讹误谓之骆驰，非是	单纯词
蠜眉	别作蟲鳳，非	否	阙	无	单纯词
蘆菔	别作蘿蔔，非	是	释"蘆"	无	单纯词
㩌攎	今俗用提攜	是	释"㩌"	无	单纯词
加沙	别作袈裟，非	否	阙	无	单纯词

注：①指联绵字整体见于《说文》（包括徐铉按语），非上下单字。
②无特别说明的为徐铉《说文》语境。
③暂时没查到语境。
④《说文》释文中有"左右"，然非《复古编》"手相左助"义。
⑤《说文系传》："䦽，鬥连结䦽纷相牵也。从門燹声。臣错曰：一作䫉，音纷。此今俗书纷字，弗群反。"《复古编》"纷"作"䦽"。
⑥《说文》注文中无"虑虧"，有"虑羲"。
⑦《说文》："蓄，薏苢。从艸畜声。一曰蓄英。"《说文》无"薏"，当从《复古编》作"蓄"。

《复古编》共有 58 组联绵字,其中有 39 组出现于徐铉本《说文》。除 7 个我们暂时无法查找语境外,其他 12 个见于前人文献。虽然我们暂时无法逐一查找这 58 组联绵字所在的较早语境,但据已知的 51 个联绵字出现的时代,可以推知《复古编》联绵字力求遵依《说文》及古人,这一点是毋庸置疑的。与正文部分辨正单字一样,《复古编》所用联绵字字头均来自《说文》字头,而其他后出字形绝大多数被否定掉。

《复古编》58 组联绵字,共关涉 60 个异体。这 60 个异体,有 4 个未被否定,分别是逍遥、愷悌、虙羲、提攜。其中"逍遥"出现于《说文新附》;"愷"为《说文》字头,"悌"为《说文新附》字头;"虙羲"出现于《说文》注文;"提""攜"均为《说文》字头。然而并非出现于《说文》或《说文新附》,《复古编》就予以肯定,比如"溱渭""蹉跎""崑崙"就予以否定。同正文部分一样,《复古编》对联绵字异体肯定或否定的标准由张有个人定夺。

三 《复古编》"联绵字"中的合成词

《复古编》收录的联绵字与我们今人所理解的联绵词有所不同。《复古编》58 组联绵字中有 16 组为合成词①,所占比例高达 27.58%,这绝不是简单的失误。这 16 组合成词分析如下:

1. 滂沛,指水流广大众多貌。"滂"亦指水广大貌。宋玉《高唐赋》:"滂洋洋而四施兮,蓊湛湛而弗止。"《汉书·宣帝纪》:"醴泉滂流,枯槁荣茂。""沛"也指水盛貌。《孟子·梁惠王上》:"诚如是也,民归之,由水之就下,沛然谁能御之?"

2. 廖霩,指空旷深远。"廖",《说文》作"空虚"解,徐铉按语别作"寥"。"寥"单独使用有"空虚无形,空旷"义。《老子》:"有物混成,先天地生,寂兮寥兮,独立不改。"王弼注:"寥者,空无形。"《庄子·知北游》:"寥已吾志,无往焉而不知其所至。"郭象注:"寥然空虚。""霩"亦有"空旷"义。《淮南子·天文训》:"道始耳虚霩,虚霩生宇宙。""霩"徐铉按语别作"廓"。《诗·大雅·皇矣》:"上帝耆之,憎其式廓。"毛传:"廓,大也。"

3. 左右,义为辅佐。《易·泰》:"辅相天地之宜,以左右民。"孔颖达疏:"左右,助也,以助养其人也。"《国语·晋语四》:"此三人者,实

---

① 我们严格按照今人的对"联绵词"的共识(见上文)确认《复古编》"联绵字"中合成词的数量,有些学者对此可能会持异议。

左右之。""左"单用有"帮助"义。《墨子·杂守》:"亟收诸杂乡金器,若铜铁及他可以左守事者。""右"单用亦有"帮助,辅佐"义。《诗·大雅·大明》:"笃生武王,保右命尔。"毛传:"右,助。"

4. 攲隉,义为倾斜不正。"攲""隉"单用均有"不正,不平"义。唐刘商《袁德师求画松》诗:"柏偃松攲势自分,松梢古意出浮云。"《汉书·诸侯王表二》:"自幽、平之后,日以陵夷,至虖陁隉河、洛之间,分为二国。"

5. 匊帀,义为周遍。"匊""帀"两者单独使用均有"周遍"义。"匊"或作"周"。段玉裁《说文解字》"匊"注:"今字'周'行而'匊'废,概用'周'字……《易》曰:'周流六虚'。盖自古叚'周'为'匊'矣。""周"有"周遍"义,毋庸举例。《文选·颜延之〈车驾幸京口侍游蒜山作〉诗》:"睿思缅故里,巡驾帀旧坰。"吕延济注:"帀,犹徧也。"唐韩愈《咏雪赠张籍》:"浩浩过三暮,悠悠帀九垓。"

6. 闉阓,指混乱貌。"闉""阓"均有"乱"义。《广韵·真韵》:"闉,闉争。《说文》作'闉鬪也'。"《说文》:"阓鬪,连结闉纷相牵也。"我们虽然暂时无法查找"阓"单独使用作"乱"的例证,但《复古编》所列"闉阓"的异体"缤纷"中的"纷"单独使用可作"乱"解。《墨子·尚同中》:"当此之时,本无有敢纷天子之教者。"《楚辞·招魂》:"士女杂坐,乱而不分些;放陈组缨,班其相纷些。"

7. 坳垤,义为地势高低不平。"坳"指低处,"垤"指高处。《庄子·逍遥游》:"覆杯水于坳堂之上,则芥为之舟,置杯焉则胶,水浅而舟大也。"韩愈《咏雪赠张籍》:"坳中初盖底,垤处遂成堆。"

8. 裹褱,即怀抱,"裹""褱"单用均有此义。《汉书·地理志上》:"尧遭洪水,裹山襄陵。"颜师古注:"裹字与怀同。怀,包也。""褱",《说文》徐铉按语俗作"抱"。《公羊传·僖公二年》:"虞公抱宝牵马而至。"

9. 溍洧,指溍水与洧水。《说文》:"溍水。出郑国。从水曾声。《诗》曰:'溍与洧,方涣涣兮。'"《说文》:"洧水。出颍川阳城山,东南入颍。从水有声。"《水经注·溍水》:"溍水出郑县西北平地,东过其县北,又东南过其县东,又南入于洧水。"

10. 纚絓,指缠绕悬挂。"纚"作"缠绕"解,"絓"作"悬挂"解。《集韵·铣韵》:"罥,或作纚。"《集韵·卦韵》:"絓、罣,罥也。或从网。"《文选·鲍照〈芜城赋〉》:"泽葵依井,荒葛罥涂。"吕延济注:"罥,绕。"《楚辞·招魂》"砥室翠翘,挂曲琼些。"汉王逸注:"挂,悬也。掛一作絓。"

11. 讘哆，指多言。"讘""哆"单用均作"多言"解。《韩非子·奸劫弑臣》："且夫世之愚学，皆不知治乱之情，讘諛多诵先古之书，以乱当世之治。"王先慎集解："《说文》：'讘，多言也。''哆，妄语也。'此'諛'字当作'哆'。"《敦煌变文集·张义潮变文》附录一："莫怪小男女哆哆语，童谣歌出在小厮儿。"

12. 樅迹，"樅"本指车迹，"迹"本指脚印，后泛指踪迹。"樅""迹"单用均有"踪迹"义。《说文》"雁"字，徐铉引徐锴注曰："鹰随人所指樅，故从人。"《楚辞·九章·悲回风》："求介子之所存兮！见伯夷之放迹。"

13. 儋何，指以肩负物。《文选·扬雄〈解嘲〉》："析人之珪，儋人之爵，怀人之符，分人之禄。"李善注："《说文》曰：'儋，荷也。'"南朝刘义庆《世说新语·黜免》："殷中军废后，恨简文曰：'上人著百尺楼上，儋梯将去。'"《诗·曹风·候人》："彼候人兮，何戈与祋。"高亨注："何，通荷，扛在肩。"《仪礼·乡饮酒礼》："相者二人，皆左何瑟。"

14. 髫齓，"髫"本指"儿童下垂之发"，"齓"本指"儿童换齿"，后"髫齓"指幼年。"髫""齓"单独使用均有此义。陶渊明《桃花源记》："黄发垂髫，并怡然自乐。"《后汉书·伏湛传》："髫发厉志，白首不衰。"《国语·郑语》："府之童妾未既齓而遭之。"韦昭注："毁齿曰齓。"《后汉书·皇后纪下·安帝阎皇后》："显景诸子年皆童齓，并为黄门侍郎。"

15. 襁緥，指包裹婴儿的带子和被子。"襁"指"背负婴儿用的带子"，"緥"指"小儿的被子"。《论语·子路》："夫如是，则四方之民襁负其子而至矣。"何晏集解："包曰：'负者以器曰襁。'"《说文》："緥，小儿衣也。"《说文》："襁，緥也。""緥"俗作"褓"。明刘绩《征夫词》："欲慰泉下魂，但视褓中儿。"

16. 千秋，本是偏正关系的合成词，"千"指时间长，"秋"指年，合在一起作为祝人长寿之辞。如果"千秋"指"鞦韆"义，则为单纯词。

结语

由上可知，《复古编》所谓的"联绵字"包括我们现在意义上的联绵字以及一些上下字黏合较为紧密的合成词。这些合成词多为并列结构的同义合成词；少数为并列结构的反义合成词，如左右、坳垤；个别为偏正结构的合成词，如千秋。

明方以智《通雅》中的"謰语"部分对联绵字进行了专门的研究。在该部分中，方以智也把《复古编》中我们所说的合成词"滂沛、敱隉、褎褎、讇呶"列入其中。这说明宋元时期对联绵字的认识与今人稍有不同。

张有"联绵字"部分的贡献主要有三点：首次提出了"联绵字"的概念，开启了联绵字研究的先河；分列58组联绵字，首次把联绵字从其他双音词中分离出来；尽管张有"联绵字"包括我们今人所说的"合成词"，但这些合成词上下字黏合较为紧密，常常成对出现，这一点或许为我们重新认识联绵字指示了门径。该部分的缺失在于没有明确指出"联绵字"的概念，对所列联绵字没有全部解释，而且也排斥后出俗体。

第二节 "形声相类"研究

把字形、字音相近的字并列分辨其不同的字形、字音、字义，并非《复古编》的独创。《干禄字书》就有这种做法，例如"彤肜，上赤色，徒冬反，下祭名，音融"。又"羁羈，上羁勒，下羁旅"。遗憾的是，《干禄字书》没有把这些形音相类的字单列一处，而是与正俗通字体混在一起。相比《干禄字书》，辨正字形较为科学的是《宋本玉篇》。《宋本玉篇·分毫字样》共对124组、248个形近字加以分辨，例如"遝還，上徒苔反，合也；下胡关反，返也"。又"刁刀，上都劳反，刀斧，下的聊反，人姓"。大规模的字形辨正则非《复古编》莫属。其中"形声相类""形相类""声相类"三部分共467组、985字，从形音义不同的角度对形近、音近字进行辨正。这三部分的共同点是所要辨正的字形除尸外，均来自《说文》，可以说这三部分是针对《说文》内部文字的辨正。其体例共同点是并列所要辨正的小篆形体，然后用楷书字体分别辨正。

"形声相类"有102组、204字，其特点是上下字字形相近、字音相同、字义不同。其体例是首列"形声相类"字的小篆形体，注文先列上下字共同的反切，然后分列上下字的隶古定字形、字形分析、字义。该部分字组共同点是均来自《说文》，字形相近，字音相同，同一字组中的字存在混用现象。

一 "形声相类"字混用的文献证据

鍾鐘——《集韵·冬韵》："鐘，通作鍾。"

鼔①鼓——《五经文字》："鼓，工户反。从攴，象其击之形。凡从鼓者皆放此。作鼓及皷皆非。"

胄胄○②

朓朓○

以上两组字字形接近，很难区分。

朢望——《说文系传》："朢，月满也。与日相望，以朝君。从臣从月从壬；壬，朝廷也。臣错曰：日，君也；月，臣也；作'望'，假借也；此会意；闻诳反。"

肈肇——《集韵·小韵》："肇，《说文》：'击也。'通作肈。"

彡参——《说文系传》："彡，稠发。从彡人声。《诗》曰：'彡发如云。'臣错曰：从人物之人。今《诗》作鬒。又一彡，鸟羽也。从几，音同而体小异也。支允反。"《通雅》卷一："《诗》：'彡发如云。'与彡通。彡，新生羽而飞也。"

晨晨——《集韵·真韵》："晨，通作晨。"

刑荆——《玉篇》："刑，荆同上。"荆同荆。《说文》作荆，《类篇》作荆。

邢邢○

寍宁——《玉篇》："寍，今作宁。"

犀犀——《玉篇》："犀，亦作犀。"

修脩——《集韵·尤韵》："修，通作脩。"

娱祺——《一切经音义》："祺诬，上矣娇反。《考声》云：'地反物也，鬼怪也。'或从言作䚯。《说文》从示芺声也。芺音同上。传中从女作妖，通也。"《玉篇》："妖，娱同上。"

䡉龑——《说文系传》："䡉，悫也。从卄龍声。臣错曰：《左传》郑子产曰：'苟有位于朝，无有不龑悫。'当作此䡉，矩重反。"

甾甾——《说文》："菑，不耕田也。从艸甾。《易》曰：'不菑畬。'徐错曰：当言从艸从甾；从田，田不耕则艸塞之，故从巛，音灾。若从甾，则下有甾缶字相乱。侧词切。"由此可知，甾甾两者已混同。

裏裏——《玉篇》："裏，裏同上。"

移移——《类篇》："移、秕，余支切。《说文》：'禾相倚移也。一曰禾名。'或作秕。移，又以豉切，遗也，羡也，大也。又敞尒切，张也。

---

① 鼓隶作鼓。
② ○表示无具体例证。

移，或作扬。"

彊強——《集韵·养韵》："強、彊，巨两切。勉也。或从畺。"

恣愛——《说文系传》："愛，行皃也。从夂恣声。臣锴曰：古以恣为慈愛，故以此为行皃。晏再反。"《玉篇》："愛，《说文》愛。"

悠憂——《集韵·尤韵》："悠，通作憂。"

戩翦○

辪辭——《玉篇》："辪，辭亦同上。"

櫳襲——《玉篇》："襲，亦作櫳。"

叢薵——《六书故》："叢，又作薵。"

眈耽——《六书故》："耽，……《易》曰：'虎视眈眈。'《汉书》作'眈眈'，从目。"

趒跳——《一切经音义》："跳踯，上庭寮反。《韵英》：'跳，跃也。'《韵诠》：'跳，跟也。'《苍頡》：'踊也。'《广雅》：'上也。'《说文》：'蹶也。'从足兆声。又音天吊反。或作趒。"

徐徐——《集韵·鱼韵》："徐，通作徐。"

潛灊——《汉书·郊祀志》："南岳灊山于灊。"师古曰："灊与潛同也。"

惆愚○

杠扛——晋范望《太玄经》"杠"字注："古双切。旌旗饰。一曰床前横木也，抽也。一作扛。"

散微——《集韵·微韵》："散，通作微。"

延征——《说文》："延，正、行也。从廴正声。征，延或从彳。""延"当作"延"，由此可知，两者易混。段玉裁《说文解字》"延"字注："此与'彳部'延、征音义同。"

人儿——《说文》："儿，古文奇字人也。"

覞题——《集韵·霁韵》："覞，或作题。"

粗𢶍○

梢捎——《一切经音义》："无梢，所交反。柴梢也。从木，或从手，肖声也。"

凥居——《玉篇》："凥，与居同。"

屏屛——《玉篇》："屏，或作屛。"

曉曉——《佩觿》："膮、曉、曉……下呼了翻，明白也，又作曉，从日者明。"

改攺——《类篇》："改，象齿切。攺改，大刚卯也。又养里切。又已亥切。《说文》：'㱾改，大刚卯，以逐鬼鬾。从辰巳之巳'。"由《类篇》字头与字形分析可知，两者已混。

杍柔——《玉篇》："柔，今为杍。"

蹇蹇○

䠆踊——《集韵·肿韵》："䠆，通作踊。"

逞徎——戴侗《六书故》："逞，又作徎。"

踵踵——《玉篇》："踵，今作踵。"

睹睹——《荀子·天论》："珠玉不睹乎外，则王公不以为宝。"王念孙《读书杂志·荀子五》："睹当为睹……睹之言著也。"《六书故》："覩，别作睹。又作睹。"

䍚两——《集韵·养韵》："䍚，通作两。"

獘獘——《正字通·犬部》："獘，与獘澌。"

拱拲——《汉书·刑法志》："上罪梏拲而桎，中罪桎梏，下罪梏；王之同族拲，有爵者桎，以待弊。"师古曰："械在手曰梏，两手同械曰拲，在足曰桎。弊，断罪也。自此以上掌囚所职也。梏音古笃反。拲即拱字也。桎音之日反。弊音蔽。"

徦假——《说文》："徦，至也。从彳叚声。"段注："《方言》曰：'徦、㑑，至也。邠、唐、冀、兖之闲曰徦，或曰㑑。'按㑑古格字。徦，今本《方言》作假，非也。"

柜柜○

揆㮮——马王堆汉墓帛书《十六经·成法》："昔者皇天使冯（凤）下道一言而止，五帝用之，以机天地，（以）㮮四海，以坏（怀）下民，以正一世之士。"《说文·木部》："㮮，木也。一曰，度也。"段玉裁注："此与手部'揆'音义皆同，'揆'专行而'㮮'废矣。"

濫灆——段玉裁《说文解字注》"灆"注："凡不得其当曰过差，亦曰灆，今字多以濫为之。"

邵邵——《广雅·释诂四》："邵，高也。"王念孙疏证："《法言·修身篇》云：'公仪子、董仲舒之才之邵。'……邵，各本讹作邵。"

顚愿——《广雅·释诂一》："顚，欲也。"王念孙疏证："顚与愿同。"

兹兹——吴大澂《说文古籀补》："《说文·艸部》：'兹，草木多益。'《玄部》：'兹，黑也。'……今经典二字多通用。"

案案○

癈廢——《说文·疒部》："癈，固病也。"段玉裁《说文解字》"癈"字注："癈犹廢……癈为正字，廢为叚借字。"

昧昩——宋毛居正《六经正误·春秋左氏传正误》："昧作昩，误。"由此可知，昧、昩两者已混。

雁鴈——《集韵·谏韵》："雁，通作鴈。"

㯔散——《集韵·谏韵》："散，隶作散。"《玉篇》："㯔，亦作散。"

糶糶——《说文》："糶，出谷也。从出从糴，糴亦声。"明焦竑《俗书刊误》："糶俗作糶，非。"

寎病——《重修广韵·梗韵》："寎，《尔雅》云：'三月为寎。'今本作病。"《集韵·映韵》："寎，铺病切。《尔雅》：'三月为寎。'或作寎。"

慔慕——陆德明《尔雅释文》："慔慔，音暮，亦作慕。"

晏晏——《集韵·谏韵》："晏，通作晏。"

暴暴——《一切经音义》："猝暴……下蒲冒反。《考声》云：'暴，猛也，速也，无善也。'《说文》云'暴'字从日从出从廾从夲，会意字也，廾音拱。夲音滔。经本作暴，俗字也。"《一切经音义》："日暴，蒲谷反。暴，晒也。《说文》：暴，晞干也。字从日从出从廾从米字会意也。廾音巨恭反。"《玉篇》："暴，暴同上。"由《一切经音义》可知，暴、暴唐时均隶作暴。

愶协——毛晃《增修互注礼部韵略》卷五："协，亦作愶，古作劦。"

跨跨——《六书故》："跨，又作曰跨。"

辦辦——《集韵·祠韵》："辦，通作辨。"

抗杭——《说文》："抗，……杭，抗或从木。"

組祖〇

佰伯——朱骏声《说文通训定声·豫部》："伯，叚借为佰。"《管子·重轻乙》："物之轻重相什而相伯。"

弈奕——《隶辨》："刘宽碑：'弈弈其容'，奕皆作弈。"

駮駁——《一切经音义》："斑駮，上八蛮反，下邦邈反。《汉书》云：'白黑合杂谓之駮。'《说文》：'駮，不纯色也。从马爻声。'爻音效交反。经从交作駁，俗字也。"

釋釋——《诗经·大雅·生民》："釋之叟叟，烝之浮浮。"毛传："釋，淅米也。"段玉裁《说文解字》"釋"字注："《大雅》作'釋'，'釋'之叚借字也。"

敊刷——《广雅·薛韵》："敊，刷上同。"

曋曋——《六书故》："爆……别作曋……又作曋。"曋隶作曋，曋隶作曋。

燮燮——徐灏《说文》注笺："戴氏侗曰：燮、燮、燮，实一字。羊之讹为辛，辛之讹为言也。灏案：戴说是也。"

厥瘚——《说文》："瘚，屰气也。"《素问·厥论》："厥之寒热者，何也？"唐代王冰注："厥，谓气逆上也。"徐灏《说文注笺》："瘚，此字正作欮，从欠屰会意，相承增疒旁。今以欮从瘚省，非也。医字通用厥。"

椄接——《说文》："椄，续木也。"银雀山汉墓竹简《孙膑兵法·四变》："徐之所不由者曰：浅入则前事不信，深入则后利不椄。""椄"通"接"，义为连接。

穀穀——《字鉴·屋韵》："穀，古禄切。《说文》：'百穀总名。从禾𣪊声。'俗作穀，非。"

儵倏——《一切经音义》："儵忽，商肉反。《楚辞》曰：'往来儵忽。'王逸注：'急速貌也。'又云：'儵忽如电。'或作倏。或从文作倐。亦作儵同。"

垃拉——《龙龛手鉴》："垃，俗卢合反。正作拉。"

趯躍——《汉书》卷七十五："坏天文，败地理，涌趯邪阴，湛溺太阳。"师古曰："趯字與躍同。"

辥薛——《重修广韵·薛韵》："辥，经典通作薛。"

醶碱○

箴葴——清沈炳震《九经辨字渎蒙·春秋左传》："箴，'箴尹宜咎城钟离'，箴作葴。"

翟罩（瞿罩）——《说文系传》："翟，覆鸟令不飞走也。……臣锴曰：翟犹罩也。"

稷椶○

㹟獥○

勦勡——丁度《附释文互注礼部韵略》："勦，匹妙切。劫也。通作勡。"

鬱鬱——《集韵·迄韵》："鬱，通作鬱。"

宧窔——《玉篇》："宧，于吊、于鸟二切。《尔雅》曰：'东南隅谓之宧。'宧，亦隐闇木。亦作宎。又户枢声。宎同上。冥，同上俗。"陆德明《经典释文》："宎，乌叫反。《字林》同郭。又音杳。《说文》云：'深貌。'本或作宲，又作宎同。"由此可知，宧、窔相混。

堀堀——《说文》："堀，兔堀也。从土屈声。"堀当隶作堀，释文当作"兔堀"，而《说文》却作"兔堀"。由此可知，堀、堀相混已久。

篮蓝——《旧唐书》："徽与其子自扶蓝舆，投窜山南。"宋郑樵《通志》卷一百七十八："吾气绝，便沐浴，蓝舆载尸还。"《晋书·孝友传·

孙暠》："富春车道既少，动经江川，父难于风波，每行乘篮舆，暠躬自扶持。""篮舆"义为竹轿，也作"蓝舆"。

晞晞——《隶辨》："杨统碑：'晞严霜，则畏辜戮。'按，《说文》：'晞，望也。海岱之间谓眄曰晞。'字原误。释作晞。"汉杨统碑"晞"当作"晞"。

籥籥○

籥籥——《一切经音义》："为籥……亦乐管也。从品从侖，会意字也。……传文从草，作籥，通也。"《玉篇》："籥，余酌切。乐之所管，三孔，以和众声也。《诗》云：'左手执籥。'今作籥。"

秒杪——《班马字类·筱韵》："秒，《汉书·王莽传》：'造计秒忽。'"宋欧阳修《憎苍蝇赋》："尔欲易盈，杯盂残沥，砧几余腥，所希秒忽，过则难胜。"《汉书》用"秒忽"，欧阳修用"杪忽"，"秒""杪"混用。

萑萑○

《重修广韵·桓韵》："萑，萑苇。《易》亦作萑。俗作藿。"《集韵·桓韵》："萑，《说文》：'鸱属'。从隹从丫，有毛角。所鸣，其民有祸。""萑"隶作"萑"，与作"鸱属"中的"萑"很难区分，易混。

澌澌——《一切经音义》："寒澌，赐咨反。王逸注《楚辞》云：'澌，解冰也。'《说文》：'流冰也。从仌斯声。'《集》从水作澌。水名也。在北海。"

通过对"形声相类"102组字在一些字书、韵书以及其他文献中用字情况的调查，存在混用可查的有87组；另外，胄胄、朓朓两组在古代文献中无法辨别，已经混同，实际混同字组占总数的87.25%，另外13组因文献不足，暂时无法做出判断。尽管如此，我们有理由相信张有时期其他13组之间也存在混用现象。

二 "形声相类"字形类别

"形声相类"102组字通过字形辨析可以分为三类：

（一）构件位置不同

此类字字音相同，上下字字形构件相同而位置不同，从而造成了字义的不同。此类字共有5组：櫳橐、惼愊、杼柔、拱拏、慎慕。该类字组上下字在《说文》中均属于同一部首，意义有关联。

（二）一字是另一字的构件

此类字字音相同，其中一字是另一字的构字部件。此类字共有8组：

宐寧、忢愛、悹憂、叢藂、散微、兩兩、柀散、糴糶。该类字组上下字之间多数有意义关联，少数无意义关联。

1. 有意义关联

宐寧——《说文》："宐，安也。"段玉裁《说文解字注》："此安宁正字，今则寧行而宐废矣。"《尔雅·释诂上》："寧，静也。"

叢藂——《说文》："叢，聚也。从丵取声。"《说文》："藂，艸叢生皃。""藂生"指草木聚集在一起生长。两者均含聚义。

兩兩——《说文》："兩，再也。从冂，閃。《易》曰：'参天兩地。'"《说文》："兩，二十四铢为一兩。从一；兩，平分，亦声。"段注："按：兩者兩黄钟之重。故从兩也。从一兩。会意。""兩"为亦声字，属"兩"部，两者有意义关联。朱芳圃《殷周文字释丛》："许说乃后世之制，非造字时之朔义也。兩，即一兩之合文。"①

柀散——《说文》："柀，分离也。"《说文》："散，杂肉也。""杂肉"指"杂碎的肉"②。两者均有离散义。

糴糶——《说文》："糴，谷也。"《说文》："糶，出谷也。从出从糴，糴亦声。"两者均与谷相关。

2. 无意义关联

忢愛——《说文》："忢，惠也。从心旡声。"《说文》："愛，行皃。从夊忢声。"

悹憂——《说文》："悹，愁也。从心从頁。徐锴曰：'悹形于颜面，故从頁。'"《说文》："憂，和之行也。从夊悹声。《诗》曰：'布政憂憂。'"

散微——《说文》："散，妙也。从人从攴，豈省声。"《说文》："微，隐行也。从彳散声。《春秋传》曰：'白公其徒微之。'"

(三) 构件有同有异

该类字组上下字之间构件有同有异，可分为两类：

1. 有意义关联

鍾鐘——《说文》："鍾，酒器也。"《说文》："鐘，乐钟也。"两者均用金属铸造。

鼓鼔——《说文》："鼓，郭也。春分之音，万物郭皮甲而出，故谓之鼓。从壴，支象其手击之也。《周礼》六鼓：靁鼓八面，灵鼓六面，路鼓四面，鼖鼓、皋鼓、晋鼓皆两面。"《说文》："鼔，击鼓也。从支从壴，

---

① 朱芳圃：《殷周文字释丛》，中华书局1962年版，第74页。
② 汤可敬：《说文解字今释》，岳麓书社2001年版，第586页。

壴亦声。"两者均从壴，与鼓相关。

朢望——《说文》："朢，月满与日相朢，以朝君也。"《说文》："望，出亡在外，望其还也。"两者为异体字关系。徐灏《说文》注笺："窃谓望、朢实本一字。《玉篇》有𡈼字，盖即古瞻望之望，从𡈼，亡声。𡈼者，跂而望之之义也。"两者均从"𡈼"，均有"跂而望之之义"。

肈肇——《说文》："肈，上讳。臣铉等曰：后汉和帝名也。案：李舟《切韵》云：击也。"《说文》："肇，击也。"两者同训。

晨晨——《说文》："晨，房星；为民田时者。"《说文》："晨，早昧爽也。"两者均有表时间义。

刑荆——《说文》："刑，剄也。"《说文》："荆，罚辠也。"两者均与刀相关。

邢邧——《说文》："邢，周公子所封，地近河内怀。"《说文》："邧，郑地邧亭。"两者均从邑，同为地名。

褢褒——《说文》："褢，袖也。一曰藏也。"《说文》："褒，侠也。一曰橐。"两者均从衣，与衣相关。

栘移——《说文》："栘，棠棣也。"《说文》："移，禾相倚移也。一曰禾名。"两者与植物相关。

辡辭——《说文》："辡，不受也。从辛从受。受辛宜辞之。"《说文》："辭，讼也。从𤔔，𤔔犹理辜也。𤔔，理也。"两者均从辛，与刑罚相关。

趡跳——《说文》："趡，雀行也。"《说文》："跳，蹶也。一曰跃也。"两者均与足相关。

徐徐——《说文》："徐，安行也。"《说文》："徐，缓也。"两者均有慢义。

潜灊——《说文》："潜，涉水也。一曰藏也。一曰汉水为潜。"《说文》："灊，水。出巴郡宕渠，西南入江。"两者均与水相关。

延征——《说文》："延，行也。从廴正声。"《说文》："延，正、行也。从辵正声。征，或从彳。"两者均有行义。

人儿——两者为异体字关系。《说文》："儿，仁人也。古文奇字人也。"

凥居——《说文》："凥，处也。从尸得几而止。凥，谓闲居如此。"《说文》："居，蹲也。从尸古者，居从古。"两者均从尸，同为人体动作。

屏庰——《说文》："屏，屏蔽也。"《说文》："庰，蔽也。"两者均有蔽义。

曉皢——《说文》："曉,明也。"《说文》："皢,日之白也。"两者均有明亮义。

改攺——《说文》："改,更也。李阳冰曰:'已有过,攴之即改。'"《说文》："攺,㪅攺,大刚卯,以逐鬼魃也。"两者均从"攴",与打有关。

蹇蹇——《说文》："蹇,走儿。"《说文》："蹇,跛也。"两者均与足相关。

踊踊——《说文》："踊,丧辟踊。"《说文》："踊,跳也。"两者均与足相关。

逞徎——《说文》："逞,通也。楚谓疾行为逞。《春秋传》曰:'何所不逞欲。'"《说文》："徎,径行也。"两者均有行义。

踵踵——《说文》："踵,跟也。"《说文》："踵,追也。一曰往来儿。"两者均与足相关。

獎獎——《说文》："獎,妄强犬也。从犬从壮,壮亦声。"《说文》："獎,駔大也。从大从壮,壮亦声。"两者均从壮,有壮大义。

徦假——《说文》："徦,至也。"《说文》："假,非真也。一曰至也。《虞书》曰:'假于上下。'"两者均有至义。

秬柜——《说文》："秬,黑黍也。一稃二米,以酿也。秬,或从禾。"《说文》："柜,木也。"两者均是植物。

顚願——《说文》："顚,颠顶也。"《说文》："願,大头也。"两者均与头相关。

案案——《说文》："案,几属。"《集韵·翰韵》："案,木名。"《说文》："案,轹禾也。"两者均与植物相关。

昧昧——《说文》："昧,目不明也。"《说文》："昧,爽,旦明也。一曰闇也。"两者均与光亮相关。

雁鴈——《说文》："雁,鸟也。"《说文》："鴈,鹅也。"两者均是禽类。

窬病——《说文》："窬,卧惊病也。"《说文》："病,疾加也。"两者均与病相关。

晏晏——《说文》："晏,天清也。从日安声。"《说文》："晏,安也。从女、日。"两者均从日,《集韵·霰韵》释"晏"为"日出清明也"。

暴暴——《说文》："暴,疾有所趣也。从日出夲廾之。"《说文》："暴,晞也。从日从出,从収从米。"桂馥《说文义证》:"(暴)从日出者,《释天》:'日出而风为暴。''夲廾之'者,趣而承之也。"两者均从日，与日相关。

恊協——《说文》：" 恊，同心之和。"《说文》：" 協，众之同和也。"两者均有和义。

踦跨——《说文》：" 踦，踶也。"《说文》：" 跨，渡也。"两者均与足相关。

抗杭——两者为异体字关系。《说文》：" 抗，扞也。从手亢声。杭，或从木。"

紕袒——《说文》：" 紕，补缝也。"《说文》：" 袒，衣缝解也。"两者均与衣缝相关。

佰伯——《说文》：" 佰，相什伯也。从人百。"《说文》：" 伯，长也。从人白声。""相什伯"指古代军队编制，十人为什，百人为佰。两者均从人，均与人相关。

駮駁——《说文》：" 駮，马色不纯。"《说文》：" 駁，兽，如马，倨牙，食虎豹。"两者均与马相关。

敝刷——《说文》：" 敝，拭也。"《说文》：" 刷，刮也。"两者均是手的动作。

暘皣——《说文》：" 暘，光也。从日从昜。"《说文》：" 皣，艸木白华也。从昜从白。"两者均从昜，与白亮相关。

椄接——《说文》：" 椄，续木也。"《说文》：" 接，交也。"两者均有接义。

燮燮——《说文》：" 燮，大熟也。"《说文》：" 燮，和也。"两者均从"又炎"，实为一字。徐灏《说文》注笺："戴氏侗曰：燮、燮、燮，实一字。羊之讹为辛，辛之讹为言也。灏案：戴说是也。"

穀穀——《说文》：" 穀，楮也。"《说文》：" 穀，续也。百穀之总名。"两者均与植物相关。

儦倏——《说文》：" 儦，疾也。长也。"《说文》：" 倏，走也。"两者均有快义。

粒拉——《说文》：" 粒，折木也。"《说文》：" 拉，摧也。"两者均有折断义。

趯躍——《说文》：" 趯，踊也。"《说文》：" 躍，迅也。"两者均与足相关。

醶鹼——《说文》：" 醶，酢浆也。"《说文》：" 鹼，卤也。"两者均与调味品相关。

箴葴——《说文》：" 箴，缀衣箴也。"《集韵·豏韵》：" 箴，竹名。"

《说文》:"葴,马蓝也。"两者均与植物相关。

翟罩——《说文》:"翟,覆鸟令不飞走也。从网、隹。"《说文》:"罩,捕鱼器也。从网卓声。"两者均与网相关。

稷樱——《说文》:"稷,齋也。五谷之长。"《说文》:"樱,细理木也。"两者均与植物相关。

勨剽——《说文》:"勨,劫也。"《说文》:"剽,砭刺也。一曰剽,劫人也。"两者均有劫义。

鬱鬱——《说文》:"鬱,芳艸也。十叶为贯,百廿贯筑以煮之为鬱。从臼、冂、缶、鬯;彡,其饰也。一曰鬱鬯,百艸之华,远方鬱人所贡芳艸,合酿之以降神。鬱,今鬱林郡也。"《说文》:"鬱,木丛生者。从林,鬱省声。"两者均与植物相关。

堀堀——《说文》:"堀,兔堀也。从土屈声。"《说文》:"堀,从土堀省,突也。"两者均从土,有洞穴义。

篮蓝——《说文》:"篮,大篝也。"《说文》:"蓝,染青艸也。"两者均与植物相关。

簾薕——《说文》:"簾,堂簾也。"《说文》:"薕,蒹也。"两者均与植物相关。

籥蘥——《说文》:"籥,书僮竹笘也。"《说文》:"蘥,爵麦也。"两者均与植物相关。

杪秒——《说文》:"杪,木标末也。"《说文》:"秒,禾芒也。"两者均与植物相关。

澌澌——《说文》:"澌,水索也。"《说文》:"澌,流欠也。"两者均与水相关。

2. 无意义关联

无意义关联的字组:胄冑、朓脁、夙夅、犀犀、修脩、媒祺、齉齄、屵岜、彊强、震虇、眈眈、杠扛、覟题、柤担、梢捎、睹睹、揆楑、滥艦、卭邵、兹兹、癈廢、辨辧、弈奕、釋釋、厭瘱、辟薛、氊攦、睎睎、官宦、萑萑。

综上可知,在"形声相类"102组字中,有意义相关的为69组,占总字组的67.65%。由此,我们可以推知《说文》中的"形声相类"字之间混用的原因,除形音相近外,有意义关联也是混用的原因之一。

第三节 "形相类"研究

"形相类"共辨正239组字形相近字,其中有209组两字组,30组三字组,关涉508个字。该部分字组的共同点是字形相近,辨正的重点是"形",即小篆字形。其字形有以下几类:

一 构件或笔画不同

(一) 形声字与形声字

上下字或上中下字均是形声字。该类可分为三种:

1. 形声字声符相同 (22组)

上下字或上中下字在《说文》中声符相同。随着语音演变或因张有方音影响,《说文》中原本相同的声符在张有看来已变得有些差异。该类字有:

䇓䍃(䶖䍃)、扉扉(扉扉)、宙宙(宙宙)、寙寙(寙寙)、號號(號號)、庒庒(厎底)、䈰䈰(箑箑)、檢撿(檢撿)、捼毬(捼毬)、蘸蘸(䕵䕵)、臩臩(臮臮)、旰旰(旰旰)、橐橐(橐橐)、晚晚(晚晚)、秾秾(務秾)、䝇䝇(微微)、勁勁(勁勁)、萡萡(莝筐)、其箕(其箕)、廑廑(廑廑)、敲敲敲(敲敲敲)、歐歐歐(毆毆歐)。

通过离析构件,我们发现以上字组容易相混的构件是:

言㕣(言否)、戶尸(戶尸)、宀穴(宀穴)、虍虑(虎虑)、厂广(厂广)、艸卄(𥫗卄)、木才(木才)、𣎳毛(𣎳毛)、丌井(丌井)、日日(日日)、木禾(木禾)、力巾(力巾)、巾几(巾几)、力刀(力刀)、攴殳欠(攴殳欠)。

2. 形声字声符不同 (51组)

该类字有:

種種(種種)、肖肖(肖肖)、汨汩(汨汩)、褒褒(褒褒)、敕敕(敕敕)、梧梧(梧梧)、專專(專專)、肺肺(肺肺)、柿柿(柿柿)、蚩蚩(蚩蚩)、圮坦(圮坦)、叱吒(叱吒)、延延(延延)、崔崔(崔崔)、㮤㮤(㮤㮤)、沛沛(沛沛)、疢疗(疢疗)、痒痒(痒痒)、涕涕(涕涕)、忍忍(忍忍)、陕陕(陕陕)、圆圆(圆圆)、淫湿(淫湿)、絮絮(絮絮)、赐赐(赐赐)、场场(场场)、琢琢(琢琢)、啄啄(喙啄)、暂暂(暂暂)、径径(婞娃)、坠坠(坠坠)、僭僭(僭僭)、卣卣(卤卤)、暂暂(暂暂)、旸旸

（瘕瘕）、檴檴（蕟蕟）、檓檮（穊檴）、𦉢𦉢（擎擎）、䤴䤴（詷詷）、眇眇（盼盼）、袓袓（祖祖）、臀臀（臀睯）、𦈢𦈢（箵箵）、報報（報報）、禯禯（澳濡）、糀糀（菈菈）、梧梧（梧梧）、譅譅譅（謐謐謐）、聆聆聆（聆聆聆）、潜潜潜（潜潜潜）、鏭鏭鏭（鈹鍜鍜）。

以上容易相混的字组或构件是：

𡔤𡔤（重童）、肖肖（肖肖）、日日（日曰）、禾禾（禾矛）、束束（束束）、舌昏（舌昏）、甫吏（甫吏）、市束（市束）、蚩蚩（蚩蚩）、己巳（己巳）、七七（七七）、正正（正正）、隹隹（隹隹）、力刀（力刀）、又寸（又寸）、广爿（广爿）、弟夷（弟夷）、刀刃（刀刃）、夾夾（夾夾）、肙員（肙員）、𡒄𡒄（𡒄𡒄）、如奴（如奴）、易易（易易）、象豕（象豕）、析折（析折）、㞢㞢（㞢㞢）、隊隊（隊隊）、俔侃（俔侃）、卤卤（卤卤）、㷒㷒（㷒㷒）、侵漫（侵漫）、秔秄（秔秄）、𠬝𠬝（𠬝𠬝）、同同（同同）、分分（分分）、且旦（且旦）、捎稍（捎稍）、𨸚𨸚（叚段）、𠕋需（𠕋需）、租祖（租祖）、否音（否音）、盆益盎（盆益盎）、聆聆聆（聆聆聆）、舀甾函（舀甾函）、皮叚段（皮叚段）。

3. 形声字的形符、声符不同（4组）

该组字有：官宦（官宦）、襄屡（襄屡）、商啇（商啇）、默默默（默默默）[1]。这些字虽然上下字声符、意符均不同，但它们均有相似点，容易相混。

（二）形声字与其他字以及其他字间的比较

形声字与其他三种造字法所造字之间、其他三种造字法所造字之间或相互间的比较。该类字共104组，可分为两类：

1. 单字或常作构字部件的字

甹甹（甹甹）、夾夾（夾夾）、戾戾（戾戾）、米米（米朱）、戊夫（戊戊）、母母（母毋）、邑皀（邑皀）、黹甫（黹甫）、舀甾（舀甾）、居居（居居）、枕枕（枕林）、云古（云去）、马丏（马丏）、夗肥（夗肥）、朱朱（束束）、齐夫（齐夫）、叚反（叚反）、殳曼（殳曼）、亘㫃（亘㫃）、艸艸（艸艸）、气亏（气亏）、公分（公分）、凵厶（凵厶）、叉叉（叉叉）、亞亞（亞亞）、夘亞（夘亞）、乙乙（乙乙）、厶厶（厶厶）、厂厂（厂厂）、𠃉𠃉（𠃉𠃉）、乙乙（𠃍𠃍）、丨𠂆（丨𠂆）、乂乂（乂乂）、由田（由田）、𦍌半（𦍌半）、夸夸（夸平）、肉月（肉月）、龜兔（龜兔）、舊雋（舊雋）、爨奏（爨奏）、个屮（屮屮）、匜厄（匜厄）、米采（米采）、采采（采采）、声岸（声岸）、杏杏（去
---
① 因声符有同有异，且放入此类。默、默，从黑；默，从犬黑声。

谷)、𦣻𦣻（白臼）、弓弓（弓弓）、百丙（百丙）、甲甲（旬旬）、目目（目目）、囚囚（困困）、㵘㵘（灥灥）、雈雈（萑萑）、厂广（厂广）、臬臬（臭臬）、孝孝（孝孝）、兀亢（兀亢）、豐豐（豐豐）、𦱳𦱳（癸𦱳）、賣賣（賣賣）、氺氺（水兆）、意意（意意）、巫巫（巫巫）、𠃏𠃏（𠃏𠃏）、匚𠃑（匚𠃑）、覓覓（覓覓）、舌丙（舌丙）、艸艸（艸𦫳𠃑）、丈𠂇支（丈𠂇支）、取取取（取取取）、𥝌𥝌𥝌（𥝌𥝌南）、𢆉𢆉𢆉（𢆉𢆉𢆉）、𣎵𣎵𣎵（𣎵市𣎵）、凢凢凢（𠘧門几）、大亣𠘨（大大六）、𦥑𦥑齒（𦥑白齒）、叚叚叚（段段段）、曳曳曳（曳曳曳）、豙𧰼豙（希𧰼豙）、𢍁𢍁𢍁（𤰔𢍁𢍁）。

2. 由两个或两个以上主要构字部件组成的字

陌陌（佰佰）、普普（普普）、晶晶（晶晶）、寂寂（寂寂）、𦥑𦥑（𦥑𦥑）、刺刺（刺刺）、執執（執鞠）、医医（医医）、延延（延征）、舟几（舟几）、美美（美美）、冣冣（冣最）、宗宋（宗宋）、習習（習習）、鳳鳳（冕冕）、筋筋（筋筋）、叡叡（叡叡）、斟斟（斟斟）、彤彤彤（彤彤彤）、肰肰肰（肰肰肰）、岊岊岊（岊岊岊）、企企企（企企企）。

上列字组容易相混的构件：

百丙（百丙）、日白（日白）、日白（日白）、釆釆（釆采）、音言（音言）、束束（束束）、彐勹（彐勹）、矢夫（矢夫）、辶彳（辶彳）、刀入（刀入）、大火（大火）、冂门（𠘨门）、亡止（亡止）、白百（白百）、肋劦（肋劦）、口目（口目）、斗十（斗十）、舟丹井（舟丹井）、犬尢尤（犬尢尤）、巴己马（巴己马）、山𡿨（止山亡）。

二 构件或笔画位置不同

构件或笔画相同，但位置不同。该类字有4组：

袍裒（袍裒）、氏𡔂（氏𡔂）、祐祳（祐祳）、手尧（手尧）。

三 构件或笔画方向不同

构件或笔画相同，但方向不同。该类字有29组，分别是：

毛手（毛手）、少少（少少）、彳𠃋（彳𠃋）、矢夭（矢夭）、高鼻（高鼻）、儿儿（儿儿）、丂𠃑（丂𠃑）、禾禾（禾禾）、上下（上下）、正乏（正乏）、止少（止少）、爪𠘧（爪爪）、彐甪（彐甪）、又左（又左）、卩𠃌（卩𠃌）、印归（印归）、后司（后司）、欠旡（欠旡）、永辰（永辰）、首𩠐（首𩠐）、之帀（之帀）、仄丸（仄丸）、身𦟻（身𦟻）、予幻（予幻）、子去（子去）、七𠃊（七𠃊）、人匕（人匕）、可叵（可叵）、从比北（从比北）。

四 构件或笔画断连不同

该类字有 2 组：㠯㠯（㐩足）、汸汸（保盂）。

五 笔画长短不同

因笔画长短的不同而造成字形的不同。该类字有 9 组：
二二（二二）、苗苗（苗苗）、甘丹（甘丹）、坒坒（坒坒）、士土（士土）、卟叶（卟叶）、嵒嵒（嵒嵒①）、王玉壬（王玉壬）、久夂夊（久夂夊）。

六 （中）下字比上字多一构件或上中下字有一个共同的构件

两字组是在另外一字的基础上增加构件而成字；三字组或是在一个字的基础上增加不同的构件而成字，或是后两字在第一字的基础上增加不同的构件而成字。该类字有 15 组：

辛辛（辛辛）、又父（又父）、刃办（刃办）、猷厭（猷厭）、拜拜（拜拜）、聿聿（聿聿）、豕豕（豕豕）、糸系（糸系）、摩麈（摩麈）、月月（月月）、膮膮（膮膮）、縱縱（縱縱）、馬馬馬（馬馬馬）、干半芉（干半芉）、否音否（否音否）。

在六类不同的"形相类"字中，可作为构字部件的字占有较高比例。"在'形相类'篇中，首先注重辨析的是可作为构件的字，共 103 组，占总数的 42.92%。"② 张有之所以在该篇中注重辨析可作为构件的字，是因为它们是构成汉字的基础，会关涉一系列的字。

《复古编》"形相类"辨正对象主要是"构件或笔画不同"的字。构件或笔画不同而字形相近的字是识字的难点，《复古编》把它们汇集一处，分组辨析，一目了然。这种辨字方法对识字、用字都大有裨益。

第四节 "声相类"研究

一 "声相类"字混用的文献证据

"声相类"辨正 126 组字，其中两字组有 109 组，三字组有 15 组，五

---

① "嵒嵒"小篆形体下部不同，但隶定均从"山"，差别只是"山"中间笔画长短不同。
② 范可育：《汉字规范史略》，华东师范大学出版社 2000 年版，第 75 页。

字组有 2 组，共关涉 273 字。该部分字组共同点是均来自《说文》，字音接近，同一字组中的字存在混用现象。具体表现为：

玩翫——《一切经音义》："珍玩，玩，五段反。《广雅》曰：'珍，重也。'贾注《国语》：'珍，美也。'《书》曰：'玩人丧德，玩物丧志。'孔安国注曰：'以人为戏弄，则丧德；玩物，则丧志也。'今此谓所爱重戏弄之具也。字又作翫、妧两体。或戏弄人为妧，狎习为翫，贪爱为玩。"

璪璪〇

塗珚〇

環鍰——朱骏声《说文通训定声·干部》："環，假借为鍰。"《周礼·考工记·冶氏》"重三锊"。郑玄注："今东莱或以大半两为钧，十钧为環。"阮元校勘记："《释文》不出'環'字。贾疏两引此注，先作'環'，后作'鍰'。"

祸旤——《玉篇》："旤，户果切。《说文》云：'逆惊辞也。'神不福也。今作祸。"

气氣——《集韵》："气或作氣。"段玉裁《说文》"气"注："气、氣古今字。"

敻敓——《说文》："敓，强取也。《周书》曰：'敓攘矫虔。'"段玉裁《说文》"敓"字注："《吕刑篇》文，今《尚书》作'夺'。此唐天宝卫包所改。"《一切经音义》："引敻……下徒活反。《考声》：'敻，失也。'《字书》：'手持一鸟失之曰敻。从大佳又。'《石经》从寸作敻。古文作敓、挩。"

叉爪——《集韵》："叉，通作爪。"段玉裁《说文》"叉"注："叉爪古今字。古作叉，今作爪。"

掌爪——《一切经音义》："抓掌……下为掌。《说文》掌字作爪，反爪曰爪也。"

霸魄——《说文》："霸，月始生，霸然也。承大月，二日；承小月，三日。《周书》曰：'哉生霸。'"《一切经音义》："失魄……《尚书》云：'哉生魄。'""哉生霸"也作"哉生魄"，说明"霸""魄"混用。

启啓——《集韵·荠韵》："启，通作啓。"

淨瀞——《集韵·劲韵》："瀞，通作淨。"

童僮——《干禄字书》："童僮，上童幼，下僮仆。古则反是，今所不行。"《左传·哀公十一年》："公为与其嬖僮汪锜乘，皆死皆殡。"陆德明释文："僮，本亦作童。"

忒忕——王筠《说文句读》："《玉篇》忒忕相连，各引《说文》，初不谓为一字，而经典则借忒为之。"

蕩潒——《玉篇》："潒，徒党切。水潒漾也。今作蕩。"

頤髦〇

狠齦——《六书故》："齦，康根切，又上声。啮食骨间肉也。与狠通。"

扇漏——《玉篇》："扇，力豆切。屋穿水入也。与漏同。"段玉裁《说文》"扇"注："今字作漏，漏行而扇废矣。"

闇暗——《玉篇》："闇，于绀切。闭门也。幽也。与暗同。"

閬礙——《一切经音义》："障閬，上章让反。下我爱反，今通作礙。"

迻移——《集韵·支韵》："迻，通作移。"

齰諧——《集韵·皆韵》："齰，通作諧。"

芀苕——陆德明《尔雅释文》："芀，字或作苕。"

䅺莨——《说文》："稂，䅺或从禾。"王筠《说文句读》"莨"注："《释草》之'孟，狼尾'，《诗》之'不稂不莠'，皆即此'莨'。"

苓䓖——《玉篇》："苓，䓖同上。"

莝剉——《一切经音义》："莝硾，且卧反。《诗》云：'莝之秣之。'《传》曰：'莝莝也。'谓斩莝所以养马者也。经文作剉。《说文》：'折伤也。'"

剿劋——《集韵·小韵》："剿，或作劋。""剿"为"劋"的变体。

屰逆——《玉篇》："屰，今作逆。"

宀别——《玉篇》："宀，古文别。"

㒸遂——《玉篇》："㒸，今作遂也。"

憯惨——陆德明《诗经释文》："惨，本亦作憯。"

邹聃〇

遵原——《集韵·元韵》："遵，通作原。"

遞遰——《一切经音义》："遞互，上提礼反。《考声》云：'遞代也'，又云'迭也'。古文作递。今《论文》作递，或作遰，并非也。《说文》：'从辵，虒声也。'"

蕃藩——《集韵·元韵》："藩，通作蕃。"

烝若——《集韵·药韵》："烝，通作若。"

徎践——《一切经音义》："履践……下钱演反。孔注《论语》云：'践，循也。'《毛诗》传云：'践，行兒也。'郑注《礼记》云：'践，履也'，又曰：'践，犹升也。'《说文》从足从戔。或作衜、徎，并同。"

叚假——《集韵·马韵》："叚，通作假。"

第五章 《复古编》附录研究　195

菲䘏○

術洞——《一切经音义》："洞然，古文術、逈二形，同。徒冻反。"

察䯤——《玉篇》："察，楚黠切。覆也。或作䯤。"

謓瞋——《一切经音义》："謓也，叱真反。《苍颉篇》云：'謓，怒也。'《说文》：'謓，恚也。从言真声。'《论》作瞋，俗用，亦通也。"

叀專——《玉篇》："叀，今作專。"

翜翣——《集韵·狎韵》："翣，或作翜。"

殘歼——《玉篇》："殘，或为歼。"

麎麟——《玉篇》："麟，麎同上。"

巺巽——朱骏声《说文通训定声》："巺，此字实即巽之异体，古易卦如此作耳。"

哮虓——《一切经音义》："哮吼，孝交反。俗字也。正体作虓。《集训》云：'虎怒声也。'从九从虎。"

暴虣——《一切经音义》："卒暴……下蒲报反。古文虣。"《宋本玉篇》："虣，今作暴。"

賓商——《集韵·阳韵》："賓，通作商。"

霒陰——《玉篇》："霒，于今切。《说文》曰：'覆日也。'今作陰。"

盡津——《说文系传》："盡，臣锴曰：今作津，借也。"

箮笃——《玉篇》："箮，又作笃。"

檍㯯——《说文》"㯯，梓属。大者可为棺椁，小者可为弓材。"《说文》："檍，杶也。"陆德明《尔雅释文》："檍，于力反。……《说文》云：'檍，梓属也。'"

亲榛——《集韵·先韵》："亲，木名。或作榛。"

郁䆗——《集韵·屋韵》："䆗，通作郁。"

甾裵——《集韵·灰韵》："甾，今姓作裵。"

兆疑——《一切经音义》："猜疑……下鱼期反。《考声》：'止也，贰也，未定也。'古作兆。"

合匌——《玉篇》："匌，或作合。"

㭵漆——《玉篇》："㭵，今为漆。"

㡱敳——《一切经音义》："肇生，朝小反。《尔雅》：'肇始也。'《说文》：'始开也。'或作㡱，义亦同。"《集韵·小韵》："肇，始也。《说文》：'击也。'通作肇。"吴大澄《说文古籀补》："古文肇、肇、㡱三字并通。"

歎嘆——《集韵·换韵》："歎，通作嘆。"

歕噴——《一切经音义》:"噴鸣,古文歕,同。普寸反。《说文》:'鼓鼻也。'《苍颉篇》:'噴,咤也。'俯而噴仰而鸣也。"

唒嘲——《集韵·爻韵》:"嘲,通作唒。"

苦蔰——《集韵·盐韵》:"蔰,通作苦。"

亂敼——《集韵·换韵》:"敼,通作亂。"

憞敦——《集韵·魂韵》:"憞,通作敦。"①

能耐——《集韵·代韵》:"能,通作耐。"

榑扶——《说文》:"榑桑,神木,日所出也。"徐锴《说文系传》"榑"字按语引《十洲记》作"扶桑"。

溥普——《集韵·老韵》:"溥,《说文》:'大也。'通作普。"

紟裣〇

䵳秩——《集韵·质韵》:"䵳,通作秩。"

瓶碎——《玉篇》:"瓶,亦作碎。"

殽杜——《一切经音义》:"杜门,古文殽,同。徒古反。《国语》:'杜门不出。'贾逵曰:'杜塞也。'塞闭也。"

頯隤——《集韵·灰韵》:"隤,或作頯。"

契戛〇

篡笪——《玉篇》:"篡,亦作笪。"

簿博——《一切经音义》:"博弈,古文簿,同。补各反。世本云:'乌曹作簿。'《说文》:'博,局戏也。六箸十二棊也。'《方言》:'自关而东、齐鲁之间皆谓围为弈之也。'"

簺塞——王筠《说文句读》"簺"字注:"通作塞。"《管子·四称》:"流于博塞,戏其工瞽。"

伮溺——《集韵·锡韵》:"伮,或作溺。"

沛濟——《汉书·地理志上》:"沛、河惟兖州……浮于沛、漯,通于河。"颜师古注:"沛本濟水之字。"

朱絑——段玉裁《说文》"絑"字注:"凡经传言朱,皆当作絑。朱,其假借字也。"

闚窺——《玉篇》:"窺,丘垂切。小视也。亦作闚。"

垒壘——《玉篇》:"垒,亦作壘。"

呩鄙——《集韵·旨韵》:"呩,通作鄙。"

攩黨——《集韵·荡韵》:"攩,《说文》:'朋群也。'通作黨。"

---

① 惇、敦,分别为憞、敼的隶定形式。

牧坶——《集韵·屋韵》:"坶,通作牧。"

詸謎——《集韵·旨韵》:"謎,通作詸。"

樝柤——《集韵·麻韵》:"樝,通作柤。"

腔控〇

鈙捦——《一切经音义》:"捦获,又作鈙、撳二形,同。渠林反。《三苍》:'捦,手捉物也。'《埤苍》:'捦,捉也。'今皆作擒也。"

較斠——徐锴《说文系传》:"斠,平斗斛,量也。从斗冓声。臣锴曰:斠,量之。今作较。"《说文》无"較"。《集韵·觉韵》:"較,《说文》车骑上曲铜也。或作较。"

繈絎〇

餀祋——《集韵·夳韵》:"祋,门祭谓之祋。通作餀。"祋与祋易混。《篆隶万象名义》祋写作祋。

朻樛——《集韵·尤韵》:"朻,曲木。或作樛。"

懩懩——《集韵·荡韵》:"懩,或作懩。"

腟胞——《集韵·爻韵》:"腟,通作胞。"

愿恣——《一切经音义》:"愿随罗尼,上谦叶反。《考声》:'愿,当意也。'《博雅》:'可也。'《说文》:'愿,快也。从心医声。'或作医。亦作恣也。"《玉篇》:"愿,起颊切。服也,又快也。愿同上。"

婪惏——《集韵·覃韵》:"婪,或作惏。"

眩眴——《一切经音义》:"眩惑,古文迥、眴二形,同。胡遍反。"

畫畫〇

鸁纗〇

歇啜——《集韵·薛韵》:"歇,通作啜。"

籲吹——《集韵·真韵》:"籲,通作吹。"

媅酖——《一切经音义》:"酖酒,都含反。《说文》:'酖,乐也。'《字书》:'嗜也。'或作媅、妉、耽,三体并同。"

耦偶——《一切经音义》:"谐耦,胡皆反。《广雅》:'谐,和也。'耦,合也。经文作偶、謁,非也。"

胯絝〇

叙序——《集韵·语韵》:"叙,通作序。"

贪歆〇

尚敝獘——《玉篇》:"尚,与敝同。敝,上同。獘,同上,俗。"《玉篇》:"獘,俗作弊。"

袤邪斜——《集韵·麻韵》:"袤,或作邪,通作斜。"

巫𠂹𡍮——《玉篇》："巫，今作垂。"《玉篇》："𠂹，《说文》垂。""垂"通"𡍮"。《墨子·备城门》："城门上所凿以救门火者，各一垂水，容三石以上，大小相杂。"孙诒让《墨子闲诂》引毕沅云："垂，𡍮字省。《说文》云：'𡍮，小口罂也。'"顾蔼吉《隶辨》卷一："巫，下巫也。垂，边邈也。𡍮，小口罂也。三字不同，诸碑俱用为下巫字。"

忻欣訢——《一切经音义》："忻乐，上音昕。贾注《国语》云：'欣，乐也。'《毛诗传》云：'欣，亦乐也。'《广雅》云：'欣，喜也。'《说文》：'欣，笑喜皃也。从心斤声。'或作訢，又作欣也。"

嗷叫㗆訆警——《一切经音义》："吹嗷，又作㗆、警二形，同。古吊反。嗷，唤也，呼也，亦鸣也。"《一切经音义》："嗥叫……下骁曜反。《广雅》：'叫，鸣也。'《字书》：'呼也。'《说文》：'吼也。'从口从丩。丩，音经由反。《玉篇》作嗷。或作嘂、㗆、訆，皆古文叫字也。"

𥁕和盉——《集韵·过韵》："盉，通作和。"《玉篇》："𥁕，今作和。"

琱彫凋——《集韵·萧韵》："彫，通作琱。"《一切经音义》："凋落，上丁遥反。杜注《左传》云：'凋，伤也。'贾注《国语》云：'弊也。'《说文》：'半伤也。从冫从周声也。'冫音冰。经文作彫。"

泛氾汎——《一切经音义》："泛长，古文氾，同。敷剑反。《说文》：'泛，浮也。'《广疋》：'泛，普也。'律文作汎。"

蓱萍苹——《集韵·庚韵》："苹，《说文》：'蓱也。无根，浮水而生者。'或作萍。"《集韵·青韵》："蓱，《说文》：'苹也。'或作萍。"

蘜䕮菊——《集韵·屋韵》："蘜，艸名。《说文》：'治墙也。'今之秋华菊。或作䕮。通作鞠、菊。"段玉裁《说文解字注》"蘜"注："《本艸经》：'菊花，一名节花。'又曰：'一名日精。'按……字或作菊，或作鞠，以《说文》绳之，皆叚借也。"

醮醻潐——《五经文字》："醻、醮，二同，子妙反。上饮酒尽，下冠娶礼。醮，今经典通用之。"《六书故》："醻，子肖切。饮既爵也。《记》曰：'长者举未醮，少者不敢饮。'又作潐，《说文》：'尽也。'"

䊈黏糊——《玉篇》："䊈，或作糊。"《玉篇》："䊈，或作糊。"《重修广韵》："黏，黏也。粘，上同。䊈、糊并俗。"

嬴赢瀛——《一切经音义》："瀛博，亦成反。案，瀛博，地名也。在赵。《集》作嬴，俗字。""嬴"通"赢"。《尔雅·释天》："春为发生，夏为长嬴。"《荀子·非相》："与世偃仰，缓急嬴绌。"杨倞注："嬴，余也。"

虖呼評嘑歑——《集韵·模韵》："呼，通作虖、嘑。"《集韵·模韵》："評，通作呼。"《玉篇》："歑，或呼字。"

脘管筦——《广韵·缓韵》："管，筦同上。"《六书故·人五》："脘，本作管。"

技伎妓——《一切经音义》："妓乐，渠绮反。或作技，工巧也。或作伎，伎艺也。"

通过对"声相类"126组字在一些字书、韵书等文献中用字情况的调查，发现存在混用现象、有书证可查的有113组，约占总数的90%；另外13组因文献不足，暂时无法做出判断。尽管如此，我们有理由相信张有时期其他10%的字组之间也存在混用现象。

二 "声相类"字形类别

"声相类"根据《说文》构形与释义，可分为四大类：

（一）两字部分构件相同

字组中的字由两个或两个以上的构件组成，其中有一个构件相同。同一字组的字之间有的仅是字音相类，无意义上的联系；有的除了字音相类外，还有意义上的联系。

1. 无意义关联

无意义关联的字组分别是：

玩翫、禍𥚽、迻移、術洞、督察、謓瞋、賮商、罷裹、懹戁、腔控、餕䬳、籲吹、耦偶、郁馘。

2. 有意义关联

有意义关联的字组，可分为两类：

（1）形符相同，声符不同

璪璨、塗珋、忒忲、蕩潒、芳苺、蒟蒎、芩荃、憯憯、鄒耶、遞遷、蕃藩、翼翠、殘殈、麇麟、筥篤、檍檣、亲榛、啁啁、苦蓲、簾筶、休溺、沛濟、垒壘、諫譎、櫃梠、緼綎、枓橰、憭愓、脬胞、憨悆、眩眴、覂哭。

以上字组上下字在《说文》中属于相同的部首，其意义有关联。

（2）形符不同，声符相同

狠齦——《说文》："狠，啮也。从豕艮声。"《说文》："齦，啮也。从齿艮声。"两者同训。

闇暗——《说文》："闇，闭门也。从门音声。"《说文》："暗，日无光也。从日音声。"两者均有光线暗之义。

龤諧——《说文》:"龤,乐和龤也。从龠皆声。"《说文》:"諧,詥也。从言皆声。"乐和为龤,言和为諧,两者均有和义。

莝剉——《说文》:"莝,斩刍。从艸坐声。"《说文》:"剉,折伤也。从刀坐声。"两者均有用刀弄坏义。

徯践——《说文》:"徯,迹也。从彳戈声。"《说文》:"践,履也。从足戋声。"两者均与足相关。

霒陰——《说文》:"霒,云覆日也。从雲今声。侌,古文或省。"《说文》:"陰,闇也。水之南、山之北也。从𨸏侌声。""侌"声符为"今"。两者均有阴暗之义。

盡津——《说文》:"盡,气液也。从血聿声。"《说文》:"津,水渡也。从水聿声。"两者均与水相关。

𩒹疑——《说文》:"𩒹,未定也。从匕矣声。矣,古文矢字。"《说文》:"疑,惑也。从子、止、匕、矢声。"两者均是心理活动,均有迷惑义。

欸嘆——《说文》:"欸,吟也。从欠,鷖省声。"《说文》:"嘆,吞嘆也。一曰太息也。从口,歎省声。"两者均与口相关。

歕噴——《说文》:"歕,吹气也。从欠賁声。"《说文》:"噴,吒也。从口賁声。一曰鼓鼻。"两者均与口相关。

亂敵——《说文》:"亂,治也。从乙,乙,治之也;从𤔔。"此处"𤔔"也兼表声。《说文》:"敵,烦也。从攴从𤔔,𤔔亦声。"两者均与乱相关,前者为治乱,后者为烦乱。

瓾碎——《说文》:"瓾,破也。从瓦卒声。"《说文》:"碎,䃺也。从石卒声。"两者均有破碎义。

闚窺——《说文》:"闚,闪也。从门規声。"《说文》:"窺,小视也。从穴規声。"两者均与看相关,前者为从门中看,后者为偷看。

鈙捦——《说文》:"鈙,持也。从攴金声。"《说文》:"捦,急持衣衿也。从手金声。"两者均有持义。

婪惏——《说文》:"婪,贪也。从女林声。杜林说:卜者党相诈验为婪。读若潭。"《说文》:"惏,河内之北谓贪曰惏。从心林声。"两者均有贪义。

蛬𧎮——《说文》:"蛬,蛬也。从虫圭声。"《说文》:"𧎮,虾蟇也。从䵷圭声。"两者均为动物类。

歠啜——《说文》:"歠,歈也。从歈省,叕声。"《说文》:"啜,尝也。一曰喙也。从口叕声。"两者均与口相关。

胯绔——《说文》:"胯,股也。从肉夸声。"《说文》:"绔,胫衣也。从糸夸声。"两者均与腿相关。

以上字组在《说文》中不属于同一个部首,然而却声符相同,意义上有关联。

(二) 两字其中一字是另一字的构字部件

这类字组有:气氣、启啟、淨瀞、童僮、扁漏、屰逆、冢遂、假叚、叀專、合匎、桼漆、庫廠、籨塞、朱絑、簿博、畐鄙、攩黨、嬴纕、

以上字组字音相类,上下字之间构件或增或减。有些字组被古代文字学家认为是古今字,有些则被认为存在通假关系。

(三) 两字构件不同

该类构字部件无相同之处,也可分为两类:

1. 无意义关联

这类字组有:環鍰、霸魄、閡礙、勤勅、邍原、叒若、茈荎、暴馘、能耐、榑扶、溥普、黟秩、廄杜、頯隤、挈愳、牧坶、較斠、叙序。

2. 有意义关联

这类字组有:

奪敓——《说文》:"奪,手持隹失之也。从又从奞。"《说文》:"敓,强取也。《周书》曰:'敓攘矫虔。'"两者均与手相关。

叉爪——《说文》:"叉,手足甲也。"《说文》:"爪,丮也。覆手曰爪。"两者均与手相关。

掌爪——《说文》:"掌,手中也。从手尚声。"《说文》:"爪,亦丮也。"两者均与手相关。

頋髲——《说文》:"頋,无发也。一曰耳门也。"《说文》:"髲,鬄发也。"两者均与头发相关。

八别——《说文》:"八,分也。"《说文》:"刖,分解也。"两者均有分义。

哮虓——《说文》:"哮,豕惊声也。"《说文》:"虓,虎鸣也。一曰师子。"两者均为动物鸣叫声。

衿袷——《说文》:"衿,衣系也。"《说文》:"袷,交衽也。"两者均与上衣相关。

媅酖——《说文》:"媅,乐也。"《说文》:"酖,乐酒也。"两者均有乐义。

贪欲——《说文》:"贪,欲物也。从贝今声。"《说文》:"欲,欲得也。"两者均有欲望之义。

（四）多字混合型

该类字组由三个以上的字组成，有的构件相同，有的构件不同，有的一字是另外字的构字部件，混合排列，可分为三类：

1. 无意义关联

这类字组有：衺邪斜、巫巫噩、嬴嬴嬴、嬴嬴瀛、技伎妓。

2. 有意义关联

这类字组与意义关联分别是：

忻欣訢——《说文》："忻，闿也。《司马法》曰：'善者，忻民之善，闭民之恶。'"《说文》："欣，笑喜也。"《说文》："訢，喜也。"《玉篇》："忻，喜也。"三者均有欢喜义。

嗷叫跚訆謦——《说文》："嗷，吼也。一曰嗷，呼也。"《说文》："叫，嘑也。"《说文》："跚，高声也。一曰大呼也。《春秋公羊传》曰：'鲁昭公跚然而哭。'"《说文》："訆，大呼也。《春秋传》曰：'或訆于宋大庙。'"《说文》："謦，痛呼也。"五者均有呼喊义。

龢和盉——《说文》："龢，调也。"《说文》："和，相譍也。从口禾声。"《说文》："盉，调味也。"三者均有和义，音乐之和曰龢，语言之和曰和，味道之和曰盉。

泛氾汎——《说文》："泛，浮也。"《说文》："氾，滥也。"《说文》："汎，浮皃。"三者均从水，与水相关。

蒋萍苹——《说文》："蒋，苹也。"《说文》："萍，苹也。"《说文》："苹，蒋也。无根，浮水而生者。"三者均从艸，为植物。

蘜蘜菊——《说文》："蘜，治墙也。"《说文》："蘜，日精也。以秋华。"《说文》："菊，大菊，蘧麦。"三者均从艸，为植物。

餬黏饎——《说文》："餬，寄食也。"《说文》："黏，黏也。"《说文》："饎，健也。"三者均与食物相关。

虖呼評嘑歔——《说文》："虖，哮虖也。"《说文》："呼，外息也。"《说文》："評，召也。"《说文》："嘑，虓也。"《说文》："歔，温吹也。"五者均与口相关。

3. 部分有意义关联

这类字组分别是：

㡀敝獘——《说文》："㡀，败衣也。"《说文》："敝，帗也。一曰败衣。"《说文》："獘，顿仆也。《春秋传》曰：'与犬，犬獘。'"前面两字均有败衣义，当为古今字关系。

琱彫凋——《说文》："琱，治玉也。一曰石似玉。"《说文》："彫，琢文也。"《说文》："凋，半伤也。"前两字均有雕刻义。

醮醹漅——《说文》："醮，冠娶礼。祭。"《说文》："醹，歙酒尽也。"《说文》："漅，尽也。"前面两字均与酒相关。该组也可归为"意义相关"类，可以理解为均与液体相关。

脘筦笵——《说文》："脘，胃府也。从肉完声。读若患。旧云脯。"《说文》："筦，如篪，六孔。十二月之音。物开地牙，故谓之管。"《说文》："笵，箉也。"后面两字均与竹相关。

由上可知，"声相类"126字组有87组字之间存在意义上的关联，4组有部分字存在意义关联，有意义关联的字组占总数的比例高达69.05%。这一比例与"形声相类"的67.65%相当。由此，我们有理由相信《说文》中字音相同或相近字之间混用的原因，除字音相同或相近外，与它们之间存在意义关联有一定的关系。

第五节 "笔迹小异"研究

《复古编》"笔迹小异"名称源自徐铉《说文解字·篆文笔迹相承小异》。徐铉在该部分共收13字，分别是𠁥、尺、𣂁、𩠒、𠄎、彡、尾、𣎆、𠃌、𩰫、𣏟、𠷎、𢍘。其中有9个在《复古编》中被列为字头加以辨正，𣂁、𣏟未被辨正，𩠒虽未被辨正，但同"亲"偏旁的"新"却被辨正。"笔迹小异"每字列两个字形稍异的字形，对于彼此稍异的字形，张有皆认可。该部分的设立，一方面表明张有规范字形不彻底，是《干禄字书》"并正"[1]的延续；另一方面表明他对于客观存在的诸多笔迹小异字持一种认可的态度。该部分共收78字，一字两形，共156个小篆字形；小篆顺序大致依《说文》部首排列，其中有58字顺序与陈昌治刻本《说文》相同，20字顺序与之相异，盖张有所依《说文》字头顺序与陈昌治刻本稍异。与陈昌治《说文》顺序相异20字分别为斯、六、者、驾、为、臼、建、所、久、可、即、既、昔、九、七、它、豕、申、巳、己。"笔迹小异"78字中有63字在《复古编》中作偏旁，所占比例高达80%，这些偏旁犹如纲领统摄《复古编》诸多字形。

---

[1] "并正"，即所列字形皆正确。

一 "笔迹小异"小篆字形辨析

"笔迹小异"78 组、156 个小篆字形具体分析如下：

（一）八

"笔迹小异"上字作八，下字作八；《说文》作八，与下字大致相同。《复古编》含"八"字有分、余、平、米、芡、㐁、叿、叿、叿、叕、㳄、㳄、㳄。《说文》对应字为分、余、平、米、芡、㐁、叿、叿、叿、叕、㳄、㳄、㳄。《说文》㳄偏旁亦作八。通过偏旁类推可知，《说文》与《复古编》偏旁"八"皆有两种，与"笔迹小异"上下字相同。

"八"或含"八"字，甲骨文作八（前二·三二·四），金文作八（旗鼎），秦文字作八（诅楚文）、曾（石鼓文）、公（诅楚文）、八（大良造鞅方量）、少（大良造鞅方量）、㳄（泰山刻石）、㳄（峄山碑）、八（十八年上郡戈）、八（秦陶文），汉文字作八（袁安碑）、公（袁安碑），魏晋南北朝篆文作㐁（三国魏正始石经）、尚（东魏高盛墓志），隋唐宋篆文作㒼（隋宋仲墓志）、八（李阳冰城隍庙碑）、八（李阳冰千字文）、八（释梦英篆书目录偏旁字源碑）。

《复古编》上字、《说文》偏旁八与部分汉篆及后世篆书相同，当是后出美观字形。《复古编》下字八与甲骨文、金文、秦篆相同，且在秦篆中常见，当为典型小篆字形。

（二）辵

"笔迹小异"上字作辵，下字作辵，两者差异在于第二、三笔是否相接。《复古编》从"辵"字有𨑒、𨒌、𨒪、𨒡、趀、𨒂、𨒇、𨑺、欮、𨒿、𨑶、𨒱、𨒱、𨒱、𨒱、𨒱。《复古编》从"辵"诸字皆作辵，同下字。《说文》单字作辵，与上字相同；而偏旁皆作辵，同《复古编》下字。《说文真本》单字与偏旁均作辵，同《复古编》上字。

从"辵"诸字，甲骨文作㳄（粹一〇三七），金文作㳄（墙盘）、㳄（禹鼎），秦文字作㳄（石鼓文）、㳄（石鼓文）、㳄（诅楚文）、㳄（诅楚文）、㳄（两诏楕量）、㳄（十四年相邦冉戈）、㳄（集证·166.522）、㳄（秦印编 33：连䢉）、㳄（秦陶文）、㳄（二年上郡守冰戈）、㳄（十六年大良造鞅戈镦）、㳄（睡虎简·效八）、㳄（睡虎简·法五〇）。汉文字作㳄（老子乙前四上）、㳄（相马经三九上）、㳄（仓颉篇一）、㳄（古地图）、㳄（新嘉量）、㳄（杜陵东园壶）。

从上可知，《复古编》上字辵当是辵的草率写法，秦文字辵（二年上郡守冰戈）中的偏旁与之相同。北朝至隋唐时期部分篆书传承了这种写法，例如 ▨（北齐赫连子悦墓志盖）、▨（隋尼那提墓志盖）、▨（李阳冰千字文）、▨（碧落碑）。下字▨与甲骨文、金文有传承关系，且与秦篆常见字形相同，当为小篆典型字形，后世多沿用这种写法，例如 ▨（李阳冰城隍庙碑）、▨（释梦英篆书目录偏旁字源碑）。

（三）彳

"笔迹小异"上字作▨，下字作▨，两者主要差异在于前者三笔，后者两笔。《说文》作▨，同上字。《复古编》从"彳"字有▨、▨、▨、▨、▨、▨、▨、▨、▨、▨、▨、▨、▨、▨，《说文》对应字有▨、▨、▨、▨、▨、▨、▨、▨、▨、▨、▨、▨、▨。《说文》偏旁"彳"有二：一作▨；一作▨，例如▨、▨。

从"彳"诸字，甲骨文作▨（粹八六四）、▨（前二·一八·六）、▨（前四·一二·八）、▨（前五·三〇·一）；金文作▨（墙盘）、▨（伊簋）、▨（利簋）；秦文字作▨（秦公钟）、▨（秦印编 35：张得）、▨（秦编钟）、▨（秦印编 35：焦得）、▨（两诏椭量）、▨（两诏椭量）。汉文字作▨（袁安碑）、▨（建昭雁足灯）、▨（长沙出土西汉印）、▨（威武简·有司五）。

从上可知，"彳"上下字在甲骨文、金文、秦文字、汉文字中均有相同字形。张有承徐铉▨、▨皆收，并予认同。徐铉《说文解字·篆文笔迹相承小异》："▨，《说文》作▨，象二属之形。李斯笔迹小变，不言为异。"[1] ▨并非李斯笔法，而是金文、大篆常见笔法。

（四）廴

"笔迹小异"上字作▨，下字作▨，两者差异在于上字三笔，下字两笔。《说文》作▨，与上字相同。《复古编》从"廴"字有▨、▨、▨、▨、▨（建，"笔迹小异"字），《说文》对应字作历▨、▨、▨、▨。

从"廴"诸字，金文作▨（盂鼎二）、▨（康矦簋）、▨（颂鼎）、▨（毛公鼎），秦文字作▨（峄山碑）、▨（秦印编 36：张建）、▨（秦印编 36：杨建）、▨（睡虎简·秦一九七）、▨（睡虎简·法一六〇），汉文字作▨（新嘉量）、▨（永建六年洗）、▨（少室石阙铭）、▨（开母石阙铭）、▨（赵仪碑）、▨（寿成室鼎）、▨（老子甲后三七四）。

《复古编》上字▨、《说文》▨与汉篆部分字形相同；下字▨与金文、

---

[1] 许慎：《说文解字》，中华书局 1963 年版，第 322 页。

秦篆字形相同，唐李阳冰《千字文》遂传承了这一写法。

（五）行

"笔迹小异"上字作㣉，下字作㳘；《说文》作㣉，同上字。㣉、㳘两者差异在于前者六笔且下部两笔成拱形，后者四笔且下部两笔向两旁相离。《复古编》从"行"字有䖝、䗺、䗲、䗼，《说文》对应字作䗹、䗺、䗼、䗽。《说文》偏旁除作㣉，亦作㳘，例如㺵、䑕、䗹、䕘、䖝、䗺。

"行"或含"行"字，甲骨文作㣺（甲五七四）、㣼（后下二·一二），金文作㣼（行父辛斝）、㣹（虢季子白盘）、㣺（卫簋），秦文字作㣻（石鼓文）、㣾（石鼓文）、㣿（诅楚文）、㣺（泰山刻石）、㣼（秦印编37：王行）㣹（睡虎简·杂三九）、㣺（睡虎简·日甲一背），汉篆作㣺（大行丞印）、㣼（长安下领宫行灯）、㣹（新郪虎符），三国魏篆书作㣼（天发神谶碑）。

由上可知，《复古编》上字㣉与秦篆王行印㣼相同，传世古文也有这种写法，例如《汗简》录《尚书》"道"作㣺、录《石经》"衛"作㣻。"行"常见典型字形当同下字作㳘，与甲骨文、金文、秦文字有传承关系，同属一个演进序列。唐宋篆书多沿用这一写法，例如㣺（李阳冰三坟记）、㣼（释梦英篆书目录偏旁字源碑）。

（六）牙

《复古编·下平声》规范字形作㝱，《说文》作㝲，两者相同。"笔迹小异"上字作㝱，下字作㝲，两者差异在于前者末笔是直笔，后者是曲笔。《复古编》含"牙"字有䶒、䶕，《说文》对应字作䶒、䶕。《说文》"牙"偏旁有二：一作㝱，例字有䶒、䶕；一作㝲，例字有䶝。《说文》"牙"两偏旁同"笔迹小异"两字形。

"牙"或含"牙"字，金文作㝱（十三瘅壶）、㝲（鲁邀父簋），秦文字作㝱（睡虎简·法一二）、㝲（秦陶文）、䶒（十三年上郡守寿戈），汉文字作㝱（春秋事语八七）、㝲（封泥739）、㝲（上林量）、䶒（徐雅子印）、䶒（郑固碑）。

"牙"篆文实物文字较少，上字㝱在秦汉篆中较为常见，后代篆书也有这种写法，例如㝱（宋释梦英篆书目录偏旁字源碑）、䶒（释梦英千字文）；下字㝲与汉篆䶒（徐雅子印）的偏旁相同，唐李阳冰《千字文》䶒沿袭了这种写法。

（七）千

"笔迹小异"上字作㐬，下字作㐬；《说文》作㐬，同上字。《复古编》

含"干"字有󰀀、󰀁、󰀂、󰀃、󰀄、󰀅、󰀆、󰀇、󰀈、󰀉、󰀊、󰀋、󰀌。《复古编》󰀅构件是󰀍，其余是󰀎。《说文》"干"单字与偏旁皆作󰀎。

"干"或含"干"字，甲骨文作󰀏（邺三下·三九·一一），金文作󰀐（干氏叔子盘）、󰀑（毛公鼎）、󰀒（干戈），先秦货币文作󰀓（币典①），秦印作󰀔（秦印编41：干欺），《睡虎简》作󰀕（秦一七一）、󰀖（法六一），汉简帛作󰀗（天文杂占末·下）、󰀘（孙膑二八二），汉篆作󰀙（干章铜漏壶）。

󰀎与甲骨文、金文、秦篆相同，当为小篆典型字形，唐篆也有这种写法，如󰀚（唐峿台铭）；然󰀍亦见于周代金文，盖为追求字形美观而作，宋代释梦英篆书目录偏旁字源碑󰀍传承了这种写法。

（八）言

"笔迹小异"上字作󰀛，下字作󰀜，两者差异在于中间横划是直是曲。《说文》单字与偏旁均作󰀜，同下字。《复古编》含"言"字有󰀝、󰀞、󰀟、󰀠、󰀡、󰀢、󰀣、󰀤、󰀥、󰀦、󰀧、󰀨、󰀩、󰀪、󰀫、󰀬、󰀭、󰀮、󰀯、󰀰、󰀱、󰀲、󰀳、󰀴、󰀵、󰀶、󰀷、󰀸、󰀹、󰀺、󰀻、󰀼、󰀽、󰀾、󰀿、󰁀、󰁁、󰁂、󰁃、󰁄、󰁅、󰁆、󰁇、󰁈、󰁉。很明显，《复古编》偏旁同下字。

"言"或含"言"字，甲骨文作󰁊（前五·二〇·三），西周金文作󰁋（伯矩鼎）、󰁌（毛公鼎）、󰁍（应姚鬲），诸侯国文字作󰁎（中山王鼎）、󰁏（信阳楚简）、󰁐（蔡侯尊），秦文字作󰁑（石鼓文）、󰁒（诅楚文）、󰁓（诅楚文）、󰁔（大魃权）、󰁕（泰山刻石）、󰁖（泰山刻石）、󰁗（秦诏权）、󰁘（秦诏权）、󰁙（峄山碑）、󰁚（峄山碑）、󰁛（秦陶文）、󰁜（睡虎简·秦一）、󰁝（睡虎简·语一一）。

由上可知，"言"小篆常见典型字形当同《说文》与《复古编》下字󰀜，此字形在实物文字中较为常见；《复古编》上字󰀛在实物文字中亦可见，例如󰁍（应姚鬲）、󰁛（秦陶文），然而却较为少见，当为不典型字形。后世也偶有这种写法，例如󰁞（东魏侯海志盖）、󰁟（唐李稷及妻墓志）。

徐铉《说文解字·篆文笔迹相承小异》："󰀜，从辛（按：当为辛）从口，中画不当上曲，亦李斯刻石如此。上曲则字形茂美，人皆效之。"②"言"小篆中间笔画上曲字形󰀛源于甲骨文，金文中有与󰀛字形完全相同的

---

① 刘志基、张再兴：《中国异体字大系·篆书编》，上海书画出版社2007年版，第94页。
② 许慎：《说文解字》，中华书局1963年版，第322页。

偏旁，例如🀄（毛公鼎），其后一脉相承，并非始于李斯，后代篆书多沿用这种写法。

（九）革

"笔迹小异"上字作革，下字作革；《说文》作革，同上字。《复古编》偏旁有二：一作革，关涉字有鞥、鞻、鞠、鞄、鞊；一作革，关涉字有鞈、鞋。其偏旁同"笔迹小异"两字形。《说文》"革"单字与偏旁皆作革。

"革"或含"革"字，金文作鞞（泉伯簋）、鞞（酱生簋），秦文字作鞞（石鼓文）、鞞（诅楚文）、鞞（诅楚文）、鞞（商鞅方升）、鞞（大良造鞅戟）、革（秦印编52：革工）、革（泰山刻石）、革（睡虎简·杂一六）、鞞（睡虎简·日甲七七背），汉文字作革（春秋事语四七）、鞞（马王堆易三）、鞞（汉匈奴栗借温禺鞮）。

"革"小篆常见典型字形当同《说文》与《复古编》上字革，此字形与金文、诸多秦文字相同；《复古编》下字革与秦隶部分字形相同，当为受隶变影响的后出字形。

（十）斯

"笔迹小异"上字作斯，下字作斯；《说文》作斯，同上字。《复古编》含"斯"字有斯、斯，《说文》与之相同。《复古编》斯、斯均见于秦篆，例如斯（泰山刻石）、斯（二世元年诏版）。

（十一）隹

"笔迹小异"上字作隹，下字作隹。《说文》"隹"作隹，与下字相同。《复古编》含"隹"字有雖、雙、雞、觀、雒、雁、奞、唯、瑞、舊、奪、攜、雁、萑、萑、鳥、舊、崔、維、雄、雚、雚、舊、藿、顴、蠵、燿、耀、耀、耀、耀、鵔、醵、纗，《说文》对应字作雖、雙、雞、觀、雒、雁、唯、瑞、舊、奪、攜、雁、萑、萑、鳥、舊、崔、維、雄、雚、雚、舊、藿、顴、蠵、燿、耀、耀、耀、耀、鵔、醵、纗。《复古编》偏旁"隹"均作隹。《说文》单字作隹，偏旁绝大多数同单字，个别作隹，例如雑、耀。

"隹"或含"隹"字，甲骨文作🀄（甲九三六），金文作隹（戍甬），秦文字作雚（诅楚文）、隹（石鼓文）、雄（石鼓文）、雟（秦公钟）、雟（秦公簋）、雚（峄山碑）、鶅（雎赤）。《复古编》上字隹与秦篆相同。《复古编》下字隹与《说文》隹秦汉篆书中没有与之相同的字形。考《增订汉印文字征》，其中"隹"主要有五种笔法，例如雞（符离丞印）、雝

（雒卢徒丞印）、▢（閬中）、▢（翟绾）、▢（霹守印）中的"隹"。无论哪种笔法，均与《复古编》下字▢、《说文》▢不合。

总之，《复古编》上字▢用笔古朴，与秦篆相合，当为小篆标准字形，后世篆书多沿用这种写法；《复古编》下字▢、《说文》▢与唐李阳冰三坟记碑▢中的"隹"接近。

（十二）於

"笔迹小异"上字作▢，下字作▢，两者差异在于右上构件一为曲线，一为直线。《说文》"乌"古文作▢。三者字形各异。

"於"，秦文字作▢（大驫权）、▢（旬邑权）、▢（元年诏版）、▢（两诏椭量）、▢（两诏椭量）、▢（泰山刻石）、▢（峄山碑）。

上字▢与秦篆大致相同，与李阳冰三坟记碑阴▢相同。《复古编》下字▢与两诏椭量、泰山刻石、峄山碑相同，当为"於"典型字形，后世篆书多作此，例如▢（汉开母石阙）、▢（唐碧落碑）。《说文》"乌"古文▢与▢（李阳冰千字文）相同。

（十三）予

"笔迹小异"上字作▢，下字作▢；《说文》作▢，同下字。《复古编》含"予"字有▢、▢、▢、▢、▢，《说文》对应字为▢、▢、▢、▢、▢。

"予"或含"予"字，金文作▢（集成11549），秦文字作▢（秦印编73：予猲）、▢（秦印编261：郝野）、▢（秦陶文）、▢（碣石颂），汉文字作▢（秋风起镜）、▢（相马经一八下）、▢（天文杂占一·六）、▢（时序残瓦）、▢（杼□丞□）、▢（樊序印信）、▢（豫章守印）、▢（封泥745）、▢（成功豫印）。

从上可知，"予"常见篆文字形当作▢，与《说文》及《复古编》下字▢的差异在于前者上部两三角其角皆向下，后者两角相对。《复古编》上字▢与汉篆▢（成功豫印）中的"予"大致相同，李阳冰《千字文》▢的偏旁"予"与之相同，《复古编》上字在实物文字中属于不典型字形。《复古编》下字▢、《说文》▢与汉篆▢（樊序印信）的偏旁相同。

（十四）肉

"笔迹小异"上字作▢，下字作▢；《说文》作▢，与上字大致相同。《复古编》偏旁"肉"大致有二：一作▢，关涉字有▢、

蠹、編、蠕、壇、蠶、蠐、廖、駦、䚡、䊆、梢、横；一作♀，关涉字有蠵、䉤、䊆、䚮、㗡、炙、㦳、叕、徭、摇、䚡、䚽、䚿、䚽、㱿、廖。《说文》对应字的偏旁，除炙、䚽、䚽、䚽及含䚽诸字外，偏旁皆作♀，即《说文》的偏旁也有两种，与《复古编》上下字相同。

"肉"或含"肉"字，甲骨文作刀（乙一八八）、夕（甲一八二三），金文作䚽（九年卫鼎）、䚽（弘尊），秦文字作䚽（秦公簋）、䚽（石鼓文）、䚽（石鼓文）、䚽（泰山刻石）、䚽（峄山碑）、䚽（峄山碑）、䚽（郎邪刻石）、胡（秦印编76：胡类）、胡（秦陶文）、䚽（秦陶文）、月（睡虎简·法一八）、肙（睡虎简·封九二），汉文字作䚽（修鼎）、䚽（祀三公山碑）、䚽（胸之右尉）、䚽（胡板瓦戳印）、䚽（孔胥私印），《汗简》作䚽（尚书）、䚽（庄子）。

由上可知，《复古编》上字♀、《说文》♀在汉及之前实物文字中没有完全相同的字形，但唐宋篆书中却有相同字形，例如♀（宋释梦英篆书目录偏旁字源碑）。《复古编》下字♀与秦篆相同，当为小篆典型字形，后世篆文也有这种写法，如♀（李阳冰千字文）。

(十五) 刀

《复古编·下平声》规范字形作刀；"笔迹小异"上字作刀，下字作刀。《复古编》含"刀"字有刀、䚽。《复古编》"刀"偏旁绝大多数作刀；个别作刀，例如䚽、䚽。《说文》"刀"单字作刀，而偏旁有二：一作刀，例字有䚽、䚽、䚽；一作刀，例字有䚽、䚽、䚽。《说文》偏旁多同单字作刀。

"刀"或含"刀"字，甲骨文作刀（粹一一八四），金文作䚽（何尊）、䚽（墙盘），秦文字作䚽（诅楚文）、䚽（诅楚文）、䚽（诅楚文）、䚽（诅楚文）、䚽（诅楚文）、䚽（石鼓文）、䚽（郎邪刻石）、䚽（泰山刻石）、䚽（泰山刻石）、䚽（峄山碑）、䚽（峄山碑）、䚽（始皇诏版）、䚽（两诏铜权）、䚽（秦大诏版）、䚽（秦诏方量）、䚽（集证·利阳右尉）、䚽（秦陶文）、䚽（秦陶文）、䚽（睡虎简·日甲二六背）、䚽（睡虎简·法一四五），汉文字作䚽（新嘉量）、䚽（日利千万泉范）、刀（币1476）、䚽（刘慎）。

从上可知，个别秦篆与《复古编》上字、《说文》刀大致相同，例如䚽（始皇诏版）、䚽（集证·利阳右尉），唐宋篆书也有这种写法，例如䚽（碧落碑）、刀（释梦英篆书目录偏旁字源碑）；"刀"秦篆实物文字颇多，其常见规范字形当作󰀀，与下字相同。

（十六）六

"笔迹小异"上字作󰀀，下字作󰀀；《说文》作󰀀，同下字。《复古编》含"六"字有󰀀、󰀀，《说文》对应字作󰀀、󰀀。

"六"或含"六"字，甲骨文作󰀀（前七・三九・一），金文作󰀀（保卣），秦大篆作󰀀（石鼓文）、󰀀（诅楚文），秦小篆作󰀀（秦诏方升）、󰀀（秦大诏版）、󰀀（峄山碑），汉文字作󰀀（五十二病方・目录）、󰀀（骄蘷博局）、󰀀（池阳宫行镫）、󰀀（新嘉量）、󰀀（新嘉量）。

《复古编》上字󰀀与甲骨文、金文、秦篆相同；下字󰀀为后出字形，据目前文献，始见于汉篆，当为󰀀上部笔画过于屈曲所致，这种写法后世也有传承，如󰀀（孙吴禅国山碑）、󰀀（唐谦卦碑）。

（十七）入

"笔迹小异"上字作󰀀，下字作󰀀。《复古编》含"入"字有󰀀、󰀀、󰀀。许慎《说文》用阴阳五行的观点解释"白""六"，不确，其字形不宜按照"从入"说解，故不追溯其字形演变轨迹。《说文》"入"单字作󰀀，其部首所属字有󰀀、󰀀、󰀀、从。由此可知，《说文》"入"单字作󰀀，偏旁作人，与《复古编》两字形同。

"入"或含"入"字，甲骨文作󰀀（前四・二九・五）、󰀀（铁十三・二），金文作󰀀（盂鼎）、󰀀（大鼎），秦文字作󰀀（诅楚文）、人（大墓残磬）、󰀀（泰山刻石）、人（睡虎简・效四一）、󰀀（睡虎简・秦七）、人（足臂灸经一三），汉文字作󰀀（春秋事语二一）、󰀀（老子甲后一七二）、󰀀（日入八千钟）、󰀀（满城汉墓铜銷）、󰀀（寿成室鼎）。

《说文》与《复古编》上字󰀀同西周金文󰀀（大鼎），而西周后实物文字不多见，仅有隋刘则暨妻墓志盖󰀀的构件与之相同；《复古编》下字人与甲骨文、金文部分字形相同，且为秦汉篆书常见字形，当为小篆典型字形，后世多沿用这种写法。

（十八）畐

《复古编・入声》规范字形作󰀀，《说文》作󰀀，两者相同。"笔迹小异"上字作󰀀，下字作󰀀。《说文》"畐"单字作󰀀，而偏旁有三：一作󰀀，例字有福、󰀀、幅；一作󰀀，例字有󰀀；一作󰀀，例字有輻。

"畐"或含"畐"字，甲骨文作󰀀（甲三〇七二），金文作󰀀（畐父辛爵）、󰀀（士父钟）、󰀀（癫钟），先秦货币文作󰀀（币典），秦文字作󰀀（秦公钟）、󰀀（秦印编140：富贵）、󰀀（秦陶文）、󰀀（睡虎简・日乙一九五）、福（睡虎简·秦六六）、富（睡虎简·日甲一二〇），汉文字作福（承安宫鼎二）、福（中宫雁足灯）、富（吾作镜）。

《说文》富与汉金文富（吾作镜）相同，当为汉出字形，唐严名府夫人墓志瞄沿袭了这种写法。詹鄞鑫认为《说文》富为讹误字形，标准字形当作福，① 甚是。唐代李阳冰《千字文》福沿用了这种写法。除此之外，《复古编》下字富与先秦货币文（币典）中的"富"相同，秦隶中较为常见，后世隶楷多此种写法。《说文》"富"第三偏旁富当源于福（西周何尊）、福（春秋国差𦉜）、唐篆福（谦卦碑）福（碧落碑）、福（长明灯楼颂）中的"富"与之大致相同，与富（谦卦碑）中的"富"完全相同。

（十九）复

"笔迹小异"上字作复，下字作复，《说文》作复，三者各异。《复古编》下字与其他二字差异较大，上字复与《说文》复差异在于两圆形构件中间是否相连以及"夂"末笔是否上曲。《说文》"复"单字作复，而偏旁有二：一作复，例字有復、腹、複、複，一作复，例字有覆（新附）、覆、覆。《说文》单字与两偏旁各异。

含"复"字，金文作复（散盘），秦文字作复（石鼓文）、复（诅楚文）、复（峄山碑）、復（睡虎简·效二五）、復（睡虎简·日甲一五九背），汉文字作復（老子乙二二〇下）、復（马王堆易九）、復（老子甲五九）。

《复古编》上字复、《说文》复与诅楚文字复的偏旁"复"相似。《复古编》上字复、《说文》复与宋米芾戴君碑铭復中的"复"大致相同。下字复与散盘复、石鼓文复、峄山碑复的偏旁"复"大致相同。复、复、复与复、复当属两条不同的字迹演变序列。

（二十）者

"笔迹小异"上字作者，下字作者。《复古编》含"者"字有猪、著、藸、暗、曙、䐗，无一例外，"者"均作者。《说文》"者"单字作者，与《复古编》下字相同，然而《说文》偏旁"者"却有两种。《复古编》含"者"字，《说文》对应字为豬、著、藸、曙、暗、䐗。从上列《说文》含"者"诸字可知，偏旁"者"一作者，一作者，与"笔迹小异"字形相同。

"者"或含"者"字，金文作者（兮甲盘），秦篆作者（诅楚文）、者（诅楚文）、者（封宗邑瓦书）、者（泰山刻石）、者（峄山碑）、者（秦量

---

① 詹鄞鑫：《谈谈小篆》，语文出版社2007年版，第42页。

诏版)、▨（秦大诏版）、▨（泰山刻石）、▨（峄山碑）、▨（秦大诏版）、▨（秦量诏版），汉篆作▨（寿成室鼎）、▨（封泥379）、▨（临都乡）。

显而易见，《复古编》上字▨为秦小篆典型字形，汉篆常见字形。据目前文献，《复古编》下字、《说文》▨不见于汉及之前实物文字，唐篆中有这种写法，例如▨（李阳冰三坟记碑）。

（二十一）月

"笔迹小异"上字作▨，下字作▨；《说文》作▨，与上字相类。《复古编》含"月"字有▨、▨、▨、▨、▨，《说文》对应字为▨、▨、▨、▨、▨。

《复古编》▨、▨，甲骨文已有相同字形，例如▨（前二·二三·二)、▨（粹六五九）；金文多承甲骨文▨（粹六五九）的笔法，作▨（孟鼎）、▨（毛公鼎）；秦篆多承金文常见写法，例如▨（大墓残磬）、▨（秦印编130：月黎)、▨（诅楚文)、▨（秦公篡)、▨（始皇诏版)、▨（秦陶文）；秦隶多与甲骨文▨（前二·二三·二）笔法相同，例如《睡虎简》作▨（法一二七)、▨（日乙五三)、▨（为四八），秦篆中也有这种写法，例如▨（秦印编130：朔)、▨（秦印编130：霸）；汉篆两种笔法皆存，例如▨（袁安碑)、▨（长安銎)、▨（光和斛)、▨（新承水盘）。

"月"，《复古编》上字▨与甲骨文、秦隶相同。小篆典型字形当作▨，与《复古编》下字▨相同。"月"，西周金文时就已有与"肉"混同的趋势，例如▨（九年卫鼎）中的"肉"与金文▨（孟鼎）相类，其后相承沿用，秦文字中"肉""月"有时无别，例如▨（秦印编75：东门脱）中的"肉"与▨（秦印编130：霸）中的"月"同。徐铉《说文解字·篆文相承笔迹小异》："▨，如六切。《说文》本作'肉'，后人相承作▨，与'月'相类。"[①] 张有承徐铉，对于两种笔法的"月"皆认可。《复古编》上下两字唐篆也有传承，例如▨（李枢华山神庙碑题字)、▨（王知敬明征君碑额）。

（二十二）马

"笔迹小异"上字作▨，下字作▨；《说文》作▨，与上字相类。《复古编》上字▨与▨（释梦英篆书目录偏旁字源碑）相同。《说文》▨与传世古文同，例如《汗简》录《尚书》"犹"作▨。下字▨出土文物与传世

---

① 许慎：《说文解字》，中华书局1963年版，第322页。

文献没有与之相同的字形。

(二十三) 齐

"笔迹小异"上字作䕌，下字作䕌，两者差异在于上部三个构件不同，前者没有竖笔而后者则有。《说文》作䕌，与下字相近。《复古编》含"齐"字有䕌、䕌、䕌、䕌，《说文》对应字作䕌、䕌、䕌、䕌。由《复古编》含"齐"字可知，其偏旁为二，同"笔迹小异"两字形。《说文》单字与偏旁比较接近。

"齐"或含"齐"字，甲骨文作䕌（前二·一五·三），金文作䕌（齐卣）、䕌（师衮簋），秦文字作䕌（商鞅方升）、䕌（秦印编132：齐）、䕌（秦陶文）、䕌（封泥集262.1）、䕌（睡虎简·封六六）、䕌（睡虎简·法九〇），汉文字作䕌（相马经四上）、䕌（光和斛二）、䕌（西狭颂）。

由上可知，"齐"小篆标准字形当作䕌。《复古编》上字䕌源于金文䕌（师衮簋），与秦篆䕌（秦陶文）大致相同；下字䕌与秦篆䕌（封泥集262.1）相同。《说文》䕌与䕌（会稽刻石）、䕌（熹平石经易）相同。

(二十四) 年

《复古编·下平声》规范字形作䕌。"笔迹小异"上字作䕌，下字作䕌；《说文》作䕌，与《复古编》不同。《复古编》上字作䕌与秦篆䕌（秦诏权）大致相同，下字䕌与秦篆常见字形相同（参见上文"《复古编》小篆研究"中有关"年"的内容）。

(二十五) 疒

"笔迹小异"上字作疒，下字作疒；《说文》作疒，同上字。《复古编》含"疒"字有䕌、䕌、䕌、䕌、䕌、䕌、䕌、䕌、䕌、䕌、䕌、䕌、䕌、䕌、䕌、䕌、䕌、䕌、䕌、䕌，《说文》对应字偏旁皆同单字，作疒。

"疒"或含"疒"字，甲骨文作䕌（乙七三八），金文作䕌（昆疕王钟）、䕌（微刻盆），秦小篆作䕌（大驵权）、䕌（元年诏版）、䕌（秦印编147：去疾）、䕌（秦印编147：江弃疾）、䕌（泰山刻石）。

《说文》与《复古编》上字疒与甲骨文、金文相同，且与秦小篆常见字形相同，当为常见标准字形。《复古编》下字疒与秦篆䕌（秦印编147：去疾）的偏旁相同，唐宋篆书也有这种写法，例如䕌（峿台铭）、䕌（释梦英篆书目录偏旁字源碑）。

(二十六) 人

"笔迹小异"上字作人，下字作人；《说文》作人，与下字近同。《复古编》含"人"字颇多，其偏旁类型大致有四：一作𠆢，例字有瞳、燃、噾、㐿、僎、倡、休、倐、儴、僤、𠈌、偏、曖、陳、㥩、㗇、償、伯、㑄、㩻、㒦、但、㒃、倪、㚻、促、伐、㒔、𠊎、𠊎、阿、㐼、徐、𩜈、㒅、傅、䁐、佰、伯、㑏、㒧、偶、侒、𠆢、㵳、㯰；一作尺，例字有尧、祝、㲋、𡰥、㲋、㲋；一作刁，例字有覓、ネ、孑、厣、𢍏、臽；一作㇇，例字有輶、飢、㲋、𢌿、㲋、司、身。"笔迹小异"两字形主要是针对第一类偏旁而言。《说文》部首"人"作𠆢，与《复古编》第一类例字相对应字中的"人"偏旁亦作𠆢。

"人"或含"人"字，甲骨文作𠆢（铁一九一•一）、𠆢（戬四一•六），金文作𠆢（戰簋）、𠆢（保卣）、𠆢（叔卣），秦文字作𠆢（石鼓文）、𠆢（石鼓文）、㑨（诅楚文）、倍（诅楚文）、偪（诅楚文）、尺（集证•173.601）、尺（秦印编153：董它人）、任（秦印编155：任中）、𠆢（秦公簋）、化（泰山刻石）、𠆢（秦陶文）、修（秦陶文）、人（睡虎简•法五）、𠊡（睡虎简•封八六）、𠆢（睡虎简•秦九五），汉文字作𠆢（唐公房碑额）、𠆢（郑季宣碑阴额）、𠆢（新郪虎符）、𠆢（新嘉量）、㑏（新嘉量）、𠆢（铜华镜）、𠆢（铜华镜）、𠆢（东海宫司空盘）、𠆢（纵横家书五六）、𠆢（老子甲一）。

由上可知，"人"小篆常见字形作𠆢，与《复古编》上字相同，此字形"人"左笔较短、右笔稍长，后世也有这种写法，如𠆢（北魏萧正表墓志盖）、化（唐碧落碑）；《复古编》下字尺在秦篆单字中可见，而作为偏旁后世篆书也有沿用，如儒（北齐赫连子悦墓志盖）。《说文》与汉金文𠆢（铜华镜）、𠆢（铜华镜）中的"人"相同，然而在实物文字中颇为少见，当为汉代出现、不典型字形，这种写法后世也有传承，如𠆢（唐李阳冰三坟记碑）、𠆢（唐崔浚崔頠独孤勉等题记）。

（二十七）匕

"笔迹小异"上字作匕，下字作㇆；《说文》作匕，与下字相类。《复古编》含"匕"字有𢒬、利，《说文》对应字为𢒬、利。《复古编》偏旁"匕"同上字，《说文》类下字。

"匕"或含"匕"字，甲骨文作匕（续存二二一五），金文作匕（伯真瓢），秦文字作匕（诅楚文）、𢒬（石鼓文）、化（泰山刻石）、𢒬（泰山刻石）、顈（秦陶文）、絼（秦陶文），汉文字作𢒬（寿成室鼎）、𢒬（新嘉量）、穮（寨山滇王印）、慎（老子甲五八）、慎（老子甲后二二三）、𢒬（赵宽碑额），《古文四声韵》作化（古孝经）、㇆（古老子）、㇆（古老子)、❂(古老子)。

《复古编》上字❂在秦篆中最为常见,后世篆书多沿用;下字❂与夏竦《古文四声韵》所录❂同,《说文》❂与泰山刻石❂中的"七"相类。

(二十八) 老

"笔迹小异"上字作❂,下字作❂;《说文》作❂,与下字接近。《复古编》含"老"字有❂,《说文》对应字作❂。

"老",金文作❂(史季良父壶),秦文字作❂(诅楚文)、❂(睡虎简·秦一八四)、❂(睡虎简·为三〇)、❂(秦陶文),楚文字作❂(新甲三·二六八),汉文字作❂(老子甲三八)、❂(日有熹镜)、❂(赵宽碑额)、❂(三老舍印)。

《复古编》上字❂与金文❂(史季良父壶)相同,下字❂与楚文字❂(新甲三·二六八)相类,与唐篆❂(三坟记碑)相同。《说文》❂与秦汉实物文字不同,然与金文❂(殳季良父壶)、楚文字❂(新甲三·二六八)相类。

(二十九) 舟

"笔迹小异"上字作❂,下字作❂,两者几近相同。《说文》"舟"作❂。《复古编》含"舟"字有❂、❂、❂、❂、❂、❂、❂、❂、❂、❂,《说文》对应字为❂、❂、❂、❂、❂、❂、❂、❂、❂、❂。由上字可知,《复古编》偏旁"舟"有两种:一作❂,一作❂。由此,"笔迹小异""舟"上下字当作❂、❂。

"舟"或含"舟"字,甲骨文作❂(前七·二一·三),金文作❂(舟簋)、❂(毛公鼎),秦文字作❂(石鼓文)、❂(石鼓文)、❂(都船丞印)、❂(秦陶文)、❂(秦陶文)、❂(秦陶文)、❂(睡虎简·日甲九八背),汉文字作❂(五十二病方二三六)、❂(纵横家书一六九)、❂(王莽新嘉量)、❂(汉见日之光镜)、❂(赵谒子产印信)。

由上可知,《复古编》上字❂,秦汉篆书中没有与之相同的字形,唐李阳冰《千字文》❂中的"舟"与之大致相同;"舟"小篆典型字形盖作❂,与下字❂相同,唐篆沿用了这种写法,例如❂(碧落碑)、❂(李阳冰般若台铭)。

(三十) 俞

《复古编·上平声》规范字形作❂,《说文》作❂。"笔迹小异"上字作❂,下字作❂,两者差异在于"舟"中间笔画的曲直上。《复古编》含"俞"字有❂、❂、❂、❂,《说文》对应字为❂、❂、❂、❂。《复古编》

单字作〇，偏旁作〇，同"笔迹小异"上下字。

"俞"或含"俞"字，金文作〇（豆闭簋）、〇（鲁伯俞父盘），秦文字作〇（诅楚文）、〇（睡虎简·编一〇），汉文字作〇（五十二病方二三九）、〇（纵横家书一七八）、〇（老子甲后二一一）、〇（俞元丞印）、〇（谕辅之印）。

"笔迹小异""俞"上下字与秦汉文字不同，盖是张有根据《说文》字形说解"从亼从舟从巜"而拟定的字形（详见下文"上正下讹"相关研究）。

（三十一）欠

"笔迹小异"上字作〇，下字作〇；《说文》作〇，与上字同。《复古编》含"欠"字有〇、〇、〇、〇、〇、〇、〇、〇、〇、〇、〇、〇、〇、〇、〇、〇、〇、〇、〇，后8字与前11字偏旁"欠"略异。《说文·欠部》部首字与偏旁皆作〇。

"欠"或含"欠"字，甲骨文作〇（明一八八〇）、〇（后下四二·六），西周金文作〇（吹方鼎）、〇（史次鼎），春秋战国文字作〇（侯马盟书）、〇（鱼鼎匕）、〇（中山王壶）、〇（玺汇2526）、〇（玺汇3148），秦文字作〇（诅楚文）、〇（大驖权）、〇（大良造鞅方量）、〇（秦大诏版）、〇（秦陶文）、〇（秦陶文）、〇（睡虎简·效一一）、〇（睡虎简·秦三一），汉文字作〇（一号墓竹简二三七）、〇（春秋事语七）、〇（老子乙前九上）、〇（新嘉量）、〇（新衡杆）、〇（成山宫渠斗）。

据目前文献，《复古编》上字〇、《说文》〇不见于汉及之前实物文字。詹鄞鑫认为《说文》〇为讹误字形，标准字形当作〇[1]。然而《说文》〇与传世古文大致相同，例如《古文四声韵》录《籀韵》"欠"作〇，录崔希裕《纂古》"哂"作〇；与唐李阳冰《千字文》〇、〇中的"欠"相同。"欠"，甲骨文、西周金文大致相同，盖春秋战国时期分化为两个字形稍异的形体：一个是〇，如〇（鱼鼎匕）、〇（玺汇2526）中的偏旁；一个是〇，如〇（中山王壶）、〇（玺汇3148）中的偏旁。秦汉篆文一般作〇。《复古编》下字〇与〇大致相同。《说文》："旡，从反欠"，"旡"，《说文》古文作〇，那么"欠"当作〇，与《复古编》下字〇大致相同。徐铉《说文解字·篆文相承笔迹小异》："〇，《说文》作〇，亦李斯小变其势。李

---

[1] 詹鄞鑫：《谈谈小篆》，语文出版社2007年版，第41页。

阳冰乃云'从开口形',亦为臆说。"① 徐铉认为,为李斯稍变而致,实则不然,与相类字形战国时已存,例如（鱼鼎匕）。李阳冰认为"欠""从开口形",据目前所见实物文字,此说极是,非为臆说。

（三十二）旡

"笔迹小异"上字作，下字作；《说文》作，与上字同。"笔迹小异"含"旡"字为"既",其上字作，下字作；《说文》作，与上字大致相同。

"旡"或含"旡"字,甲骨文作（前四·三三·五）、（粹四九三）,金文作（卫盉）、（颂鼎）,秦文字作（石鼓文）、（泰山刻石）、（峄山碑）、（秦驷玉版·乙）,汉文字作（老子甲后一七九）,三国文字作（三体石经·君奭）。

从上可知,《说文》与《复古编》上字不见于汉及之前实物文字,盖为讹误字形,标准字形当作。含"旡"的"既",詹鄞鑫认为《说文》字形讹误,标准字形当作②。《说文》《复古编》上字与传世李阳冰《千字文》中"旡"大致相同；《复古编》下字与秦汉隶书的偏旁大致相同。

（三十三）页

"笔迹小异"上字作，下字作，两者差异在于似"目"上面构件,前者为一竖笔且相离,后者为类似"人"形且与下面构件连接在一起。《说文》"页"作，三者各异。《复古编》偏旁"页"有四：一作，关涉字有、、、、、、、、、、、、；二作，关涉字有、；三作，关涉字有、；四作，关涉字有、。《说文》对应字作、、、、、、、、、、、、、、、、、。通过偏旁类推可知,《复古编》偏旁"页"有四：、、、；《说文》有三：、、。居右的偏旁"页"最为常见,《复古编》多作，《说文》多作。

"页"或含"页"字,甲骨文作（乙八八四八）,金文作（卯簋）、（颂簋）,秦文字作（秦公簋）、（石鼓文）、（诅楚文）、（秦印编174：王顺）、（秦印编172：郭头）、（集证·181.708）、（泰山刻石）、（峄山碑）,汉篆作（扶风出土汉印）、（祀三公山

---

① 许慎：《说文解字》,中华书局1963年版,第322页。
② 詹鄞鑫：《谈谈小篆》,语文出版社2007年版,第41页。

碑）。

《复古编》上字■与秦汉篆书均不同，盖为后出字形，与唐碧落碑■、■中的构件大致相同；下字■在金文■（颂簋）、秦篆■（秦公簋）中都有相同的字形；《说文》■与汉篆■（扶风出土汉印）的偏旁相同。

（三十四）驾

"笔迹小异"上字作■，下字作■，两者差异在于构件位置不同。《说文》作■，与上字相同。

《复古编》上字■与秦文字■（秦印编192：韩驾）、■（睡虎简·秦四七）以及汉文字■（仓颉篇一）、■（汉上大山镜二）结构相同；下字■与秦文字■（石鼓文）、■（秦印编192：杜驾）结构相同。秦汉篆书虽然没有与《复古编》完全相同的字形，但大致相同，这两种写法与唐篆■（李阳冰千字文）、■（碧落碑）相同。

（三十五）文

《复古编·上平声》规范字形作■；"笔迹小异"上字作■，下字作■，两者差异在于上部两笔是直是曲。《说文》作■，同《复古编》规范字形及下字。《复古编》含"文"字有■、■、■，《说文》对应字作■、■、■。由上可知，《说文》《复古编》偏旁"文"有两种，同"笔迹小异"上下字。

"文"或含"文"字，甲骨文作■（乙六八二〇反）、■（后下十三·一五），金文作■（令簋）、■（毛公鼎），秦文字作■（秦公钟）、■（秦陶文）、■（睡虎简·日甲一三〇），汉文字作■（老子甲后三四五）、■（御食官鼎）、■（开母石阙）、■（将文喜印）。

"文"，甲骨文、金文上部笔画均作直笔，《复古编》上字■与之相同；上部曲笔的■，相对而言，当为后出美观字形，汉篆中较为常见，后世篆书多有传承，如■（东魏高盛墓碑额）、■（唐张说墓志）。

（三十六）卯

"笔迹小异"上字作■，下字作■，《说文》作■，三者各异。

"卯"或含"卯"字，甲骨文作■（乙一二七七）、■（前四·二一·五），金文作■（宅簋）、■（令鼎），诸侯国文字作■（信阳楚简）、■（中山王壶），秦文字作■（大良造鞅方量）、■（秦陶文）、■（睡虎简·日乙二四八），汉文字作■（上谷府乡坟坛题字）、■（老子甲五二）、■（见日之光镜）、■（少卿），三国文字作■（上尊号奏额阳识）。

《复古编》上字■与甲骨文、金文、秦篆部分字形相同，当为小篆标准字形；《复古编》下字❏与西汉篆文❏（上谷府乡坟坛题字）中的"卯"相同。汉篆受隶变影响，多如❏（少卿）中的"卯"。《说文》❏不见于汉及之前实物文字，且与秦篆差异稍大，为唐宋篆文讹变字形，❏（李阳冰千字文）、❏（释梦英千字文）中的"卯"与之相同。

（三十七）鬼

"笔迹小异"上字作❏，下字作❏，《说文》作❏。《复古编》含"鬼"字有❏、❏，《说文》对应字为❏、❏。《说文》单字作❏，偏旁有二：一作❏，例字有❏、❏，一作❏，例字有❏、❏。《说文》❏与《复古编》下字❏差异在于中间竖笔是否上伸出头。

"鬼"或含"鬼"字，甲骨文作❏（乙六六八四）、❏（菁五·一），金文作❏（鬼壶）、❏（毛公鼎），战国文字作❏（战国印）、❏（随县战国墓漆二十八宿箧），秦文字作❏（秦大驲权）、❏（秦陶文）、❏（秦印编182：王魏）、❏（睡虎简·法——○）、❏（睡虎简·为二八），汉文字作❏（五十二病方·目录）、❏（老子甲四七）、❏（仓颉篇二六）、❏（春秋事语九一）、❏（淮阴侯墓二十八宿圆盘）、❏（螯屋鼎盖）、❏（天帝煞鬼之印），三国篆文作❏（霍公神道阙阳识）。

"鬼"，秦小篆字形各不相同，由于缺乏文献数据，标准形体不好确定；汉篆常见标准形体当作❏或❏。《复古编》上字❏与宋篆❏（释梦英篆书目录偏旁字源碑）相同；下字❏与秦篆❏（秦印编182：王魏）大致相同，与三国篆书❏（霍公神道阙阳识）中的"鬼"相同，北宋唐英勃兴颂碑❏传承了这种写法；《说文》中间竖笔上伸出头的❏与汉隶❏（五十二病方·目录）中的"鬼"接近，与唐篆碧落碑❏中的"鬼"相同。

（三十八）畏

"笔迹小异"上字作❏，下字作❏，两者差异在于"甶"中间竖笔是否出头，而且构件"人"的写法也不同。《说文》单字与偏旁皆作❏，同下字。

"畏"，甲骨文作❏（铁一四六·二）、金文作❏（盂鼎），秦文字作❏（诅楚文）、❏（睡虎简·日甲二四背），楚文字作❏（秦家嘴一三·四），汉文字作❏（老子甲后一九三）、❏（纵横家书一二四）、❏（杨著碑阳）、❏（三畏私印）。

汉及之前实物文字中"畏"的偏旁"甶"中间竖笔多不出头。《复古编》上下字均与甲骨文、金文、秦文字、楚文字、汉篆有传承关系。上字❏与❏（三畏私印）大致相同，下字❏与宋篆❏（释梦英千字文）大致

第五章 《复古编》附录研究　221

相同。

（三十九）禺

"笔迹小异"上字作䍃，下字作䍃，两者差异在于"甶"中间竖笔是否出头。《说文》作䍃，同下字。《复古编》含"禺"字有䍃、愚、偶，《说文》对应字为䍃、愚、偶。

"禺"或含"禺"字，金文作䍃（寓鼎）、䍃（史颂簋），诸国文字作䍃（楚郭·语四·一○）、䍃（楚帛四○六·二六）、䍃（吴邘王壶）、䍃（侯马盟书）、䍃（中山王器），秦文字作䍃（石鼓文）、禺（秦陶文）、䍃（秦印编182：杨禺）、䍃（秦印编142：寓）、䍃（睡虎简·日甲六六），汉文字作䍃（一号墓竹牌三五三）、䍃（孙膑一六一）。

《复古编》上字禺与秦篆字形相同，当为小篆常见标准字形；《说文》及《复古编》下字禺与楚文字䍃（楚帛四○六·二六）相同。

（四十）长

"笔迹小异"上字作长，下字作长；《说文》作长，同上字。《复古编》含"长"字有镸、張、韔、鬚、髟、髹、髳、髟、髟、髟，《说文》对应字作镸、張、韔、髡、髧、髤、髥、髤、髢。

"长"或含"长"字，甲骨文作长（后上十九·六），金文作长（墙盘）、长（长汤匜），诸国文字作长（赵长陵盉）、长（韩玺羌钟）、长（中山王鼎），秦文字作长（诅楚文）、长（诅楚文）、长（泰山刻石）、长（峄山碑）、长（秦印编188：杜长）、长（封泥集304·1）、长（秦陶文），汉文字作长（乘舆御水铜钟）、长（长杨鼎）。

《复古编》上字长与长（墙盘）、长（秦陶文）以及长（韩玺羌钟）、长（中山王鼎）中的"长"有点相似，当为后出笔迹变异字形，在隋唐宋篆书中较为常见，例如长（隋刘珍墓志）、长（隋郭达墓志）、长（隋苏恒墓志）、长（唐李敬碑额）、长（唐苏洪姿墓志）、长（宋徐铉许真人井铭）。《复古编》下字长与秦篆长（秦印编188：杜长）相同。詹鄞鑫认为，《说文》长字形讹误，长为标准字形[①]，与《复古编》下字相同。

（四十一）鹿

"笔迹小异"上字作鹿，下字作鹿，两者差异在于"鹿角"不同。《说文》"鹿"作鹿，与《复古编》下字接近。《复古编》从"鹿"字偏旁有两种，一作鹿，关涉字有麤、麋、麌、麑、麒、麗、麢、麛、麚、

[①] 詹鄞鑫：《谈谈小篆》，语文出版社2007年版，第41页。

；一作㸚，关涉字有㸚、㸚。《说文》与之对应字为㸚、㸚、㸚、㸚、㸚、㸚、㸚、㸚、㸚、㸚、㸚、㸚。《说文》"鹿"单字与偏旁相同，皆作㸚。

"鹿"或含"鹿"字，甲骨文作㸚（粹九五三），金文作㸚（貉子卣）、㸚（命簋），秦文字作㸚（石鼓文）、㸚（石鼓文）、㸚（石鼓文）、㸚（秦公簋）、㸚（秦陶文）、㸚（秦陶文）、㸚（秦陶文）、㸚（睡虎简·日甲七五背）、㸚（睡虎简·法八一）、㸚（睡虎简·日乙二〇〇），汉文字作㸚（老子乙前一七二下）、㸚（相马经四上）、㸚（纵横家书一六一）、㸚（封泥586）、㸚（丽兹则宰印），魏三体石经作㸚。

"鹿"为象形字，写法相对较多，秦汉篆书没有与《复古编》《说文》相同的写法。据目前文献，魏三体石经㸚中的"鹿"与《复古编》下字、《说文》相同。

（四十二）能

"笔迹小异"上字作㸚，下字作㸚，两者差异在于构件位置不同。《说文》作㸚，同上字。

"能"或含"能"字，金文作㸚（沈子簋）、㸚（能匋尊）、㸚（毛公鼎），诸侯国文字作㸚（江陵楚简）、㸚（中山王鼎），秦文字作㸚（诅楚文）、㸚（峄山碑）、㸚（睡虎简·秦一一一）、㸚（秦印编199：上贤事能）、㸚（秦印编199：能故），汉文字作㸚（老子甲一六）、㸚（铜镜050508）。

《说文》与《复古编》上字同诅楚文㸚偏旁"能"，《复古编》下字同峄山碑㸚。

（四十三）壹

"笔迹小异"上字作㸚，下字作㸚，两者差异在于下面两竖笔是否与上面笔画相接。《说文》作㸚，同上字。

"壹"或含"壹"字，秦篆作㸚（诅楚文）、㸚（大良造鞅方量）、㸚（峄山碑）、㸚（秦大诏版）、㸚（两诏椭量）、㸚（故道残诏版）；汉篆作㸚（封泥2305）、㸚（孔庙碑）。

《复古编》上字㸚与汉篆㸚（孔庙碑）中的"壹"相同，盖为不典型字形，宋释梦英篆书目录偏旁字源碑㸚沿袭了这种写法；《复古编》下字㸚与秦汉篆书不同，而与李阳冰《千字文》㸚相同。

（四十四）为

"笔迹小异"上字作㸚，下字作㸚；《说文》作㸚，与上字大致相同。《复古编》含"为"字有㸚、㸚，《说文》对应字作㸚、㸚。

"为",甲骨文作☒(前五·三〇·四),金文作☒(昌鼎)、☒(郜嫚鼎),秦文字作☒(石鼓文)、☒(诅楚文)、☒(泰山刻石)、☒(秦诏权)、☒(秦大诏版)、☒(秦陶文)、☒(睡虎简·效二七)、☒(睡虎简·杂四),汉文字作☒(袁安碑)、☒(建昭雁足灯)。

"为"是形象字,笔画繁多,即使同为秦小篆,笔法也不相同。《说文》☒及《复古编》☒、☒与秦大诏版☒相似。唐篆也沿袭了秦篆的写法,例如☒(三坟记碑)、☒(峼台铭)。

(四十五) 心

"笔迹小异"上字作☒,下字作☒;《说文》作☒,与上字大致相同。《复古编》含"心"字较多。其偏旁"心"相对单字"心",字形有些变异,共有三种:

(1) ☒,居于字左(个别字居右)或字下(个别居于字的下部一角),关涉字有☒、☒,《说文》对应字作☒、☒。

(2) ☒,居于字左或字下,关涉字有☒、☒,《说文》对应字作☒、☒。☒与☒差异在于上部笔画是否上扬。

(3) ☒,多居于字下或字中,关涉字有☒、☒、☒、☒、☒、☒、☒、☒、☒、☒、☒、☒、☒,《说文》对应字作☒、☒、☒、☒、☒、☒、☒、☒、☒、☒、☒、☒、☒。

通过《说文》含"心"字偏旁类推,我们可以发现《说文》偏旁"心"与单字相同,均作☒。

"心"或含"心"字,甲骨文作☒(合7182),金文作☒(墙盘)、☒(克鼎),秦文字作☒(诅楚文)、☒(诅楚文)、☒(诅楚文)、☒(诅楚文)、☒(诅楚文)、☒(泰山刻石)、☒(泰山刻石)、☒(泰山刻石)、☒(峄山碑)、☒(峄山碑)、☒(峄山碑)、☒(峄山碑)、☒(集证·184.754)、☒(集证·177.664)、☒(秦印编209:辛意),汉文字作☒(封泥502)、☒(匈奴恶适尸逐王)。

《复古编》上字☒与秦篆☒(诅楚文)相同,唐代谦卦碑☒传承了这一写法;《说文》☒与之大致相同。《复古编》下字☒作为构件不见于《说文》,而在实物文字中较为常见。

由上可知,《复古编》关涉字较多的两个偏旁☒、☒多见于实物文字，当为典型字形，李阳冰《千字文》传承了这两种写法，例如其中的 ◇、◇、◇；《说文》◇不见于汉及之前实物文字，始见于魏三体石经《尚书》，例如◇、◇、◇、◇、◇，唐代碧落碑一些字沿袭了这种写法，如◇、◇。

（四十六）泉

"笔迹小异"上字作◇，下字作◇；《说文》作◇，同下字。《复古编》含"泉"字有◇、◇，《说文》对应字作◇、◇。《说文》"泉"单字与偏旁皆作◇。

"泉"或含"泉"字，甲骨文作◇（前四·一七·一），秦文字作◇（大良造鞅方量）、◇（秦印编 224：重泉丞印）、◇（瓦当·1.4）、◇（泰山刻石）、◇（秦陶文）、◇（睡虎简·日甲三七背）、◇（睡虎简·法一九六），汉文字作◇（南陵钟）、◇（开母石阙）、◇（少室石阙）、◇（封泥 1603）。

据目前文献，《复古编》上字◇不见于汉及之前实物文字，唐代李阳冰栖先茔记碑中的◇与之相同；《说文》与《复古编》下字◇多见于秦汉篆文，当为"泉"标准字形。

（四十七）永

"笔迹小异"上字作◇，下字作◇，两者主要差异在于左上笔画是曲线还是一点。《说文》作◇，同上字。《复古编》含"永"字有◇，《说文》对应字作◇。

"永"，金文作◇（颂鼎）、◇（召鼎）、◇（陈侯簋）、◇（黄子鼎），秦文字作◇（石鼓文）、◇（秦公镈钟），汉文字作◇（新嘉量）、◇（楚永巷丞）。

《复古编》上字◇与◇（黄子鼎）相同，下字◇与◇（召鼎）、◇（陈侯簋）相同，而在汉及之前实物文字中上字◇较为常见。

（四十八）谷

"笔迹小异"两字形为◇、◇；《说文》作◇，同上字。《复古编》偏旁"谷"有二：一作◇，关涉字有◇、◇、◇；一作◇，关涉字有◇、◇，《说文》对应字为◇、◇、◇、◇、◇。《说文》"谷"单字作◇，而偏旁由上列字可知，一作◇，一作◇。

"谷"或含"谷"字，甲骨文作◇（前四·一二·五）、◇（佚一一三），金文作◇（启卣）、◇（五祀卫鼎），秦文字作◇（诅楚文）、◇（秦印编 225：谷南）、◇（秦陶文）、◇（睡虎简·封二〇）、◇（睡虎简·

语一)、☐(睡虎简·秦四八),汉文字作☐(纵横家书一五五)、☐(仓颉篇八)、☐(常浴盆)、☐(谷口宫鼎)。

由上可知,"谷"常见典型字形当作☐,与《说文》及《复古编》第二个偏旁☐相同;《复古编》上字☐、《说文》☐在汉篆中也可见,但相对☐出现较晚,当是为字形茂美而出的字形,唐代篆书有这种写法,如☐(唐城隍庙碑)、☐(尹元凯美原神泉碑);《复古编》下字☐见于秦隶,相对☐,出现较晚,当是受隶变影响而出的字形。

(四十九)鱼

"笔迹小异"上字作☐,下字作☐;《说文》作☐,同上字。《复古编》偏旁"鱼"字有二:一作☐,关涉字有☐、☐、☐、☐、☐;一作☐,关涉字有☐、☐、☐、☐、☐、☐,《说文》对应字为☐、☐、☐、☐、☐、☐、☐、☐、☐、☐。《说文》"鱼"单字作☐,同偏旁。

"鱼"为象形字,甲骨文作☐(佚八一二)、☐(前四·五五·七);金文承甲骨文作☐(犀伯)、☐(鱼冶妊);秦大篆承金文☐(鱼冶妊)的笔法,单字及偏旁相同,例如秦公簋作☐,石鼓文相关字作☐、☐、☐、☐、☐、☐、☐;《睡虎简》与秦大篆稍异,作☐(日乙一七四)、☐(日乙一七四);《增订汉印文字征》单字与偏旁多与秦简相同,例如☐(鱼复长印)、☐(平鱼)、☐(鲜丰)、☐(渔阳右尉);唐写本《说文》木部残卷作☐,同汉篆。

由上可知,《复古编》上字、《说文》☐不见于汉及之前实物文字,盖为后出字形。詹鄞鑫认为,《说文》☐字形讹误,正确字形当为☐[1]。据目前文献,《复古编》上字☐盖为后出字形,李阳冰《千字文》☐、☐与之写法相同。《复古编》下字☐与金文☐(鱼冶妊)相同。

(五十)臼

"笔迹小异"上字作☐,下字作☐;《说文》作☐,同上字。《复古编》含"臼"字有☐、☐、☐、☐、☐,《说文》对应字为☐、☐、☐、☐、☐。通过偏旁类推,《复古编》《说文》偏旁"臼"均有两种写法:一作☐,一作☐。

含"臼"字,甲骨文作☐(甲二〇三〇)、☐(前四·一〇·三),金文作☐(兴鼎)、☐(要簋),秦文字作☐(诅楚文)、☐(诅楚文)、☐(泰山刻石)、☐(睡虎简·秦一五三)、☐(睡虎简·日甲七三背),汉

---

[1] 詹鄞鑫:《谈谈小篆》,语文出版社2007年版,第41页。

文字作🗚（老子甲后一九一）、🗚（孙子五三）、🗚（与天相寿镜）、🗚（安国侯虎符）、🗚（新郪虎符）、🗚（少室石阙）、🗚（开母石阙）、🗚（建武平合）。

《说文》与《复古编》上字🗚与甲骨文、金文有传承关系，且所见秦篆实物文字皆如此，当为小篆典型字形，这种写法唐宋篆文也有传承，例如🗚（唐三坟记）、🗚（篆书目录偏旁字源碑）；《复古编》下字🗚，其字形肇端于秦隶，当为受隶变影响而后出的字形，唐宋篆文也有沿袭，例如🗚（城隍庙碑）、🗚（篆书目录偏旁字源碑）。

（五十一）户

影宋抄本《复古编》"笔迹小异"两字形为🗚、🗚，两者字形相同，第二字形当依元刻本作🗚。《复古编》含"户"字有🗚、🗚、🗚、🗚、🗚、🗚、🗚、🗚。《说文》"户"单字作🗚，偏旁"户"有两种：一为🗚，绝大多数从"户"字从此；一为🗚，例字为🗚、🗚。

"户"或含"户"字，甲骨文作🗚（后下三六·三）、🗚（甲五八九），金文作🗚（庚壶）、🗚（颂鼎）、🗚（门簋），秦文字作🗚（石鼓文）、🗚（睡虎简·秦一六八）、🗚（睡虎简·法一五）、🗚（睡虎简·封七三），汉文字作🗚（封泥080302）、🗚（文竹门掌户）、🗚（开母庙石阙）、🗚（祀三公山碑）、🗚（少室石阙）。

《复古编》上字🗚不见于汉及之前实物文字，据目前文献，与李阳冰《千字文》🗚、🗚写法相同。据目前文献，"户"标准小篆形体当作🗚，与《复古编》下字同。

（五十二）门

"笔迹小异"上字作🗚，下字作🗚，两者差异在于中间竖笔是否超出上部横笔。上字为"户"的两个小篆标准字形🗚相对，下字同《说文》🗚。《复古编》含"门"字有🗚、🗚、🗚、🗚、🗚、🗚、🗚、🗚、🗚。《复古编》偏旁"门"有二：一作🗚，一作🗚；《说文》"门"单字与偏旁皆作🗚。

"门"或含"门"字，甲骨文作🗚（甲八四〇）、🗚（前四·一六·一），金文作🗚（昌鼎）、🗚（毛公鼎），诸侯国文字作🗚（中山王鼎）、🗚（齐子禾子釜）、🗚（楚鄂君舟节），秦文字作🗚（秦印编229：东门脱）、🗚（集证·183.731）、🗚（秦陶文）、🗚（睡虎简·为九）、🗚（睡虎简·日甲一四三背），汉文字作🗚（古地图）、🗚（纵横家书二三八）、🗚（文竹门掌户）、🗚（门浅）、🗚（关内侯印）、🗚（关瓦当）。

《复古编》上字▢不见于汉及之前实物文字，后世有类似写法，例如▢（北齐赫连子悦墓志盖）、▢（五代钱镠开慈云岭记）。《说文》与《复古编》下字"门"与汉篆▢（关瓦当）中的"门"相同。唐李阳冰传承了这种字形，例如▢（三坟记碑）、▢（栖先茔记）。

（五十三）也

"笔迹小异"上字作▢，下字作▢；《说文》作，《说文》录秦刻石作▢。《复古编》含"也"字有▢、▢、▢，《说文》与之相同。

"也"或含"也"字，金文作▢（叔上匜）、▢（子仲匜）、▢（陈子匜）、▢（蔡侯匜）、▢（陈仓成山匜），秦文字作▢（峄山碑）、▢（秦骃玉版）、▢（睡虎简·法二五）、▢（睡虎简·封六五）、▢（睡虎简·为四五），汉文字作▢（封泥1591）、▢（兰池宫当瓦当），三国文字作▢（三体石经·君奭）、▢（封国山碑）。

此外，"也"，战国金文作▢（平安君鼎），楚文字作▢（郭·语三·六六上）、▢（上一·紂·二二），秦文字作▢（郎邪刻石）、▢（句邑权）、▢（大駵权）、▢（两诏楕量）、▢（睡虎简·为二九），汉文字作▢（老子甲一）、▢（春秋事语八）、▢（孙膑一六三），《汗简》作▢（石经），《古文四声韵》作▢（古孝经）。

《说文》所列两个小篆字形▢、▢当属两条不同的演进序列：▢属于"它"字序列，▢属于"也"字序列。"它"，金文、秦文字、部分汉文字字形均作▢。《说文》及《复古编》上字▢据目前所知实物文字为三国出字形，后世也有这种写法，例如▢（北魏寇治墓志）、▢（李阳冰千字文）。《复古编》下字▢汉及之前实物文字多有这种写法，后代也有传承，例如▢（碧落碑）。从"也"的"施"，詹鄞鑫认为《说文》小篆▢为讹误字形，其标准字形当作▢①。此说甚是。

（五十四）氏

"笔迹小异"上字作▢，下字作▢，两者差异在于末笔是否弯曲下垂。《说文》作▢，同上字。《复古编》含"氏"字有▢、▢、▢、▢、▢、▢、▢、▢、▢、▢、▢，《说文》对应字为▢、▢、▢、▢、▢、▢、▢、▢、▢、▢、▢。《说文》"氏"偏旁有两类，同《复古编》▢、▢。

"氏"或含"氏"字，甲骨文作▢（后下二一·六），金文作▢（颂鼎），秦文字作▢（石鼓文）、▢（秦印编243：爨氏）、▢（秦陶文）、▢

---

① 詹鄞鑫：《谈谈小篆》，语文出版社2007年版，第42页。

(秦陶文)、▨(睡虎简·编二五)、▨(睡虎简·日甲一)、▨(睡虎简·日甲六一背),汉文字作▨(老子甲后一八四)、▨(仓颉篇三六)、▨(建安二年洗)、▨(魏其侯盆)、▨(祀三公山碑),《汗简》作▨(石经)、▨(尚书)。

《说文》及《复古编》上字▨与甲骨文、金文有传承关系,与部分秦实物文字相同,当为小篆典型字形;据目前文献,《复古编》下字▨与传世古文相同,在唐篆中也有传承,例如▨(干禄字书碑额)、▨(颜家庙碑额)。

(五十五)建

"笔迹小异"上字作▨,下字作▨;《说文》作▨,与上字接近。由上文(参见上文"廴")可知,上字▨与秦篆▨(秦印编36:张建)等字相同,下字▨与峄山碑▨相同。

(五十六)所

"笔迹小异"上字作▨,下字作▨,两者两偏旁皆异。《说文》作▨,同上字。

"所",秦文字作▨(石鼓文)、▨(秦陶文)、▨(睡虎简·秦五七),汉文字作▨(春秋事语七四)、▨(相马经二上)、▨(河东鼎)、▨(官律所平器),三国文字作▨(三体石经·僖公)、▨(三体石经·僖公)。

"所"的偏旁"户"典型字形作▨(参见上文"户"),"斤"常见小篆字形同《说文》▨,因此"所"标准字形当同石鼓文、《说文真本》作▨,后世篆书多沿用这种写法,例如▨(唐尹元凯美原神泉碑)、▨(释梦英千字文)。据目前文献,《说文》及《复古编》上字▨不见于汉及之前实物文字,盖为后出字形;《复古编》下字▨与汉简▨(相马经二上)相同。

(五十七)久

"笔迹小异"上字作▨,下字作▨。《复古编》含"久"字有▨。《说文》"久"作▨,含"久"字有▨、▨、▨、▨、▨、▨。《说文》"久"单字与偏旁皆作▨。

"久",秦文字作▨(诅楚文)、▨(大騩权)、▨(两诏椭量)、▨(两诏斤权)、▨(峄山碑)、▨(二世元年诏版)、▨(秦陶文)、▨(睡虎简·秦八六)、▨(睡虎简·日乙六二),汉文字作▨(老子甲六八)、▨(纵横家书一三)、▨(久不相见镜)、▨(封泥1566)。

第五章 《复古编》附录研究

由上可知，"久"的小篆标准形体当作㇇，同《复古编》下字；《说文》㇇、《复古编》上字㇇与两诏斤权㇇相同，当为后出字形。

（五十八）我

"笔迹小异"上字作𢦒，下字作𢦒；《说文》作𢦒，《说文》古文作𢦒。《说文》小篆同《复古编》上字。《复古编》含"我"字有𢦒，《说文》对应字作𢦒。

"我"或含"我"字，西周金文作𢦒（𣄰钟）、𢦒（仲义父鼎），战国诸侯国文字作𢦒（燕九年将军戈）、𢦒（郭·缁·一九），秦文字作𢦒（石鼓文）、𢦒（诅楚文）、𢦒（泰山刻石）、𢦒（秦陶文）、𢦒（睡虎简·为一一）、𢦒（睡虎简·日甲二九背），汉文字作𢦒（纵横家书一○）、𢦒（老子甲后七九）、𢦒（匈奴归义亲汉长）。

《说文》及《复古编》上字𢦒与西周金文𢦒（𣄰钟）相同，其后石鼓文𢦒延续其笔法；《说文》古文𢦒其构件与楚简𢦒（郭·缁·一九）相同，仅位置稍异，当为同一字源；《复古编》下字𢦒与诅楚文𢦒相同，与李阳冰《千字文》𢦒中的"我"相同。

（五十九）乍

"笔迹小异"上字作乍，下字作乍，两者差异在于横划的位置不同；《说文》作乍，同上字。三者末笔皆下垂。《复古编》含"乍"字有酢、笮、咋、怍，《说文》对应字作酢、笮、咋、怍。《说文》偏旁"乍"有二：一作乍，一作乍。

"乍"或含"乍"字，甲骨文作乍（铁二二〇·三），金文作乍（利簋），秦文字作乍（不其簋盖）、乍（秦政伯丧戈）、乍（石鼓文）、乍（泰山刻石），汉文字作乍（老子甲五四）、乍（袁氏镜）、乍（光和斛）、乍（东海宫司空盘）、乍（少室石阙）、乍（祀三公山碑），《古文四声韵》作乍（王存乂切韵）、乍（王存乂切韵）、乍（古孝经）。

"乍"，与甲骨文、金文、秦大篆有传承关系的常见小篆形体当作乍，与秦篆相同；《说文》偏旁乍与乍（东海宫司空盘）的偏旁"乍"相同，相对乍而言，出现较晚，唐宋篆书沿袭了这种写法，例如乍（李阳冰千字文）、乍（释梦英千字文）；《说文》及《复古编》上字乍，与东汉刻石祀三公山碑乍中的"乍"大致相同，与王存乂《切韵》乍相同，与北魏韩显宗碑额乍的偏旁相同；《复古编》下字乍与《古文四声韵》所录《古孝经》"作"的古字乍中的"乍"大致相同，与唐嵋台铭乍中的"乍"相同。由此可知，《复古编》乍、乍与《说文》乍皆有依据。

(六十) 虫

"笔迹小异"上字作🐛，下字作🐛，《说文》作🐛。《复古编》偏旁"虫"同"笔迹小异"两字形：一作🐛，关涉字有廲、罻、蠦、蓶、橻、雠、蹲、蠹、蠡、龘；一作🐛，关涉字有耆、鎦、绸、蠡、豗、蚡、蚌、蝁、蘭、蛏、蚴、蠻、蘂、鮮、虻、閶、蠿、蜓、蟩、蛔、虱、檀、虫、毒、蚖、蠿、蠿、繱。《说文》"虫"单字与偏旁皆作🐛。《复古编》🐛、🐛与《说文》🐛之间差异在于中间一笔是否上伸到圆形里面。两者差异虽然细微，但《复古编》下字🐛更符合"虫"的演变轨迹。

"虫"或含"虫"字，甲骨文作🐛（乙八七一八）、🐛（鐵四六·二），金文作🐛（鱼匕）、🐛（昌鼎），秦篆作🐛（石鼓文）、🐛（峄山碑）、🐛（秦印编255：蘩蟜），秦隶作🐛（帛书·病方·427）、🐛（睡虎简·日甲六二背），汉篆作🐛（新郪虎符）、🐛（虹之左尉）、🐛（封泥2528），汉隶作🐛（老子乙前八八上）、🐛（相马经二一上）。

《复古编》上字🐛与汉篆🐛（封泥2528）大致相同。就目前文献看，汉及之前实物文字中"虫"字中间一笔均上扬，《复古编》下字🐛与石鼓文🐛、秦印🐛（秦印编255：蘩蟜）的构件"虫"相同，后世也有这种笔法，例如🐛（城隍庙碑）、🐛（三坟记）。《说文》🐛与李阳冰🐛（三坟记）、🐛（千字文）中的"虫"相同。

(六十一) 可

"笔迹小异"上字作可，下字作可，两者差异在于上字末笔比下字蜿蜒曲折。《复古编》含"可"字有痾、阿、坷、阿，《说文》对应字作疴、阿、坷、阿。《说文》单字与偏旁皆作可，同上字。

"可"或含"可"字，甲骨文作可（京津二二四七），金文作可（师嫠簋），秦文字作可（石鼓文）、可（泰山刻石）、可（秦印编85：交仁必可）、奇（秦陶文）、竒（秦陶文）、何（秦陶文）、可（睡虎简·日甲一一七背）、可（睡虎简·秦七），汉文字作可（老子甲一八）、可（纵横家书二三）、可（精白镜）、可（祝阿侯钟）、可（袁敞碑）。

由上可知，"可"小篆常见标准形体当作可，同《复古编》下字；《复古编》上字可相对可为后出字形，与东汉袁敞碑可中的"可"相同，末笔当为使字形茂美而末笔屈曲。这两种笔法后世均有传承，例如可（三体石经）、可（唐碧落碑）。

(六十二) 即

"笔迹小异"上字作即，下字作即，两者差异在于偏旁"皀"不同。

《说文》作〇，与上字近似。

从上文（参见上文"皀"）可知，《复古编》上字〇在实物与传世文献中没有发现相同的字形，下字〇与秦篆相同。

（六十三）既

"笔迹小异"上字作〇，下字作〇；《说文》作〇，与上字相类。据目前文献，《复古编》两字形不见于实物文字。"既"标准字形当作〇（参见上文"旡"）。

（六十四）力

"笔迹小异"两字形作〇、〇，第一字形与《说文》〇近同。《复古编》偏旁有二：一作〇，关涉字有勤、〇、勤、勤、勤、勤、辨、勦、勰、勁、〇、勸；一作〇，关涉字有荔、〇、〇。《说文》对应字形为勤、〇、勤、勤、勤、〇、辨、勦、勰、勁、〇、勸、荔、〇。《说文》"力"单字与偏旁同，皆作〇。

"力"或含"力"字，甲骨文作〇（乙八八九三）、〇（京津二一二二），金文作〇（矢令彝），秦文字作〇（诅楚文）、〇（诅楚文）、〇（石鼓文）、〇（泰山刻石）、勤（峄山碑）、〇（峄山碑）、〇（两诏椭量）、〇（元年诏版）、〇（秦印编263：李助）、〇（睡虎简·为一九）、〇（睡虎简·日甲一一一），汉文字作〇（孙子一三九）、〇（孙膑一五三）、〇（铜镜08013）、〇（雒睦男家丞）、〇（袁安碑）。

由上可知，〇当为小篆典型字形，后世也有传承，例如〇（唐峿台铭）、〇（宋米芾真宗孔子赞）。《说文》〇当为不典型字形。詹鄞鑫认为《说文》〇为讹误字形①，但汉袁安碑与汉印中却有此种笔法，唐篆中也有这种写法，例如〇（李元谅颂额）、〇（李阳冰千字文）。

（六十五）昔

"笔迹小异"上字作〇，下字作〇；《说文》作〇，同下字。《复古编》含"昔"字有〇、〇，《说文》对应字作〇、〇。

"昔"或含"昔"字，甲骨文作〇（菁六·一），金文作〇（何尊）、〇（卯簋）、〇（沓生簋），秦文字作〇（诅楚文）、〇（峄山碑）、〇（秦印编266：带错），汉文字作〇（14·2）、〇（14·2）。

〇、〇与甲骨文、金文属于一个演进序列，下字〇是在上字〇的基础上变异而成。上字〇与金文相同，下字与秦篆相同。

---

① 詹鄞鑫：《谈谈小篆》，语文出版社2007年版，第43页。

(六十六) 九

"笔迹小异"上字作九,下字作九,两者差异在于上部弯曲方向不同。《复古编》含"九"字有[字],《说文》对应字作[字]。《说文》单字作九,同上字;而偏旁有二:一作九,例字有[字]、[字]、[字],一作九,例字有[字]、[字]。《说文》两偏旁同《复古编》上下字。

"九",甲骨文作[字](前四·四〇·三)、[字](前二·一四·一),金文作[字](盂鼎)、[字](九年卫鼎),秦文字作[字](秦陶文)、[字](睡虎简·秦九〇),汉文字作[字](栎鼎)、[字](中山内府铜镂)、[字](郑常九印)。

从上可知,仅个别字形与《复古编》上字九相类,例如[字](郑常九印),后世篆书也较为少见,唐瞿令问华阳严铭[字]与之相同;在汉以前实物文字中,篆文"九"多数同《复古编》下字九,后世篆书也多如此。

(六十七) 七

"笔迹小异"上字作七,下字作七,《说文》作七。《复古编》含"七"字有[字]、[字],《说文》对应字为[字]、[字]。《说文》"七"偏旁除作七外,亦作七,例字有[字]。

"七",甲骨文作十(后下九·一),金文作十(矢鼎)、十(此鼎丙),楚文字作十(信二·〇一二)、十(包二·一一六),秦文字作七(会稽刻石)、十(秦陶文)、十(秦陶文)、十(睡虎简·秦八六),汉文字作十(老子乙前一五上)、十(上林鼎)、七(光和斛)。

"七",汉及之前实物文字多作十,少数亦作七。《复古编》上字七与唐李阳冰七(般若台铭)、七(城隍庙碑)相同,下字七与传世秦李斯会稽刻石七相同。

(六十八) 它

《复古编·下平声》规范字形作[字],"笔迹小异"上字作[字],下字作[字]。前两个小篆字形上部一为直笔一为曲笔。《说文》[字]与下字[字]差异与前面两个小篆同。《复古编》含"它"字有[字]、[字]、[字]、[字]、[字],《说文》对应字为[字]、[字]、[字]、[字]、[字]。《复古编》偏旁"它"与单字[字]相同,《说文》单字及偏旁皆作[字]。

"它"或含"它"字,金文作[字](师遽方彝公姞鬲)、[字](郑伯匜),秦文字作[字](秦印编256:董它人)、[字](秦印编256:它)、[字](睡虎简·秦一七四)、[字](睡虎简·杂三八),汉文字作[字](老子甲后三四五)、[字](相马经一三下)、[字](封泥2055)。

《复古编》上字[字]与金文[字](郑伯匜)相类,与秦篆[字](秦印编256:

董它人）相同，宋释梦英篆书目录偏旁字源碑✦沿袭了这种笔法；《说文》与《复古编》规范字形✦之间的差异在于中间的两画起笔是否向左右弯曲。据目前文献，《复古编》下字✦、《说文》✦不见于汉及之前实物文字，然与传世古文相类，例如《汗简》录三国张揖集《古文》含"它"字"沱"作✦。

（六十九）豕

"笔迹小异"上字作豕，下字作豕；《说文》作豕，同下字。《复古编》含"豕"字有豕、豨、猪、豻、豖、豕、豦、豲。《说文》"豕"单字与偏旁皆作豕。

"豕"或含"豕"字，甲骨文作✦（乙七九八五）、金文作✦（函皇父簋）、秦文字作✦（石鼓文）、✦（石鼓文）、✦（秦印编189：李猪）、✦（睡虎简·日甲八〇背）、✦（睡虎简·法五〇），汉文字作✦（新嘉量）、✦（汝阴侯墓六壬栻盘）、✦（马王堆易九）。

"豕"为象形字，其写法汉及之前实物文字多不固定，即使同为石鼓文，✦与✦中的"豕"亦不相同；《复古编》上字豕与石鼓文✦相类；《复古编》下字、《说文》豕与秦篆✦（秦印编189：李猪）中的"豕"相同。

（七十）甲

"笔迹小异"上字作✦，下字作✦，两者差异不大；《说文》作✦，与上字同。《复古编》含"甲"字有✦、✦，《说文》与之相同。

"甲"，甲骨文作✦（后上三·一六）、✦（前七·三一·一），金文作✦（利簋）、✦（兮甲盘），秦文字作✦（诅楚文）、✦（阳陵虎符）、✦（秦陶文）、✦（秦陶文）、✦（秦印编275：赵甲）、✦（秦印编275：李甲）、✦（睡虎简·杂二六）、✦（睡虎简·秦一〇二），汉文字作✦（新郪虎符）、✦（老子甲二六）、✦（纵横家书九）、✦（光和七年洗）、✦（云阳鼎）、✦（袁敞碑），三国吴天发神谶碑作✦，唐写本木部残卷作✦。

从上可知，"甲"小篆常见典型形体当从阳陵虎符作✦；《说文》《复古编》"甲"不见于汉及之前文字。《复古编》上字✦、《说文》✦与宋释梦英篆书目录偏旁字源碑✦相同；《复古编》下字✦与《汗简》录《古文尚书》✦、李阳冰《千字文》✦相同。

（七十一）成

"笔迹小异"上字作✦，下字作✦；《说文》作✦，同上字。

"成",甲骨文作㦱(续六·一三·七),金文作㦰(臣辰卣),秦文字作㦰(诅楚文)、㦰(大騩权)、㦰(旬邑权)、㦰(两诏椭量)、㦰(郎邪刻石)、㦰(泰山刻石)、㦰(秦印编276:乐成丞印)、㦰(秦陶文)、㦰(秦陶文)、㦰(秦陶文)、㦰(睡虎简·秦一一一),汉文字作㦰(老子甲五八)、㦰(纵横家书二六)、㦰(寿成室鼎)、㦰(成都西汉杨广成印)。

"成",汉及之前实物文字较多,常见篆文典型字形当作㦰,同《复古编》下字;《说文》㦰、《复古编》上字㦰与隋唐篆书相同,例如㦰(隋元钟墓志)、㦰(李阳冰千字文)。

(七十二)庚

《复古编·下平声》规范字形作㦰,《说文》作㦰。两者差异在于上部是曲线或直线以及下部是两笔画相连还是断开。"笔迹小异"上字作㦰,下字作㦰。《复古编》含"庚"字有㦰,《说文》对应字与之相同。《说文》单字"庚"作㦰,偏旁有二:一作㦰,例如㦰、㦰;一作㦰,例如㦰、㦰、㦰。《说文》偏旁"庚"两形体与《复古编》上下字形大致相同。

"庚",甲骨文作㦰(前三·七·五)、㦰(甲二二七四),金文承甲骨文作㦰(庚罴卣)、㦰(鱼作庚卣)。郭沫若认为"庚"为有耳可摇的乐器[1]。李孝定认为,"庚"像后世的货郎鼓[2]。"庚",本义当为乐器,其下部不当断开作㦰。据目前文献,"庚"甲骨文、金文绝大多中间笔画是相连之形,断开之形仅见于㦰(杨父庚)。含"庚"的"康"字,甲骨文、金文中间笔画也为相连之形,例如㦰(前一·三七·一)、㦰(辅仁六三)、㦰(克钟)、㦰(毛公鼎)。秦篆"庚"或"康"上承甲骨文、金文,作㦰(秦陶文)、㦰(石鼓文)、㦰(秦编钟·甲钟)、㦰(大墓残磬)、㦰(峄山碑)、㦰(秦印编133:笱康)。通过偏旁类推,可知秦小篆"庚"同《复古编》上字作㦰。汉篆"庚"作㦰(上林鼎)、㦰(袁安碑)、㦰(袁敞碑)。

由上可知,《复古编》上字㦰在文献中较为常见,当为秦汉小篆典型字形。《说文》㦰与传世古文偏旁"庚"近同,例如《汗简》录《石经》"康"作㦰,录《尚书》"绩"作㦰;唐契苾明碑额㦰、李璆妻墓志㦰、李阳冰《千字文》㦰中的"庚"与《复古编》下字相同。

---

① 郭沫若:《甲骨文字研究》,载刘梦溪《中国现代学术经典》(郭沫若卷),河北教育出版社1996年版。
② 李孝定:《甲骨文字集释》,"中央研究院"历史语言研究所1970年版。

第五章 《复古编》附录研究 235

（七十三）申

"笔迹小异"上字作申，下字作𢑚；《说文》作申，《说文》籀文作𢑚。《复古编》含"申"字有▨、▨、▨，《说文》对应字与之相同。《说文》含"申"字▨，古文作▨，其偏旁"申"同籀文。

"申"或含"申"字，甲骨文作▨（铁一六三·四）、金文作▨（董鼎）、秦文字作▨（石鼓文）、▨（大墓残磬）、▨（秦陶文）、▨（睡虎简·日乙三五）、▨（睡虎简·日甲一八），汉文字作▨（老子甲四七）、▨（春秋事语四四）、▨（袁安碑）、▨（建昭二年太岁甲申砖）、▨（白石碑额）。

"申"，秦汉篆文多同《说文》与《复古编》上字申。《复古编》下字𢑚、《说文》籀文𢑚与传世古文大致相同，例如《古文四声韵》录王存乂《切韵》"申"作▨；与唐碧落碑▨接近，与唐篆▨（高元裕碑额）中的"申"相同。

（七十四）巳

"笔迹小异"上字作▨，下字作▨，两者差异在于末笔上挑还是下伸。《说文》作▨，同上字。《复古编》含"巳"字有▨、▨、▨。《说文》"巳"单字与偏旁皆作▨。

"巳"或含"巳"字，甲骨文作▨（前四·四·三）、▨（乙六八八一）、金文作▨（毛公鼎）、▨（昌鼎），秦文字作▨（秦陶文）、▨（峄山碑）、▨（秦印编281：臣巳）、▨（睡虎简·日甲一四九背）、▨（睡虎简·秦一五三），汉文字作▨（新嘉量）、▨（开母庙碑）、▨（袁安碑）、▨（楚祠祀印），《汗简》作▨。

"巳"，汉及之前实物文字与《说文》《复古编》字形稍异，即实物文字上部相连，而《说文》《复古编》则断开；甲骨文、金文、秦文字末笔皆上挑；汉篆中末笔上挑、下伸的字形皆存。《复古编》上字▨、《说文》▨与李阳冰《千字文》▨中的"巳"相同，《复古编》下字▨与释梦英篆书目录偏旁字源碑▨相同。

（七十五）己

"笔迹小异"上字作己，下字作▨，《说文》作▨。《复古编》含"己"字有▨、▨、▨，《说文》对应字为▨、▨、▨。《说文》偏旁"己"有二：一作▨，例字有▨、▨、▨；一作▨，例字有▨、▨、▨。

"己"或含"己"字，甲骨文作▨（铁三九·四）、▨（前三·一八·四）、▨（后下三七·五），金文作▨（作册大鼎）、▨（杞伯鼎）、▨

(县改簋),楚文字作己(包二·三一)、己(郭·语三·五)、己(新乙三·四九),秦文字作己(骊玉版)、己(峄山碑)、己(秦陶文)、己(秦陶文)、己(秦陶文)、己(睡虎简·日乙六七)、己(睡虎简·为四九),汉文字作己(新嘉量)、己(尹续有盘)、己(袁安碑)。

《复古编》上字己与甲骨文、金文相同,为常见小篆典型字形;《说文》与《复古编》下字己与部分楚文字字形相同,在汉代实物文字中也较常见。

(七十六)癸

"笔迹小异"上字作癸,下字作癸,两者应同出一源,差异在于下面笔画微异。《说文》"癸"篆文作癸,籀文作癸,篆文同《复古编》上字。《复古编》含"癸"字有癸、癸、癸,《说文》对应字与之相同。《说文》与《复古编》"癸"偏旁皆同《说文》籀文作癸。

"癸"或含"癸"字,甲骨文作癸(铁一五六·四)、癸(存二七四二),金文作癸(矢方彝)、癸(睽土父鬲)、癸(郜公鼎),秦文字作癸(秦印编287:享癸)、癸(睡虎简·日乙一一一),其他诸侯国文字作癸(侯马盟书)、癸(楚天卜)、癸(楚望一·九〇),汉文字作癸(新钧权)、癸(新始建国权)、癸(开母庙碑)、癸(袁安碑)。

"癸",《说文》与《复古编》上字同金文癸(郜公鼎);《复古编》下字癸与侯马盟书癸、楚简癸(楚天卜)、癸(楚望一·九〇)相同;汉篆多同《说文》籀文癸。

(七十七)子

"笔迹小异"上字作子,下字作子,两者差异在于下部两笔是否相对。两者上部圆形均右下断开。《说文》作子,同上字。《复古编》偏旁"子"有三:一作子,关涉字有孩、孺、孕、孰、孙;一作子,关涉字有孳;一作子,关涉字有孙。《说文》"子"偏旁有二:一作子,例如孳、孳;一作子,例如孳、孳。

"子"或含"子"字,甲骨文作子(后下四二·七),金文作子(墙盘),秦文字作子(石鼓文)、子(大驖权)、子(旬邑权)、子(两诏椭量)、子(秦陶文)、子(睡虎简·日乙八八),汉文字作子(王子长鼎)、子(袁安碑)。

汉及之前实物文字"子"绝大多数上部为圆形,常见典型字形当作子,与《复古编》关涉字最多的偏旁子同。《复古编》子、子同传世古文,例如《汗简》录《尚书》"好"作孳、孳;唐李阳冰篆书也有这两种写法,例如子(三坟记)、子(千字文)。

(七十八)亥

"笔迹小异"上字作亥,下字作亥。《复古编》含"亥"字有亥,《说文》作🔳。《说文》作🔳，同《复古编》上字。《说文》"亥"偏旁有二：一作🔳，例字有🔳、🔳；一作🔳，例字有🔳、🔳。

"亥"或含"亥"字，甲骨文作🔳（京津四〇三四）、🔳（铁二五八·三），金文作🔳（昌壶）、🔳（虢季子白盘），秦小篆作🔳（郎邪刻石）、🔳（泰山刻石）、🔳（两诏椭量）、🔳（二世元年诏版十三），《睡虎简》作🔳（日乙一一五）、🔳（日乙三五）、🔳（效五五），汉简帛作🔳（老子乙二三五上）、🔳（相马经二下）、🔳（居延简甲七二二），汉篆作🔳（汉王氏镜）、🔳（汉尚方镜）。

由上可知，据目前文献，《复古编》上字、《说文》🔳不见于汉及之前实物文字。詹鄞鑫认为《说文》🔳字形讹误①，此说与实物文字相符。《复古编》上字🔳与《说文》🔳当为唐代篆法，例如🔳（石经九经）、🔳（三坟记）与之相同。"亥"秦汉小篆标准形体当作🔳或🔳，第二字形同《复古编》下字🔳。

二 "笔迹小异"小篆字形来源

"笔迹小异"156个小篆根据来源可以分为以下七种情况：

（一）与秦或先秦实物文字中的单字或偏旁相同或大致相同

"笔迹小异"上下字有75字与秦或先秦实物文字相同，分别是🔳（下）、🔳（上）、🔳（下）、🔳（上）、🔳（下）、🔳（下）、🔳（上）、🔳（下）、🔳（上）、🔳（上）、🔳（下）、🔳（上）、🔳（下）、🔳（上）、🔳（上）、🔳（上）、🔳（上）、🔳（上）、🔳（上）、🔳（下）、🔳（下）、🔳（下）、🔳（上）、🔳（上）、🔳（上）、🔳（下）、🔳（下）、🔳（下）、🔳（下）、🔳（上）、🔳（上）、🔳（下）、🔳（上）、🔳（下）、🔳（上）、🔳（上）、🔳（上）、🔳（下）、🔳（上）、🔳（下）、🔳（下）、🔳（下）、🔳（上）、🔳（上）、🔳（下）、🔳（下）、🔳（下）、🔳（上）、🔳（上）、🔳（下）、🔳（下）、🔳（上）、🔳（上）、🔳（下）、🔳（下）、🔳（上）、🔳（上）、🔳（下）、🔳（上）、🔳（下）、🔳（下）、🔳（上）、🔳（下）、🔳（上）、🔳（下）、🔳（下）、🔳（下）、🔳（下），其中🔳（下）、🔳（下）、🔳（下）与战国楚文字相同。这75字中有🔳（下）、🔳（上）、🔳（上）、🔳（上）、🔳（上）、🔳（下）、🔳（上）、🔳（上）、🔳（上）、🔳

---

① 詹鄞鑫：《谈谈小篆》，语文出版社2007年版，第42页。

（上）、⼴（上）、夕（下）、禺（下）、泉（下）、敝（上）、日（上）、艺（下）、氏（上）、久（上）、豢（上）、苔（下）、豕（下）、申（上）、弓（下）、粼（上）等26字与《说文》单字相同，有㐅（下）、ㄎ（下）、灸（下）、弖（上）、㐁（下）、夕（下）、人（下）、畐（下）、眷（上）、Ⅲ（下）、亽（上）、禺（上）、曰（下）、尸（下）、礼（下）、己（上）、芀（下）等17字与《说文》关涉字部分偏旁相同。此外，有11字与秦或先秦实物文字大致相同，分别是䏻（上）、䏌（上）、㚔（上）、畏（下）、㝱（下）、㐁（下）、䌪（上）、黠（下）、愚（下）、爌（上）、蠹（下），其中䌪（上）与《说文》单字相同，愚（下）与《说文》偏旁相同。与秦或先秦实物文字中的单字或偏旁相同或大致相同的字约占"笔迹小异"总数的55.77%。

（二）与汉实物文字中的单字或偏旁相同或大致相同

"笔迹小异"上下字有15字与汉实物文字中的单字或偏旁相同，分别是八（上）、夂（上）、弖（下）、㐁（下）、氿（下）、畗（上）、夂（下）、氿（下）、畵（上）、尚（上）、門（下）、氕（下）、可（上）、办（上）、氕（上），其中夂（上）、弖（下）、㐁（下）、氿（下）、畗（上）、夂（下）、畵（上）、尚（上）、門（下）、可（上）、办（上）、氕（上）等12字与《说文》单字相同，八（上）与《说文》关涉字部分偏旁相同。此外，有孑（上）、畏（上）、屯（上）、玄（上）4字与汉实物文字中的单字或偏旁大致相同，其中屯（上）与《说文》单字相同。

（三）与传世石鼓文、诅楚文、泰山刻石、会稽刻石、峄山碑等秦石刻的单字或偏旁相同或大致相同

"笔迹小异"上下字有鼎（下）、龍（上）、彘（下）、㠯（上）、圉（下）、烖（下）、弋（下）7字与传世秦石刻相同，其中龍（上）、㠯（上）、弋（下）与《说文》单字相同。此外，有㝱（上）、夏（下）、豕（上）3字与传世秦石刻大致相同。

（四）与传世文献《汗简》或《古文四声韵》中的单字或偏旁相同或大致相同

"笔迹小异"有尺（上）、飞（下）、丐（下）、甲（下）、爿（上）、爿（下）6字与传世古文献相同，其中爿（上）与《说文》单字相同，丐（下）与《说文》关涉字部分偏旁相同。此外，有飞（上）、㠯（下）、㔾（下）、爾（下）、冒（下）5字与传世古文大致相同，飞（上）、爾（下）、冒（下）与《说文》单字相同。

（五）不见于汉及之前实物文字以及传世文献，而与魏晋至隋唐宋字形相同或大致相同

"笔迹小异"有🗌（上）、🗌（下）、🗌（上）、🗌（上）、🗌（下）、🗌（下）、🗌（上）、🗌（上）、🗌（上）、🗌（上）、🗌（上）、🗌（上）、🗌（上）、🗌（上）、🗌（下）、🗌（上）16字与魏晋至隋唐宋字形相同，其中🗌（上）、🗌（下）、🗌（上）、🗌（上）、🗌（上）、🗌（上）、🗌（上）、🗌（上）、🗌（上）9字与《说文》单字相同。此外，有🗌（下）、🗌（上）、🗌（上）、🗌（上）、🗌（下）、🗌（上）、🗌（上）7字与魏晋至隋唐宋字形大致相同，其中🗌（上）、🗌（下）与《说文》单字相同。

（六）因文献不足，无法确定小篆出现的年代

含"马"的字比较少，据目前文献，没有见到与🗌（下）相同的字形。

（七）与《说文》字形不同，但根据《说文》字形说解而拼合的字形

"笔迹小异"中的🗌（上）、🗌（下）、🗌（上）、🗌（上）、🗌（上）、🗌（下）6字，盖根据《说文》字形说解以及构件常见字形拼合而成，其中🗌（上）与《说文》相同。

《复古编·笔迹小异》上下156个小篆，据目前文献，有118个与实物文字、传世文献单字或偏旁相同，占总数的76.28%；有31字与实物文字、传世文献有细微差异，大致相同。两者共有149字，占总数的95.51%，这说明张有所列小篆字形绝大多数是信而有征的。其余7字，除🗌外，其他6字与实物文字、传世文献均不同，盖为拼合字形。

第六节 "上正下讹"研究

"上正下讹"部分共收78组、156个小篆；每组一字两形，即上下两字；张有认为上字正确，下字错误。该部分前56组顺序大致依《说文》，其中昌、夋、嫛、舍、戎、交、恶、俞、甚、泰与陈昌治《说文》相异；后22组顺序有些混乱，盖为后来随意增补。

一 "上正下讹"小篆字形辨析

"上正下讹"78组、156个小篆字形传承情况，具体辨析如下：

（一）天

"上正下讹"上字作🗌，下字作🗌；《说文》作🗌，与上字同。《说文》

含"天"字有󰀀、󰀁，其构件"天"与下字相同。

"天"，甲骨文作󰀀（乙三〇〇八），金文作󰀀（颂鼎）、󰀁（墙盘），秦文字作󰀀（石鼓文）、󰀀（诅楚文）、󰀁（秦大诏版）、󰀁（秦诏版）、󰀁（秦诏方升）、󰀁（秦大驫权）、󰀁（峄山碑），汉文字作󰀀（天文杂占一·四）、󰀁（新嘉量）、󰀁（与天相寿镜）。

由上可知，《复古编》"天"上字󰀀与甲骨文、金文相同，下字󰀁在秦汉篆书中皆常见。这两种写法唐篆也有传承，例如󰀀（三坟记）、󰀁（诗书碑额）。

（二）毒

"上正下讹"上字作󰀀，下字作󰀁。《复古编·去声》规范字形作󰀀，同《说文》󰀁。󰀀、󰀁几近相同，上字当从规范字形作󰀀。󰀀、󰀁两者差异在于上部构件前者比后者多一横划。

"毒"，秦文字作󰀀（睡虎简·秦五），汉文字作󰀁（五十二病方·目录）、󰀀（孙膑一三六）、󰀁（仓颉篇七）、󰀀（石门颂）、󰀁（熹石经）。"毒"，实物与传世文献篆书字形太少，不好做出正讹判断。

（三）走

"上正下讹"上字作󰀀，下字作󰀁，两者差异在于前者两臂下垂，后者右臂上摆。此处张有明确指出上字󰀀正确，下字󰀁讹误。《复古编·上声》规范字形作󰀀。《复古编》含"走"字有󰀀、󰀁、󰀀、󰀁、󰀀、󰀁、󰀀，《说文》对应字作󰀀、󰀁、󰀀、󰀁、󰀀、󰀁、󰀀。《说文》"走"单字、偏旁相同，均作󰀁，而此形体恰恰被张有否定。

考目前文献，"走"上字󰀀见于唐代石刻；下字󰀁与金文、秦篆一脉相承，当为正确字形（详见下文"以'走'为例谈谈《复古编》小篆对元明清篆书的影响"部分）。

（四）步

《复古编·去声》规范字形作󰀀，"上正下讹"上字作󰀀，下字作󰀁。《说文》单字"步"作󰀀，而偏旁有二：一作󰀀，同《复古编》上字，例字有󰀀、󰀁、󰀀；一作󰀁，与《复古编》下字同，例字有󰀀、󰀁、󰀀。

"步"或含"步"字，甲骨文作󰀀（甲三八八）、󰀁（余一·一），金文作󰀀（毛公鼎）、󰀁（散盘），秦文字作󰀀（石鼓文）、󰀁（封泥印147：步婴）、󰀀（秦印编30：万岁）、󰀁（秦陶文）、󰀀（睡虎简·日乙一〇六），汉文字作󰀀（步高宫高灯）、󰀁（新嘉量）、󰀀（敦德步广曲侯）、󰀁（董步安）。

据目前文献，汉及之前实物文字，"步"常见小篆作㞦，与《复古编》上字相同。唐峿台铭㞦、李阳冰《千字文》㞦沿袭了这种写法；㞦与汉文字㞦（董步安）同，为后出不典型字形，唐李阳冰谦卦碑㞦中的"步"即为这种写法。

（五）乏

"上正下讹"上字作㐅，下字作㐅；《说文》作㐅，同上字。《复古编》含"乏"字有㐅，《说文》对应字与之相同。《复古编》㐅的偏旁"乏"同下字。《说文》含"乏"字有㐅、㐅、㐅、㐅、㐅、㐅、㐅、㐅、㐅、㐅。《说文》偏旁"乏"无一例外均作㐅，与《复古编》所谓的讹误字即下字相同。

"乏"或含"乏"字，《睡虎简》作㐅（秦一一五）、㐅（法一六四）、㐅（杂二五），汉简帛作㐅（老子乙前一〇五上）、㐅（西陲简四九·一七），汉石刻作㐅（耿勋碑）、㐅（石门颂）。

"乏"或含"乏"字，汉及之前实物文字较少，没有与上字㐅相同的写法，然而从有限的实物文字可以推知，实物文字与《复古编》下字㐅的笔势接近。《复古编》㐅与传世古文同，例如《古文四声韵》录《籀韵》作㐅。《复古编》上字㐅盖据《说文》字形拟定的字形。《说文》："乏，《春秋传》曰：'反正为乏。'""正"小篆作㐅，"乏"为"反正"，则小篆字形作㐅。

（六）章

"上正下讹"上字作章，下字作章。《复古编》含"章"字有章、章。《说文》"章"作章，含"章"字有章、章、章、章、章、章、章、章。《说文》单字章与偏旁章不同，章中间为日，章中间为日。

"章"，殷商金文作章（乙亥簋），西周金文作章（颂簋）、章（十二年大簋）、章（史颂簋），秦文字作章（石鼓文）、章（诅楚文）、章（秦印编47：章厩将马）、章（秦陶文）、章（睡虎简·为二五），汉文字作章（千章铜漏）、章（汉二年酒鎗）、章（校尉之印章）。

由上可知，《复古编》上字章与传世石鼓文大致相同，唐李阳冰三坟记章沿袭了这种写法。《复古编》下字章与汉及以前实物文字相同，唐碧落碑章继承了该笔法，而张有却持否定态度，这不符合"章"字实际演变轨迹。《说文》单字章不见于实物文字。詹鄞鑫认为《说文》章字形讹误，正确字形作章[1]，与下字大致相同，唐碧落碑章传承了这一写法。

---

[1] 詹鄞鑫：《谈谈小篆》，语文出版社2007年版，第41页。

(七) 殳

"上正下讹"上字作殳，下字作殳，两者差异在于上下构件之间是否有圆点。《说文》"殳"作殳，同上字。《复古编》含"殳"字有殹、毄、縠、役、毇、毈。其中殹、毄的偏旁"殳"同上字殳，縠、役、毇的偏旁"殳"同下字殳。《说文》对应字为殹、毄、縠、役、毇、毈。由此可知，《复古编》在规范字形时没有做到偏旁前后一致。

"殳"或含"殳"字，金文作殳（趞曹鼎）、殳（殳季良父壶）、殹（格伯簋）、毄（白吉父簋），秦文字作殹（石鼓文）、殹（秦陶文）、殳（睡虎简·效四五）、殹（睡虎简·法二一〇），汉文字作殹（新郪虎符）、殹（新郪虎符）、毄（相马经四一下）、殹（仓颉篇二五）、殳（老子甲后二二七）、殹（殿中都尉）、殳（段端）。

由上可知，"殳"小篆常见标准字形当作殳，同《说文》及《复古编》上字；下字殳在实物文字中极为少见，汉篆殳（段端）是这种写法，当为不典型字形，宋代释梦英篆书殳（篆书目录偏旁字源碑）、殳（千字文）继承了这种写法。

(八) 攸

"上正下讹"上字作攸，下字作攸，两者差异在于上字中间笔画为水流，下字中间为直线。下字攸同《说文》攸。《复古编》含"攸"字有修、倏、脩，《说文》对应字作修、倏、脩。

"攸"，甲骨文作攸（前二·一六·六）、攸（前四·三〇·四），金文作攸（井鼎）、攸（毛公鼎）、攸（攸鬲盨）、攸（师酉簋盖），秦刻石作攸（峄山碑），马王堆汉帛书作攸（古地图）。

由上可知，《复古编》上字攸不见于实物文字，张有认为此字形正确，当是根据《说文》字形说解而拟定的字形。《说文》："攸，行水也。从攴从人，水省。""水"小篆作水，"水省"当作，因此张有拟定"攸"作攸。"攸"小篆字形当从金文常见字形。考《金文编》，"攸"多作攸，个别作攸，与《复古编》下字、《说文》相同。《说文》攸、《复古编》下字攸与金文攸（师酉簋盖）相同，当属不典型字形，不能算作讹误字。

(九) 羽

"上正下讹"上字作羽，下字作羽，上字同《说文》羽。《复古编》含"羽"字有翻、翚、翯、习、翌、翏、翠、耀、翟、曜、燿、翫。《复古编》偏旁"羽"有二：一作羽，一作羽。《说文》偏旁"羽"亦有二：一作羽，例字有翻、翚；一作羽，例字有翠、翟。

第五章 《复古编》附录研究 243

"羽"或含"羽"字，甲骨文作⚎（前四·二九·六）、⚎（明七一五），金文作⚎（史喜鼎）、⚎（翏生盨），秦文字作⚎（秦印编69：王翥）、⚎（秦印编69：霍翁）、羽（睡虎简·为二六）、⚎（睡虎简·法五一），楚文字作羽（包二·二六〇）、⚎（郭·五·一六），汉文字作⚎（嘉至摇钟）、⚎（大翟铜器）、⚎（周少翁）、羽（老子甲后一八五）、⚎（相马经一八下）、⚎（仓颉篇二六）。

由上可知，"羽"常见典型字形当作⚎或⚎，与《说文》《复古编》偏旁差异在于少一横画。据目前文献，汉及之前实物文字，没有《说文》《复古编》"羽"的写法。詹鄞鑫认为《说文》⚎属讹误字形，正确字形当为⚎。① 然而《复古编》上字⚎、《说文》⚎与传世古文近似，例如《汗简》录《史书》"披"作⚎、录《义云章》"颉"作⚎；《复古编》下字⚎与世传李阳冰《千字文》中的⚎、⚎大致相同。

（十）鸟

影宋抄本"上正下讹"上字作⚎，下字作⚎，二形相同。元刻本上字作⚎，下字作⚎，今从元刻本，两者差异在于右上笔画是否弯向右边。《说文》作⚎，与上字大致相同。

"鸟"或含"鸟"字，甲骨文作⚎（甲二九〇四），金文作⚎（子作弄鸟），秦文字作⚎（石鼓文）、⚎（鲜于璜碑额）、⚎（秦印编71：桥鸟），汉文字作⚎（角王巨虚镜）、⚎（凤凰镜）。

汉及之前篆书与《复古编》《说文》均不同。《复古编》上字⚎与唐篆⚎（李阳冰千字文）、⚎（三坟记）中的"鸟"相同，《复古编》下字⚎与唐篆⚎（谦卦碑）中的"鸟"相同。

（十一）焉

"上正下讹"上字作⚎，下字作⚎；《说文》作⚎，与《复古编》上字同。

"焉"或含"焉"字，秦文字作⚎（诅楚文）、⚎（大驺铜权）、⚎（两诏铜椭量）、⚎（睡虎简·法一六八），汉文字作⚎（老子甲二四）、⚎（纵横家书二八三）、⚎（石门颂）、⚎（尹宙碑）、⚎（封泥1002）。

由上可知，《复古编》上字、《说文》⚎不见于汉及之前实物文字，为后出字形，唐李阳冰《千字文》⚎与之相同。《复古编》下字⚎与秦篆大致相同，唐李阳冰三坟记⚎、唐尹元凯美原神泉碑⚎、宋释梦英篆书目录

---

① 詹鄞鑫：《谈谈小篆》，语文出版社2007年版，第41页。

偏旁字源碑㲒传承了这种写法。

(十二) 畢

"上正下讹"上字作畢，下字作畢，两者上部构件"由"不同。《复古编·入声》规范字形作畢，同上字。《说文》作畢。下字畢与《说文》畢差异在于中间竖笔前者断开，后者贯通。《复古编》含"畢"字有韠、燁、韡、篳，《说文》对应字作韠、燁、韡、篳。

"畢"，金文作畢（段簋）、畢（永盂），秦文字作畢（泰山刻石）、畢（秦印编 72：畢止）、畢（睡虎简·为一二），汉文字作畢（老子乙前九一下）、畢（畢重光）。

由上可知，秦汉篆书典型字形当作畢，同《说文》畢，唐篆畢（岣台铭）與畢（碧落碑）中的"畢"沿袭了这一写法。《复古编》上字畢汉及之前实物文字中没有这种写法。《复古编》所谓的正确字形畢缘何而来？《说文·華部》："畢，田罔也。从華，象畢形。微也。或曰：由声。"《说文》"華"作華，"由"作由。张有认为既然"畢"由偏旁"華""由"构成，那么"畢"理应作畢。这一方面反映了张有在规范字形时有时会过于迁就《说文》字形说解的固执心理，同时也反映了《说文》字形说解与实际字形之间存在不一致的情况。《复古编》下字畢与西周金文畢（段簋）相同。

(十三) 爭

"上正下讹"上字作爭，下字作爭，两者差异在于下部构件中的竖笔上端是否右曲。《说文》作爭，同下字。《复古编》含"爭"字有諍、鎗，《说文》对应字作諍、鎗。"爭"，《说文》单字作爭，偏旁有二：一作爭，例字有琤、鎗；一作爭，例字有靜、埩。

"爭"或含"爭"字，金文作爭（毛公鼎），秦文字作諍（秦公簋）、諍（秦公钟）、諍（石鼓文）、爭（峄山碑）、諍（泰山刻石）、諍（秦印编 91：吴静）、爭（睡虎简·语一一）、靜（睡虎简·为六），汉文字作爭（纵横家书一四五）、靜（老子乙前四下）、爭（汝阴侯墓太乙九宫占盘）、靜（铜镜 030103）。

由上可知，上字爭与秦公簋諍的偏旁"爭"字形相同；下字爭与泰山刻石諍的偏旁"爭"相同。

(十四) 自

《复古编》上字作自，下字作自。《复古编·上声》规范字作自，与《说文》同。《复古编》含"自"有臆、臆、臆、臆、臆、臆、臆、臆、

██、██、██、██、██、██、██、██、██、██。《说文》与之对应字形为██、██、██、██、██、██、██、██、██、██、██、██、██、██、██、██。《复古编》含"𣎆"字前3字偏旁"𣎆"作██，后16字作██。《说文》██中的"𣎆"与《复古编》偏旁██相同，其他与《复古编》上字██相同。"上正下讹"下字██与偏旁██字形不同。

"𣎆"或含"𣎆"，甲骨文作██（甲三九三六）、██（菁三·一），金文作██（散盘）、██（农卣）、██（虢季子白盘），秦文字作██（石鼓文）、██（石鼓文）、██（峄山碑）、██（峄山碑）、██（泰山刻石）、██（阳陵兵符）、██（阳陵兵符）、██（秦陶文）、██（秦陶文）、██（秦陶文）、██（封泥集·附一409）、██（秦印编271：宜阳津印）、██（秦印编273：陈雕）、██（集证·173.599）、██（睡虎简·日甲六）、██（睡虎简·日甲四二），汉文字作██（袁安碑）、██（祀三公山碑）、██（张迁碑额）、██（封泥1960）、██（淮阳王玺）。

由上可知，"𣎆"常见典型字形同《复古编》偏旁██，可惜未贯彻始终。据目前文献，汉与之前实物文字，没有像《说文》██的字形。詹鄞鑫认为，《说文》██字形讹误，标准字形当作██①。然而《说文》与《复古编》规范字形与传世古文相同，例如《汗简》录《尚书》"隋"作██、录林罕《集字》"𨻶"作██、录孙强《集字》"堤"作██，唐宋篆书██（李阳冰千字文）、██（释梦英篆书目录偏旁字源碑）也与之相同；《复古编》下字██与秦篆██（封泥集·附一409）的偏旁相同，当为不典型字形，唐篆██（陇西李公墓志）与之大致相同。

（十五）耒

"上正下讹"上字作██，下字作██，两者差异在于上字比下字中间多一笔；《说文》作██，同上字。《复古编》含"耒"字有██、██，《说文》对应字与之相同。

"耒"或含"耒"字，殷商文字作██（耒方彝）、██（乙四〇五七），金文作██（令簋），秦文字作██（秦印编78：井耤）、██（睡虎简·日甲九），汉文字作██（马王堆易八）、██（熹·仪礼·乡射）、██（娄寿碑）。

据目前文献，汉及之前实物文字中没有与《说文》与《复古编》上字██相同的写法，而传世文献却有，例如宋郭忠恕《汗简》录"耒"作██，录林罕《集字》"耤"作██，录朱育《集字》"耘"作██，宋释梦英

---

① 詹鄞鑫：《谈谈小篆》，语文出版社2007年版，第43页。

篆书目录偏旁字源碑㭒也与之相同。《复古编》下字耒与秦篆㭒（秦印编78：井耤）的构件相同。

（十六）乃

"上正下讹"上字作了，下字作尺；《说文》作了，同上字。《说文》含"乃"字有𠄎、𠄏、𠄐、𠄑、𠄒、𠄓。由此可知，《说文》偏旁"乃"作尺，同《复古编》下字。

"乃"，甲骨文作了（前八·一二·一），金文作了（己鼎）、て（克鼎），秦文字作了（秦诏陶量）、了（秦大诏版）、了（峄山碑）、了（秦陶文）、了（睡虎简·杂四一）、了（睡虎简·秦六五），汉文字作了（老子甲后二二四）、了（相马经二下）、了（新郪虎符）、卪（封泥2536），三国文字作尺（三体石经·君奭）。

由上可知，上字了与甲骨文、金文相同，当为小篆典型字形，唐嵰台铭了传承了这种写法。下字尺与秦隶大致相同，当为受隶变影响的后出字形，宋释梦英篆书目录偏旁字源碑尺与之相同。

（十七）可

"上正下讹"上字作可，下字作可，两者差异在于下字末笔中间右凸，上字同《说文》可以及"笔迹小异"上字。

由上文"'笔迹小异'研究"可知，"可"小篆常见典型形体当作可。《复古编》上字可相对可为后出字形，当为东汉时为字形茂美而末笔屈曲；《复古编》下字可较为罕见，《汗简》可末笔与之相同，北魏温泉颂额可、隋郭休墓志可中的"可"与之大致相同。

（十八）豆

"上正下讹"上字作豆，下字作豆，两者差异在于上字中间为"○"形，下字为"口"形。《说文》作豆，同上字。《复古编》含"豆"字有豎、短、豈、豊、𧯯，《说文》对应字为豎、短、豈、豊、𧯯。《说文》与《复古编》单字与偏旁"豆"皆作豆。

"豆"或含"豆"字，甲骨文作豆（甲一六一三）、豆（后上六·四）、豆（戬三七·五），金文作豆（豆闭簋）、豆（周生豆）、豆（登仲牺尊）、豆（宅簋），秦文字作豊（峄山碑）、豊（泰山刻石）、豊（秦印编29：魏登）、豆（睡虎简·法二七）、豆（睡虎简·为一〇）、短（睡虎简·秦九八）、豆（睡虎简·封六五）、豆（足臂灸经二），汉文字作豆（新量斗）、豆（土军侯高烛豆）。

由上可知，《复古编》上字豆在实物文字中较为常见，宋释梦英篆书

第五章 《复古编》附录研究　247

目录偏旁字源碑豆沿袭了这种写法；下字豆在实物文字中也有相同字形，但较为少见，两者当为笔迹小异关系。

（十九）井

"上正下讹"上字作井，下字作井；《说文》作井，同上字。《复古编》含"井"字有㓝、㓵、㓛，《说文》对应字作㓝、㓵、㓛。《说文》"井"单字作井，而偏旁有二：一作井，例字有耕、㓵；一作井，例字有䆆、㓛。

"井"或含"井"字，甲骨文作井（甲三〇八）、井（京津二〇〇四），金文作井（孟鼎）、井（克鼎），秦文字作井（诅楚文）、井（秦印编91：华井）、井（秦印编91：荆颤）、井（秦陶文）、井（睡虎简·日乙一六）、井（睡虎简·日甲四九）、井（睡虎简·秦一三八）、井（睡虎简·秦五），汉文字作井（老子甲后二三二）、井（孙子七五）、井（武威式盘）。

由上可知，井、井在汉及之前实物文字中较为常见。《说文》"井"单字作井，而此处《复古编》把常见字形井归为讹误字，表明张有有时会过于遵依《说文》规范字形。中间不加点的"井"字，唐尹元凯美原神泉碑井、宋徐铉许真人井铭井、释梦英篆书目录偏旁字源碑井均传承了这种写法。

（二十）今

"上正下讹"上字作今，下字作今；《说文》作今，同下字。《复古编》含"今"字有玲、金、矜、玲、岑、陰、貪、䉤、䭉，《说文》对应字为玲、金、矜、玲、岑、陰、貪、䉤、䭉。《复古编》偏旁均作今；《说文》偏旁有二：一作今，一作今，同上下字。

据目前文献，"今"小篆典型字形当作今，例如今（峄山碑）、今（二世元年诏版）、今（峄山碑）、今（泰山刻石）、今（廿六年诏廿斤权）、今（秦大诏版），同《复古编》下字；《复古编》上字今盖为汉代受隶书影响而出的字形，例如居延新简4743"今"作今。如果从与秦篆一脉相承的角度来讲，《复古编》所谓的正确字形今当为讹误字形，而所谓的讹误字形今当是正确字形，唐代李阳冰今（三坟记）、今（千字文）均沿袭了这种写法。

（二十一）高

"上正下讹"上字作高，下字作髙。《复古编》含"高"字有槀、鎬、豪、櫜、鼓、敲、䭉，《说文》对应字为槀、鎬、亯、毫、鼓、敲、䭉。《复古编》"高"单字与偏旁存在字形不一的情形：单字作高，而偏旁一作髙，一作高。《说文》"高"作高，偏旁有二：一作高，例字有髙、髙；一作高，例字有鎬、鱎、繑、墑。

"高"或含"高"字，甲骨文作🈀（前一·三四·七）、🈀（乙一九〇六反）、🈀（甲三九四〇），金文作🈀（师高簋）、🈀（墙盘）、🈀（德方鼎），秦文字作🈀（秦公簋）、🈀（秦高奴禾石权）、🈀（大墓残磬）、🈀（秦印编94：高志）、🈀（秦陶文）、高（峄山碑）、🈀（睡虎简·日乙一四五）、🈀（睡虎简·秦五一），汉文字作高（步高宫高灯）、🈀（美阳高泉宫鼎盖）、🈀（老子甲五七）、🈀（老子乙二一四上）。

由上可知，《复古编》上字高与《说文》高不见于汉及之前实物文字，为后出字形。《说文》高同释梦英篆书目录偏旁字源碑高；《复古编》上字高与唐高元裕碑额高相同。《复古编》下字🈀与甲骨文、金文相对应，当为小篆常见字形。

（二十二）京

"上正下讹"上字作🈁，下字作🈁；《说文》作🈁，与上字相同。《复古编》含"京"字有黥、景、鯨，《说文》与之相同。

"京"或含"京"字，甲骨文作🈁（前二·三八·四）、🈁（甲二一三二），金文作🈁（班簋）、🈁（遹簋），秦文字作🈁（秦印编97：就邦）、🈁（秦陶文）、🈁（睡虎简·封一）、🈁（睡虎简·秦四八）、🈁（睡虎简·日甲五六），汉文字作🈁（纵横家书二三五）、🈁（章京印钩）、🈁（京兆官弩釰）、🈁（京师仓当瓦当）、🈁（张就之印）、🈁（景阳亭侯）。

由上可知，"京"小篆标准形体当作🈁或🈁①，《说文》与《复古编》上字🈁仅🈁（景阳亭侯）含此字形，当为受隶变影响的后出不典型字形，宋释梦英篆书目录偏旁字源碑🈁及其《千字文》🈁与之相同；《复古编》下🈁，与🈁（睡虎简·秦四八）中的"京"相同，亦为不典型字形，唐李阳冰🈁（三坟记）、🈁（千字文）传承了这种笔法。

（二十三）畟

"上正下讹"上字作畟，下字作畟；《说文》作畟，下字同《说文》。《复古编》含"畟"字有稷、糭，《说文》对应字为稷、糭。

含"畟"字，秦简作稷（睡虎简·日甲·18），其中"畟"同《复古编》下字。唐宋小篆有对应字形：李阳冰《千字文》稷、释梦英《千字文》稷的构件"畟"与下字畟相同。《复古编》上字畟，就目前文献看，宋之前没有对应字形。《说文》："畟，从田从人从夂。"小篆"田"作田，

---

① 詹鄞鑫：《谈谈小篆》，语文出版社2007年版，第40页。

"人"作㇇；"ㄨ"张有《复古编·形相类》作㇇，因此张有认为三者当组合成㇇。

(二十四) 㕡

"上正下讹"上字作㇇，下字作㇇；《说文》作㇇，下字与《说文》大致相同。《复古编》含"㕡"字有㇇、㇇、㇇，《说文》对应字作㇇、㇇、㇇。

含"㕡"字，汉文字作㇇（汉开母石阙）、㇇（汉少室石阙）、㇇（上林鼎）。

从上可知，据目前文献，没有发现与《复古编》上字㇇相同的写法。"㕡"，《说文》"从ㄨ允声"。"ㄨ"《复古编·形相类》作㇇，"允"小篆作㇇，张有认为两者应当构成㇇，而不应当为㇇。下字㇇与汉开母石阙㇇的偏旁"㕡"大致相同，唐李阳冰《千字文》㇇、宋释梦英《千字文》㇇中的"㕡"与之大致相同。

(二十五) 出

"上正下讹"上字作㇇，下字作㇇；《说文》作㇇，与上字大致相同。《复古编》含"出"字有㇇、㇇、㇇、㇇、㇇、㇇、㇇、㇇，《说文》对应字为㇇、㇇、㇇、㇇、㇇、㇇、㇇。《说文》"出"单字作㇇，而偏旁有二：一作㇇，一作㇇。《复古编》偏旁与之相同。

"出"或含"出"字，甲骨文作㇇（前七·二八·三），金文作㇇（伯矩鼎）、㇇（毛公鼎），秦文字作㇇（石鼓文）、㇇（秦陶文）、㇇（秦陵木车马金银泡刻字）、㇇（睡虎简·杂五）、㇇（睡虎简·日甲五一背）、㇇（睡虎简·为三四）、㇇（睡虎简·日甲二五背），汉文字作㇇（老子甲一〇二）、㇇（纵横家书六三）、㇇（出入大吉印）、㇇（新有善铜镜），三国文字作㇇（三体石经·君奭）。

由上可知，《复古编》上字㇇是在甲骨文、金文的基础上演变而来，与秦陶文㇇大致相同，唐尹元凯美原神泉碑㇇、李阳冰《千字文》㇇传承了这种写法；㇇盖为受隶变影响的字形。据目前文献，《复古编》下字㇇不见于汉及之前实物文字，然与传世古文相似，例如《汗简》录《尚书》"拙"作㇇、录《义云章》"耀"作㇇；宋释梦英《千字文》㇇也与之相似。

(二十六) 㚅

"上正下讹"上字作㇇，下字作㇇；《说文》作㇇，与下字大致相同。《复古编》含"㚅"有㇇、㇇、㇇、㇇，《说文》对应字为㇇、㇇、㇇、㇇。

就目前文献看，无法断定〇、〇孰是孰非。〇，《说文》"从夂兑声"。夂，张有《复古编·形相类》作〇；兑，小篆作〇，张有认为两者应当构成〇，而不应当为〇。

（二十七）舍

"上正下讹"上字作〇，下字作〇。元刻本《复古编》上字作〇，下字作〇。《复古编·上声》规范字形作〇，《说文》作〇，两者相同。"上正下讹"当从元刻本。《说文》"舍"单字作〇，偏旁有二：一作〇，例字有〇、〇、〇；一作〇，例字有〇。

"舍"，金文作〇（矢方彝）、〇（墙盘），秦文字作〇（秦印编 92：徐舍）、〇（秦印编 92：传舍）、〇（秦陶文）、〇（睡虎简·杂二八）、〇（睡虎简·秦一九五），汉文字作〇（孙膑五）、〇（封泥 2222）、〇（封泥 2415）、〇（崔氏冢舍瓦当）、〇（樱桃转舍瓦当）。

由上可知，《说文》及《复古编》上字〇与〇（秦印编 92：传舍）相同，盖为受隶变影响的后出字形；《复古编》下字〇与金文相同，当为小篆典型字形。

（二十八）从

"上正下讹"上字作〇，下字作〇；《说文》作〇，同上字。《复古编》含"从"字有〇、〇、〇，《说文》与之相同。

"从"或含"从"字，甲骨文作〇（前五·五·七）、〇（甲九四四），金文作〇（休盘）、〇（旗鼎），秦文字作〇（石鼓文）、〇（石鼓文）、〇（秦陶文）、〇（秦印编 129：旌）、〇（秦印编 129：王旐）、〇（睡虎简·日乙九三）、〇（睡虎简·为二六），汉文字作〇（孙子六一）、〇（孙子六一）、〇（孙膑一五五）、〇（封泥 1591），三国文字作〇（三体石经·君奭）、〇（三体石经·尧典）。

由上可知，《复古编》两字形在甲骨文、金文、秦篆中均无相同字形。《说文》《复古编》规范字形〇与秦隶〇（睡虎简·为二六）大致相同，盖为受隶变影响的字形。由秦印可知，"从"小篆形体当作〇，与詹鄞鑫考证相同[1]。《复古编》上字〇与唐碧落碑〇中的"从"大致相同，与宋释梦英篆书目录偏旁字源碑〇相同。《复古编》下字与〇（孙子六一）中的"从"大致相同，也当为受隶变影响的字形。

（二十九）甬

"上正下讹"上字作〇，下字作〇；《说文》作〇，同上字。《复古编》

---

[1] 詹鄞鑫：《谈谈小篆》，语文出版社 2007 年版，第 42 页。

含"甬"字有䈡、䉶、䋝、䪹，《说文》对应字为䈡、䋝、䋝、䪹，两者偏旁与单字皆作甬。

"甬"或含"甬"字，商金文作甬（戍甬鼎），周金文作甬（墙盘）、甬（毛公鼎）、甬（九年卫鼎），晋文字作甬（侯马盟书），楚文字作甬（郭·缁·二六）、甬（包二·一六六），秦文字作䪹（峄山碑）、甬（睡虎简·日甲一三）、甬（睡虎简·效三）、甬（足臂灸经三），汉文字作甬（纵横家书一二）、甬（杜陵东园壶）、甬（相马经六九上）、甬（仓颉篇七）、甬（封泥2298）。

由上可知，《说文》《复古编》上字和楚文字甬（郭·缁·二六）、汉篆甬（封泥2298）中的"甬"大致相同，当为不典型字形。《说文》："甬，从甬马声。""马""用"小篆分别作马、用，张有认为"甬"当写作甬。《复古编》无视"甬"实物文字，单单根据《说文》字形说解匡正字形，不符合"甬"字演变轨迹。"甬"不当为形声字，当为象形字。杨树达《积微居小学述林》："甬象钟形，乃钟字初文也。知者：甬字形上象钟悬，下象钟体，中横画象钟带。"①《复古编》上字甬与唐碧落碑甬、宋释梦英《千字文》甬中的"甬"大致相同。《复古编》下字甬与部分金文、秦篆相同。"甬"小篆常见标准形体当作甬，《说文》甬为讹误字②。《复古编》下字甬与"甬"小篆标准字形相同，李阳冰《千字文》甬中的"甬"与之大致相同。

（三十）录

"上正下讹"上字作录，下字作录；《说文》作录，同上字。《说文》"录"单字作录，而偏旁有二：一作录，例字有睩、睩、睩、睩；一作录，例字有禄。其两类偏旁同《复古编》上下字。

"录"或含"录"字，甲骨文作录（前六·一·八），商金文作录（宰甫簋）、周金文作录（颂簋）、录（麓伯簋），秦文字作禄（集证·168：549）、禄（秦印编3：桥禄）、禄（秦印编3：王禄）、禄（睡虎简·为六）、禄（睡虎简·日甲七五背），楚文字作录（曾八）、录（郭·六·一四），汉文字作禄（老子乙一七八上）、禄（孙膑一九）、禄（承安宫鼎）、禄（汉式禄琖石）、录（吾作镜）、禄（开母庙石阙）。

由上可知，《说文》与《复古编》两字形与汉及之前实物文字均不相

---

① 杨树达：《积微居小学述林》，中华书局1983年版，第46页。
② 詹鄞鑫：《谈谈小篆》，语文出版社2007年版，第41页。

同。詹鄞鑫拟定"录"小篆标准字形作㯿，常见字形作㯿①。此说符合实物文字。《复古编》上下字均为后出字形，上字㯿与李阳冰《千字文》㯿中的"录"相同，下字㯿与释梦英《千字文》㯿中的"录"相同。

(三十一) 襾

"上正下讹"上字作襾，下字作襾；《说文》作襾，同上字。《复古编》含"襾"字有賈，《说文》对应字作賈。

含"襾"字，秦文字作賈（秦印编117：贾寿）、賈（秦印编117：贾禄）、賈（秦陶文）、賈（睡虎简·效五八）、賈（睡虎简·法一八四）、賈（睡虎简·封七），汉文字作賈（纵横家书二一三）、賈（孙膑二一二）、賈（贾氏家钫）、賈（大贾壶）、賈（日有憙镜）、賈（满城汉墓铜銷）、賈（尹贾）。

由上可知，《复古编》上字襾、《说文》襾实物文字与之相同的字形较少，汉篆賈（尹贾）是这种写法，当为不典型字形，唐李阳冰《千字文》襾沿袭了这种写法；汉及之前实物文字多与《复古编》下字襾相同，盖为小篆常见字形，唐贾温墓志賈、宋释梦英篆书目录偏旁字源碑襾传承了这种写法。

(三十二) 戎

"上正下讹"上字作戎，下字作戎，《复古编·上平声》规范字形作戎，《说文》作戎，同上字。

"戎"，甲骨文作戎（前八·一一·三），金文作戎（盂鼎）、戎（散氏盘），秦文字作戎（不其簋盖）、戎（秦印编244：咸不里戎）、戎（睡虎简·法一一三），汉文字作戎（老子甲后四三一）、戎（纵横家书一四一）、戎（孙膑一九）、戎（压戎郡虎符）。

由上可知，"戎"小篆常见典型字形当作戎；据目前文献，汉及之前实物文字中没有和《复古编》上字、《说文》戎相同的写法；《复古编》下字戎，与戎字形有点相似。然而戎、戎与传世古文更为相近，《古文四声韵》"戎"录张揖《集字》作戎、录《道德经》作戎。《复古编》上字、《说文》戎与张揖《集字》戎近似，与李阳冰《千字文》戎相同；戎与《复古编》下字戎构件同而位置与笔势稍异。

(三十三) 粲

"上正下讹"上字作粲，下字作粲；《说文》作粲，同上字。

---

① 詹鄞鑫：《谈谈小篆》，语文出版社2007年版，第43页。

"衆"，甲骨文作■（前七·三〇·二）、■（甲二二九一），金文作■（昌鼎）、■（师衮簋），诸侯国文字作■（晋侯马盟书）、■（楚郭·老甲一二）、■（楚秦家嘴一三·四），秦文字作■（诅楚文）、■（大良造鞅方量）、■（秦印编161：和衆）、■（睡虎简·法五二），汉文字作■（老子甲一四三）、■（春秋事语七八）、■（元始钫）、■（新保塞乌桓奠黎邑率众侯印）。

由上可知，《说文》与《复古编》上字符合秦系文字演进序列，当为小篆典型字形；《复古编》下字■与晋国、楚国及个别汉文字相同，当为不典型字形。

（三十四）交

"上正下讹"上字作■，下字作■；《说文》作■，同上字。《复古编》含"交"字有■、■、■、■。《说文》偏旁"交"同《复古编》。

"交"或含"交"字，甲骨文作■（甲八〇六）、■（甲七八六），金文作■（交鼎）、■（毛公鼎），秦文字作■（秦印编205：赵交）、■（秦陶文）、■（秦陶文）、■（睡虎简·法七四）、■（睡虎简·效二〇），汉文字作■（老子甲后一九五）、■（纵横家书一六六）、■（校尉之印章）、■（封泥1034）。

由上可知，《复古编》上字■与甲骨文、金文、秦汉文字相同，当为小篆标准字形，唐李阳冰《千字文》■与之相同。《复古编》所谓讹误字形■见于《汗简》。郭忠恕《汗简》云："■交，诸家别体亦作此。"释梦英《千字文》■中的"交"也与下字相同。由此可知，《复古编》所谓讹误字形■亦有所依。

（三十五）老

"上正下讹"上字作■，下字作■。"笔迹小异"上字作■，同"上正下讹"上字。■，其下部■与周秦、两汉多数实物文字"老"下部相同；下字■，不见于汉及之前实物文字，为后出字形，唐李阳冰城隍庙碑■中的"老"与之大致相同（详见"笔迹小异""老"）。

（三十六）石

"上正下讹"上字作■，下字作■；《说文》作■。《复古编》从"石"字有■、■、■、■、■、■、■，《说文》对应字为■、■、■、■、■、■、■。《复古编》从"石"字共8个，7字偏旁作■，仅■一字作■，这与"上正下讹"有些抵牾。《说文》"石"部首及所属字偏旁皆作■，而"石声"字"斫"却作■，其中"石"与下字■相同。

"石"或含"石"字，甲骨文作☐（铁一〇四·三）、☐（乙四六九三），金文作☐（纪庚貉子簋）、☐（钟伯鼎）、☐（叔硕父甗），秦文字作☐（秦高奴禾石）、☐（诅楚文）、☐（石鼓文）、☐（秦印编187：杨石）、☐（秦陶文）、☐（泰山刻石）、☐（帛书·病方·22）、☐（睡虎简·效三）、☐（睡虎简·语一二），汉文字作☐（南陵钟）、☐（生如山石镜）、☐（白石神君碑）、☐（赵椽碑额）、☐（杨震碑）、☐（袁博碑额）、☐（老子乙前四三上）、☐（古地图）、☐（一号墓竹简一四三）。

由上可知，上字☐与秦隶☐（帛书·病方·22）相同，盖为受隶变影响而出的不典型字形，这一笔法唐宋篆书也有传承，例如☐（颜真卿东方画赞碑额）、☐（李阳冰千字文）、☐（宋释梦英篆书目录偏旁字源碑）；下字☐与甲骨文、金文、秦篆、汉篆相同，当为小篆典型字形，唐代篆书沿袭了这一写法，例如☐（唐李邕李秀碑额）、☐（沈传师罗池庙碑额）。

（三十七）而

"上正下讹"上字作☐，下字作☐，《复古编·上平声》规范字形作☐，《说文》作☐。《复古编》含"而"字有☐、☐、☐、☐、☐、☐、☐、☐、☐、☐，《说文》对应字为☐、☐、☐、☐、☐、☐、☐、☐、☐。

《说文》"而"单字及偏旁绝大多数作☐，仅☐与《复古编》同。《说文真本》单字作☐，而偏旁有两种：一为☐，例如☐、☐、☐；二为☐，例如☐、☐、☐。

"而"，金文作☐（殷敖簋盖）、☐（子禾子釜）、☐（真敖簋），秦文字作☐（石鼓文）、☐（诅楚文）、☐（大騩铜权），汉文字作☐（新嘉量）、☐（开母庙阙铭）、☐（礼器碑）。

考汉及之前实物文字，《复古编》上字☐较为常见，当为小篆标准字形，后世多有沿袭，例如☐（唐碧落碑）、☐（宋释梦英篆书目录偏旁字源碑）；下字☐不见于实物文字，为后出字形，唐李阳冰谦卦碑☐就是这种写法；《说文》☐在实物文字中也可见，为不典型字形，唐李阳冰三坟记☐传承了这一写法。

（三十八）吴

"上正下讹"上字作☐，下字作☐，二者的两个构件"口""矢"均不同。《说文》作☐，同上字。《复古编》含"吴"字有☐，《说文》有☐、☐、☐。《说文》"吴"单字作☐，而偏旁却有两种：一作☐，一作☐，两者差异在于下部两笔是否相离。《说文》偏旁☐与《复古编》下字☐上面的"口"不同。

"吴"或含"吴"字，金文作✲（师酉簋），诸侯国文字作✲（蔡侯簋）、✲（晋侯马盟书）、✲（楚新甲二·六），秦文字作吴（石鼓文）、吴（秦陶文）、✲（集证·165：513）、✲（睡虎简·法二〇九），汉文字作✲（孙子九五）、✲（纵横家书一七一）、✲（新嘉量）、✲（封泥249）、✲（封泥2396），三国文字作✲（天玺记功碑）、✲（禅国山碑）。

由上可知，《复古编》上字、《说文》吴与师酉簋✲、秦篆✲（集证·165：513）以及上列其他诸侯国文字有传承关系，当为小篆标准形体，后世也有传承，例如东魏元光基志盖✲、李阳冰《千字文》✲中的"吴"。《复古编》下字吴不见于汉及之前文字，唐李阳冰城隍庙碑✲、李阳冰三坟记✲中的"吴"、宋释梦英《千字文》✲中的"吴"与之写法相同。

（三十九）兀

"上正下讹"上字作✲，下字作✲；《说文》作✲，同下字。《复古编》含"兀"字有✲、✲、✲、✲、✲、✲，《说文》对应字为✲、✲、✲、✲、✲、✲。由《说文》对应字可知，《说文》偏旁"兀"有两种：一为✲，一为✲。《说文真本》情况与《说文》相同。

"兀"或含"兀"字，甲骨文作✲（一期乙六八一九），金文作✲（周中趞簋），秦文字作✲（睡虎简·日乙九七）、✲（睡虎简·语一二），汉文字作✲（仓颉篇二六）、✲（孙膑三三一）、✲（二十八宿圆盘）、✲（汝阴侯墓六壬栻盘）、✲（老子乙二〇九上）、✲（优吴印）。

"兀"或含"兀"字，实物文字较少，然从以上字形可知，上字✲相对来讲较为常见，下字✲较为少见。詹鄞鑫认为《说文》✲字形讹误，正确字形当作✲①。而从实物文字的角度来看，《说文》✲则出现较晚，✲（优吴印）中的"兀"与之接近。《复古编》上下字后世也有传承，宋释梦英《千字文》✲中的"兀"与上字✲相同，李阳冰千字文✲与下字✲相同。

（四十）囟

影宋抄本"上正下讹"上字作✲，下字作✲；元刻本上字作✲，下字作✲。《说文》作✲，同上字。《复古编》含"囟"字有✲、✲、✲、✲、✲、✲，《说文》对应字除"幽"作✲外，其他均同《复古编》。《说文》✲与《复古编》✲，两者偏旁"囟"上部微异。

"囟"或含"囟"字，甲骨文作✲（甲五〇七），金文作✲（长囟盉），

---

① 詹鄞鑫：《谈谈小篆》，语文出版社2007年版，第41页。

秦文字作☐（泰山刻石）、☐（秦印编207：思言敬事）、☐（秦印编207：忠仁思士）、☐（睡虎简·秦一五三）、☐（睡虎简·日甲六四背）、☐（睡虎简·为四九）、☐（睡虎简·日乙五七），楚简作☐（望二·三一）、☐（包二·二三）、☐（郭·太·一二），汉文字作☐（老子甲后一七七）、☐（老子甲后一八二）、☐（老子甲六八）、☐（相马经七上）、☐（愿长相思镜）、☐（君有行镜）、☐（心思君王镜）、☐（庄细夫印）、☐（铜镜030303）、☐（思言敬事）、☐（忠仁思事）。

根据以上字形以及"囟"的本义，小篆标准形体当从☐（秦印编207）中的☐，与元刻本《复古编》下字相同。秦、楚、汉文字中也有与之相同的字形，亦与王筠观点相同："吾以头囟未合，时为气所鼓荡，故以隆起者象之，说较段氏似为近情。由今思之，其为不识此字均也。吾尝执小儿验之，囟上尖而左右及下皆圆，故峄山碑象其轮廓而为☐也，其中则筋膜连缀之，故象之以☐也。其空白四区，则未合之处也。"① 这种写法的☐，见于李阳冰三坟记中的☐。影宋抄本下字☐不见于汉及之前实物文字，为后出文字。段玉裁改"囟"小篆字头作☐，并云"考梦英书偏旁石刻作☐。宋刻书本皆作囟。今人楷字讹囟，又改篆体作☐。所谓像小儿脑不合者，不可见矣。"② 现存宋释梦英篆书目录偏旁字源碑"囟"作☐，上面也未闭合，但与段玉裁所改☐稍微不同。《复古编》下字即大脑未闭合的☐与隋元钟墓志☐中的"囟"大致相同，与唐石经九经☐相同。《复古编》上字以及《说文》☐上面有一竖笔，楚简与汉文字中有个别字形与之相同。《汗简》录《碧落文》"思"作☐、录《牧子文》"思"作☐、录王氏碑"信"作☐，其中"囟"也与之相同。世传碧落碑"思"作☐，虽与《汗简》所录☐不同，但构件"囟"是相同的。☐至少在战国已有，并非段氏所云"今人"改之。

（四十一）云

"上正下讹"上字作☐，下字作☐，《说文》"雲"古文作☐。《复古编》无含"云"字。《说文》含"云"字有☐、☐、☐、☐、☐、☐、☐、☐。由以上诸字可知，《说文》偏旁"云"有三种：☐、☐、☐，前两个同"上正下讹"☐、☐。

"云"，甲骨文作☐（乙一〇八）、☐（存下九五六），春秋吴文字作☐

---

① 王筠：《说文释例》，中华书局1987年版，第31页。
② 段玉裁：《说文解字注》，载中华书局编辑部《说文解字四种》，中华书局1998年版，第362页。

(姑发剑)，秦文字作▨（秦印编 226：云子思士）、▨（封泥印 102：云阳）、▨（睡虎简·封四〇）、▨（睡虎简·日甲四四背）、▨（秦陶文）、▨（秦陶文）、▨（秦陶文），汉文字作▨（老子甲九〇）、▨（安陵鼎盖）、▨（清铜镜）、▨（开母庙石阙）、▨（祀三公山碑）。

由上可知，"云"小篆标准形体当作▨，与《说文》"云"的古文▨及▨、▨、▨三字偏旁"云"同，宋释梦英《千字文》▨沿袭了这种写法；《复古编》上字▨与上列秦印相类，与李阳冰《千字文》▨相同；下字▨不见于汉及之前实物文字，然与《古文四声韵》▨（古孝经）相类。

（四十二）非

"上正下讹"上字作▨，下字作▨；《说文》作▨，同上字。《复古编》偏旁"非"有二：一作▨，关涉字有▨、▨、▨、▨、▨；一作▨，关涉字有▨、▨、▨、▨、▨。此处出现前后矛盾的状况，即《复古编》所谓讹误字形与其偏旁相同。《说文》与之对应字形为▨、▨、▨、▨、▨、▨、▨、▨、▨。《说文》"非"单字与偏旁相同。

"非"或含"非"字，甲骨文作▨（拾一一一·八），金文作▨（班簋）、▨（毛公鼎），诸国文字作▨（侯马盟书）、▨（中山王鼎）、▨（楚帛书），秦文字作▨（泰山刻石）、▨（会稽刻石）、▨（集证·184.742）、▨（秦陶文）、▨（秦陶文）、▨（秦一〇三）、▨（秦一〇五），汉文字作▨（老子甲四七）、▨（孙膑四〇）、▨（吾作佳镜）、▨（尚方镜）、▨（韩仁铭）。

由上可知，《复古编》下字▨与金文、其他诸国文字、秦汉文字相同，符合古文字演进序列，当为小篆标准字形，后世也多有沿袭，例如三国魏三体石经作▨，唐碧落碑作▨，宋释梦英篆书目录偏旁字源碑作▨。《说文》"非"作▨，与▨（泰山刻石）中的"非"相同，唐代也有这种写法，例如▨（唐崔暟墓志）、▨（唐峿台铭）。"上正下讹"虽然指出▨正确，▨讹误，但在正文标准篆书中却使用了含▨的字形。由此看来，张有规范字形时存在标准不统一、前后矛盾的弊端。

（四十三）恶

"上正下讹"上字作▨，下字作▨。《复古编》含"恶"字有▨，《说文》对应字作▨。《复古编·去声》规范字形作▨，《说文》作▨。《说文》▨与《复古编》所谓讹误字近同。

"恶"或含"恶"字，金文作▨（中山王壶）、▨（妿銮壶），秦《睡虎简》作▨（日甲八三），汉文字作▨（老子乙前一六上）、▨（乐爱信印)、䪿(郭爱君)。

"上正下讹"上字䵼与中山王壶䵼相类；下字䵼与汉文字䪿(郭爱君)中的"恶"接近，与李阳冰《千字文》䵼相同，两者皆有迹可寻。《说文》䵼与李阳冰《千字文》䵼以及释梦英《千字文》䵼中的"恶"近同。《复古编·去声》规范字形䵼与"上正下讹"上字䵼之间差异在于上部构件是否出头，䵼盖为受隶变影响的字形。

(四十四) 俞

"上正下讹"上字作俞，下字作俞；《说文》作俞，同下字。

"俞"或含"俞"字，金文作㪌(豆闭簋)、㪌(俞伯尊)、㪌(鲁伯俞父盘)，秦文字作㪌(不其簋盖)、㪌(诅楚文)、俞(秦陶文)、俞(秦陶文)、俞(睡虎简·编一〇)、俞(睡虎简·语一〇)、俞(睡虎简·秦八六)，汉文字作俞(五十二病方)、俞(老子甲后二一一)、俞(纵横家书一七八)、俞(俞元丞印)、俞(隃糜侯相)、俞(封泥2358)。

由上可知，汉及之前实物文字中没有和上字俞一样的写法。俞当为张有拟定的字形。《说文·舟部》："俞，空中木为舟也。从亼从舟从巜。巜，水也。"《说文》"巜"作巜。通过对俞的字形分析，我们认为张有对俞匡正的理由在于，既然俞"从巜"，那么俞就应该作俞。张有无视"俞"字形演变轨迹，仅从《说文》字形说解，生搬硬套，强加规范。这种做法是不可取的，同时也反映出《说文》字形说解与实际字形演变之间存在不一致的现象。《复古编》下字俞与实物文字有对应关系，当为小篆规范字形。

(四十五) 凶

"上正下讹"上字作凶，下字作凶，《复古编·去声》作凶，《复古编·形相类》作凶。这种状况的出现，表明张有在规范字形中没有贯彻前后兼顾、字形统一的正字思想。《复古编》讹误字形凶与《复古编·去声》规范字形凶相抵牾。《说文》作凶，同下字。

"凶"或含"凶"字，甲骨文作凶(前五·二七·一)、凶(粹一二六〇)，金文作凶(善夫克鼎)、凶(殳季良父壶)，秦文字作凶(不其簋盖)、凶(秦陶文)、凶(集证·谒者之印)，汉文字作凶(纵横家书二四一)、凶(孙子六五)、凶(齐中谒者)、凶(袁安碑)、凶(王凶)。

从与甲骨文、金文相对应的角度考虑，秦篆凶(集证·谒者之印)的偏旁凶盖为小篆"凶"标准形体。凶与金文凶(善夫克鼎)、汉文字凶(王凶)相同。《复古编》凶、凶、凶不见于汉及之前实物文字，当为后来在凶的基础上演变而成的字形。《复古编》上字凶与唐碧落碑凶中的

"勾"相同；《复古编》下字〇、《说文》〇与李阳冰《千字文》〇、释梦英《千字文》〇中的"勾"相同。

(四十六) 甚

"上正下讹"上字作〇，下字作〇，两者差异在于"匹"上部横画是否超出下部竖笔。《说文》作〇，同下字。《说文》偏旁"甚"有二：一作〇，例字有〇、〇、〇；一作〇，例字有〇、〇、〇。《说文》两偏旁同上下字。

"甚"或含"甚"字，金文作〇（甚鼎）、〇（谌鼎）、〇（𢦔匜），秦文字作〇（诅楚文）、〇（睡虎简·日甲四五背）、〇（睡虎简·语四）、〇（睡虎简·日甲七二），汉文字作〇（老子甲七三）、〇（铜镜010106）、〇（孙堪私印）。

《复古编》〇、〇两者差异颇小。上字〇与诅楚文〇相同，李阳冰千字文〇传承了上字的写法；下字〇与汉文字〇（孙堪私印）中的"甚"相同，盖为受隶变影响的字形。

(四十七) 泰

"上正下讹"上字作〇，下字作〇，两者差异在于向下的笔画腰部是否内收。《说文》小篆作〇，古文作〇。《说文》古文〇同《复古编》上字。"泰"，汉驺荡宫壶作〇、杨震碑额作〇、衡方碑作〇；宋夏竦《古文四声韵》："泰，〇《说文》〇太，〇古老子。"《复古编》上字〇与杨震碑相同，而下字〇与《古文四声韵》〇相同。

(四十八) 堇

"上正下讹"上字作〇，下字作〇，两者差异在于"土"上笔画是直是曲；《说文》作〇，同下字。《复古编》含"堇"字有〇、〇、〇，《说文》对应字作〇、〇、〇。《说文》"堇"单字作〇，而偏旁有四：一作〇，例字有〇、〇、〇；一作〇，例字有〇；一作〇，例字有〇、〇、〇；一作〇，例字有〇、〇、〇。

"堇"或含"堇"字，甲骨文作〇（乙七一二四）、〇（京津二三〇〇），金文作〇（堇伯鼎）、〇（善夫山鼎），秦文字作〇（秦印编43：高谨）、〇（秦陶文）、〇（睡虎简·秦六八）、〇（睡虎简·日甲七二）、〇（睡虎简·日甲一六），汉文字作〇（纵横家书一五）、〇（仓颉篇三四）、〇（纵横家书一四四）、〇（郭谨中）、〇（张瑾印信），三国文字作〇（三体石经·君奭）。

从上可知，上字〇与秦文字部分字形大致相同，唐碧落碑〇、李阳冰

《千字文》❑中的"堇"与上字相同；下字❑不见于汉及之前文献，盖为后出字形，唐瞿令问《峿台铭》❑、❑中的"堇"与之相同。

(四十九) 金

"上正下讹"上字作❑，下字作❑。《复古编·下平声》规范字形作❑，《说文》作❑，两者的差异在于《复古编》竖笔左起笔，《说文》右起笔。《复古编》含"金"字有31个，与《说文》相较如下：

❑—❑、❑—❑。

《复古编》"金"单字及偏旁皆作❑，《说文》均作❑。"上正下讹"明确指出❑正确，❑错误。

"金"或含"金"字，金文作❑（麦鼎）、❑（丰尊）、❑（颂簋）、❑（师衰簋），诸国文字承金文作❑（晋栾书缶）、❑（楚鄂君舟节）、❑（中山王壶）。秦篆与金文、诸国文字同属一系，例如❑（石鼓文）、❑（集证·163.480）、❑（封泥集246·2）、❑（秦印编266：带错）、❑（秦印编266：吕钧），汉篆作❑（国宝金匮）、❑（金乡国丞）、❑（菖川鼎）、❑（日入千金壶）、❑（陈仓成山匜）。

秦汉篆文"金"字形多样，《复古编》下字与《说文》字形在秦篆中也有相同字形。《复古编》所谓正确字形❑，据目前文献，作为偏旁见于南北朝、隋唐石刻文字。例如❑（东魏元湛志盖）、❑（北周步孤氏志盖）、❑（隋宋仲墓志）、❑（唐贾温志盖）。

下字❑，承袭秦汉篆书，在南北朝、隋唐石刻中也较为常见，为何张有偏偏认为上字❑为正确字形？这与"金"许慎字形说解有关。《说文》："金，五色金也。黄为之长。久薶不生衣，百炼不轻，从革不违。西方之行。生于土，从土；左右注，像金在土中形；今声。""金"，许慎认为是从土今声的形声字。"今"，甲骨文作❑（后下一·七）、❑（乙七八一八），金文作❑（矢方彝）、❑（克鼎），秦篆作❑（诅楚文）、❑（峄山碑）。"上正下讹"："❑、❑❑，居音切。"此处所谓正确字形❑，相对❑出现较晚，据目前文献，当在汉代，例如❑（公孙今印）。《说文真本》"今"同《复古编》作❑。《说文真本》除单字"今"与❑（霃的古文）的声符作❑外，其他"今声"形声字的声符皆作❑。《说文》"今"作❑，而"今"作声符的字有两种。一为❑，仅见于❑、❑（霃的古文）；一为❑，其他"今"作声符的形声字皆如此，例如玲、吟。《说文·亼部》："今，是时也。从亼从乛。乛，古文及。"《说文·又部》："㇇，逮也。从又从人。乁古文及。秦刻石及如此。㇇亦古文及。㇇亦古文及。"如果从《说文》字形说解的角度，《说文真本》与《复古编》㇇正确无疑。然而秦代实物文字并非如此，"今"或含"今"字作㇇（峄山碑）、㇇（泰山刻石）、㇇（廿六年诏廿斤权）、㇇（秦大诏版）、㇇（峄山碑），由此可知，㇇当为秦小篆标准形体。

《复古编》"金"所谓正确字形作㇇，是张有在规范字形时严格遵依《说文》字形说解的典型。张有认为既然"金"《说文》"从土；左右注，象金在土中形；今声"，《说文》"今"作㇇，"土"作土，根据字形说解，"金"当作㇇。

（五十）斗

"上正下讹"上字作㇇，下字作㇇。《复古编·上声》规范字形作㇇，《说文》作㇇。"上正下讹"讹误字形与规范字形相同，前后抵牾。《复古编》含"斗"字有㇇、㇇、㇇、㇇、㇇、㇇、㇇，《说文》对应字为㇇、㇇、㇇、㇇、㇇、㇇。《复古编》偏旁"斗"有两类，同"上正下讹"两字。

"从出土文字数据看，直到汉代还没有出现㇇的写法，可见小篆斗和从斗的字都不合汉字演进序列……升字和抖中的升皆不作㇇，知小篆升抖不合汉字演进序列。"[①] 根据实物文字，"斗"小篆常见字形作㇇（秦公簋）、㇇（咸阳四斗方壶）。《复古编》上字㇇与《说文》㇇与秦篆㇇（秦印编268：稿斗）有点相似，《复古编》下字㇇不见于实物文字，但与传世文献相同。《汗简》"斗"作㇇，"斝"作㇇（孙强集字）；又《古文四声韵》"升"作㇇（云台碑），"料"作㇇（石经）。《复古编》上字㇇、《说文》㇇与《古文四声韵》㇇（石经）中的"斗"相同，《复古编》下字㇇与《汗简》㇇相同。盖"斗"作㇇、㇇均可。云台碑㇇（升）与《复古编》㇇大致相同。

汉及之前实物文字没有与《说文》㇇、㇇完全相同的字形，然见于专辑古文的《汗简》与《古文四声韵》，盖两者属古文一系。《复古编》上下字在中古文字中均有相同字形，北齐乐陵王妃斛律氏墓志㇇中的"斗"、唐峿台铭㇇同上字，李阳冰三坟记㇇、李阳冰《千字文》㇇中的"斗"、

[①] 赵平安：《〈说文〉小篆研究》，广西教育出版社1998年版，第10页。

释梦英篆书目录偏旁字源碑㠯同下字。

（五十一）厸

"上正下讹"上字作㕣，下字作㕣，上字同《说文》㕣。《复古编》含"厸"字有㶌、㶌、坌、䋐、㵘，《说文》对应字作㶌、㶌、坌、䋐、㵘。《复古编》单字"厸"作㕣，而偏旁却多与所谓讹误字形㕣同。《说文》"厸"部辖两字，为㶌、坌，而木部"㮐声"字却作㮐，与《复古编》一样也出现单字与偏旁不一致的状况。

含"厸"的"㮐"，汉文字作㮐（公孙㮐印）、㮐（溓㮐）、㮐（五行镜），其构件与《复古编》上字大致相同；《复古编》下字与宋释梦英篆书目录偏旁字源碑㕣大致相同。

（五十二）亚

"上正下讹"上字作亞，下字作亜。《复古编·去声》"亚"作亞，《复古编》含"亚"字有㤉。《说文》"亚"单字作亞，而偏旁有二：一作亞，关涉字有㗩、䢝、䢼、䢨、堊、鋻；一作亜，关涉字有㤉，与《复古编》上下字相同。

"亚"或含"亚"字，甲骨文作亞（乙六四〇〇）、亞（前七·三九·二），金文作亞（传尊）、亞（延盨）、亞（諫簋），秦大篆作亞（石鼓文），《睡虎简》作亞（为二）、亞（秦六五）、亞（语一）、亞（日乙一九四），汉文字作亜（老子乙前四三下）、㤉（匈奴恶适尸逐王）。

《复古编》上字亞与实物文字有对应关系，当为小篆常见标准字形，亜当为受隶变影响的不典型字形。① 《复古编》上字亞，唐宋篆书均有传承，例如唐李阳冰谦卦碑亞中的"亚"、宋释梦英篆书目录偏旁字源碑亞。

（五十三）五

"上正下讹"上字作㐅，下字作㐅；《说文》作㐅，与上字相同。《说文》含"五"字有㖾、㫗，其偏旁、单字相同。

"五"，甲骨文作㐅（铁二七四·二）、㐅（后上二七·八），金文作㐅（臣陈盉）、㐅（曶簋）、㐅（尹姞鬲）、㐅（鄦侯少子簋），秦文字作㐅（郎邪刻石）、㐅（峄山碑）、㐅（大良造鞅方量）、㐅（相邦吕不韦戟）、㐅（秦陶文），汉文字作㐅（云阳鼎）、㐅（上林鼎）、㐅（杜林东园壶）、㐅（袁安碑）。

由上可知，郎邪刻石、大良造鞅方量、相邦吕不韦戟篆文"五"当为

---

① 詹鄞鑫：《谈谈小篆》，语文出版社2007年版，第44页。

小篆标准形体，同《说文》及《复古编》上字▨；《复古编》下字▨也见于周金文，盖是为了追求字形美观而写的不典型字形，汉篆中也较常见。《复古编》上字多见于出土实物，后世也多有传承，例如碧落碑▨；下字后世也有沿袭，例如五代钱镠开慈云岭记▨。

（五十四）嚚

"上正下讹"上字作▨，下字作▨；《说文》作▨，与上字相同。

"嚚"或含"嚚"字，甲骨文作▨（乙六二六九）、▨（宁沪二·一一一）、▨（拾六·三），金文作▨（盂鼎二）、▨（散盘）、▨（贝鼎）、▨（史兽鼎）、▨（邵钟），秦文字作▨（石鼓文）、▨（睡虎简·秦一二〇），汉文字作▨（五十二病方二三五）、▨（老子甲三六）。

《复古编》上字▨，汉及之前实物文字没有与之相同的字形，为后出字形，李阳冰《千字文》▨、释梦英《千字文》▨中的"嚚"与之相同。《复古编》下字▨与金文▨（邵钟）、大篆▨（石鼓文）中的"嚚"相同，盖为小篆规范字形。

（五十五）酉

"上正下讹"上字作▨，下字作▨；《说文》作▨，同上字。《复古编》含"酉"字有▨、▨、▨、▨、▨、▨、▨、▨、▨、▨。《说文》与《复古编》"酉"单字、偏旁皆作▨。

"酉"或含"酉"字，甲骨文作▨（粹二八），金文作▨（臣辰盉）、▨（师酉簋）、▨（召仲鬲）、▨（毛公鼎），秦文字作▨（大良造鞅方量）、▨（秦印编282：王酉）、▨（商鞅方升）、▨（秦陶文）、▨（睡虎简·日乙一一三）、▨（睡虎简·日乙二二五），汉文字作▨（老子甲后三八五）、▨（新钧权）、▨（新一斤十二两权）、▨（尚方镜五）、▨（袁敞碑）。

由上可知，秦小篆▨与甲骨文、金文有传承关系，当为常见小篆典型字形；考《增订汉印文字征》，"酉"多作▨，汉篆也有一些与《复古编》所谓讹误字形▨相同，例如袁敞碑▨。这种写法后世也有沿袭，例如▨（隋苏恒墓志）、▨（唐三坟记）。考《睡虎地秦简文字编》《秦汉魏晋篆隶字形表》，"酉"秦汉隶书多作▨。《说文》与《复古编》所谓规范字形▨极为少见，据目前文献，仅汉金文▨（新一斤十二两权）与之相近，当为不典型字形，唐李阳冰《千字文》▨中的"酉"、宋释梦英篆书目录偏旁字源碑▨传承了这一写法。

（五十六）丣

"丣"为"酉"的古文，"上正下讹"上字作▨，下字作▨；《说文》

作█，与下字同。《复古编》含"丣"字有█、█、█，《说文》含"丣"字有█、█、█、█、█，此外还有含"留"诸字。

含"丣"字，甲骨文作█（篆游一〇九）、金文作█（柳鼎）、█（散盘）、█（留钟）、█（空首布①），秦文字作█（石鼓文）、█（秦印编104：柳）、█（秦陶文）、█（睡虎简·秦一三一），汉文字作█（满城汉墓铜钫）、█（留里杨黑酒器）、█（封泥1670）。

由上可知，在汉及之前文字中，偏旁"丣"常见字形作█。《说文》"酉"古文作█，而《汗简》《古文四声韵》中录《说文》古文"酉"却与之相异。《汗简》："█，《说文》酉字。"《古文四声韵》："酉，█，《说文》。"《说文》古文"酉"█不见于文献。郭沫若《甲骨文字研究》："（酉）其从'卯'作'丣'之古文则迄未有见。"②《复古编》上字█，既不同于《说文》█，也不同于《汗简》█，盖根据《说文》"柳"字形说解类推而得。《说文·木部》："柳，小杨也。从木丣声。丣，古文酉。"《复古编》█、█不见于实物文字，盖为受唐隶楷影响的后出字形。唐石经五经█、安天王庙碑█中的"丣"与《复古编》上字█近同，唐柳偘妻墓志█中的"丣"与《复古编》下字█相同。

（五十七）足

"上正下讹"上字作█，下字作█。《复古编·去声》规范字形作█，《说文》与之相同。《复古编》从"足"字有█、█、█、█、█、█、█、█、█、█、█、█、█、█、█、█、█、█、█。《复古编》《说文》"足"单字、偏旁皆作█。

"足"或含"足"字，甲骨文作█（前四·四〇·一）、█（乙三一八四），周文字作█（善鼎）、█（师晨鼎）、█（集成11159）、█（玺汇45），秦文字作█（秦印编39：王足）、█（秦印编40：文路）、█（秦陶文）、█（睡虎简·法一一三）、█（睡虎简·封六八）、█（睡虎简·日甲五四背），汉文字作█（老子甲后二〇九）、█（孙膑一三五）、█（中宫雁足灯）、█（寒明印）、█（《封泥》538）。

由上可知，《复古编》█、█在汉及之前文字中皆存，后世也有传承，例如唐李阳冰《千字文》█、宋释梦英《千字文》█与上字相同，唐碧落碑█中的"足"、宋释梦英篆书目录偏旁字源碑█与下字相同。如果从

---

① 空首布是春秋战国时期周、晋、郑、卫等国铸行的一种金属货币。
② 郭沫若：《甲骨文字研究》，载刘梦溪《中国现代学术经典》，河北教育出版社1996年版，第337页。

"足"造字理据上讲,《复古编》下字当为错误字形。《说文》:"足,人之足也,在下。从止、口。"《说文系传》:"口象股胫之形。"杨树达《积微居小学述林》:"股胫跖跟全部为足,足从○者,象股胫周围之形。人体股胫在上,跟跖在下,依人所视,像股胫之○当在上层,像跖跟之止当在下层。然文字之象形,但有平面,无立体,故止能以○上止下表之也。"[1] "○"像人腿平面之形,因此"足"小篆字形上部为圆形当是正确字形。

(五十八)韱

"上正下讹"上字作韱,下字作韱,两者差异在于"韭"字不同。《说文》作韱,同上字。《复古编》含"韱"字有韱、韱、韱,其偏旁同上字。《说文》偏旁"韱"有二:一作韱,例字有韱、韱、韱;一作韱,例字有韱。《说文》"韱"两偏旁同《复古编》上正下讹字。

"韭"或含"韭"字,秦文字作韱(睡虎简·为五)、韱(睡虎简·秦一七九),汉文字作韱(尚韱)、韱(敦谶里附城),三国刻石作韱(禅国山碑)、韱(天玺纪功碑)。

"韱"或含"韱"字实物文字中较少见,《说文》及《复古编》上字韱与汉篆韱(尚韱)大致相同。《复古编》下字韱与《说文》唐写本木部残卷韱中的"韱"相同。

(五十九)鬲

"上正下讹"上字作鬲,下字作鬲;《说文》作鬲,与上字同。《说文》偏旁有二:一作鬲,例字有鬲、鬲;一作鬲,例字有鬲、鬲。《说文》"鬲"两偏旁同《复古编》上下字。

"鬲"或含"鬲"字,甲骨文作鬲(甲二一三二)、鬲(粹一五四三),金文作鬲(召仲鬲)、鬲(盂鼎),战国玺印作鬲(集粹[2]),秦文字作鬲(秦陶文)、鬲(秦印编53:史鸎)、鬲(秦印编53:鬲)、鬲(睡虎简·日甲四五背)、鬲(睡虎简·日甲六七),汉文字作鬲(公主家鬲)、鬲(祀三公山碑)、鬲(白石神君碑)。

由上可知,《说文》与《复古编》两字形不见于汉及之前实物文字,当为后出字形。从与战国玺印相对应的角度考虑,"鬲"小篆形体当从秦陶文作鬲。詹鄞鑫拟定"鬲"标准篆文为鬲[3],甚是。《复古编》上下字见于唐宋篆文,《说文》唐写本木部残卷鬲中的"鬲"同上字,宋释梦英

---

[1] 杨树达:《积微居小学述林》,中华书局1983年版,第82页。
[2] 刘志基、张再兴:《中国异体字大系·篆书编》,上海书画出版社2007年版。
[3] 詹鄞鑫:《谈谈小篆》,语文出版社2007年版,第41页。

篆书目录偏旁字源碑■同下字。

(六十) 失

"上正下讹"上字作■，下字作■，两者相同，其一必误。《说文》作■，同《复古编》二形。《复古编》含"失"字有■，《说文》对应字作■。由《复古编》■推知，"失"上字当作■。元刻本上字作■，与■的偏旁"失"相同；下字作■，与《说文》及影宋本《复古编》下字相同。

"失"或含"失"字，金文作■(谏簋)、■(扬簋)，秦文字作■(诅楚文)、■(睡虎简·秦一一五)、■(睡虎简·秦八二)，汉文字作■(老子乙前一上)、■(孙膑二八五)、■(李言之始镜)、■(郁秩丞印)、■(阳秩男则相)。

根据偏旁类推，"失"汉篆当作■，与《说文》《复古编》上下字均不同。《复古编》上下字与诅楚文■有点接近，但与《复古编》上下字完全相同的字形不见于实物文字，盖为后出字形。两者与传世古文字亦不同，例如《古文四声韵》录《古孝经》作■、■。

(六十一) 承

"上正下讹"上字作■，下字作■，《说文》作■，三者各异。

"承"，甲骨文作■(后下三〇·一二)，金文作■(小臣逨簋)，汉文字作■(老子乙前一一五下)、■(新承水盘)、■(曹丞仲承)、■(祀三公山碑)。

上字■与汉篆■(祀三公山碑)相同，唐李阳冰《千字文》■与之大致相同；下字■与汉文字■(曹丞仲承)大致相同。

(六十二) 枭

影宋抄本"上正下讹"上字作■，下字作■，两者差异极小。元刻本上字作■，下字作■，两者差异在于是否有鸟爪。《说文》同上字。《说文》"■，不孝鸟也。日至，捕枭磔之。从鸟头在木上。"据《说文》说解，字形不当有鸟爪。"枭"实物文字颇少，据目前文献，隶楷有无鸟爪的字形均有，例如汉北海相景君铭■、东魏元惊墓志■、唐李仁德墓志■、唐石经五经■。据此可知"枭"有带鸟爪的字形。

(六十三) 卷

"上正下讹"上字作■，下字作■，两者差异在于上部竖笔是否右曲。《复古编·上声》规范字形作■，《说文》作■，同上字。《复古编》含"卷"字有■、■，《说文》与之相同。

"卷"，秦文字作■(睡虎简·日甲八七)、■(帛书·病方·350)，汉文字作■（老子甲后四三一）、■（一号墓竹简一六一）、■（封泥986）、■（封泥987）。

"卷"实物文字较少，■、■均与有限的实物文字不符，为后出字形。《说文》："■，厀曲也。从卪𢍏声。"𢍏，从廾釆声。含"釆"的"悉"唐峿台铭作■，与《复古编》上字■上面的构件"釆"相同。《复古编》下字与三坟记■相同。

（六十四）縣

"上正下讹"上字作■，下字作■。《复古编·下平声》规范字形作■，《说文》作■，同上字。

"縣"，金文作■（县妃簋）、■（邵钟），《睡虎地秦简》作■（秦一九）、■（效三〇）、■（日甲一一五），汉文字作■（春秋事语三六）、■（孙子六〇）、■（棘阳县宰印）、■（开母庙石阙）。

据目前文献，从与金文相承的角度，"縣"小篆正确字形当作■[1]；《复古编》上字■与《说文》■见于东汉，例如■（开母庙石阙）；《复古编》下字■不见于汉及之前实物文字，为后出字形，唐城隍庙碑■与之相同。

（六十五）直

"上正下讹"上字作■，下字作■，《说文》作■。《说文》含"直"字有■、■、■、■、■、■、■。《说文》"直"单字与偏旁相同。

"直"或含"直"字，甲骨文作■（佚五七），金文作■（恒簋），秦文字作■（峄山碑）、■（秦印编246：庄直）、■（秦陶文）、■（睡虎简·法九）、■（睡虎简·秦一八九），汉文字作■（老子简一上）、■（老子甲一一〇）、■（新嘉量）、■（置鼎）、■（新衡杆）。

由上可知，《复古编》上字■只有极少数如新嘉量■与之相同，为不典型字形。下字■与诸多实物文字相同，当为小篆标准字形。这两种写法后世均有传承，例如唐李阳冰三坟记■与上字相同，宋释梦英《千字文》■中的"直"与下字相同。

（六十六）广

"上正下讹"上字作■，下字作■，两者差异在于前者两笔，后者三笔。《说文》作■，同上字。《复古编》含"广"字有■、■、■、■、■、■、■、■、■、■、■。《说文》《复古编》"广"单字、偏旁

---

[1] 詹鄞鑫：《谈谈小篆》，语文出版社2007年版，第42页。

皆作广。

含"广"字，金文作▨（禹鼎）、▨（吴方彝）、▨（虢季子白盘），秦文字作▨（诅楚文）、▨（秦大诏版）、▨（秦陶文）、▨（秦陶文）、▨（秦陶文）、▨（睡虎简·杂二三）、▨（睡虎简·效五二），汉文字作▨（寿成室鼎）、▨（陶陵鼎）、▨（老子乙前一二六下）。

由上可知，上字广与诸多实物文字相同，当为小篆标准字形，后世多有传承；下字广与▨（秦陶文）中的"广"有对应关系，当为不典型字形，北魏元焕墓志▨、唐碧落碑▨中的"广"均与之相同。

（六十七）新

"上正下讹"上字作▨，下字作▨，两者差异在于"辛"下部上字从木、下字省木作巾。《说文》作▨，同上字。

"新"，甲骨文作▨（佚五八〇）、▨（后下九·一），金文作▨（望簋）、▨（臣卿簋），秦文字作▨（诅楚文）、▨（秦印编 268：新安丞印）、▨（秦陶文）、▨（睡虎简·效二一），汉文字作▨（新郪虎符）、▨（新嘉量）、▨（新越余坛君）。

由上可知，据目前文献，《复古编》上字▨、《说文》▨不见于汉及之前实物文字，为后出字形，唐李阳冰《千字文》▨与之相同。徐铉《说文解字·篆文笔迹相承小异》："▨，左旁亲从辛从木。《说文》不省。此二字（按：包括上文"以"）李斯刻石文如此，后人因之。"下字▨与秦汉篆书相同。

（六十八）方

"上正下讹"上字作▨，下字作▨；《说文》作▨，同上字。《复古编》含"方"字有▨、▨、▨、▨、▨，《说文》对应字作▨、▨、▨、▨、▨。《复古编》偏旁多同上字，▨中的"方"同下字。

"方"或含"方"字，甲骨文作▨（后下十三·五）、▨（前五·二三·二），金文作▨（禹鼎）、▨（召卣），秦文字作▨（不其簋盖）、▨（石鼓文）、▨（大墓残磬）、▨（秦印编 167：高方）、▨（睡虎简·日甲七二背）、▨（睡虎简·封七四），汉文字作▨（老子甲一一二）、▨（相马经二下）、▨（方氏鼎盖）、▨（新嘉量）、▨（元始钫）、▨（赵滂白笺）。

由上可知，与《复古编》上字▨相同的字形在实物文字中极为少见，汉文字▨（赵滂白笺）的构件"方"与之大致相同。上字▨始见于唐，李阳冰栖先茔记▨、《千字文》▨与之相同。《复古编》下字▨与汉及之前实物文字相同，当为小篆标准字形，这一写法后世也有沿袭，例如唐碧落碑 ☒、颜真卿东方画赞碑额 ☒。

（六十九）矛

"上正下讹"上字作☒，下字作☒；《说文》作☒，同上字。《复古编》含"矛"字有☒、☒、☒，《说文》对应字为☒、☒、☒。

"矛"或含"矛"字，金文作☒（戜簋）、☒（毛公鼎）、☒（救觶），秦文字作☒（秦印编10：茅干滑）、☒（秦印编10：茅拾）、☒（秦陶文）、☒（睡虎简·封七八）、☒（睡虎简·秦一九五）、☒（睡虎简·为三五）、☒（睡虎简·秦一三六），汉文字作☒（五十二病方五二）、☒（孙膑二八四）、☒（五星占）、☒（茅卿信印）、☒（封泥2068）、☒（封泥2221）、☒（张景碑）、☒（上尊号奏碑），唐写本《说文》木部残卷作☒。

《复古编》上字与《说文》当为受隶书影响的不典型字形，汉文字☒（茅卿信印）的构件"矛"与之相同。詹鄞鑫认为"矛"标准小篆字形作☒，比较常见字形作☒①，与《复古编》下字☒接近。

（七十）伯

"上正下讹"上字作☒，下字作☒，两者差异在于"白"字不同。《说文》作☒，同上字。

"白"或含"白"字，甲骨文作☒（佚四二七）、☒（甲四五六）、☒（佚一九五），金文作☒（作册大鼎）、☒（大簋），秦文字作☒（南郊②·714·210）、☒（石鼓文）、☒（不其簋盖）、☒（秦印编152：白水弋丞）、☒（秦陶文）、☒（睡虎简·日甲五七背）、☒（睡虎简·封八二），汉文字作☒（老子乙前三下）、☒（一号墓竹简一一）、☒（角王巨虚镜）、☒（精白镜）、☒（白石碑额）、☒（异长伯）、☒（郭翁伯印）。

"白"实物文字较多，篆文标准字形作☒，"伯"标准字形当从☒作☒，同《说文》及《复古编》上字。《复古编》下字☒亦见于实物文字，当为汉出非典型字形。

（七十一）邑

"上正下讹"上字作☒，下字作☒；《说文》作☒，同上字。《复古编》偏旁"邑"有二：一作☒，关涉字有☒、☒、☒、☒、☒、☒、☒、

---

① 詹鄞鑫：《谈谈小篆》，语文出版社2007年版，第40页。
② 西安市文物保护考古所：《西安南郊秦墓》，陕西人民出版社2004年版。

◻、◻、◻、◻、◻、◻、◻、◻、◻、◻、◻、◻；一作◻，关涉字有◻、◻、◻、◻。此处讹误字形与规范字形偏旁相抵牾。《说文》单字与偏旁均作◻。

"邑"或含"邑"字，甲骨文作◻（燕一七九）、◻（菁二·一），金文作◻（臣卿簋）、◻（小臣邑斝），秦文字作◻（诅楚文）、◻（诅楚文）、◻（秦印编 118：救邑）、◻（封泥集·附一 410）、◻（秦陶文）、◻（秦陶文）、◻（秦陶文）、◻（睡虎简·效二九），汉文字作◻（新郪虎符）、◻（卫少主钟）、◻（鄂仓家钫）、◻（袁安碑）。

由上可知，《复古编》上字◻与诸多实物文字相符，当为小篆标准字形；下字与袁安碑◻中的"邑"相同，当为不典型字形。《复古编》上下字后世均有传承，例如唐王审知碑额◻、晋郛休碑阴◻中的"邑"。

（七十二）良

"上正下讹"上字作◻，下字作◻，《说文》作◻。《复古编》上字与《说文》的差异在于最后一笔是否往右下拉。《复古编》含"良"字有◻、◻、◻，《说文》对应字有◻、◻、◻。《说文》"良"偏旁有三种：一作◻，例字有◻、◻、◻；一作◻，例字有◻、◻、◻；一作◻，例字有◻、◻。

"良"或含"良"字，甲骨文作◻（乙二五一〇）、◻（乙三三三四），金文作◻（季良父盂）、◻（季良父簋），战国玺印作◻（玺汇 2712）、◻（玺汇 2713），秦文字作◻（大良造鞅方量）、◻（秦印编 97：良夫）、◻（睡虎简·日甲七九）、◻（睡虎简·日乙七四），汉文字作◻（老子甲一四）、◻（老子乙前一一上）、◻（袁安碑）、◻（琅邪医长）、◻（吕良）、◻（苏良），三国吴天发神谶碑作◻。

由上可知，"良"字形较为复杂，《复古编》上字◻与秦大良造鞅方量◻相同；《复古编》下字◻与◻（袁安碑）、◻（琅邪医长）的构件"良"大致相同，盖为汉出字形；《说文》◻不见于实物文字。詹鄞鑫认为《说文》◻为讹误字形，标准字形当作◻①，同《复古编》上字。《复古编》上下字与《说文》字形，中古实物文字中均有出现，例如唐李阳冰般若台铭◻中的"良"、三坟记◻同《复古编》上字，唐碧落碑◻同《复古编》下字，北魏韩显宗碑额◻、唐王审知碑额◻中的"良"同《说文》。

（七十三）纪

"上正下讹"上字作◻，下字作◻，《说文》作◻。三者字形各异。

---

① 詹鄞鑫：《谈谈小篆》，语文出版社 2007 年版，第 41 页。

"纪"，秦文字作▨（峄山碑）、▨（秦陶文）、▨（秦印编 252：纪阑多）、▨（睡虎简·为四九），汉文字作▨（青盖镜）、▨（黍言之始镜）、▨（春秋事语八五）、▨（孙子一二二）、▨（祀三公山碑）、▨（纪延私印）。

"纪"篆文标准字形当作▨，同《说文》；《复古编》上字▨在秦汉篆书中较为常见，两者当为笔迹小异关系。▨、▨两者差异在于偏旁"己"字形不同，己、弓《复古编》视为"笔迹小异"的异体字。《复古编》上字▨、《说文》▨在唐代篆书中均有继承，例如▨（纪慎妃碑额）、三坟记▨。《复古编》下字▨与汉文字▨（纪延私印）同，此字形不常见，当为不典型字形。

（七十四）專

"上正下讹"上字作▨，下字作▨，两者差异在于中间是否有圆形笔画。《说文》作▨，同上字。

"專"或含"專"字，甲骨文作▨（前三·一二·一）、▨（粹四五八），金文作▨（传尊）、▨（召卣二）、▨（转盘），秦文字作▨（秦印编 154：传舍）、▨（睡虎简·秦四六）、▨（睡虎简·为三），汉文字作▨（老子乙前五八下）、▨（老子乙前五三下）、▨（新嘉量）、▨（封泥 2259）。

"專"，甲骨文中间有圆形笔画。金文分两系：一为有圆形，同《说文》与《复古编》上字▨，例如▨（传尊）；一为无圆形，例如▨（召卣二）。就目前实物文字，秦汉实物文字无中间圆形，同《复古编》下字▨。隋唐篆书承金文，两种写法的"專"字均存，例如碧落碑▨、李阳冰《千字文》▨中的"專"同上字，隋宋仲墓志▨同下字。

（七十五）戰

"上正下讹"上字作▨，下字作▨，两者差异在于偏旁"單"不同。《说文》"戰"作▨，同上字。"單"，《复古编·上平声》规范字形作▨，《说文》作▨，两者相同。《复古编》含"单"字有▨、▨、▨、▨，《说文》对应字作▨、▨、▨、▨。"單"，《说文》与《复古编》单字与偏旁均作▨。

"單"或含"單"字，甲骨文作▨（乙三七八七），金文作▨（伯禹）、▨（西周，《考古与文物》2003 年第 3 期①），秦文字作▨（峄山碑）、▨

---

① 刘志基、张再兴：《中国异体字大系·篆书编》，上海书画出版社 2007 年版，第 138 页。

（秦印编 244：战过）、☗（睡虎地·杂 36）、☗（睡虎简·日甲 34），汉文字作☗（孙膑二四四）、☗（纵横家书三一六）、☗（居延简甲一九四〇）、單（單安侯家衺盖）、☗（鄲长之印）、單（酒單祭尊）、單（單中公）、☗（單音）、☗（戰欣之印）、☗（戰蘘）。

由上可知，从与甲骨文、金文相对应的角度考虑，"單"标准小篆字形当作☗；秦文字中單也较为常见，当为受隶书影响的字形；《说文》与《复古编》标准字形單与秦文字☗（秦印编 244：战过）中的"单"大致相同，唐传法碑额禪、李阳冰《千字文》禪中的"單"与之相同。詹鄞鑫认为，"单"小篆标准字形当作☗[①]，此说符合实物文字。由此可推，《复古编》上字☗在汉篆中较为少见，当为不典型字形；标准字形当同《复古编》下字☗，与峄山碑相同。

（七十六）豐

"上正下讹"上字作豐，下字作豐，两者差异在于上部中间笔画是"人"还是"丨"。《说文》作豐，与上字同。《复古编》含"豐"字有☗，《说文》对应字作☗，两者相同。

"豐"或含"豐"字，甲骨文作☗（京都八七〇 B），金文作☗（丰兮簋）、☗（卫盉），秦文字作☗（新封泥 C·16.19）、☗（秦陶文），汉文字作☗（新丰丞印）、☗（鄲德男家丞）、豐（祀三公山碑）、☗（封泥 1479）、豐（淮源庙碑）。

"豐"实物文字相对较少。就目前文献看，《说文》及《复古编》上字豐不见于汉及之前实物文字，秦汉实物文字多同下字豐。《复古编》上字豐当为后出字形，释梦英篆书目录偏旁字源碑豐与之相同。

（七十七）主

《复古编·上声》规范字形作主，"上正下讹"上字作主，下字作主，两者差异在于上面笔画是竖是横。《说文》作主，同上字。《复古编》含"主"字有☗，《说文》与之相同。

"主"或含"主"字，秦文字作☗（集证·150.273）、☗（秦印编 90：雠主）、☗（秦印编 90：主寿）、主（睡虎简·效五一）、☗（睡虎简·日甲三一背），汉文字作☗（老子甲后三五三）、☗（孙子一一九）、☗（卫少主钟）、主（公主家鬲）、☗（封泥 2028）、☗（王柱私印）。

《复古编》上下字主、主在秦汉篆书均有相同字形，当为笔迹小异关

---

① 詹鄞鑫：《谈谈小篆》，语文出版社 2007 年版，第 42 页。

系。张有盖根据"主"的字形说解推出㞢为正确字形。《说文》"主","从丶","丶"《说文》作●，与㞢上部同。《复古编》上下字，隋唐篆书均有传承，例如唐□祎墓志𡈼同上字，隋马长和造像𡈼、隋宋仲墓志𡈼、唐三坟记𡈼同下字。

（七八）音

"上正下讹"上字作音，下字作音，两者差异在于上部笔画是竖是横。《说文》作音，同上字。《复古编》含"音"字有韾、䪩，《说文》对应字作䪩、䪩。《说文》"音"单字作音，而偏旁有二：一作音，例字有韽、箛、韽；一作音，例字有韾、䪩、蠲。

"音"或含"音"字，秦文字作悟（诅楚文）、吾（睡虎简·封八八）、䛑（睡虎简·秦一二），汉文字作䅲（五十二病方二三四）、䛑（五十二病方二四三）、䛑（老子乙前一〇一上）、䛑（封泥2237）。

《说文》音、《复古编》上字音与诅楚文悟的偏旁"音"相同；又《说文》"音，从丶从否，否亦声"，《复古编》"主""音"并列规范，其用意显而易见，即其上部笔画均为竖笔。据目前文献，实物文字中"音"上为横画字形颇多，不宜把音列为讹误字形，且唐篆多同下字，例如多宝佛塔铭䛑、张胤碑额䛑、李阳冰《千字文》䛑中的"音"。

二 "上正下讹"小篆字形来源

从上可知，《复古编·上正下讹》78组上正下讹字成对排列，共156个字，可以分为以下几种情况：

（一）与秦或先秦实物文字中的单字或偏旁相同或大致相同

上字有页、止、鸟、丮、豆、共、舍、甬、兩、亥、酋、石、而、矣、介、囟、亞、五、且、广、号、艮、糸、㞢25字与秦或先秦实物文字中的单字或偏旁相同，其中页、止、鸟、丮、豆、共、舍、甬、兩、亥、石、矣、囟、五、且、广、号、㞢18字与《说文》单字相同，舍、介、亞、艮4字与《说文》关涉字的偏旁相同；有屾、㚘、云、㐬、蠱、孛、戠7字与秦或先秦实物文字中的单字或偏旁大致相同，其中屾、㚘、孛、戠4字与《说文》单字相同，云、蠱与《说文》关涉字的偏旁相同。

下字中有而、㐬、覃、㗊、畢、胃、耒、豆、共、今、高、京、畏、舍、冄、兩、兩、石、非、俞、金、五、馨、皀、㡯、广、𩰲、方、㕻、臺、豐、呈、高33字与秦或先秦实物文字中的单字或偏旁相同，其中㐬、㗊、畢、今、畏、俞、㡯7字与《说文》单字相同，而、共、舍、石、高5字与《说文》

关涉字的偏旁相同；有■、■、■3字与秦或先秦实物文字中的单字或偏旁大致相同。

(二) 与汉实物文字中的单字或偏旁相同或大致相同

上字有■、■、■、■、■、■、■、■、■、■、■11字与汉实物文字中的单字或偏旁相同，其中■、■、■、■、■、■、■、■8字与《说文》单字相同；■、■、■与汉实物文字中的单字或偏旁大致相同，这3字与《说文》单字相同。

下字有■、■、■、■、■、■、■7字与汉实物文字中的单字或偏旁相同，其中■、■与《说文》单字相同，■与《说文》关涉字的偏旁相同；有■、■、■、■、■、■6字与汉实物文字中的单字或偏旁大致相同，其中■与《说文》单字相同。

(三) 与传世石鼓文、诅楚文、泰山刻石、会稽刻石、峄山碑等秦石刻的单字或偏旁相同或大致相同

上字有■、■、■、■4字与上列秦石刻的单字或偏旁相同，其中■、■与《说文》单字相同，■、■与《说文》偏旁相同；有■1字与传世秦石刻大致相同。

下字有■、■2字与上列秦石刻的单字或偏旁相同，其中■与《说文》单字相同。

(四) 与传世文献《汗简》或《古文四声韵》中的单字或偏旁相同或大致相同

上字有■、■、■3字与传世文献《汗简》或《古文四声韵》中的单字或偏旁相同，且与《说文》小篆相同；有■、■2字与传世文献《汗简》或《古文四声韵》中的单字或偏旁大致相同，与《说文》小篆相同。

下字有■、■、■、■、■5字与传世文献《汗简》或《古文四声韵》中的单字或偏旁相同，其中■与《说文》关涉字的偏旁相同；有■、■、■3字与传世古文中的单字或偏旁大致相同，其中■与《说文》关涉字的偏旁相同。

(五) 不见于汉及之前的实物文字以及传世文献，却与南北朝、隋唐宋字形相同或大致相同

上字有■、■、■、■、■、■、■、■、■、■、■11字与南北朝、隋唐宋篆书单字或偏旁相同，其中■、■、■、■、■、■、■8字与《说文》单字相同，■与《说文》关涉字的偏旁相同；有■1字与唐楷字偏旁大致相同，■与《说文》关涉字的偏旁相同。

下字有🐦、🦅、🦆、🦉、🦜、🐧、🦢、🦃、🦚、🦩、🦤、🦨12字与隋唐宋篆书单字或偏旁相同，其中🐧、🦢、🦃与《说文》单字相同，🦅、🦃、🦚与《说文》关涉字的偏旁相同；有🦋、⊗、🦠3字与隋唐宋篆书单字或偏旁大致相同。

（六）因文献字形不足，无法确定出现的年代与讹正

上字中有🌿、🐦、🦩3字属于这种类型，且这3字与《说文》相同。

下字有🌱、🐛、🦊、🐦4字属于这种类型，其中🦊与《说文》相同。

（七）与《说文》字形不同，但根据《说文》字形说解而拟定的字形

上字中有🍃、🦔、🚗、🐛、🐗、🦌、🦎7字属于这种类型。

就目前文献看，"上正下讹"78个上字即正确字形中，有实物或文献依据的共68字，占总数的87.18%；78个讹误字形中，有实物或文献依据的，即我们不算作讹误字，共74字，占总数的94.87%。也就是说，张有"上正下讹"中的正讹字绝大多数有文献依据。这些正讹字中有的与《说文》单字相同，有的与《说文》偏旁相同，说明即使在《说文》中也存在字形不一的情况，客观上需要一次正字活动，只是张有上字正确，下字讹误的判断缺乏让人信服的正字标准。

第六章 《复古编》的价值与不足

第一节 规范汉字的价值

一 匡正篆楷

对于《复古编》规范汉字的价值，宋代何薳在《春渚纪闻》中云："《复古编》以正篆隶之失。"① 也可以说，《复古编》规范汉字的价值在于可以提供较为规范的小篆与楷书字样。张有认为，书写小篆一定要遵从《说文》，凡是《说文》没有的小篆字形不能用小篆的笔法去书写，同时他还主张废弃绝大多数时俗楷书用字。《说文》中没有的后出时俗楷书用字借助《复古编》可以找出楷书本字及其对应小篆字形，匡正小篆、楷书书写之失。

《复古编》虽然根据徐铉本《说文》辨正文字，但所收录的2652个小篆字形与陈昌治刻本《说文》相比，却有1054个存在细微不同。《说文》中有些小篆字形因传抄翻刻，已失《说文》小篆原貌，与秦汉篆书不同，产生于许慎《说文》成书之后，即魏晋至唐宋时期。《复古编》有些小篆字形比《说文》更为古朴，更符合小篆字形演变的轨迹。这些小篆对于匡正《说文》小篆在传抄翻刻过程中产生的讹误极为重要，有助于恢复《说文》小篆原貌，为研究与正确书写《说文》小篆提供规范的字样。

《复古编》作为正字专书，其正文与联绵字部分辨正时俗用字的依据是小篆及其隶定字形。《复古编》收录的2652个小篆字形，与大徐本《说文》完全相同的字形有1299个，占总数的48.98%，其余则根据自己所见

---

① 何薳：《春渚纪闻》，载纪昀《文渊阁四库全书》（第863册），（台北）商务印书馆1986年版，第491页。

古代或当时实物文字或《说文》拟定的字形。《复古编》2652个小篆字形，除去78个讹误字形，其他均为标准字形。《复古编》之所以列出小篆，一方面匡正当时社会书写小篆字形之失，另一方面为辨正楷书字形提供依据。

《复古编》编排顺序较为科学，第一部分为正文，它辨正的主要对象是《说文》隶定字与《说文》之外的其他异体字。《说文》之外的其他异体字绝大多数在否定之列。例如《复古编》正文中1096个"别作"，共涉及1325个"别作"字，其中有1289个字被加"非"予以否定，否定率高达97.28%。而附录的第一部分"联绵字"可以说是正文部分的延续。该部分共58组联绵字，有50组"别作"联绵字，其中有48组"别作"联绵字被否定掉，否定率高达96%。《复古编》正文与"联绵字"部分以《说文》小篆隶定字形作为楷书正字的标准，否定多数后出字形，对澄清当时楷书用字的混乱状况的确起到积极的推动作用，同时对我们当今的汉字规范也有一定的借鉴意义。

《复古编》正文与"联绵字"部分主要是《说文》内部字与外部字之间的辨正，而附录中的"形声相类""形相类""声相类"则主要是《说文》内部字之间形音义的辨正。这三部分共涉及985字，占总字头的37.14%，可见《说文》内部用字规范也是《复古编》正字的主要内容。《复古编》在这三部分所做的形音义之间的辨正，对澄清当时《说文》内部用字的混乱状况起到极大的帮助作用，对我们今天的汉字规范教学仍有一定的参考价值。

《复古编》附录中的"笔迹小异""上正下讹"，则是对《说文》常见小篆构件的规范。这两部分共156字，关涉312个小篆字形。除季、驾、众、泰、承、伯、纪、战8字外，均作其他字的构字部件，可作构件率近95%，可以说这两部分是存在字形差异的小篆构件的总结。由此可见，张有安排这两部分的用意很明显，因为这些构件关涉一系列的字。只要这些构件书写正确，那么由它们组合的一系列字也就书写无误了。毫无疑问，这种汉字规范方式可以起着事半功倍的效果。

二 给汉字定形、定量

《复古编》在汉字规范方面最大的贡献是给汉字定形、定量。从甲骨文到现代汉字，汉字的总量不断增加。中国第一部字典《说文》共收

9833 字[1]；第一部楷书字典《玉篇》共收 22726 字；收字最多的韵书《集韵》共收 53525 字；《汉语大字典》共收 54678 字；现在收字最多的字典《中华字海》共收 85000 字。汉字增多的主要原因是异体字的增多。每个时代的常用字虽然不同，但实际并不需要如此之多的汉字。汉字的不断增多给人们识字、用字增加了困难。给汉字定形，减少异体字，并非《复古编》独创。字典之所以产生的原因就是为了给汉字定形，当然也有给汉字定量的因素。正因如此，《说文》并没有完全收录许慎所在的东汉及之前朝代的文字。敢于对一些异体字明确说"不"的当属颜元孙。他在《干禄字书》中否定了一些异体字。例如《干禄字书》："辝、辥、辭，上中并辝让。下辭说，今作辝，俗作辞，非也。"但是，由于颜氏对俗体字采取了宽容的态度——"非涉雅言，用亦无爽"，因此他对俗体字的否定力度是极其轻微的。对异体字否定力度最大的非《复古编》莫属。《复古编》以《说文》小篆隶定字形作为楷书正字的标准，否定绝大多数后出字形。正因如此，《复古编》在给汉字定形、定量方面有一定的价值，而且也取得了一定的成效。

　　《复古编》与现代规范字之间的关系，范可育的《楷字规范史略·复古编》做了有关研究，根据他的统计，"我们可以知道现代汉字与宋代《复古编》正字[2]的传承关系是比较密切的。现代规范字与宋代正字有 41.17% 的一致性，现代规范字相应的繁体字、异体字与宋代正字有 25.27% 的一致性。两者相加，也就是在 1013 个现代常用汉字的范围内，有 66.44% 的现代常用汉字与宋代正字完全一致或近乎一致。由此可见汉字字形规范的比较稳定的特性。其中，宋代张有《复古编》的正字在汉字楷书字形规范中起到了较大的作用。"[3]

第二节　揭示汉字发展演变的价值

　　《复古编》是张有用了近三十年的时间编撰而成，其中收录的篆书来源较多，保存了一些《说文》异体字，这些异体字对于我们了解小篆的字形演变具有一定的价值。

---

[1]　据 1963 年中华书局陈昌治刻本影印本。
[2]　范可育把《复古编》字头与 1988 年公布的《现代汉语常用字表》中的 3500 个常用字相符的 1013 个字称为"正字"。
[3]　范可育：《楷字规范史略》，华东师范大学出版社 2000 年版，第 62 页。

第六章 《复古编》的价值与不足　279

《复古编》广列异体字，不仅为我们描绘出了一些本字与诸多异体字之间的字迹关系，也为我们找寻异体字特别是时俗用字的《说文》本字指示了门径。

《复古编》不仅汲取了前人研究异体字的成果，还创造性地指出了一些前人没有指出的字迹关系。例如：

《复古编·入声》："價，賣也。从人賈。余六切。或作賣，同。别作鬻。"

《说文》："賣，衒也。"《说文》："價，賣也。"

段玉裁《说文解字注》："價，《贝部》'賣'下曰：'衒也。'衒者行且賣也。賣即《周礼》之價字，今之鬻字。"段氏所指出的賣、價、鬻三者之间的字迹关系与张有不谋而合。

张有提出的字迹演变的论断曾令清代大学者钱大昕折服。钱大昕《潜研堂集·跋〈复古编〉》："曩予与族子献之论俗书之讹，谓'脩'当为'脩'、'薩'当为'薛'，自矜创获。读是编，则谦中已先我言之。"①

《复古编》所指出的前人没有指出的字迹关系还有不少，具体参见下文"编撰辞书的价值"中的根据《复古编》可以增补《汉语大字典》失收的异体字关系、书证以及提前书证相关内容。

《复古编》广列异体字对我们研究汉字的发展演变及其相互关系大有裨益。

第三节　匡正《说文》释文的价值

《复古编》根据徐铉本《说文》辨正字形，其释文也有很多直接来源于它。《说文》自问世之后，颇受关注，辗转传抄，流传至今。然传抄之中，因各种原因，出现鲁鱼亥豕的现象。今参照《复古编》，征引经籍，比勘异文，匡正陈昌治刻本《说文》中的讹误，以资《说文》研究。

（一）《说文·中部》："熏，火烟上出也。从屮从黑。中黑，熏黑也。"

按："熏黑"，非；当为"熏象"；"熏象"应释为"火烟向上熏物之貌"，而不一定熏黑。此误盖受"熏"形义影响而出。《复古编·上平声》："熏，火烟上出也。从屮黑，熏象也。作燻，非。许云切。"《复古编》作"熏象"当从。其他一些工具书同《复古编》。《说文真本·中

---

① 钱大昕：《潜研堂集》，上海古籍出版社2009年版，第473页。

部》:"熏,火烟上出也。从屮从黑。屮黑,熏象也。许云切。"《说文系传·屮部》:"熏,火烟上出也。从屮从黑。屮黑,熏象。臣锴曰:'物之多烟者,惟屮为甚。无根故从屮。《诗》曰:"穹窒熏鼠,以屮熏之也。"黑,非白黑之黑字。囪,像穴。火炎上出,碍于屮,故为熏。此言黑熏象,故知非白黑字。'诩君反。"《类篇》:"黰、熏,许云切。《说文》:'火烟上出也。从屮从黑。屮黑,黰象也。'隶作熏。熏,又呼浑切,灼也。文一。重音一。"《集韵·文韵》:"黰、熏,许云切。《说文》:'火烟上出也。从屮从黑。屮黑,熏象也。'隶作熏。俗作燻,非是。文二十二。"《康熙字典·火部》释"熏"引《说文》云:"火烟上出也。从屮从黑。屮黑,熏象也。"段玉裁《说文解字注》:"火烟上出也。从屮从黑。屮黑,熏象。"由上可知,传世语言学著作多同《复古编》作"熏象"。

(二)《说文·干部》:"屰,不顺也。从干下屮。屰之也。"

按:"从干下屮",误;"屰"小篆形体为"", 依字形当为"从干下凵"。"屮"当为"凵"的笔误。张有《复古编·形相类》:"屰,不顺也,从干下凵,屰之。""从干下凵"当从。《复古编》征引《说文》与其他工具书同。《说文真本·干部》:"屰,不顺也。从干下凵,屰之也。鱼戟切。"《说文系传·干部》:"屰,不顺也。从干下凵,屰之也。臣锴曰:'入一,一下有凵,上逆之,不相容顺也。'言碧反。"《集韵·陌韵》:"屰,《说文》:'不顺也。从干下凵,屰之也。'"宋戴侗《六书故》第二十九工事五:"屰,氕戟切。《说文》曰:'不顺也。从干下凵,屰之也。'郑渔仲曰:'古戟字。'"《类篇·干部》:"屰,仡戟切。《说文》:'不顺也。从干下凵,逆之也。'又匹各切,月始生三日。又匹陌切。"元李文仲《字鉴·入声·昔韵》:"屰,鱼戟切。《说文》作:'屰,不顺也。从干下凵,屰之也。'凵,口犯切。隶作屰。凡逆厥之类,从屰。"《康熙字典·屮部》:"屰……逆本字。《说文》:'不顺也。从干下凵,逆之也。'"段玉裁《说文解字注》:"屰,不顺也。从干下凵,屰之也。"

(三)《说文·衣部》:"襍,五彩相会。从衣集声。"

按:"五彩相会"当为"五彩相合",盖因"会"与"合"为同义词所致。《复古编·入声》:"襍,五彩相合。从衣集。"《复古编》"五彩相合"当从。其他工具书同《复古编》。《说文真本·衣部》:"襍,五彩相合。从衣集声。徂合切。"《说文系传·衣部》:"襍,五彩相合。从衣集声。自合反。"《广韵·合韵》:"襍,帀也;集也;猝也;穿也。《说文》曰:'五彩相合也。'徂合切。"《类篇·衣部》:"襍、襟,昨合切。《说文》：'五彩相合也。'一曰集也。或从衣集。雜，又七盍切，集合意。文二。重音一。"《集韵·合韵》："雜、襍，昨合切。《说文》：'五彩相合。'一曰集也。或从衣集。文十四。"《康熙字典·隹部》释"雜"引《说文》为"五彩相合也"。段玉裁《说文解字注》："雜，五彩相合也。"

（四）《说文·欠部》："欿，欲歠歠。从欠渴声。"

按："欲歠歠"陈昌治刻本衍一"歠"字，讹"欿"为"歠"；当为"欲歠"。《复古编·入声》："欿，欲歠也。从欠渴。今用渴，非。苦葛切。文二。"《复古编》"欲歠也"当从。此外，"欲歠"也见于其他字韵书。《说文解字真本·欠部》："欿，欲歠也。从欠渴声。苦葛切。"《说文系传·欠部》："欿，欲歠。从欠渴声。臣锴曰：今俗用渴字。刻葛反。"《宋本玉篇·欠部》："欿，可达切。欲歠也。今作渴。"《类篇·水部》："欿，丘葛切。《说文》：'欲歠也。'通作渴。文一。"《集韵·曷韵》："欿，《说文》：'欲歠也。'通作渴。"《古今韵会举要·入声》："渴，丘葛切。角次清音。《说文》：'欲歠也。'本作欿，从欠渴声。徐曰：今俗用渴字。又屑韵。"《说文解字注》作"欲歠歠"，不从。

（五）《说文·金部》："锾，锊也。从金爰声。《罚书》曰：'列百锾。'"

按：《说文》引"《罚书》曰：'列百锾'"，误；当为"《虞书》曰：'罚百锾'"。《复古编·上平声》："锾，锊也。从金爰。《虞书》曰：'罚百锾。'"《虞书》当从。其他文献异文同《复古编》。《说文真本·金部》："锾，锊也。从金爰声。《虞书》曰：'罚百锾。'户关切。"《说文系传·金部》："锾，锊也。从金爰声。《虞书》曰：'罚百锾。'声删反。"《集韵·删韵》："锾，《说文》：'锊也。'引《虞书》：'罚百锾。'一曰金六两为锾。"《类篇·金部》："锾，胡关切。《说文》：'锊也。'引《虞书》：'罚百锾。'一曰金六两为锾。"段玉裁《说文解字注》根据《尚书·周书·吕刑》中"墨辟疑赦，其罚百锾"改"虞书"为"周书"。段氏云："古本作'《书》曰'。赵本作'《虞书》'。今按当作'《周书》曰'。"《尚书》中也有《虞书》，加之该书自出辗转传抄，难免出现异文，很难断定孰是孰非。因为征引《说文》的工具书绝大多数作"虞书"，故从。

（六）《说文·𨸏部》："阬，门也。"

按：《说文》"门也"，误；当为"阆也"。陈昌治刻本《说文》"阬"释作"门"，释词与被释词之间不协调。《复古编·下平声》："阬，阆也。从𨸏亢。别作坑，非。客庚切。"《复古编》"阆也"当从。《说文真本·𨸏部》："阬，阆也。从𨸏亢声。客庚切。臣铉等曰：今俗作坑，非是。"《说文系传·𦣞部》:"阬,閬也。从𦣞亢声。臣错曰:阬閬,高大而空。"元李文仲《字鉴·庚韵》:"阬,兵庚切。《说文》:'閬也。'阬,壍也。从阜亢声。亢音刚。俗作坑,或作阬,皆非。"元吴均《增修复古编》:"阬,客庚切。閬也。从𦣞亢声。又陷也。俗作坑,非。"《康熙字典·阜部》释"阬"引为"《说文·阜部》:'閬也'"。"閬",《说文》释作"门高也",引申作高大、空旷,与"阬"为同义词。段玉裁《说文注》:"閬者,门高大之貌也。引申之凡孔穴深大皆曰閬。阬,《释诂》云:'虚也。'地之孔穴虚处与门同,故曰閬也。"

(七)《说文·衣部》:"赢,袒也。"

按:《说文》"袒也"当作"但也"。《说文》"袒"本义作"衣缝解也",与"赢"义不协。《复古编》:"赢,但也。从衣赢。"《复古编》"但也"当从。《复古编》同《说文解字注》。《说文解字注》:"赢,但也。'但'各本作'袒',今正。……按人部曰:'但,裼也。'谓免上衣露裼衣。此'裸''裎'皆训'但'者,'但'之尤甚者也。"段氏改易亦与《一切经音义》引《玉篇》同。《一切经音义》:"倮,胡寡反、力果二反。《玉篇》曰:'倮,但也。'字又作躶、裸两体也。"

(八)《说文·言部》:"诔,諡也。"

按:"諡"当作"謚"。《复古编》:"诔,謚也。"《复古编》"謚"当从。《一切经音义》:"碑诔,上彼皮反,下力轨反。《考声》:'诔,垒也。'述亡者而叙哀情也。《说文》:'诔,謚也。从言耒声。'"又《一切经音义》:"诔焉,上律委反。《周礼》:'诔,迹也。'累说生时德行之辞也。《郑注礼记》:'诔,累也。'《说文》:'謚也。从言耒声。'"段玉裁对"諡"作"謚"做了一番考证。《说文解字注》:"诔,謚也。从言耒声。"又《说文解字注》:"謚,行之迹也。从言益声。按:各本作从言兮皿闕。此后人妄改也。考元应书引《说文》:謚,行之迹也;从言益声。《五经文字》曰:謚,《说文》也;諡(按:《五经文字》作諡①),《字林》也;《字林》以謚(按:《五经文字》作諡)为笑声,音呼益反。《广韵》曰:謚,《说文》作諡。《六书故》曰:唐本《说文》无'諡',但有'謚,行之迹也'。据此四者,《说文》'从言益'无疑矣。自吕忱改为'諡',唐宋之间又或改为'諡',遂有改《说文》而依《字林》屡入'諡,笑皃'于部末者,然唐开成《石经》、宋一代书版皆作'謚',不作'諡',知徐铉之书不能易天下是非之公也。近宗《说文》者不能考知

---

① 此为作者按语,非段氏。

《说文》之旧。如汲古阁刊经典依宋作'谧'矣。而覆改为'谥',可叹也。今正'谥'为'谧',而删部末之'谥,笑皃'。学者可以拨云雾而覩青天矣。"

(九)《说文·石部》:"碌,陵也。"

按:"陵"当作"阤"。《说文》释"碌"为"陵也",非。此乃传抄之误。《复古编》作"碌,阤也",当从。若释"陵",于义不协,因为《说文》"陵"释作"阶高也"。《说文》"碌"后出字形"墜"释作"阤也"。《说文》:"墜,阤也。从土隊声。古通用碌。"《说文真本》:"碌,阤也。"徐锴《说文解字篆韵谱》:"碌,阤也。"《类篇》:"碌、磼,直类切。《尔雅》:'落也。'碌,又徒对切。《说文》:'阤也。'文二。重音一。"《集韵》:"碌,《说文》:'阤也。'"《增修复古编》:"碌,从高阤也。"《六书正讹》:"碌,阤也。"田吴照《二徐笺异》:"小徐作'墻也。'照按:'陵'当是误字。一本作'阤也'。'阤'义与'墻'同。"

(十)《说文·山部》:"冈,山骨也。"

按:《说文》释义,非。《复古编·下平声》作"冈,山脊也",当从。"冈"释作"山脊"源于《诗经》毛传。《诗经·周南》:"陟彼高冈,我马玄黄,我姑酌彼兕觥,维以不永伤。"毛传:"山脊曰冈。"其他文献同毛传。刘熙《释名·释山》:"山脊曰冈。"《经典释文·毛诗音义》:"冈,古康反,山脊也。"《说文解字真本·山部》:"冈,山脊也。从山网声。古郎切。"《说文系传·山部》:"冈,山脊也。从山网声。格康反。"《宋本玉篇·山部》:"冈,古郎切。山脊也。俗作崗。"元李文仲《字鉴·唐韵》:"冈,居郎切。《说文》:'山脊也。'"元周伯琦《六书正讹》:"冈,山脊也。"《康熙字典·山部》:"《说文》:'冈,山脊也。'从网从山。取上锐下广形。《尔雅·释山》:'山脊冈。'"《说文解字注》:"冈,山脊也。从山,网声。《释山》曰:'山脊冈。'《周南传》曰:'山脊曰冈。'"

(十一)《说文·米部》:"釋,渍米也。"

按:"溃米"当为"渍米"。《说文》:"溃,漏也。"《说文》"釋"释为"溃米",与义不协。《复古编》作"釋,渍米也",当从。"渍"《说文》释作"沤也",即"浸泡"义。"渍米"即"淘米"。《说文解字注》释"渍米"为"渐米也"与"釋"形义相符。《复古编》释"釋"为"渍米"与其他工具书同。《说文真本》:"釋,渍米也。"《宋本玉篇》:"釋,渍米也。"《广韵》:"釋,《说文》云:'渍米也。'"《类篇》:"釋,施只切。《说文》:'渍米也。'"《二徐笺异》:"大徐本作'溃米也'。小徐本作'渍米也'。照按:《玉篇》《广韵》引皆作'渍米也'。则小徐本不误。"

（十二）《说文·鬯部》:"鬱,芳艸也。十叶为贯,百廿贯筑以煮之为鬱。从臼、冂、缶、鬯;彡,其饰也。一曰鬱鬯,百艸之华,远方鬱人所贡芳艸,合酿之以降神。鬱,今鬱林郡也。"

按:大徐本《说文》"卄"当作"廿","冂"当作"冖"。《复古编》:"鬱,芳艸也。十叶为贯,百廿贯筑而煮之为鬱。从臼、冖、缶、鬯;彡,其饰也。一曰鬱鬯,百艸之华,远方鬱人所贡芳艸,合酿之以降神。鬱,今鬱林郡也。"《复古编》作"廿""冖",当从。《说文真本》《说文系传》《类篇》同大徐,《集韵》作"艸""冂"亦误。《说文解字注》改卄作"廿"。段氏《说文解字注》:"'廿'古文'二十'也。《周礼》注作'二十',各本及异文作"卄"。"卄",《说文》释为"竦手也",即"拱手"。《说文》作"卄",与义不协。从字形来讲,与"廿"最为接近,"廿"次之。"二十"作"廿"至少汉代已有,例如🖿（一号墓竹简一八八）。其后相承沿用,例如🖿（北魏·元焕墓志）,又《玉篇》:"廿,二十并也。今直为二十字。"由此,段氏没必要改作"廿"。

（十三）《说文·手部》:"搗,手推也。"

按:《说文》释义"搗,手推也",非。《说文》:"推,排也。"《说文》:"排,挤也。"由此,"搗"释"手推",非。"手推"当为"手椎"。《复古编》:"擣,手捶也。"《复古编》释义正确,当从;然"捶"盖为"椎"的后出字形,作"捶"不从。《说文》:"椎,击也。齐谓之终葵。"宋邢昺《尔雅注疏》:"椎本或作捶,同。直追反。《字林》云:'击也。'"大徐本《说文》"推"当作"椎",《说文》有"椎"无"捶"。其他文献异文作"椎"。《毛诗注疏》卷十九孔颖达疏引《说文》:"搗,手椎。一曰筑也。"《宋本玉篇》:"搗,丁道切。《说文》云:'手椎也。一曰筑也。'"《类篇》:"擣、搗、捣、㨄,覩老切。《说文》:'手椎也。一曰筑也。'或作搗、捣、㨄。"李文仲《字鉴》:"搗,都晧切。《说文》:'手椎也。从手壽声。'俗作捣。"《增修复古编》:"搗,都浩切。手椎也。"《六书正讹》:"搗,睹老切。手椎也。"

（十四）《说文·林部》:"鬱,木丛生者。从林,鬱省声。"

按:《说文》"鬱""从林,鬱省声"与上部中间构件"缶"不协。《复古编》:"鬱,木丛生者,从林,鬱省。"元《六书正讹》同《复古编》。因此,《说文》"鬱""从林,鬱省声"当从《复古编》"鬱",作"从林,鬱省声"。只有这样,《说文》"鬱"字形才能和字形说解一致。

第四节　编纂辞书的价值

《复古编》在辞书编纂方面的价值前人早有提及，"《复古编》对于我们研究古代文字的形体之变，有一定的参考价值；编撰辞书，可从中找到一些说解形义的依据。"①

《汉语大字典》是迄今为止收集单字最多、释义最全面的字典之一。《汉语大词典》是目前最大、最权威的一部汉语词典。它们是汉语辞书中的姊妹篇，无论从质量还是规模上，它们可以称得上是目前中国辞书中的双璧。但是它们并非尽善尽美，因为卷帙浩繁，在编纂过程中难免出现瑕疵与不足。《复古编》在《汉语大字典》《汉语大词典》说形解义方面可以起到一些查漏补缺的作用。

《复古编》除本字外广列异体，为我们找寻古代文献中一些后出字的本字提供了依据，同时也为我们阅读古代文献扫除了部分障碍。此外，《复古编》增收《说文》《玉篇》《集韵》等工具书所无的义项、异体字、异体字关系，这对我们完善现有辞书大有裨益。前人在编纂《汉语大字典》《汉语大词典》时，没有注意到《复古编》的价值。而实际上《复古编》在增补两者失收义项、文字、书证，提前书证年代以及纠正讹误方面均有一定的参考价值。

一　根据《复古编》可以增补或纠正《汉语大字典》《汉语大词典》中的义项

1. 《复古编·上平声》："思，容也。又颊也。"

"思"的第二个义项"颊也"，即"两颊的下半部分"，不见于《汉语大字典》《汉语大词典》，而其用法见于古代文献。《说文》释"凤"："天老曰：'凤之象也，鸿前麐后，蛇颈鱼尾，鹳颡鸳思，龙文虎背，燕颔鸡喙，五色备举。'""思"为"顋"的古字。宋戴侗《六书故》："顋，桑才切。颊旁也。古单作思。"《集韵》："顋，颊也。"《重修广韵》："顋，顋颔。俗又作腮。"

2. 《复古编·联绵字》："阿那，垂皃。"

《复古编》"阿那"别作"婀娜"。《汉语大字典》无"阿那"。《汉语

---

① 刘叶秋：《中国字典史略》，中华书局1992年版，第90页。

大字典》中的"婀娜"及《汉语大词典》中的"阿那""婀娜"均无"垂皃"义。"阿那"有"垂皃"义。北魏贾思勰《齐民要术·柳》："高下任人取足，便掐去正心，即四散下垂，婀娜可爱。"宋朱长文《墨池编》："（曹喜）又作垂露法。字如悬针而势不纤，阿那若浓露之垂。"

3.《复古编·下平声》："瑕，小赤玉也。一曰赤云气。"

《汉语大字典》"瑕"无"赤云气"义。《汉语大词典》作"彩霞"不确，当作"赤云气"。《文选·扬雄〈甘泉赋〉》："噏清云之流瑕兮，饮若木之露英。"李善注："霞与瑕古字通。"《汉书》颜师古注"噏清云之流瑕兮"中的"瑕"曰："瑕谓日旁赤气。"

4.《复古编·下平声》："縿，旌旗之游也。一曰衣也。"

《汉语大字典》《汉语大词典》"縿"均无"衣"义。"縿"有"衣"义。《艺文类聚》卷九十七："见树上有十四五小儿衣青布褶、青縿头。乃射之。"《太平广记》："俄而郑到，导从甚众，衣縿绿，甚肥，昂昂而来。"

5.《复古编·去声》："刃，顿也。一曰识也。"

《汉语大字典》《汉语大词典》"刃"均无"识"义。"刃"有"识"义。《一切经音义》："认衣，人震反。《韵诠》：'认，识也。'从言忍声，或作刃。"宋王令《寄满执中子权》："喊呀斗志酣，仿佛穷敌刃。"

6.《复古编·联绵字》："夗蟺，龙皃。"

《汉语大字典》《汉语大词典》均无"夗蟺"。《说文》："蟺，夗蟺也。"然而《说文》没有释"夗蟺"。

二 根据《复古编》可以增补《汉语大字典》失收的字、异体字关系以及书证

1.《复古编·上平声》："虙，别作虝、虝。"
2.《复古编·上平声》："彝，别作彜。"
3.《复古编·下平声》："脭，别作脝。"
4.《复古编·下平声》："莊，别作荘。"
5.《复古编·下平声》："粤，别作丐。"
6.《复古编·下平声》："霝，别作霻。"
7.《复古编·下平声》："鹽，别作塩。"
8.《复古编·下平声》："飇，别作飍。"
9.《复古编·上声》："唯，别作𠲿。"
10.《复古编·上声》："鼔，别作皷。"

11. 《复古编·上声》："邕，别作蠹。"
12. 《复古编·上声》："愍，别作慜。"
13. 《复古编·上声》："寫，别作瀉。"
14. 《复古编·上声》："舍，别作舎。"
15. 《复古编·上声》："樣，别作樣。"
16. 《复古编·上声》："晦，别作𣇴。"
17. 《复古编·上声》："瞽，别作𥄎。"
18. 《复古编·上声》："菌，作蓸。"
19. 《复古编·上声》："刺，别作刾。"
20. 《复古编·上声》："蠱，别作蠱。"
21. 《复古编·上声》："㷉，别作熨。"
22. 《复古编·去声》："御，别作禦。"
23. 《复古编·去声》："足，别作䟆。"
24. 《复古编·去声》："祭，别作𥙊。"
25. 《复古编·去声》："派，别作泒。"
26. 《复古编·去声》："冪，别作冪。"
27. 《复古编·去声》："舊，别作𦾔。"
28. 《复古编·去声》："觳，别作鷇。"
29. 《复古编·入声》："穆，俗书作穆。"
30. 《复古编·入声》："漆，别作柒。"
31. 《复古编·入声》："盍，别作盃。"
32. 《复古编·入声》："蠿，别作蛰。"
33. 《复古编·入声》："竊，别作竊、窃。"
34. 《复古编·入声》："薛，别作薛，非。作薩。"
35. 《复古编·入声》："綌，别作綌、绤。"
36. 《复古编·入声》："劇，别作劇。"
37. 《复古编·入声》："嘖，别作賾。"
38. 《复古编·入声》："腈，别作腈。"
39. 《复古编·入声》："蹐，别作蹐。"
40. 《复古编·入声》："炙，别作炙。"
41. 《复古编·入声》："宋，别作豕。"
42. 《复古编·入声》："鞍，别作𩊚。"
43. 《复古编·入声》："睞，别作睞。"

44.《复古编·入声》："曡，别作榤。"

以上虧、虧、彝、彝、䁥、莊、㝊、靁、壚、㰮、𩁹、皷、𤲺、㦎、澙、舍、様、畞、昝、菑、剌、蝨、烎、御、䞟、祭、𠂢、㬪、奞、鶉、穋、盉、蛰、竊、竊、薩、絟、劇、饋、膡、躋、灸、豖、㞎、睫、榤46字，《汉语大字典》失收，可据《复古编》增补并说明异体关系。

1.《复古编·去声》："券，别作券。"

"券"同"券"，至少唐代"券"已讹作"券"。《五经文字》："券，从拳省从刀，作券讹。"

2.《复古编·去声》："祝，别作呪。"

"祝"同"呪"，"呪"有"向鬼神祈祷"义。南朝梁刘勰《文心雕龙·祝盟》："崇替在人，呪何预焉？"孙思邈《备急千金药方》："治金疮不止，令唾止痛呪法。呪曰：'某甲今日不良，为某所伤，上告天皇，下告地王，清血莫出，浊血莫扬，良药百裹，不如熟唾，日二七痛，唾之即止。'"

3.《复古编·入声》："𠪚，别作𠪛。扶发切。"

"𠪛"本作"𠪚"。

4.《复古编·入声》："𦪇，别作𦨭。"

"𦨭"同"𦪇"。

5.《复古编·入声》："焆焆，烟皃。从火肙。别作炔。"

"焆"同"炔"。《说文》："焆，焆焆，烟皃。"《说文》："𡚦，鼻目闲皃。读若烟火炔炔。"

"券"同"券"、"祝"同"呪"、"𠪛"本作"𠪚"、"𦨭"同"𦪇"、"焆"同"炔"，《汉语大字典》失收它们之间的异体字关系，可据《复古编》增补。

三　根据《复古编》可以提前《汉语大字典》的书证①年代

1.《复古编·上平声》："雙，作雙、𩆜。"

"雙"同"雙"，《汉语大字典》书证引《字鉴》《正字通》。"𩆜"同"雙"，《汉语大字典》书证引《正字通》。

2.《复古编·上平声》："規，别作䂓。"

"䂓"本作"規"，《汉语大字典》书证引《正字通》。

3.《复古编·上平声》："臺，别作𡑤。"

① 此处指相关字书、韵书、训诂书证。

"薹"同"臺",《汉语大字典》书证引《字汇》。
4.《复古编·上平声》:"脣,别作唇。"
"唇"同"脣",《汉语大字典》书证引《六书故》。
5.《复古编·上平声》:"勤,别作懃。"
"懃"同"勤",《汉语大字典》书证引《正字通》。
6.《复古编·上平声》:"寬,别作寬。"
"寬"同"寬",《汉语大字典》书证引《正字通》。
7.《复古编·下平声》:"顛,别作巔。"
"顛"同"巔",《汉语大字典》书证引闻一多《楚辞校补》。
8.《复古编·下平声》:"鐫,作鎸。"
"鐫"同"鎸",《汉语大字典》书证引《篇海类编》。
9.《复古编·下平声》:"鳶,别作鵈。"
"鵈"本作"鳶",《汉语大字典》书证引《说文》段注。
10.《复古编·下平声》:"鹵,别作卤。"
"卤"本作"鹵",《汉语大字典》书证引《字汇补》。
11.《复古编·下平声》:"敖,别作螯、遨。"
"敖"同"螯""遨",《汉语大字典》书证分别为《正字通》《说文通训定声》。
12.《复古编·下平声》:"曹,隶作曹,俗作曺。"
"曺"同"曹",《汉语大字典》书证引《正字通》。
13.《复古编·下平声》:"鞾,别作靴。"
"鞾"同"靴",《汉语大字典》书证引《正字通》。
14.《复古编·下平声》:"羌,别作羗。"
"羗"同"羌",《汉语大字典》书证引《篇海类编》。
15.《复古编·下平声》:"強,别作强。"
"強"同"强",《汉语大字典》书证引《字汇》。
16.《复古编·下平声》:"岡,别作罡。"
"罡"同"岡",《汉语大字典》书证引《说文通训定声》。
17.《复古编·下平声》:"精,别作睛。"
"精"同"睛",《汉语大字典》书证引《正字通》。
18.《复古编·下平声》:"侵,隶作侵。"
"侵"同"侵",《汉语大字典》书证引《篇海类编》《正字通》。
19.《复古编·下平声》:"琴,隶作琴。"
"琴"同"琴",《汉语大字典》书证引《字汇》。

20. 《复古编·下平声》："圅，或作肣，同。又作函。别作圅。"
"函"同"圅"，《汉语大字典》书证引《字汇》。
21. 《复古编·下平声》："籖，别作簽。"
"簽"同"籖"，《汉语大字典》书证引《正字通》。
22. 《复古编·下平声》："鑯，别作尖。"
"尖"本作"鑯"，《汉语大字典》书证引《正字通》。
23. 《复古编·下平声》："凡，别作九。"
"九"同"凡"，《汉语大字典》书证引《正字通》。
24. 《复古编·上声》："宄，别作冗。"
"冗"同"宄"，《汉语大字典》书证引《正字通》。
25. 《复古编·上声》："聳，隶作聳。"
"聳"同"聳"，《汉语大字典》书证引朱骏声《说文通训定声》。
26. 《复古编·上声》："檻，别作艦。"
"艦"本作"檻"，《汉语大字典》书证引王念孙《广雅书证》。
27. 《复古编·上声》："采，俗作綵。"
"采"同"綵"，《汉语大字典》书证引朱骏声《说文通训定声》。
28. 《复古编·上声》："盡，别作儘。"
"儘"同"盡"，《汉语大字典》书证引南宋范成大《入城》自注。
29. 《复古编·上声》："館，别作舘。"
"舘"本作"館"，《汉语大字典》书证引《篇海类编》。
30. 《复古编·上声》："辯，别作辴。"
"辴"与"辯"同，《汉语大字典》书证引《字汇补》。
31. 《复古编·上声》："匘，别作腦。"
"腦"本作"匘"，《汉语大字典》书证引《说文》段注。
32. 《复古编·去声》："稟，别作禀。"
"禀"本作"稟"，《汉语大字典》书证引《字汇》。
33. 《复古编·去声》："司，后人作伺，俗。"
"司"后作"伺"，《汉语大字典》书证引《说文》段注。
34. 《复古编·去声》："毅，别作毅。"
"毅"是"毅"的本字，《汉语大字典》书证引《字汇补》。
35. 《复古编·去声》："箸，别作着。"
"箸"同"着"，《汉语大字典》书证引朱骏声《说文通训定声》。
36. 《复古编·去声》："步，别作步，从少，非。"
"步"是"步"的讹字，《汉语大字典》书证引《正字通》。

37. 《复古编·去声》："蒂，别作蒂。"
"蒂"同"蒂"，《汉语大字典》书证引朱骏声《说文通训定声》。
38. 《复古编·去声》："渗，别作渿。"
"渿"同"渗"，《汉语大字典》书证引《篇海类编》。
39. 《复古编·去声》："衛，隶作衛，俗。"
"衛"同"衛"，《汉语大字典》书证引《篇海类编》《正字通》。
40. 《复古编·去声》："賴，别作赖、頼。"
"頼"同"赖"，《汉语大字典》书证引《俗书刊误》。
41. 《复古编·去声》："兑，别作兊。"
"兊"同"兑"，《汉语大字典》书证引《字汇》。
42. 《复古编·去声》："薉，别作穢。"
"穢"本作"薉"，《汉语大字典》书证引《说文》段注。
43. 《复古编·去声》："㷠，别作磷。"
"㷠"同"磷"，《汉语大字典》书证引邵瑛《群经正字》。
44. 《复古编·去声》："吝，别作悋。"
"悋"同"吝"，《汉语大字典》书证引《正字通》。
45. 《复古编·去声》："憝，别作憞。"
"憞"同"憝"，《汉语大字典》书证引《字汇》。
46. 《复古编·去声》："锻，别作煅。"
"煅"同"锻"，《汉语大字典》书证引《字汇》。
47. 《复古编·去声》："斷，隶作断。"
"断"同"斷"，《汉语大字典》书证引清人钮树玉《说文校录》及邵瑛《群经正字》。
48. 《复古编·去声》："偄，别作愞、懦。"
"偄"同"愞"，《汉语大字典》书证引朱骏声《说文通训定声》。
"偄"同"懦"，《汉语大字典》书证引王先谦《荀子集解》。
49. 《复古编·去声》："燿，别作耀。"
"燿"同"耀"，《汉语大字典》书证引徐灏《说文注笺》。
50. 《复古编·去声》："盗，别作盜。"
"盜"同"盗"，《汉语大字典》书证引《字汇》《正字通》。
51. 《复古编·去声》："蕚，今俗用華。"
"蕚"同"華"，《汉语大字典》书证引清邵瑛《群经正字》。
52. 《复古编·去声》："酱，别作醤。"
"醤"本作"酱"，《汉语大字典》书证引《正字通》。

53.《复古编·去声》:"甯,别作寗。"

"寗"同"甯",《汉语大字典》书证引《篇海类编》《字汇》。

54.《复古编·去声》:"敂,别作扣。"

"扣击"中的"扣"本作"敂",《汉语大字典》书证引清钱坫《说文斠诠》。

55.《复古编·入声》:"價,賣也。或作賣,同。别作鬻,音武悲切,健也。"

《汉语大字典》"價"义项①賣,其书证引段注。

56.《复古编·入声》:"蓐,别作褥。"

"褥"是"褥"的讹变字,"褥"本作"蓐",《汉语大字典》引今人张涌泉《汉语俗字丛考》。

57.《复古编·入声》:"厀,别作膝。"

"厀"同"膝",《汉语大字典》书证引《说文》段注。

58.《复古编·入声》:"䟺,别作抹。"

"䟺"同"抹",《汉语大字典》书证引《正字通》。

59.《复古编·去声》:"闊,隶作濶。"

"濶"同"闊",《汉语大字典》书证引《正字通》。

60.《复古编·入声》:"㕁,别作缺。"

"㕁"同"缺",《汉语大字典》书证引《字汇》。

61.《复古编·入声》:"決,别作决。"

"決"同"决",《汉语大字典》书证引《字汇》《正字通》。

62.《复古编·入声》:"离,别作禼。"

"禼"同"离",《汉语大字典》书证引《字汇补》。

63.《复古编·入声》:"博,别作愽。"

"愽"同"博",《汉语大字典》书证引《正字通》。

64.《复古编·入声》:"䩍,别作戟。"

"䩍"同"戟","戟"同"戟"。《汉语大字典》"戟"的书证引《篇海类编》。

65.《复古编·入声》:"鱊,别作卿。"

"鱊"与"卿"同,《汉语大字典》书证引《正字通》。

66.《复古编·入声》:"冖,别作幂。"

"幂"本作"冖",《汉语大字典》书证引清雷学淇《说文外篇》。

67.《复古编·入声》:"適,别作嫡。"

"嫡"本作"適",《汉语大字典》书证引段注。

68. 《复古编·入声》："歷，别作曆。"

"曆"本作"歷"，《汉语大字典》书证引清郑珍《说文新附考》。

69. 《复古编·入声》："爗，别作燁。"

"爗"与"燁"同，《汉语大字典》书证引《正字通》。

70. 《复古编·入声》："臿，或作插，别作臿、挿。"

"挿"与"插"同，《汉语大字典》书证引《字汇》。

71. 《复古编·入声》："輒，车两輢也。从车耴。别作輙。"

"輙"同"輒"，《汉语大字典》书证引《正字通》。

72. 《复古编·入声》："燮，别作爕。"

"爕"同"燮"，《汉语大字典》书证引《五音集韵》。

73. 《复古编·入声》："屎，别作屈。"

"屎"同"屈"，《汉语大字典》书证引朱骏声《说文通训定声》。

74. 《复古编·联绵字》："踌躇，别作踟蹰。"

"踌躇"同"踟蹰"，《汉语大字典》书证引朱骏声《说文通训定声》。

75. 《复古编·联绵字》："䌰䌰，鬭连结相牵也。别作缤纷。"

"䌰䌰"也作"缤纷"，《汉语大字典》书证引清朱珔《说文假借义证》。

76. 《复古编·联绵字》"蚱蜢，艸上虫也。一曰船名。别作舴艋。"

《汉语大字典》"蚱蜢"义项"小船名"的书证引元周伯琦《六书正讹》。

77. 《复古编·联绵字》："扻㩲，今俗用提攜二字。"

"扻㩲"同"提攜"，《汉语大字典》书证引清邵瑛的《群经正字》。

以上正字与异体字的字迹关系（个别是义项）在《汉语大字典》中的书证年代均晚于《复古编》。《汉语大字典》以后修订时可据《复古编》提前。

四　根据《复古编》可以纠正《汉语大字典》中的讹误之处或补充不足

1. 《复古编·下平声》："弘，别作弘。胡肱切。"

按：弘，《汉语大字典》释义、证书、按语分别是："弘，《字汇补》都叹切。人名用字。《字汇补·弓部》：'弘，人名。柳子厚《赵矜墓志》："矜曾祖曰弘安。"'按：《柳河东集·故襄阳丞赵君墓志》作'弘安'。"只有依据《复古编》，"弘"为"弘"的异体字，《赵矜墓志》中的"弘"与《柳河东集》中的"弘"才能一致。

2.《复古编·联绵字》:"豈弟,别作愷悌。"

"弟"同"悌",《汉语大字典》第二个注音中的"[愷弟]同'愷悌'",可据《复古编》再增补一个"豈弟",即"[豈弟][愷弟]同'愷悌'"。

五 可据《复古编》为《汉语大字典》无书证的字增补书证或为异体字增补字书书证

1.《复古编·下平声》:"廛,别作壥。"
《汉语大字典》"壥"同"廛"。
2.《复古编·上声》:"寑,别作寢、寝。"
《汉语大字典》"寢"同"寑"。
3.《复古编·去声》:"歲,别作歳。"
《汉语大字典》"歳"同"歲"。

以上 3 例《汉语大字典》仅列出异体关系,而无字书书证,可据《复古编》增补。

1.《复古编·上平声》:"尼,别作屔。"
《汉语大字典》"屔"同"尼"。
2.《复古编·上平声》:"夒,别作夒。"
《汉语大字典》"夒"也作"夒"。
3.《复古编·下平声》:"衡,别作衞。"
《汉语大字典》"衞"同"衡"。
4.《复古编·去声》:"據,别作攄。"
《汉语大字典》"攄"同"據"。
5.《复古编·去声》:"柰,别作奈。"
《汉语大字典》"奈"同"柰"。
6.《复古编·去声》:"甹,别作甶。"
《汉语大字典》"甶"同"甹"。

以上 6 例有其他文献书证,但无表明异体关系的工具书书证。

综上所述,《复古编》对修订《汉语大字典》《汉语大词典》均有一定的参考价值,值得关注。

《复古编》所做的辨正工作,直接或间接地为我们规范汉字、汉字教学、研究《说文》、揭示汉字的发展演变、编纂辞书等方面提供了依据或借鉴,其价值是不容抹杀的。

第六章 《复古编》的价值与不足　295

第五节 《复古编》的不足

《复古编》的不足主要有如下几个方面：

一　过于泥古

《复古编》最大的不足是张有正字思想过于泥古，即否定后出字、通用字、俗体字，前人多有论述，不烦赘述。此外，张有过于泥古还表现在一些注文首字即小篆隶字定严格遵依小篆，与宋代通行字书《玉篇》《类篇》《广韵》《集韵》不同。例如㴱㴱深①、櫄櫄樗、趯趯趯、渝渝渝、穌穌穌、䆦䆦嚣、煮煮帚、尉尉尉、䍷䍷舁、施施施、帚帚帚、壽壽壽、孚孚孚、償償償、蹐蹐蹐、通通通、逞逞逞。

二　主观拟形

《复古编》一些小篆形体与秦汉小篆相同，这是值得肯定的，但是一些小篆却掺杂了张有的片面认识，主观为之重新拟形。例如臺、弔、绋、渼、門、畢等单字，以及走、今、金等偏旁关涉诸字。张有根据《说文》字形说解为小篆拟形，这种做法是不可取的，与王安石《字说》一样都是主观唯心的，应予以否定。

三　自相矛盾

《复古编》自相矛盾的情况体现在两方面：

其一，《复古编》编撰初衷为复《说文》之古，而在后来的实际编撰中，又不自觉地使用《说文》所无的后出字形。例如：

《复古编·去声》："张，施弓絃也。"《说文》无"絃"，"絃"为后出字形。《说文》："弓弦也。从弓，象丝轸之形。凡弦之属皆从弦。臣铉等曰：今别作絃，非是。"

《复古编·声相类》："脬，膀胱也，从肉孚。"《说文》无"胱"字。《说文》"膀胱"中的"胱"用作"光"。《说文》："脬，膀光也。"

《复古编·声相类》："邪，瑯琊，郡名，从邑牙。"《说文》无"瑯""琊"，两者为后出字形。"瑯琊"，《说文》作"琅邪"。《说文》："邪，

---

① 前为《复古编》小篆，中为《复古编》隶定字，后为宋代通行字体。

琅邪郡。从邑牙声。"

《复古编·声相类》:"蠃,螺蠃,蒲卢,细腰土蠭也。"《说文》无"腰","腰"作"要"。《说文》:"蜾蠃,蒲卢,细要土蠭也。"

其二,《复古编》在行文用字中出现前后矛盾的现象。例如:

《复古编·下平声》:"秊,别作年,非。"张有认为,"年"的正体字即标准字形作"秊",写作"年"是错误的,可是文中反切用字多次用"年"。

《复古编·上平声》:"屍,髀也。从尸下丌几。或作脽、臋,并同。"《复古编》在"上平声"中指出"屍"的或体之一作"脽",而在"形相类"中又说"屍"的或体作"脺"。《复古编·形相类》:"脺,髀也,徒薨切。屍或从肉隼。"

"舍",《复古编·上声》规范字形作舍,而在"上正下讹"中却又被当作讹误字形。

"非",《复古编·上正下讹》讹误字形作非,而小篆𦍌、𩇓、𩇗、𩇘、𩇙中的"非"却作非。

四 随意释义

《复古编》参照《说文》《集韵》等字书、韵书以及前人训诂材料释义,这是值得肯定的。但是个别释义也存在随意释义的现象。例如:

《复古编·下平声》:"猶,玃属也。弋道若也。"

"弋道若"不见于文献,的确让人费解。

《复古编·形相类》:"刅,伤也。从刃从一。刀有两刃者。"

"从刃从一"中的"一",徐锴《说文系传》曰:"一,刃所伤,指事也。"徐锴之说正确,而张有"刀有两刃者"不知所云。

五 会意解形

《复古编》无论是解析亦声字,还是形声字,绝大多数用会意的形式。这种做法是极端错误的,应该大力摒弃。

六 体例不统一

《复古编》异体字包括"隶作""别用""别作""俗作""今作"等。不同字头下面所属相同名称的异体字,而《复古编》规范的态度却是不相同的。这些异体字绝大多数加"非"指出错误,予以废除;有的不加"非",让人不知所从。例如:

1. 隶作

《复古编》："🈳戎，兵也。从戈甲。隶作戎。别作狨，非。而融切。"

《复古编》："🈳夏，中国之人也。从夂从页臼。隶作夏，俗。胡雅切。"

《复古编》："🈳牢，闲，养牛马圈也。从牛冬省。隶作牢，从宀，非。鲁刀切。"

2. 别用

《复古编》："🈳筩，断竹也。从竹甬。别用筒，徒弄切，通箫也。"

《复古编》："🈳隐，蔽也。从𨸏㥯。又安也。别用稳，非。于谨切。又音乌本切。"

3. 别作

《复古编》："🈳蠭，飞虫螫人者。从蚰逢。别作蜂，非。"

《复古编》："🈳𧉢，虫也。从虫之声。别作蚩、媸，并非。赤之切。"

《复古编》："🈳醫，治病工也。殹，恶姿也。一曰病声。从酉，酒所以治病也。别作毉，从巫，俗。于其切。"

《复古编》："🈳蛉，蜻蛉也。从虫令。别作蜓，音徒典切，蝘蜓也。"

4. 俗作

《复古编》："🈳鄲，国也。从邑覃。俗作谭，非。"

《复古编》："🈳霿，地气发，天不应。从雨孜。俗作雾。亾遇切。"

5. 今作

《复古编》："🈳酢，醶也。从酉乍。仓故切。今作醋，音在谷切。"

《复古编》："🈳叚，推物也。从殳，端省。今作段，音古雅切，讹。"

《复古编》："🈳橐佗。案：《史记》：'匈奴奇畜也。'橐，从橐省石，他各切；佗，从人它，徒何切。今作骆驼，非。"

七 舛讹过多

《复古编》最大的不足是讹误颇多，从我们所做的校正可见一斑。

总之，《复古编》是一部以复古为宗旨的正字专书，有其精华的一面，也有其糟粕的一面，我们应该根据当时社会背景客观地对它进行评价。在当时专以会意说解文字、《说文》被边缘化的主观风气盛行的学术氛围下，《复古编》无疑有其进步的一面，但是它不顾社会用字现实，否定绝大多数后出字形，是它落后泥古的一面。然而，我们不能一味苛责古人，而应该剔除糟粕，汲取精华，使汉字规范向着健康的方向发展。

第七章 张有《复古编》对后世的影响及其正字成效与启示

第一节 对宋元明清正字专书的影响

一 对南宋正字专书的影响

张有《复古编》问世后产生了较大的影响。南宋李从周就传承了张有的汉字复古思想。他和张有一样不满王安石等人不遵依《说文》而随意说解文字的不良风气,倡导以《说文》为正字依据。南宋著名理学家魏了翁在给李从周《字通》作序时云:"大较取俗之所易、谕而不察焉者,以点划偏旁䋄类为目,而质以古文,名曰《字通》……子之为是也,伤小学之湮微而古文之不复见也。虽然,子亦知其然乎?自秦斯、高以来,是学也往往滞于偏旁训故,而不知进于大学之归,故非徇末以流于艺,则必曲学以误其身。且自近世博通古文宜莫如夏文庄。以会意一体贯通六书,王文公亦自谓有得于今文矣。迨其所行俱不若未尝知书者,遂使世以书为不足学。"① 《字通》辨正所依据的是"古文"即《说文》中的篆文。关于这一点,李从周在《字通》中有详细说明:"字而有隶盖已降矣。每降而辄下,不可不推本之也。此编依世俗笔执,质之以《说文解字》。作楷隶者于此而推之,思过半矣。名之曰《字通》。"② 《字通》以《说文》篆文作为规范小篆以及楷书的依据,以篆文隶定字形作为楷书的标准字形,这一点与《复古编》是相同的。例如:

---

① 李从周:《字通》,载纪昀《文渊阁四库全书》(第226册),(台北)商务印书馆1986年版,第620—621页。
② 李从周:《字通》,载纪昀《文渊阁四库全书》(第226册),第621页。

1. 六

《复古编》:"六,力竹切,《易》之数,从入八。"

《字通》:"六,力竹切。《易》之数,阴变于六,正于八。从入从八。冥字从此。"

2. 柴

《复古编》:"柴,小木散材。从木此。师行野次,竖木为区落,名曰柴篱。后人语讹,转入去声。别作寨者,非。士皆切。"

《字通》:"柴,士佳切。小木散材。从木此声。徐铉曰:'师行野次,立散木以为区落,名曰柴篱。后人语讹转入去声。又别作寨,非是。'今不知下笔,附见于此。"

《字通》卷末附录有辨别正俗八十二字。《字通》卷末附录前面题词云:"总八十九部,六百又一文,盖字书之大略也。其他则张谦中《复古编》最为精详矣。或有字本如此而转借他用,乃别为新字以行于世,《复古编》及《字通》尚未及之,略具如左文。"[1] 从这段话我们可以推知,附录部分补充了《复古编》与《字通》正文中失收的假借义以及后出分化字产生的原因。例如:

1. 離

《复古编》:"離,離黄,仓庚也。从隹离。别作鹂,非。吕支切。文二。"

《字通》:"離,吕支切。黄仓庚也。鸣则蚕生。从隹离声。今以为离别之離。别作鹂,非。"

2. 然

《复古编》:"然,烧也。从火肰。别作燃,非。如延切。"

《字通》:"然,如延切。烧也。从火然声。今以为若然之然。别作燃,非。"

从《字通》对《复古编》的传承情况,我们可以看出,张有倡导的以《说文》为规范汉字的标准来扫除王安石等胡乱说解文字的恶劣影响的做法,得到了同时代人的积极响应。

二 对元代正字专书的影响

《复古编》问世后,在文字学界产生了一定的影响,掀起了一股汉字

---

[1] 李从周:《字通》,载纪昀《文渊阁四库全书》(第226册),(台北)商务印书馆1986年版,第642页。

复古思潮。这种复古思潮在元代颇为兴盛。

元代的汉字复古是在文化复古思潮的影响下发展起来的。元代的文化复古思潮得到了自上而下的支持，"元代复古思潮与政治统治哲学上秉持复古策略，意识形态上以复古为宗，文化思潮上普遍复古以及知识阶层全面支持等多方面的原因密切相关。"[①] 元世祖忽必烈即位后，主张"文治"，推行"汉法"，是元代文艺复古思潮的政治保障。元代最高统治者的复古策略，也得到了知识阶层的大力响应，"而朝廷以东南儒学之士唯福建、庐陵最盛，特起朋来连为两郡教授。所至考古篆籀文字，调律吕，协歌诗，以兴雅乐，制器定辞，必则古式，学者化焉。"[②]

在元代文艺复古思潮的影响下，各个领域开始走向复古的道路，作为汉文化载体之一的汉字当然也不能例外。

在汉字要求复古的时代潮流影响下，元代出现了一批复古类的字书。这些复古类字书分为两个系统：其一，继承北宋张有《复古编》之遗绪，以"复古"冠名，有曹本的《续复古编》、吴均的《增修复古编》、戚崇僧的《后复古编》、陈恕可的《复古编篆韵》、泰不华的《重类复古编》、刘致的《复古纠谬编》；其二，继承南宋郑樵《六书略》的思想，以"六书"冠名，有杨桓的《六书统》，周伯琦的《六书正讹》，吴正道的《六书通正》《六书原》《六书渊源图》，杜本的《六书通编》，倪镗的《六书类释》，何中的《六书纲领》《补六书故》。以"复古"命名的复古类字书多失传，唯《续复古编》《增修复古编》今存。以"六书"命名的复古类字书也多佚失，仅《六书统》《六书正讹》犹存。

(一)《增修复古编》

吴均的《增修复古编》是在张有《复古编》的基础上增订而成。《复古编》正文部分共收1239个小篆字头，而《增修复古编》则收1735个。两者的体例大致相同，均首列《说文》小篆作为匡正小篆的标准与规范楷书的原始依据，次列小篆隶定字形作为楷书正字的标准，然后是释义、辨别异体、反切。两者的不同之处是《复古编》一般在最后注明反切以及同音字的数量，而《增修复古编》一般是在隶定字形后面注明反切，不标注同音字的数量。《增修复古编》对《复古编》的传承主要体现在三个方面：

其一，在《复古编》的基础上增补相关内容。例如：

---

① 邱江宁：《元代文艺复古思潮论》，《文艺研究》2013年第6期。
② 宋濂：《元史》，中华书局1976年版，第4335页。

1. 僮

《复古编》:"僮僮,未冠也。从人童。别作犝、羳、瞳,并非。瞳,或用童。徒红切。文二。"

《增修复古编》:"僮僮,徒红切。未冠者之偁。从人童声。俗混用童。借牛羊无角,亦作犝,俗作羳。又目眸子,作瞳。又山无草木,作㠉。又木名,花可为布,混橦。又毛散皃,作氃,并非。"

2. 董

《复古编》:"董董,艸名。一曰蕅根;一曰正也,督也。从艸童。别作菫,非。多动切。"

《增修复古编》:"董董,觌动切。艸也。一曰蕅根也。从艸童声。俗作菫,非。借督也,正也。又姓。又瞢董,心阂皃,俗作懵懂。又鼓声,作薑,并非。"

3. 衞

《复古编》:"衞衞,宿卫也。从韋帀,从行。隶作衛,俗。于歲切。"

《增修复古编》:"衞衞,于歲切。宿卫也。从韋、帀,从行。行,列也。韋、囗同;帀,周也。会意。俗作衛,非。借国名。又州名。又姓。"

4. 榖

《复古编》:"榖榖,续也,百谷之总。从禾㱿。别作穀,非。古禄切。"

《增修复古编》:"榖榖,古禄切。续也。百谷之总名。从禾,从㱿聲。借福也。又國名。俗作穀,非。又混穀。"

其二,沿袭《复古编》的体例,增补《复古编》没有的字头以及相关内容。例如:

1. 鼞

《增修复古编》:"鼞鼞,良中切。鼓音。从鼓隆声。俗作鼟、鼞、鼟、鼟,并非。"

2. 菶

《增修复古编》:"菶菶,补孔切。艸盛皃。又瓜多实皃。并从艸意奉声。俗混用唪。作㞶,非。"

3. 制

《增修复古编》:"制制,征利切。裁衣也。从刀意未声。古作㓞。亦作製。借造也。俗作制,非。"

4. 服

《增修复古编》:"服服,用也。又衣常通曰服。又习也。从舟从𠬝声。

古文作𦨕，隶省作服。借䑻鸟，鹃属，俗作鹏；又蘆䑻，菜名，作䑻，并非。"

其三，传承了《复古编》部分小篆字形。例如：

1. 金

《复古编》规范字形作金，《说文》作金。《增修复古编》偏旁没有传承《说文》字形，而是沿用了《复古编》，例如鐄、鐵。

2. 今

《复古编》规范字形作今，《说文》作今。《增修复古编》偏旁没有传承《说文》字形，而是沿用了《复古编》，例如矜、吟。

3. 走

《复古编》规范字形作走，《说文》作走。《增修复古编》偏旁没有传承《说文》字形，而是沿用了《复古编》，例如趙、躍。

(二)《续复古编》

元代曹本的《续复古编》与《增修复古编》一样，它也是奉《说文》为圭臬，祖述《复古编》，匡正时俗用字之混乱。相比吴均的《增修复古编》，《续复古编》增补的内容更全面，收字数量更多。"微《说文》，孰从质之哉？世之尚异好奇者，忘许氏之功力，抑排抵以为不若是不足以名家。噫！私学已见，心不师古。适滋谬乱，则何有于复古……及得隐君是编①，一见殊快。公余稍暇，因其遗而未录者，间取而笔之，题曰《续复古编》……是稿也，四卷一十三类，六千四十九字。"② 而传世影宋抄本《复古编》则收 2652 字，《续复古编》比它多收 3767 字。《续复古编》与《复古编》一样，可以分为两大部分，其一是正文部分，其二是附录部分。不同的是，《复古编》附录包括联绵字、形声相类、形相类、声相类、笔迹小异、上正下讹六部分，而《续复古编》又比《复古编》多出字同音异、音同字异两部分。《续复古编》对《复古编》的传承，主要体现在以下几个方面：

其一，在《复古编》的基础上，对释义、异体字等进行增补。例如：

1. 筩

《复古编》："筩筲，断竹也。从竹甬。别用筒，徒弄切，通箫也。"

《续复古编》："筩筲，断竹也。从竹甬。又禾藁节。又瓦如筩者。别作桐、瓬、瓶、甑，并非。"

---

① 指张有《复古编》。张有出家为道士，故称"隐君"。
② 曹本：《续复古编》，书目文献出版社 1998 年版，第 439—440 页。

2. 闵

《复古编》:"闵,吊者在门也。从门文。别作悯,非。眉殒切。文二。"

《续复古编》:"闵,吊者在门也。从门文声。又忧也。别作愍、憨,并非。眉殒切。文二。"

3. 步

《复古编》:"步,行也。从止少相背。少音挞。别作歨,从少,非。薄故切。"

《续复古编》:"步,行也。从止少相背。又习马步。《左传》:'左师见夫人之步马。'别作駜,非。蒲故切。"

4. 蹴

《复古编》:"蹴,蹑也,迫也。从足就。后人别作蹙。七宿切。"

《续复古编》:"蹴,蹑也。从足就。又迫也。通作蹙、蹴。别作踏、顣,并非。"

其二,沿袭《复古编》的体例,补充《复古编》没有的字头以及相关内容。例如:

1. 农

《续复古编》:"农,耕也。从晨囟声。俗从曲,非。奴冬切。"

2. 攤

《续复古编》:"攤,抱也。从手雝声。《诗》通作雍。别作搑,非。于陇切。"

3. 控

《续复古编》:"控,引也。从手空。又马勒。《诗》:'抑磐控忌。'别作鞚,非。苦贡切。"

4. 轴

《续复古编》:"轴,持轮也。从车由。又机具。土作者谓之杼,木作者谓之轴。俗用柚,非。直六切。"

其三,沿袭《复古编》的体例,增补《复古编》附录中没有的篇目。《续复古编》在《复古编》附录六个篇目的基础上增加"字同音异""音同字异"两个篇目。"字同音异"是指字形构件相同而位置不同而形成的一组字音不同的字。"音同字异"是指字音相同而字形不同的异体字。例如:

1. 裹裸

《续复古编·字同音异》:"裹裸,并从衣果。裹,缠也。古火切。裸,祖也。贏同。郎果切。"

2. 暑睹

《续复古编·字同音异》:"暑睹,并从日者。暑,热也。舒吕切。睹,旦明也。当古切。"

3. 螽蟓

《续复古编·音同字异》:"螽蟓,蝗也。职戎切。"

4. 風颿

《续复古编·音同字异》:"風颿,八風。方戎切。"

其四,传承《复古编》部分小篆字形。例如:

1. 金

《复古编》规范字形作金,《说文》作金。《续复古编》偏旁没有传承《说文》字形,而是沿用了《复古编》,例如鈶、鐘。

2. 走

《复古编》规范字形作走,《说文》作走。《续复古编》偏旁没有传承《说文》字形,而是沿用了《复古编》,例如趨、趯。

其五,部分形声字沿袭了《复古编》以会意形式分析字形的做法,参见上文"箭""蹴""控"等字形分析,兹不赘述。

(三)《六书正讹》

现存元代以"六书"命名的复古类字书有《六书统》《六书正讹》。《六书统》是一部以《说文》为基础的复古类正字专书,但其复古的力度比较大,且受《复古编》的影响较小,兹不赘述。而《六书正讹》受《复古编》的影响则最大,明代黎民表指出"周伯温之《正讹》实祖尚其说耳"。①《六书正讹》虽以"六书"命名,但其编撰体例没有沿袭《六书略》《六书故》,而是继承了《复古编》。《六书正讹》对《复古编》的传承体现在三个方面。

其一,主要以《说文》为正字标准。《复古编》依据《说文》匡正时俗用字,否定其他俗别字形,而《六书正讹》的正体字则绝大多数依据《说文》,个别字参考其他诸家的观点。清代阮元在《文选楼藏书记》提出了这一观点,《六书正讹》"原本许慎,参考诸家之说,以正俗字画点、音训之讹"。② 我们以《六书正讹》"平声上"卷为例,统计《六书正讹》

---

① 张有:《复古编》,葛鸣阳刻本。
② 阮元:《文选楼藏书记》,载四库未收书辑刊编纂委员会《四库未收书辑刊》,中国社会科学出版社2003年版,第252页。

对《说文》的传承数据。该卷共收 467 字篆文字头，其中有 442 个字头与《说文》相同，有烃、弥、希、旹等 25 字与《说文》不同，与《说文》相同比例高达 94.65%。《六书正讹》对《复古编》以《说文》为正字标准的传承，从下面四字的比较可管窥一斑。

1. 恫

《说文》："恫，痛也。一曰呻吟也。从心同声。"

《复古编》："恫，痛也。从心同。别作痌、恿，并非。他红切。"

《六书正讹》："恫，它东切。痛也。从心同声。又呻吟也。别作痌、恿，并非。"

2. 奉

《说文》："奉，承也。从手从廾，丰声。"

《复古编》："奉，承也。从手廾，从丰。别作捧、俸，并非。扶勇、抚勇、房用三切。"

《六书正讹》："奉，父勇切。承也。从二手对拱，会意，丰声。又抚勇、房用二切。借为奉禄字。别作捧、俸，并非。"

3. 瓮

《说文》："瓮，罂也。从瓦公声。"

《复古编》："瓮，罂也。从瓦公。别作甕，非。乌贡切。"

《六书正讹》："瓮，罂也。从瓦公声。别作甕，非。"

4. 䬴

《说文》："䬴，食马谷也。从食末声。"

《复古编》："䬴，马食谷也。从食末。别作秣，非。"

《六书正讹》："䬴，食马谷也。从食末声。俗作秣，非。"

其二，沿袭《复古编》首列小篆、次列隶定字形、释义、异体字的体例，增补《复古编》以及《说文》没有的字头以及相关内容。例如：

1. 烃

《六书正讹》："烃，呼公切。燎也。从火空声。俗作烘，非。"

2. 弥

《六书正讹》："彌，民卑切。弓张满也。从弓爾声。《诗》之'彌月'、《易》之'彌纶'皆取此义。或作䌎，通。"

3. 虗

《六书正讹》："虗，丘于切。大丘也。从丘虍声。别作墟，非。"

4. 旹

《六书正讹》："旹，枢伦切。蠢也。岁之始也。旹易也。故从日屯声。旧从艸作薔，非。隶作春。"

其三，沿袭《复古编》部分小篆字形。例如：

1. 金

《六书正讹》作金；《复古编》规范字形作金；《说文》作金。

2. 走

《六书正讹》作走；《复古编》规范字形作走；《说文》作走。

3. 畢

《六书正讹》作畢；《复古编》规范字形作畢；《说文》作畢。

综上所述，我们可以看出《复古编》在元代产生了较大的影响。元代正字专书为什么借鉴北宋张有《复古编》的正字模式？这与当时的社会背景有一定关系。在元代文艺复古的思潮影响下，书法也走向了复古的道路。元代书坛领袖赵孟頫倡导书法"当则古，无徒取于今人也"①。书法复古必然需要正确的篆、楷字样，而《复古编》则不仅辨正篆书，也匡正楷书，同时满足了书法对篆、楷字样的需求。此外，元代科举考试的恢复，社会用字混乱，也都需要一些溯本正源的正字专书指导人们从汉字理据入手去掌握汉字的构造，了解汉字的演变轨迹，为社会书同文字服务。《复古编》独尊《说文》，把小篆作为楷书正字的依据，把《说文》小篆隶定字形作为楷书标准字形，排斥其他异体字，符合元代文艺复古的时代要求，因此元代诸多文字学家把《复古编》作为蓝本加以继承和发展也就理所当然了。

三 对明代正字专书的影响

明代，书法受到自上而下的推崇。"在明朝，不但一般文人大练书法，而朝廷中至高无上的皇帝也不例外……明初朱元璋、朱棣都酷爱书法……明代皇帝们把书法似乎当成了体现文治的一种象征。"② 书法的发展促进了明代文字学的发展。此外，明初学校制度与科举制度的完善也推动了字样学的发展。因此，明代也出现了一批正字专书，如《六书本义》《六书正义》《六书总要》《六书索隐》《字学指南》《字考启蒙》《从古正文》《古俗字略》《俗书刊误》等。明代正字专书多数继续沿袭前人复古之风。

明代复古类的正字专书对张有《复古编》的传承主要体现在体例、小篆字形以及复古思想等几个方面，现以《六书本义》和《六书正义》为

---

① 崔尔平：《历代书法论文选续编》，上海书画出版社1993年版，第196页。
② 张金梁：《论明代书法对社会的影响》，《书法研究》2001年第5期。

例加以说明。

(一)《六书本义》

《六书本义》对《复古编》的传承主要体现在以下几个方面：

其一，正字体例大致相同。《六书本义》是明初赵㧑谦编撰的一部正字专书。该书共收 1300 字，以 360 部统辖各字。尽管《六书本义》并没有按照张有《复古编》四声编排，但正字体例大致相同。例如：

1. 龍

《复古编》："龍，鳞虫之长。从肉，飞之形，童省。别作龓、龍、龍，并非。力钟切。"

《六书本义》："龍卢弓切。鳞虫之长。从肉，龍之体；𠂇象夗转飞动形；上象百，有鳞、甲、须、角。作竜、龓、龍、龍，非。借同龖。转同壟。又同寵。"

2. 虜

《复古编》："虜，获也。从毌，从力虍。俗作虜，从男；别作擄，并非。郎古切。"

《六书本义》："虜，龍五切。获也。从力毌定意，用力获冒穿之，所谓'献馘'也；虍声。古借卤作擄，从男，皆非。"

3. 鹽

《复古编》："鹽，咸也。从卤監。别作塩、盬，并非。余廉切。"

《六书本义》："鹽，余廉切。煮海为咸味也。从卤監声。作塩、盬，非。"

4. 香

《复古编》："香，芳也。从黍甘。隶作香，俗。许良切。"

《六书本义》："香，虚良切。黍稷芳气。从黍甘为意。古作皀。隶作香，省。"

从上可知，《六书本义》沿袭《复古编》的体例，以小篆作为匡正楷书的原始依据，并否定一些俗别字形。

其二，《六书本义》除了沿袭《复古编》的体例外，还传承了《复古编》部分小篆字形。例如：

门，《六书本义》作門；《复古编·笔迹小异》上字作門；《说文》作門。

金，《六书本义》作金；《复古编》规范字形作金；《说文》作金。

畢，《六书本义》作畢；《复古编》规范字形作畢；《说文》作畢。

走，《六书本义》作走；《复古编》规范字形作走；《说文》作走。

其三，《六书本义》还传承了《复古编》以《说文》字形作为正字依据的正字思想。尽管赵㧑谦补充了"《说文》当收不收，如希、由之类"，但我们依然可以认为《六书本义》是一部主要以《说文》为正字标准的正字专书。我们现在以《六书本义》中的"人物上篇"为例，说明这一点。《六书本义》"人物上篇"共收 206 个古文字字头，这 206 个字头主要是小篆，也包括个别异体字。其中有 205 个字头在《说文》中有对应字形，仅"兔"字没有。

这 206 个古文字字形有 116 个与《说文》完全一样；有 85 个与《说文》小异，这些差异也可以忽略不计；有 2 个与《说文》的构件位置不同；有 2 个与《说文》的构件方向不同；有 1 个《说文》没有对应字。现罗列两者部分字头加以对比：

1. 字头与《说文》相同的。例如：

兢，《六书本义》作兢，《说文》作兢。

寿，《六书本义》作寿，《说文》作寿。

大，《六书本义》作大，《说文》作大。

央，《六书本义》作央，《说文》作央。

2. 字头与《说文》小异的。《六书本义》字头与《说文》小异的常常是因某个共同构字部件小异而导致一系列的字均有细微差异。例如力，《六书本义》作力，《说文》作力，《六书本义》从"力"字有劦、勝、荔、加、男、鬲，《说文》对应字作劦、勝、荔、加、男、鬲；女，《六书本义》作女，《说文》作女，《六书本义》从"女"字有婪、嫢、姦、虐、奴、奶，《说文》对应字作婪、嫢、姦、虐、奴、奶；欠，《六书本义》作欠，《说文》作欠，《六书本义》从"欠"字有欠、歙、歉、歉、无、歔，《说文》对应字作欠、歙、歉、歉、无、歔。从这三个例子可知，《六书本义》与《说文》小异字差异甚小。

3. 构件与《说文》位置不同的。这类字比较少，仅有两例：

临，《六书本义》作临，《说文》作临。

龇，《六书本义》作龇，《说文》作龇。

4. 构件与《说文》方向不同。这类字也仅有两例：

奭，《六书本义》作奭，《说文》作奭。

疑，《六书本义》作疑，《说文》作疑。

5. 《说文》无对应字。兔，《六书本义》作兔，《说文》没有对应的单字，但是《说文》中"兔"却作鞔、冕、晚、晚、浼、鲩、挽、勉等字的声符，并且在释"挽""㑨"中也使用了"免"。免，在《说文》中作为构件作🀆，与《六书本义》相同。

其四，《六书本义》与《复古编》一样也沿袭了徐铉本《说文》释文。例如：

1. 身

《六书本义》："🀆身，升人切。躳也。从人，餘指身及四肢形。"

《说文》："🀆，躳也。象人之身。从人厂声。凡身之属皆从身。失人切。"

2. 筋

《六书本义》："🀆筋，举欣切。肉之力也。从力从肉竹，多筋，故又从竹为意。作䈥，非。"

《说文》："🀆，肉之力也。从力从肉从竹。竹，物之多筋者。凡筋之属皆从筋。居银切。"

3. 疑

《六书本义》："🀆疑，鱼其切。惑也。从子，幼子多疑；从止，疑则不通。匕、矢皆声转，同凝。又鱼气、罢力切，定也。"

《说文》："🀆，惑也。从子止匕，矢声。徐锴曰：'止，不通也。矣，古矢字。反匕之幼子多惑也。'语其切。"

4. 容

《六书本义》："🀆容，余封切。勹函盛受之谓。从宀从谷，屋与谷皆能勹容之意。古🀆，借同颂。又官名作俗，通。又与绫蓉同。又童容，襜褕也，作襀裕，非。"

《说文》："🀆，盛也。从宀、谷。🀆，古文容从公。臣铉等曰：'屋与谷皆所以盛受也。'余封切。"

从上例可知，《六书本义》不仅传承了《复古编》的体例，还传承了《复古编》错误的小篆字形，同时也传承了《复古编》以《说文》字形、字义作为正字依据的正字思想。

（二）《六书正义》

《六书正义》是明代万历年间布衣吴元满为匡正俗讹字形而编撰的一部正字专书。吴元满虽为布衣，但专注于文字研究。吴元满在《六书正义·自序》中云："元满潜心字学，既踰三纪，历寒暑而不辍，经岁月以钻研，思而未得，则达旦不寐，豁然贯通，则舞蹈忘疲。"① 明代状元、著名学者焦竑曾称赞他说："博雅士也，精意字学。"②《六书正义》共收篆文 9353 字，共收楷书等字形 1182 字。③《六书正义》改变《说文》分部，并杜撰个别古文证明《说文》字形讹误，这种做法受到了前人的指摘。《四库全书总目》云："今观是书，大抵指摘许慎而推崇戴侗、杨桓，根本先已颠倒。又体例冗琐，既略仿《六书故》，分数位、天文、地理、人伦、身体、饮食、衣服、宫室、器用、鸟兽、虫鱼、草木十二门，分隶五百三十四部，又略仿《六书统》而蔓延之。象形、指事、会意、谐声广为二十九体，转注、假借敷衍为一十四门，殆于纷若乱丝。其附会存疑、阙疑备考、楷书备用、俗借俗转诸条，亦多舛漏。……乃动辄云《说文》篆讹，尤可异矣。"④ 尽管《四库全书总目》批评《六书正义》没有维护《说文》的正宗地位，对《说文》进行改易分卷，并杜撰部分古文字形，但我们认为《六书正义》传承了《复古编》的体例及其正字思想。我们现以《六书正义》"示"部字加以说明。

其一，《六书正义》传承了《复古编》以《说文》小篆作为规范字形的依据。《六书正义》"数位"部中的"示"部共收 84 个篆文，其中有 78 个与大徐本《说文》字形完全相同，仅有 6 个与《说文》有部分差异：示示⑤、䄀䄀、神神、祆祆、禍禍、禮禮。因此可以说《六书正义》主要以《说文》篆文作为规范汉字的依据。《六书正义》有些字虽然使用比《说文》更古的篆文作为规范楷书的标准字形，但这一规范汉字思想应该说始于张有，只是他们比张有稍微激进：张有只是有些篆文选取比《说文》字形较古的字形，一般并不改变其构件，而吴元满一些篆文的构件则与《说文》有些差异。

其二，《六书正义》沿袭《复古编》首列篆文，次列篆文隶定字形，再列释义，然后列举俗别等异体字的编撰体例。例如：

1. 䘏

《复古编》："䘏䘏，门内祭，先祖所以彷徨。从示彭。或作祊。别作

---

① 吴元满：《六书正义》，载顾廷龙《续修四库全书》，上海古籍出版社 1996 年版，第 3 页。
② 焦竑：《焦氏笔乘》，载上海古籍出版社编辑部《明清笔记丛书》，上海古籍出版社 1986 年版，第 289 页。
③ 吴元满：《六书正义》，载顾廷龙《续修四库全书》，上海古籍出版社 1996 年版。
④ 永瑢等：《四库全书总目》，中华书局 1965 年版，第 377 页。
⑤ 前面为《六书正义》字形，后为《说文》字形。

閟，非。补盲切。"

《六书正义》："祊祊，音崩，门内祭，祖先所以彷徨也。《楚茨》诗：'祝祭于祊。'《礼器》：'设祭于堂，为祊于外。'《左传·襄廿四》：'保姓受氏，以守宗祊。'篆作𥛱。俗作閟。借邑名。《春秋·隐八年》：'郑伯使宛来归祊。'注：'郑祀泰山之邑。在琅邪鄭县'。"又"𥛱，祊同。"

2. 祳

《复古编》："祳祳，社肉，盛以蜃，故谓之祳，天子所以亲遗同姓。从示辰。别作脤，非。时忍切。"

《六书正义》："祳祳，音矧。祭祖之肉，天子所以亲遗同姓。《春官》：'大行人归祳以交诸侯之福。'《春秋·定十四》：'天王使石尚来归祳。'或曰：'盛以蜃，故谓之祳。'俗作脤，溷脣。"

3. 祝

《复古编》："祝祝，祭主赞词者。一曰诅也。从示从人从口。一曰从兑省。别作呪，非。之秀切。又之六切。"

《六书正义》："祝祝，音烛。祭主赞词者。《增韵》为'人主飨神之词'。《春官》：'大祝掌六祝之词以事鬼神祇：一顺、二年、三吉、四化、五瑞、六策。'《礼运》：'祝以孝告。'借国名，武王封黄帝之后于祝，己姓，地在祝阿。又姓，以国为氏，郑有祝聃，后汉祝恬望出太原。转去声，注诅也。《无逸》：'否则厥口诅祝。'《荡》诗：'侯作侯祝。'俗别呪。"

4. 祭

《复古编》："祭祭祀也。从示，以手持肉。别作祭、祭，并非。子例切。"

《六书正义》："祭祭，音济。馂食也。古人献酒祼地曰酹，馂食曰祭，以报始造饮之神。《曲礼》：'主人延客祭。'《论语》：'君祭先饭。'《春官》：'大祝辨九祭，谓命、衍、炮、周、振、擩、绝、缭、供。'从又持肉祀示。会意。俗讹祭。借凡祀也。《广韵》：'享也。荐也。'《王制》：'宗庙之祭，春礿，夏禘，秋尝，冬烝。'转音债。注姓与鄡通。"

从上例可知，《六书正义》与《复古编》的体例大致相同，只是《六书正义》比《复古编》多了些例证与释义。

其三，《六书正义》传承了张有《说文》没有的篆文不用篆文笔法书写的思想。《六书正义》"示"部"假借"字共列举了禰、禊、釋、祭、禚、禨、祧7个字，这些假借字的本字都是《说文》中的字。因为《说文》没有这7个假借字的篆文字形，因此《六书本义》也没有列出它们的篆文字形,这一点与张有"《说文》所无,手可断,字不可易也"① 的维护《说文》篆文正统的精神是一致的。

其四,《六书正义》还传承了张有一些不见于《说文》的字形为错字的正字思想。《六书正义》"示"部字"正讹"共列举了10组正讹字:褸腰、裰餤、褙蜡、袪畞、稟稟、袂袂、禚禚、颖颖、裯裡、襘衻。这10组字上为讹字,下为正字。正字均为《说文》中的字形,讹字不见于《说文》。

总之,《六书正义》在编撰体例、正字思想方面传承了张有,我们从以上例证可见一斑。

四 对清代正字专书的影响

"清代是中国古代语言学全面发展的时期,也是文字学的振兴时期。"② 作为文字学研究的一个分支,规范汉字专书也得到了长足发展。清代正字专书主要有毕沅的《经典文字辨证书》与《音同义异辨》、钱邦芑的《他山字学》、李京的《字学正本》、熊文登的《字辨》、顾景星的《黄公说字》、冯调鼎的《六书准》、杨锡观的《六书辨通》与《六书例解》、吴锦章的《六书类纂》、李调元的《六书分毫》、杨廷瑞的《说文经斠》与《说文正俗》、孙星海的《广复古编》、沈清佐的《复古编补遗》等。清代正字专书对张有《复古编》的传承主要体现在以下几个方面:

其一,以《说文》为圭臬的正字思想。《说文》是我国第一部字典。到了清代,对《说文》的研究达到了鼎盛。清代《六书类纂》的作者吴锦章曾概述道:"(清朝)文教振兴,鸿儒辈出,谓治经之要必明小学。小学之善,无踰许书,由是江、戴、钱、王诸老宿倡之于前,段、桂、孙、朱十数家扩之于后,以迄近姚文僖、阮文达、祁文瑞、曾文正皆笃信好古,务推究许君义法,使六经训诂皦如日星,可谓盛矣。"③ 清人奉《说文》为圭臬,主张正体字以《说文》为标准,晚清文字学家王闿运指出"本朝自嘉庆中始一遵许书"④。传世《说文》并没有列出小篆隶定字形,大概当时去古未远,小篆与当时对应隶书字形仅为笔画圆润婉转与波磔方折的区别。张有《复古编》首倡以《说文》小篆为楷书规范的原始

---

① 陈振孙:《直斋书录解题》,载中华书局编辑部《宋元明清书目题跋丛刊》(第1册),中华书局2006年版,第557页。
② 黄德宽、陈秉新:《汉语文字学史》,安徽教育出版社2006年版,第104页。
③ 吴锦章:《六书类纂》,上海古籍出版社1996年版,第418页。
④ 杨廷瑞:《说文经斠》,上海古籍出版社1996年版,第1页。

第七章 张有《复古编》对后世的影响及其正字成效与启示 313

依据,以其隶定字形为楷书标准字形的规范汉字思想。清代一些文字学家继续坚持这种正字思想,其中最著名的要数乾隆时期状元、翰林编修毕沅。他在《经典文字辨证书》中指出:"一曰正,皆《说文》所有者也。"① 也就是说,在《经典文字辨证书》中,毕沅判定正体字的标准是《说文》,其他的异体字都是俗别字。毕沅除了在正字专书中依据《说文》确定正体字,还把这种正字思想运用到训诂著作中。关于这一点,他在《夏小正考注》中有明确阐述。他说:"其字必期合与许慎《说文》。"② 清代乾隆时期的学者李京的《字学正本》也是一部以《说文》为宗的正字专书。"东汉许氏叔重著《说文》以解字,其时去古未远,最得六书之遗意,故正字者必本之《说文》,始为穷源之学,否则搜赜隐矜博奥,均无当已。予友李子元伯覃精研思于字学者,盖历二十余年,深慨俗学之谬,乃折中《说文》,本篆籀,以通楷隶。"③ 此外,晚晴湖南善化杨廷瑞的《说文经斠》与《说文正俗》也是以《说文》为标准的正字专书,"《经斠》者,《说文》有本字而经用借字;《正俗》者,《说文》有本字而承用别体。"④ 杨氏认为,"隶楷递更,繁简异辙,真赝杂粗,正借互淆,匪赖许书,冥然罔辨"。⑤

其二,传承《复古编》的编撰体例。清代正字专书对张有《复古编》体例的传承主要体现在三个方面:

1. 正文编撰体例的传承

《复古编》共有两个部分,第一部分是正文部分,也就是单个字内部诸多形体的辨别,即正体字与俗、别等异体字的辨别。

孙星海的《广复古编》不仅传承了张有《复古编》以《说文》为标准的正字思想,还继承了它的编撰体例。例如:

(1) 痱

《广复古编》:"痱,俗作疿。《说文》:'风病也。'《尔雅·释诂》:'痱,病也。'通作腓。"

(2) 齌

《广复古编》:"齌,亦作脐。《说文》:'肶齌'。通作齊。"

吴锦章的《六书类纂》虽然以"六书"命名,但实际上传承了《复

---

① 毕沅:《经典文字辨证书》,商务印书馆1937年版,第1页。
② 毕沅:《夏小正考注》,中华书局1985年版,第1页。
③ 李京:《字学正本》,齐鲁书社1997年版,第555页。
④ 杨廷瑞:《说文经斠》,上海古籍出版社1996年版,第1页。
⑤ 杨廷瑞:《说文正俗》,上海古籍出版社1996年版,第62页。

古编》的体例。例如：

（1）夒

《复古编》："夒，贪兽也。一曰母猴，似人。从页巳止夊，象形。别作猱，非。奴刀切。"

《六书类纂》："夒，贪兽也。一曰母猴，似人。从页；巳、止、夊，其手足。俗作猱。"

（2）亦

《复古编》："亦，人之臂亦也。从大，像两亦之形。或作掖，臂下也。别作腋，非。羊益切。"

《六书类纂》："亦，人之臂亦也。从大，象两亦之形。通用掖。俗作腋，非。"

《六书准》虽然列举了一些《说文》没有的古文字字形，但主要以《说文》作为正字的标准，它也借鉴了《复古编》的编撰体例。例如：

（1）刅

《复古编》："刅，伤也。从刃从一。刀有两刃者。或作創。别作瘡，非。楚良切。"

《六书准》："刅，初良切。伤痍也。从刃，指事其伤处也。或作創。通俗作瘡，非。"

（2）戎

《复古编》："戎，兵也。从戈甲。隶作戎。别作狨，非。而融切。"

《六书准》："戎，而融切。兵戎也。又戎狄也。从戈甲会意。俗作戎、狨，并非。"

2. 附录编撰体例的传承

《复古编》除了正文外，还有附录，是字组的辨别，即联绵字、形声相类、形相类、声相类、笔迹小异、上正下讹等用字情况的辨别。清代正字专书不仅传承了张有《复古编》单字异体之间的辨别，也传承了字组的辨别。

杨廷瑞的《说文正俗》传承了《复古编》对联绵字正俗的辨别。该书首列联绵字小篆字形，次列联绵字俗体，然后根据《说文》进行辨正。例如：

（1）扊𢹎

《复古编》："扊𢹎，彶不能行，为人所引也。扊，从允爪是，都兮切；𢹎，从爪允𥜰，户圭切。今俗用提攜二字。"

《说文正俗》:"⿰扌虎⿰扌雚提攜。㩖,骳不能行,为人所引,曰㩖㩗;㩗,㩖也;是正字。《礼记·曲礼》:'长者与之提攜。'郑注:牵将行。与许注意合。提,挈也;攜,提也。义亦通。张有曰:㩖㩗今俗用提攜二字。"

(2) 裹褱

《复古编》:"裹褱裹褱。裹,佅也,从衣罙,户乖切;褱,从衣包,薄保切。别用懷抱,非。懷,思也;抱与抔同。"

《说文正俗》:"裹褱懷抱。裹,佅也;褱,裹也;是正字。懷,念思也;抱,抔或体,引取也。徐氏曰:今以为裹褱字,非是。王氏夫之曰:裹、懷字,汉人用之自别。"

3. 以会意分析形声字体例的传承

沈清佐的《复古编补遗》不仅增补了《复古编》的内容,而且连张有用会意分析形声字的做法也加以传承,这在复古类的正字专书中是不多见的。例如:

(1) 崇

《复古编补遗》:"崈崇,嵬高也。从山宗。古无嵩字,只作崇。别作嵩、崧,并非。徂弓切。"

(2) 饼

《复古编补遗》:"餅,饼,面餈也。从食并。别作䴹,非。必郢切。"

总之,清代部分正字专书对《复古编》的编撰体例、正字思想进行了传承,这是毋庸置疑的。

第二节 以"走"为例谈谈《复古编》小篆对元明清篆书的影响

北宋张有《复古编》为匡正王安石《字说》而著,自问世后产生了较大的影响。《复古编》小篆字形大多承袭徐铉本《说文》,而个别字形却不顾传世与出土文献字形,仅仅根据《说文》字形说解,为之重新拟定字形,例如门、金、今、走、畢等字形。这些重新拟定的字形对元明清篆书产生了不良影响。其中影响最大、最深远的要数"走"。

一 "走"小篆字形的演变

"走",《复古编》小篆规范字形作⿱夭止,从"走"字有趯、𧼮、赶、、️️、️、️。其单字与偏旁均作️，而《说文》正文单字与偏旁均作️，两者差异在于前者两臂下垂，后者右臂上摆。张有在《复古编·上正下讹》中指出，️正确，️讹误，明确否定了《说文》字形️。

"走"本义为"跑"。《说文》："走，趋也。"《释名·释姿容》："徐行曰步，疾行曰趋，疾趋曰走。"上下两臂摆动的小篆"走"符合"走"的本义。

"走"或含"走"字，金文作️（盂鼎）、️（令鼎）、️（休盘）、️（趩簋）、️（趠鼎）、️（虢季子白盘）、️（叔多父簋）。"走"秦篆有两种写法：其一，同金文，一臂上扬，一臂下垂，例如️（石鼓文）、️（石鼓文）、️（秦印编26：师越）、️（秦印编25：走翟丞印）、️（秦印编28：赵匕）、️（集证·181.706）、️（峄山碑）、️（会稽刻石）；其二，两臂均上扬，此种写法盖受隶书影响，例如️（秦印编26：上官越人）、️（秦印编27：赵窨）、️（秦印编27：赵趁）。汉篆"走"有两种形体：或承金文、部分秦篆，右臂上摆，如️（群臣上酬刻石）、️（医张司马印）；或受隶书影响，作两臂上摆或两臂左右平伸，如️（赵掾碑额）、️（建始二年六月赵造砖）。

唐宋篆书绝大多数承金文字形，与《说文》字形相同。张有《复古编》始著于北宋元丰年间，历时29年，成书于北宋大观四年（1110）。张有在编撰《复古编》时可能见到的唐宋篆书"走"单字或作偏旁的字，唐代有️（碧落碑）、️（李阳冰三坟记）；北宋有释梦英的篆书目录偏旁字源碑️及其《千字文》中的️、️、️，以及郭忠恕《汗简》中的单字与偏旁️。唐宋也有个别构件同张有所谓规范字形️的，如️（唐李阳冰城隍庙碑）、️（北宋唐英勃兴颂碑）。相比较而言，"走"作️比较常见，当为符合本义的典型字形，而作️可看作偶然现象。唐代李阳冰曾刊定《说文》，《说文》"走"均作️，可以推知李阳冰城隍庙碑️中的"走"或是偶然而为之。

二 《复古编》小篆"规范"字形"走"对元明清篆书的影响

考察张有所处宋代及之前文献，"走"极少写作张有《复古编》️的，️当是不典型字形。既然如此，张有为何在"上正下讹"中断定️正确，而️讹误？除可能见到前人偶然为之的字形外，最主要的当是他根据《说文》字形解说来判定字形的正误。张有认为《说文》"走"是"从夭止"的会意字，既然《说文》"夭"作️，"止"作️，那么两者正好构成

第七章　张有《复古编》对后世的影响及其正字成效与启示　317

了䢌。该字形对后世篆书特别是元代篆书产生了不良影响。

　　元代的汉字与书法复古两者相互促进，共同把小篆字形䢌推向了巅峰。元代简化字、俗体字泛滥，为了溯本清源，指导人们正确使用汉字的本字，一些文字学家承张有《复古编》之遗绪，推出了一批以复古为目的的汉字规范专书。元代复古类正字专书将张有小篆"走"的写法继承了下来，并且影响深远。"走"或从"走"字，《续复古编》有䟃、䟆、䟅、䟄、䟇、䟉，《增修复古编》有䟃、䟆、䟅、䟄、䟇、䟉、䟊、䟋、䟌、䟍、䟎、䟏、䟐、䟑、䟒、䟓，《六书正讹》有䢌、䟃、䟆、䟅、䟄、䟇。从上可知，除《增修复古编》因所见版本为手抄本的缘故，有个别"走"作䢌，多数作䢌，而《续复古编》《六书正讹》均作䢌。此外，周伯琦《说文字原》"走"作䢌，其书法作品《宫学国史二箴卷》"起"作䟃；杨桓《六书统》从"走"字较多，均作䢌，例如䟆、䟅、䟄、䟇。

　　除了复古类规范汉字专书继承张有"走"的写法，元代著名的篆书书法家在写"走"时基本上同张有规范字形䢌。"走"或从"走"字，元代书法家赵孟頫印章有䟃（赵孟頫印）、䟆（赵氏子昂）、䟅（赵）、䟄（赵）、䟇（赵氏书印），赵氏《千字文》有䟃、䟆、䟅，陶宗仪有䟄（槲朴五章篆书帖），吴叡有䟇（千字文）、䟃（千字文）、䟆（千字文）、䟅（张渥九歌图卷）、䟄（河伯）、䟇（国殇），俞和《千字文》有䟃、䟆、䟅。从上可知，除赵孟頫圆形"赵"印中的"走"上部有些趋向横画外，赵氏其他"赵"的偏旁"走"均同于张有规范字形。

　　"走"小篆单字或偏旁，元代著名书法家普遍书作䢌，对它的推广无疑又起着推波助澜的作用，其中赵孟頫的影响非同一般。赵孟頫与北宋张有为湖州同乡。张有出身浙江湖州名门望族，世代书香。张有善篆，名闻天下。湖州古称吴兴。赵孟頫是宋太祖之子赵德芳第十一世孙，四世祖崇宪靖王赵伯圭受赐第湖州，于是成为湖州人。赵孟頫出生于南宋末年的湖州，与北宋张有为湖州同乡，对张有极为推崇。元代陆友仁《研北杂志》载赵孟頫语云："篆法自秦李斯，至宋吴兴张道士张有止。"[①] 因此，他继承张有篆书"走"的写法就成为可能。据《元史》记载，赵孟頫才气英迈，神采焕发，深受元世祖、仁宗等皇帝的推崇。元世祖不顾众人赵孟頫为宋代宗室后裔，不宜侍奉左右的谏言，对他委以重任。仁宗皇帝更是对赵孟頫尊崇有加，放下皇帝之尊，以字呼之，并在五年之内从翰林侍读学

---

① 陆友仁：《研北杂志》，载王云五《丛书集成初编》，中华书局1991年版，第3页。

士，依次擢升为集贤侍讲学士、中奉大夫、翰林侍讲学士、迁集贤侍讲学士、资德大夫、拜翰林学士承旨、荣禄大夫。赵孟頫篆、籀、分、隶、真、行、草书冠绝古今，名闻天下[①]。赵孟頫宋代皇室后裔、元代宠臣的社会地位，再加上其高超的书法技艺，使他的书法成为众人学习的典范成为必然。赵孟頫沿袭张有"走"的篆书写法，世人又争相模仿赵孟頫，可以想见，走在元代的盛行程度。

明代以小篆作为楷书规范依据的正字专书也有一些沿袭《复古编》的写法。"走"或从"走"字，赵撝谦《六书本义》作走，吴元满《六书总要》作走，魏校《六书精蕴》作走、赴。

明代篆书家在写"走"时，多数仍承袭张有写法，少数做些改变。"走"或从"走"字，明代书法家文征明《千字文》作趋、趍、趐，姜立纲《千字文》作趋、起、超，丰道生《千字文》作起、趋，赵宦光书法作趋（自题联）、趋（草篆轴），陆士仁《千字文》作起、趋、超。从传世明代书法家作品可知，赵宦光书写偏旁"走"不同于其他人。

清代随着文字学的振兴，文字学家改变了元明以写走为主流的习惯，一部分沿袭金文、大篆的笔法，写作走；一部分延续张有《复古编》的笔法，写作走。"走"或从"走"字，《六书类纂》作走，《六书准》作走、赴、赴、赵，《说文经斠》作趋、趋、趋、趋，《篆字汇》作走、走、趋、赴、超。

清代篆书家"走"的写法与文字学著作中的情况大致相同。例如邓石如作走（白氏草堂记）、趋（阴符经），趋（弟子职帖）、趋（弟子职帖）、走（弟子职帖）、趋（梅国记篆书屏）、赴（梅国记篆书屏），吴大澄作走（说文部首）、趋（周真人庙碑）、趋（夏小正帖），王福庵作走（说文部首）、趋（千字文）、趋（千字文）、超（千字文），杨沂孙作走（说文部首）、超（在昔篇）、趋（在昔篇），徐三庚作走（篆书册）、趋（篆书册），吴熙载作赴（宋武帝与臧焘敕），章太炎《千字文》作趋、趋、趋。

宋元明清篆书"走"的书写变化也影响了《说文》"走"部的刊刻与传播。徐铉《说文解字》不同版本小篆"走"的写法也略有不同。清代毛氏汲古阁重刻北宋本《说文解字真本》"标目"与正文部分均作走，而卷十五部次却作走；清嘉庆十二年重刊宋本，即藤花榭本，同毛氏汲古阁本；清嘉庆甲子年（1804）孙星衍重刊仿宋小字平津馆本，即五松书屋本，"标目"作走，而正文单字及偏旁均作走，卷十五部次作走；清陈昌

---

① 宋濂：《元史》，中华书局1976年版。

治刻本与孙星衍五松书屋本《说文》为同一系统，"标目"、正文单字、偏旁、卷十五部次与之相同；民国影宋刊本，即王昶传本，"走"亦同五松书屋本。《说文解字》各版本不管前面的标目与后面的部次怎样，但正文单字与偏旁均沿袭金文的写法，作手臂上下摆动状。

徐锴《说文系传》道光十九年祁寯藻刻仿宋本，据顾千里所藏影宋抄本和汪士钟所藏宋椠残本校勘而成，此本"走"作◯，偏旁与之相同，例如◯、◯、◯；四部备要本，该本据小学汇函本排印，此本"走"作◯，偏旁与之相同，例如◯、◯、◯；《四部丛刊》初印本，该本卷首牌记载"上海涵芬楼借乌程张氏适园藏述古堂景宋写本影印"，此本"走"作◯，偏旁与之相同，例如◯、◯、◯。乾隆五十九年石门马俊良大酉山房刻本，即《龙威秘书》小字本，为汪启淑本重刻本，"走"作◯，偏旁与之相同，例如◯、◯、◯。

综合现在可见不同版本的二徐《说文》，我们可以发现这些版本基本上是清代重刻本，相对来讲，二徐本《说文》的小篆"走"多用手臂上下摆动之形，少用双臂下垂之形。这与清代篆书家多用◯是一致的。

"走"本义为"跑"，小篆规范字形当作◯。张有所谓规范字形◯是错误的，它不仅有悖金文字形，而且与人奔跑时手臂动作也不相符。小篆"走"在宋代多数写作◯，个别作◯；元代基本写作◯；明代多数写作◯；清代随着金文学、文字学的发展，对文字的认识慢慢深入，逐渐回归金文写法，大部分写作◯，少部分写作◯。

综上所述，我们从后代正字专书以及著名书法家作品可以管窥张有《复古编》小篆字形的深远影响。

第三节 《复古编》的正字成效与启示

一 《复古编》的正字成效

《复古编》正文部分共收1239个楷书字头，这些根据小篆隶定的字形张有认为是规范字形，应该以此作为社会用字的标准。张有这1239个字形被《通用规范汉字表》①传承下来的有 647 个②，其中一级字表及其对应繁体字、异体字是 414 个，包括一级字 193 个，繁体字 127 个，异体字 94 个；二级字表及其对应繁体字、异体字是 171 字，包括二级字 104 个，繁体字 45 个，异体字 22 个；三级字表及其对应繁体字、异体字是 62 个，其中三级字 50 个，繁体字 12 个，异体字 0 个。《复古编》1239 个正文规范字形有 646 个被传承下来，传承比例达 52.14%，这说明张有倡导的以《说文》小篆隶定字形作为社会规范字形的正字思想对汉字的传承、保持社会用字稳定起着重大的作用。但是在没有严格正字法、文化不发达的古代，社会用字较为混乱，因此尽管张有给出了规范字形，但仍然没有很好地贯彻执行。《复古编》1239 个规范字形有 593 个没有被传承下来，这其中包括现代社会不用的死字，但更多的是笔画较多的严格根据小篆构形隶定的字形。这些被张有认定的标准字形有的没有被传承下来，有的被其他隶变字形③取代，例如年，小篆作🈐，隶定作秊，但被年取代；虏，小篆作🈐，隶定作虏，但被虏取代；胃，小篆作🈐，隶定作𦞅，但被胃取代；粟，小篆作🈐，隶定作㮚，但被粟取代。没被传承下来的标准字形有的还被其他俗别字形替代，例如烽，小篆作🈐，隶定作燹，但被烽替代；蛆，小篆作🈐，隶定作胆，但被蛆替代；苔，小篆作🈐，隶定作落，但被苔替代；艘，小篆作🈐，隶定作梭，但被艘替代。总体来讲，替代字比被替代字笔画相对较少，表意类属更为明确，这与人们遵循避繁就简的用字原则以及表意明确更有助于记忆有关。《复古编》正文标准字形有 47.86% 的字形没有被传承下来，说明张有倡导的汉字复古不容易做到。即使是他自己在编撰《复古编》时也难免受到时俗用字的干扰，例如他在反切用字时就用了一些俗字，前文已提及，兹不赘述。

《复古编》字头下面一般对应 1—6 个异体字，这些异体字包括"隶作""别作""俗作"等字形，共 1671 字。《复古编》异体字可以分两大类：一类是没有加"非"字来标明应该废止，这类字我们可以认为是正确的字形，可以在社会上使用，这类字共有 278 个。这 278 个字多为《说文》或体字，也包括隶变字、别作、又作等异体字。由于这些异体字包括《说文》异体字，而《说文》中的字又是古代正字专书认可的，因此这类

---

① 国发〔2013〕23 号，本书所说的《通用规范汉字表》包括《规范字与繁体字、异体字对照表》。
② 统计数据据附录"《复古编》正文字形传承情况表"得出。
③ 我们此处所谓隶变字形指在严格根据小篆字形隶定字形的基础上稍作变化的字形。

字被《通用规范汉字》传承的数量比较高，有 188 个，达 67.63%。另一类是加"非"字，这类字我们可以认为是错误的字形，应该废止，这类字共有 1393 个，占总数的比例高达 83.36%。《复古编》加"非"的 1393 个异体字有 797 个被《通用规范汉字表》传承，传承比例高达 57.21%。其中一级字及其对应繁体字、异体字是 493 个，包括 260 个一级字，120 个繁体字，113 个异体字；二级字及其对应繁体字、异体字是 238 个，包括 160 个二级字，繁体字 50 个，异体字 28 个；三级字及其对应繁体字、异体字是 66 个，包括 48 个三级字，18 个繁体字。

从《复古编》字头与加"非"的异体字被《通用规范汉字表》传承的情况，我们可以看出，张有试图废弃俗别字，而以《说文》小篆隶定字作为正体字的复古思想很难在大众中贯彻实行，可以说他的汉字复古思想有一定的成效，但效果并不怎么理想，因为文字传承已久的惯性很难改变。例如"話"，《说文》小篆作🔣，张有认为楷书标准字形应该写作"䛡"，写作"話"就是别字，是错误的，应该废止。但实际上，"話"的历史非常悠久，据目前文献，至少西晋时期已经使用，西晋辟雍碑中的"話"作話。西晋辟雍碑刻于咸宁四年（278），距离张有《复古编》的编撰时间已有八百多年，也就是说"話"到张有所在的北宋已经传承使用了八百多年。"䛡"是一个"从言昏声"的形声字，造字理据明确，张有认为"别作話，从舌者，非"。尽管张有认为"話"丧失了造字理据是错误的，但人们很难改变避繁就简的书写习惯。一些后来出现的不见于《说文》的分化字也是《复古编》废弃的对象之一。例如"文"，小篆作🔣，楷书规范字作"文"。表示"花纹"义只能用"文"，后来分化出来的"紋"张有认为是错误的，应该废弃。而实际上作为"文"的分化字，"紋"至少在南北朝时已经出现，例如北魏吐谷浑氏墓志就有紋字，"紋"流传到张有所在的北宋已有七八百年，想要废除很难做到。一些不见于《说文》的异体字在张有看来也是错误的，应该废止。例如"村"，《说文》作🔣，隶定作"邨"，《复古编》异体字作"村"，张有认为"村"是别字，应该废止。而"村"至少在南北朝时期就出现了，北魏元袭墓志就有村字。"村"历史久远，简单易写，流传至今。

总之，《复古编》有一定的正字成效，但很难改变人们使用传承已久、具有广泛群众基础的俗字的习惯。

二 《复古编》给今人的启示

张有《复古编》拟恢复《说文》小篆隶定字，废除一些《说文》没有的异体字,从《复古编》正体字与异体字的流传情况来看,这种汉字规范思想很难行得通,但有一些人由于缺乏汉字规范相关知识,不知以史为鉴,试图恢复繁体字。

2008年全国"两会"上,郁钧剑、宋祖英等21位文艺界的政协委员就曾联名递交"关于小学增设繁体字教育"的提案①,该提案一出,立即引起繁简之争。2009年"两会"上,华侨界全国政协委员潘庆林提交了关于"废止简体字恢复繁体字"的提案②。这一提案又引起轩然大波。从2013年2月22日起,诗人流沙河在 FT 中文网开设《简化字不讲理》专栏③,谈论正体字的文化价值,批判简化字没有理据,希望政府恢复正体字。该专栏开设后,再次引起了繁简大讨论。2013年7月,香港知名演员黄秋生在微博中写道:"在中国写中文正体字居然过半人看不懂,哎,华夏文明在大陆已死。"④ 此言一出,又一次引发舆论热议。

近年来,主简派和主繁派之间展开了较为激烈的论战,论战双方摆出的论点,都有一定的道理。主简派认为,简化是汉字发展演变的趋势,简化字在书写速度、认知难度方面比繁体字有明显的优势,简化字在提高民族整体文化水平方面功不可没。主繁派认为,繁体字比简化字更能体现造字理据,简化字不仅割裂古今文化,也有碍两岸文化交流,不利于祖国统一。汉字是用简,还是用繁? 在回答这个问题之前,我们简单了解一下繁简字的相关问题。

中国台湾把现行繁体字称为正体字,而实际上现行繁体字中的一些字,相对汉代《说文解字》字形就是简化字,前人曾一度主张废除,但一直相承沿用,并没有被废止。例如"蜂""鞋""啼""咬",《说文》分别作"蠭""鞵""嗁""齩",北宋张有《复古编》已经明确指出它们是俗别字,是错误的,应该否定掉。《复古编》:"蠭,飞虫螫人者。从䖵逢。别作蜂,非";"鞵,革生鞋也。从革奚。别作鞋,非";"嗁,号也。从口虒。别作啼,非";"齩,啮也。从齿交。别作咬,非"。元代周伯琦《六书正讹》与《复古编》大致相同:"蠭,飞虫螫人者。从䖵逢声。俗作蜂,非";"鞵,户佳切。革生鞋也。从革奚声。俗作鞋,非";"嗁,田黎切,号也。从口虒声。别作啼,非";"齩,五巧切。啮骨也。从齿交声。别作咬,非"。此外,元代吴均的《增修复古编》也分别指出"蠭"

---

① 搜狐新闻网:http://news.sohu.com/20080313/n255676618.shtml。
② 腾讯新闻网:http://news.qq.com/a/20090303/000332.htm。
③ FT 中文网:http://www.ftchinese.com/story/001049045。
④ 香港文汇网:http://news.wenweipo.com/2013/07/15/IN1307150038.htm。

"鞻""嚘""皽"为规范字形,"蜂""鞋""啼""咬"为错误的俗别字。虽然从宋代就已经指出"蜂""鞋""啼""咬"是俗别字,是错误的,应该使用《说文》正体字,再加上元明清的汉字复古,依然没能阻挡人们使用笔画较为简单的俗别字。

文字是发展变化的,这是客观存在的事实。"时有古今,地有南北,字有更革,音有转移,亦势所必至。"① 我们应该承认字形演变,不必厚此薄彼。"后世之所谓正体,在古人看来,未必不是俗体,那么又何必分什么正体、俗体呢?"② 前人早已明白这些道理,我们今人何必再大费口舌为此争辩不休呢?

有人认为,简化字会割裂古今文化,但实际上即使恢复港台使用的繁体字,一般人想去读懂古代文献也很难做到,因为古代文献中的异体字颇多。这些异体字包括古字、或作、俗字、别字、奇字、讹字等,"就拿《康熙字典》来说,不久前《汉语大字典》四川、湖北收字审音组曾对其滥收异体现象加以整理,发现它的 47035 字中,其实包含有异体字 9329 组,共二万多字,约占总字数的百分之四十。"③ 加上古今词汇、语法存在差异以及为数不少的通假字,想去轻易读懂古代文献,绝非易事。"中国字形字声,最为繁赜。有转注假借之别,有轻重抑扬之殊,重以文法艰深奥衍,往往从古相承之文字,自青年至于皓首,伏案钻研,尚不能得其旨归。使邑无不学之户,家无不学之童,诚夐夐乎其难之!"④ 如果从继承古代文化遗产的角度来讲,我们认为必须繁简字形都能识读,了解汉字造字的一些理论,并掌握一定数量的古代汉语知识,才能阅读古代文献。比如我们要阅读元代刻本《乐府新编阳春白雪》《梨园按试乐府新声》《事林广记》《元典章》等,如果不认识一些简化字,就很难通读这些文献。

大陆现行简化字绝大多数早就出现了。"为了探究现行简化字的来龙去脉,我们以 1986 年新版《简化字总表》为准,从《总表》的第一表、第二表中选取 388 个字头(含简化偏旁)进行了现行简化字的溯源研究。这项研究的资料如下:现行简化字始见于先秦的共 49 字,占所选 388 个字头的 12.63%;始见于秦汉的共 62 字,占 15.98%;始见于魏晋南北朝的共 24 字,占 6.18%;始见于隋唐的共 31 字,占 7.99%;始见于宋

---

① 陈第:《毛诗古音考》,中华书局 1988 年版,序言第 7 页。
② 何仲英:《汉字改革的历史观》,《国语月刊》1923 年第 1 卷第 7 期,第 129 页。
③ 郑林曦:《精简汉字字数的理论和实践》,中国社会科学出版社 1982 年版,第 3 页。
④ 文字改革出版社编辑部:《清末文字改革文集》,文字改革出版社 1958 年版,第 65 页。

（金）的共 29 字，占 7.47%；始见于元朝的共 72 字，占 18.56%；始见于明清的共 74 字，占 19.07%；始见于民国的共 46 字，占 11.86%；始见于中华人民共和国成立后（截至 1956 年《汉字简化方案》公布）的 1 字，占 0.26%。"[1] 近年来，由于汉字研究的深入，我们发现《简化字溯源》中所列数据中的一些字形出现的时间可以提前。例如"帘"，《简化字溯源》认为作"挂在门上的遮蔽物"的"帘"始见于新中国成立后，而实际早在清末已经使用。清末上海昌明书局印行的《新辑绘图洋务日用杂字》中，"门帘"的"帘"就用作"帘"[2]。又如"亩"，《简化字溯源》认为始见于民国，而实际早在元代就已经出现。《增修复古编》："畮，亦作畂，俗作畝、亩。"由此可见，大陆使用的很多简化字传承使用的历史悠久，有广泛的群众基础。

自 1956 年大陆公布《简化字方案》以来，简化字已经通行 60 多年，形成了一套完备的用字体系，广泛应用于日常生活、大中小学教育、出版印刷、对外汉语教学以及国际交流，不能说改就改，即使要改也要征求一下民众的意愿。文字与社会的关系就如血液与人的关系，一动则引发全身机体变化。简化字在中国大陆行之既久，且得到民众认可，两者已经契合，即使改动一点也必然遭到反对。例如 2009 年教育部拟调整 44 个汉字写法，新浪网进行网络调查，结果有 91.9% 的网民反对[3]。微调 44 个字的写法就招致绝大多数网民反对，如果废简复繁则必将遭到民众的反对。新浪网络调查"你是否赞同恢复使用繁体字"显示，有 60.7% 的民众支持简化字[4]，而实际上支持简化字的人会更多，因为有很多普通民众或没有时间或没有条件参与繁简之争网络调查。选择哪一种字体既不是专家说了算，也不是社会精英说了算，而是由千千万万使用这种字体的民众说了算。只要方便群众、适用合时，就是合格的文字。"古人费了许多心思，造出文字，应该万代遵守呢。后人灭了古人的迹，岂不是个大大的罪过么？不知文字如衣冠车船一般呢，原取便民适用合时为主。"[5] 新中国成立之初，我国约有 5.5 亿人口，而文盲却有 4 亿多。要把中国从一个贫穷落后的农业国，改造成一个现代化的工业国，扫除文盲、提高劳动者的文化素质是新中国亟待解决的难题。为适应时代发展，1956 年国务院公布

---

[1] 张书岩：《简化字溯源》，语文出版社 1997 年版，第 6 页。
[2] 《新辑绘图洋务日用杂字》，清末广益书局印行。
[3] http://survey.news.sina.com.cn/result/36666.html.
[4] http://survey.news.sina.com.cn/result/31243.html.
[5] 文字改革出版社编辑部：《清末文字改革文集》，文字改革出版社 1958 年版，第 44 页。

第七章　张有《复古编》对后世的影响及其正字成效与启示　　325

了《简化字方案》。文字贵简，不贵繁。"文字之为器于国民，犹斧斤之于工师，贵易举，不贵繁重。"① 只要文字合乎规定，适应社会发展，通行时间较长，就是正体字，无所谓俗体。关于这一点清人早有论述。"一代之书必有章程。章程既明，则但有正体而无俗体。其实汉所谓正体，不必如秦；秦所谓正体，不必如周。后世之所谓正体，由古人观之，未必非俗体也。然俗而久，则为正矣。"② 简化字在大陆通行已六十多年，已经渗透到每个大陆人的大脑中，不是说改就立马能改的，我们一定尊重民众对汉字形体的选择。民众是国家富强之本，如果废简复繁，他们必须花一定的时间和精力重新学习繁体字，这势必影响他们的工作和生活，妨碍国家经济建设。国家富强，民族振兴，不是靠少数社会精英，而是靠广大民众，尤其是掌握各种技术的民众。"国家富强之源，不在一二上流社会之人才，而在多数下流社会之识字。"③ "夫富强治理在各精其业，各扩其识，各知其分之齐氓，不在特秀英隽而已也。"④ 汉字难学，而繁体字比之更难，这是一个不争的事实，我们只需少数人去研究它就可以了，无需使更多的人疲惫于此，前人早就明白这个道理。"中国字学，原取象形，最为繁难。今之字典，三万余字，仍留为典要，能者从之，不必以此责令举国之人从事讲求，以疲其精力。"⑤

　　简化字的出现是社会发展的必然趋势，易识、易写是简化字发展的内因，特别是易写是其最主要的推动力。随着计算机、打印机、手机等电子产品的普及，可以说现在人们已经从繁重的书写活动中解放了出来，读写越来越电子化，并最终实现电子化，因此汉字失去了简化的动力，但并不能因为汉字失去了简化的动力，我们就可以走回头路，使用繁体字。随着中文繁简软件的应用，繁简字转换可以在瞬间完成。有繁体字阅读习惯的人阅读用简化字书写的内容只需一键操作，反之亦然。也许有人说繁简转换会出现一些问题，但这些问题都是小问题，随着中文信息处理技术研究的深入，这些问题都会得到解决。由此，我们没有必要浪费口舌去谈论用繁还是用简的问题，电子产品的发展已经使这个问题变得没有意义。

　　现在的社会是一个多元的开放的包容的社会，社会分工日益精细，科学技术日新月异，每一个行业都需要掌握更多的知识。因此，我们欢迎对

---

① 文字改革出版社编辑部：《清末文字改革文集》，第 88 页。
② 刘熙载：《艺概》，上海古籍出版社 1978 年版，第 137 页。
③ 文字改革出版社编辑部：《清末文字改革文集》，文字改革出版社 1958 年版，第 53 页。
④ 文字改革出版社编辑部：《清末文字改革文集》，第 22 页。
⑤ 文字改革出版社编辑部：《清末文字改革文集》，第 18 页。

中国传统文化感兴趣的人掌握繁体字，钻研祖先给我们留下的文化，汲取文化精髓；同时我们也希望更多的人以简化字为工具，掌握现代科学技术，为国家、民族、世界的进步做贡献。只要我们了解当初先贤简化汉字的初衷，是为了普及文化，改变中国愚昧落后、积贫积弱的社会现实，也就能理解为什么说简化字是历史的选择。繁体字、简体字都是汉字演变过程中的产物，都是我们祖先留给我们的文化遗产，都是中国文化的一部分。因此大陆与港台用简或是用繁，各随其便，各适其用，彼此之间不必厚此薄彼，更不要互相攻击，一定要互相尊重，承认历史。

　　回望历史，镜诫今人。发端于宋，兴盛于元明清的知识阶层倡导的汉字复古无法在普通民众中贯彻，为我们无须废简复繁提供了历史借鉴。繁简之争网络调查的结果再次警示我们，废简复繁难以在普通民众中实行。我们要以史为鉴，遵循汉字发展演变的规律，尊重民众选择汉字形体的意愿。我们要各司其职，各尽其责，为中国富强而努力。前事不忘，后事之师。面对日军侵华，著名文字学家胡朴安曾无奈地写下这样的话——"书满壁，图满壁，陷在其中不可出。枪炮飞机现代物，《孝经》虽善难退贼。我已前车后莫覆，不学炼铁学纺织。何以尚多咬舌嚼齿文字虱？无怪当年鬼夜哭。"[①] 胡朴安的文字学知识不可谓不广，儒家文化不可谓不精，面对日寇飞机大炮的疯狂肆虐，胡先生警示后人要致力于科学技术的发展，不要再像他一样把时间浪费在文字上。由此，我们不要再纠结于用繁还是用简，而是希望更多的人把更多的时间留给科学技术的发展，为推动中华民族伟大复兴而奋斗。

---

① 胡朴安：《中国文字学史》，上海科学技术文献出版社2014年版，自序前朴安自题诗。

附录一 影宋精抄本《复古编》校正

1. 䤂酏，䴷生衣也。

按："䴷"当为"䴷"。大徐本《说文》、元刻本、明刻本、四库本均为"䴷"。《说文·米部》："䴷，酒母也。""䴷"义与"酏"相符合。《说文》无"䴷"。"䴷"为"䴷"的后出俗字。《说文系传》："䴷，或从麦鞠省声。曰俗作䴷，臣锴曰今鞠字也。"

2. 㓛功，以勞定國也。从力工。別作功，非。

按："別作功"中的"功"字与楷书字头"功"相抵牾，当为"㓛"。元刻本、明刻本、四库本均为"別作㓛"。《干禄字书》："㓛功，上俗下正。"

3. 鏠鐽，兵耑也。从金逢。別作鋒，非。

按：鏠当作鐽。元刻本、明刻本、四库本、葛氏刻本均作鐽。"別作鋒"，当为"別作鋒"。元刻本、明刻本、四库本均作"別作鋒"。《集韵·钟韵》："鐽、鋒，《说文》：兵端也。或从夆。""鋒"不见于宋《玉篇》《类篇》《广韵》《集韵》等字书。《正字通》始见"鋒"。

4. 贙

按：贙当作贙。大徐本《说文》、元刻本、明刻本、四库本、葛氏刻本均作贙。

5. 䰜

按：䰜当作䰜。大徐本《说文》、元刻本、明刻本、四库本、葛氏刻本均作䰜。

6. 肰胑，體四胑也。从肉只。或作肢。別作胑，並非。

按："胑"下当有"躾"。据《复古编》体例，"並"前的异体字至少有两个，影宋本仅有"胑"，误，当从元刻本补充。又《集韵》："胑、肢、躾，《说文》：体四胑也。或作肢、肢、躾，通作支。"

7. 攲岐，較也。从支也。

按：攲当作攲。大徐本《说文》、元刻本、明刻本、四库本、葛氏刻本均作攲。注解"較也"当作"敧也"。大徐本《说文》、元刻本、明刻本、四库本均为"敧也"。此误因"較""敧"二字左旁形近而致。

8. 鐊鑰，鍵也。

按："鍵"当为"鍵"。大徐本《说文》、元刻本、四库本均作"鍵"。《说文·金部》："鍵，鉉也。一曰车辖。从金建声。""鍵"与"鑰"义不相协。

9. 雋雟，周燕也。从隹中同。别作雉、鵤，並非。

按："雉"当作"雅"。"雉"义为"野鸡"，与"雟"义不符。元刻本、明刻本、四库本、葛氏刻本均作"雅"。又《集韵·支韵》："雅、鵤、雟，子雅，鸟名。或作鵤、雟。"

10. 蘤莜，蘭屬。从艸俊。

按：小篆字头蘤，从水，误，当作蘤，方与"从艸俊"相符。元刻本小篆作蘤，当从。

11. 而，頰毛。象形。别作髵，非。又作耏。奴代切。與耐同。

按："象形"下当有"如之切"。元刻本有"如之切"。宋本《广韵·之韵》："而，语助。《说文》曰：頰毛也。如之切。"又《广韵·代韵》"耏，奴代切。頰也。又如之切。"

12. 枱，耒耑也。从木台。别作鈶，非。

按："别作鈶"当作"别作枱"。元刻本、葛氏刻本作"枱"。《集韵·之韵》："枱，《说文》：'耒耑也。'或作鈶、槃、枱。"《通志·六书略三》："枱，至也。勤也。"

13. 岨，石山戴土也。从山且。别作砠，非。七余切。文二。

按："文二"当作"文三"。"岨"下两字为"胆""鴡"。大徐"胆""鴡"均作"七余切"。

14. 樗樗木也。一曰恶木也。从木虖。今作樗，乎化切，與樗同，以其皮裹松脂者。

按："今作樗"当为"今作樗"。《复古编·去声》："樗，木也，以其皮裹松脂。从木雩。或作樗。"又元刻本、葛氏刻本作"樗"。《类篇·木部》："樗、樗，抽居切。《说文》：木也。一曰恶木。或从雩。樗，又通都切，又胡化切。《说文》：木也。以其皮裹松脂。文二。重音二。"《玉篇·木部》："樗，胡霸、胡郭二切。木名。樗同上。"

15. 余，語之舒也。从八，舍省。以諸、成遮二切。别作予，非。

按："予"当作"余"，方与重音"成遮"相协。又元刻本、四库本均作"余"，当从。

16. 鑺鑺，戟屬也。从金瞿。别作戵，非。

按："瞿"当作"戵"。元刻本、葛氏刻本作"戵"，当依。"瞿""鑺"字义相去甚远，不当为异体。《说文·瞿部》："瞿，鹰隼之视也。"原本《广韵·虞韵》："戵，戟属。鑺，上同。瞿，鹰隼视也；又姓，又九遇切。"《集韵·虞韵》："瞿，姓也。鑺，戟属。戵，或从戈。"

17. 黏，黏，黏也。

按："黏也"当为"黏也"。《复古编·声相类》："黏，黏也，从黍古。"又大徐本《说文》、元刻本、葛氏刻本均作"黏也"。"黏""黏"两者形近易讹。

18. 氐，至也。从氏，下一。一，地也。一曰下也。都兮切。又丁禮切。别作低，非。古文二。

按："古文二"不合《复古编》行文体例，"古"为衍文，当删。元刻本、明刻本、四库本、葛氏刻本均有"古"，误。清葛鸣阳淮南局本无"古"，当从。

19. 瑰瑰，玫瑰也。从玉鬼。一曰圜好。别作瓌、瓌，非。

按："非"前当有"竝"。依《复古编》体例，当"别作"达到两个或两个以上，否定词"非"前要加"竝"。元刻本、葛氏刻本有"竝"，当依。

20. 份份，文質倫也。

按："倫"当作"備"。大徐本为"僣"。《说文真本》、文渊阁四库影印本《说文》均作"備"。《说文系传》："文质備也。从人分声。《论语》曰：'文质份份。'臣错曰：文质相半也。彼困反。"《说文》《玉篇》无"僣"字。重修《广韵·屑韵》："僣，僣倪，狡猾。"《类篇·人部》："僣，他结切。狡也。""僣"义为"狡猾"，显然与"文质"不协。元刻本、葛氏刻本均作"備"。影宋抄本《复古编》、陈昌治《说文》均误，当改。"倫""僣"与"備"形近致讹。

21. 麤麋，麋也。从鹿，囷省。籀文不省。别作麇，非。居筠切。

按：麤下从"木"，非；当从"囷省"，作麤。大徐本《说文》、元刻本、明刻本、四库本、葛氏刻本均为麤，当依。

22. 熏熏，火烟吐出也。从中黑，熏象也。作燻，非。許云切。

按："吐"当为"上"。大徐本《说文》、元刻本、明刻本、四库本均作"上"。"火烟吐出也"不见于其他文献。

23. 帽幝，惚也。从巾軍。或作褌。别作裩，非。

按："惚"当作"幒"。"裩"当作"裈"。元刻本、葛氏刻本、四库本均作幒、裈。

24. 豚豚，小豕也。或作豚，同。

按：豚隶定字形与或作同，隶定字形当作豚。

25. 尊奠，酒器也。从酉，廾以奉之。或从寸，俗；爲尊卑之尊。别作罇、樽，竝非。祖昆切。

按："奠"当作"尊"，两者形近而讹。《说文》"奠"下从"丌"，属"丌"部；"尊"属"酋"部，下从"廾"，与《复古编》字形说解"廾以奉之"相合。元刻本作"尊"，当从。又"从酉"当作"从酋"，方与"尊"的构形相合。大徐本《说文》、元刻本均作"从酋"。《说文·酋部》："酋，绎酒也。从酉，水半见于上。《礼》有'大酋'，掌酒官也。"

26. 敦戴，怒也。詆也。大也。勉也。又一成为敦立。江东呼地高堆为戴。

按："敦立"不好理解，当为"敦丘"。《尔雅·释丘》："丘一成为敦丘。"元刻本作"丘"。葛氏刻本因避孔子讳，"丘"缺笔作"匠"。此误当因"立""丘"形近易讹而致。

27. 豻犴，胡地野犬名。从豸干。或作犴。别作貋、犴，竝非。河干切。

按："别作貋、犴"当作"别作貋、犴"或"别作貋、豣"。"或作犴"与"别作貋、犴"相矛盾。元刻本"别作貋、豣"，当据此订正。因"犴"与"豣"字形相近易讹，"豻"别作盖为"豣"。《集韵·谏韵》："犴、犴、豣，胡犬也。或从犬，亦作豣。"

28. 闌，門遮也。从門柬。别作欄、攔、襴，竝非。

按："襴"当作"𧛔"。元刻本、四库本均作"𧛔"，当从。

29. 瓛環，璧也。玉好若一謂之環。

按："玉好若一"当为"肉好若一"。《说文》《说文系传》《玉篇》《类篇》《集韵》均为"肉好若一"。元刻本、葛氏刻本为"肉好若一"，当从。

30. 覵覸，狠视也。从二見、肩。别作覵，非。

按："狠视也"当为"很视也"。《说文》无"狠"字。大徐本《说文》、元刻本、葛氏刻本均作"很视也"，当从。

31. 秊秊，穀熟也。

按："穀熟"当作"穀孰"。《说文》无"熟"。大徐本《说文》、元刻本均作"穀孰"。

32. 次次，慕欲口液口。从水欠。别作涎，非。叙連切。

按："慕欲口液口"当为"慕欲口液也"。大徐本《说文》、元刻本、葛氏刻本均为"慕欲口液也"，当从。

33. 廛廛，一畮半，一家之居。从厂从里从八从土。别作鄽、壥，竝非。

按：小篆廛当为廛。注解"从厂"当为"从广"。大徐本《说文》、元刻本、明刻本、文渊阁四库影印本、葛氏刻本小篆均作廛，注解均为"从广"，当从。

34. 仝仝，完也。从入工。或作玉。純玉曰仝。《道書》以仝為同字。

按："作玉"当为"从玉"。大徐本《说文》："仝，完也。从入从工。全，篆文仝从玉，纯玉曰全。䤹，古文仝。""仝"的或体为"全"，非"玉"。元刻本、葛氏刻本均作"从玉"，当依。

35. 鼂鼂，匽鼂也。从黽从旦。或作鼂，从皀。

按："鼂"当作"鼂"，"皀"当作"皀"。《说文》鼂的或体作鼂。元刻本、葛氏刻本作"或作鼂，从皀"，当从。

36. 要要，身中也。象人要，似臼之形，从臼省。

按："从臼省"脱"交"，当为"从臼交省"，方与"要"字形相合。元刻本作"从臼交省"，当从。

37. 夒夒，貪獸也。一曰母猴，从人。从頁已止夂，象形。别作猱，非。奴刀切。

按："从人"当作"以人"或作"侣人"。《说文》作"似人"，元刻本也作"似人"，因《复古编》认为"似"是错字，"侣"是正字；又"以"通"似"，所以"从人"改作"以人"或作"侣人"。

38. 丂丂，反亏也。丂，气欲舒出，㇄上礙於一也。反丂，气已舒也。

按：楷书字头"丁"当作"丂"。作"丁"与注解"反亏也。丂，气欲舒出，㇄上礙於一也。反丂，气已舒也"不符。大徐本《说文》、元刻本、葛氏刻本作"丂"，当从。

39. 它蛇，本與它同，或从虫它。俗作食遮切。别作虵，非。

按：篆文它当作蛇，方与楷书字头"蛇"相符。元刻本、明刻本、四库本、葛氏刻本均作蛇，当从。

40. 䁂䁂，目小也。从目䍃。"元首叢䁂。""叢䁂"，猶細碎也。

按："朡"当为"瞠"。此处"丛朡"是包含字头"瞠"的一个词语。元刻本、陈昌治《说文》作"瞠"。《说文真本》作"瞠"，当从。"瞠"是"瞠"的隶定字。

41. 倭倭，女王國名。从人委。別作䅏、猧，立非。烏禾切。又於為切，訓順兒。

按："䅏"当作"矮"。《说文》无"䅏"。"䅏"与"倭"音义不同，不能构成异体字关系。宋本《玉篇·禾部》："䅏，汝虽切。禾。"《重修广韵》："䅏，禾四把也。思累切。二。"宋本《玉篇·犬部》："猧，乌和切。犬名。矮同上。""矮"与"倭"读音相同，同属影纽戈韵。"矮"为"倭"的异体字不见于宋时其他字书，当是张有撰写《复古编》时新出用法。元刻本、葛氏刻本作"矮"，当从。

42. 鞔鞔，履也。从韋叚。

按："鞔"当为"鞔"，方與小篆鞔及"从韋叚"相合。元刻本、四库本、葛氏刻本均作"鞔"，当从。

43. 畺畺，界也。从畕从三。其界畫也。或作疆。別作壃，非。

按："从畕从三"当作"从畕从三"，方与"畺"字形相合。"或作疆"当作"或作疆"。大徐本《说文·畕部》："畺，界也。从畕；三，其界畫也。疆，畺或从彊土。"又《说文·弓部》："彊，弓有力也。从弓畺聲。""彊"与"畺"义不相协。元刻本无误。当依据大徐本《说文》、元刻本订正。

44. 強強，蚚也。从虫弘。弘从厶。厶與肱，同。別作强，强从口，立非。巨良切。

按：楷书字头"強"当作強。弘当作弘。厶当作厶。"別作强、强，从口，立非"当作"別作强、强，从厶从口，立非"。依《复古编》体例"并"前至少有两个异体字，此处仅"强"一个，误。当据元刻本订正。

45. 岡岡，山脊也。从山网。隸作岡。別作崗、𡶒，非。古郎切。

按："非"前当有"竝"。此处別作字有两个，依《复古编》体例，"非"前当有"竝"。元刻本"非"前有"竝"。

46. 黥黥，墨形在面也。

按："形"当为"刑"。大徐本《说文》、元刻本、明刻本、四库本、葛氏刻本均作"刑"，当从。

47. 抨抨，撣也。一曰使也。从手平。

按："撣"当作"撣"。大徐本《说文》、元刻本、明刻本、四库本、葛氏刻本均为"揮",当从。此误为形近致讹。

48. 醒醒,醉解也。从酉星。案:醒字注:一曰醉而覺也。古醒亦音醒也。

按:"醒字注"当为"醒字注"。此为大徐新附字。大徐本《说文》:"醒,醉解也。从酉星声。按:醒字注云:一曰醉而觉也,则古醒亦音醒也。"当据此订正。元刻本、明刻本、四库本、葛氏刻本均作"醒",当从。此误为形近致讹。

49. 粤

按:粤当作粤,方与"从丂由"相协。《说文》、元刻本均作粤,当从。

50. 㒼㒼,古鳳字。鳳飛,群鳥从以萬數,故以為朋黨字。隸作朋。步朋切。文二。

按:"步朋切"当为"步崩切"。"步朋切"为"朋"注音,反切下字不当为"朋"。此处"文二"指同一小韵的字有两个,㒼下字为鵬,隶作"鵬",亦古文"鳳"字。元刻本、葛氏刻本均作"步崩切";又《重修广韵》"朋"作"步崩切",与"鵬"属同一小韵,当从。

51. 弘弘,弓聲也。从弓厶。厶,古文肱。別作弘、弧,竝非。

按:楷书字头"弘"与别作"弘"字形相同,必有一误。元刻本楷书字头作"弘",分析字形为"从弓乚。乚,古文肱",别作同影宋本。元刻本楷书字头"弘"与《广韵》《玉篇》《类篇》《集韵》通行字体"弘"差异不大。明刻本同影宋本。为避乾隆皇帝弘历的名讳,四库本"弘"缺末笔;清葛鸣阳刻本楷书字头"弘"缺末笔,别作字空缺。因上无可从,姑且从元刻本。

52. 鬃鬃,桼也。从桼彡。別作髹,非。

按:"桼"当为"桼"。"桼"与"鬃"义不相协。大徐本《说文》、元刻本、明刻本、四库本、葛氏刻本均作"桼"。

53. 粵粵,木生條也。从丂由。

按:"粵"当作"粵","从丂由"当为"从丂由"。"粵"小篆形体为"从丂由"。当依大徐本《说文》、元刻本订正。

54. 鹵鹵,氣行皃。

按:"氣"当作"气"。《说文·米部》:"氣,馈客芻米也。从米气声。""氣"与"鹵"义不协。大徐本、元刻本、明刻本、四库本均作"气"。

55. 噯噯,語未定皃。从口憂。一曰歐噯,氣逆也。

按:讹误与校正同54。

56. 㡙㡚，襌帳也。从巾㡚。俗作裯，音都牢切，袂也。

按："裯"当作"裯"，"袂"当作"袂"。元刻本、四库本、葛氏刻本均如此，当从。

57. 䐈䐈，面和也。从百从肉。别作𦠅。

按："百"当作"百"。"䐈"由"百、肉"会意。又大徐本《说文》作"从百从肉"。"别作𦠅"当有"非"字。元刻本、明刻本、四库本、葛氏刻本均有"非"字。依《复古编》"别作某，非"体例，当补"非"。

58. 襃襃，衣博。从衣，保省。一曰聚也。别作袌、褒，立非。又博毛也。

按："博毛也"当作"博毛切"。元刻本为"博毛切"。大徐本《说文》："襃，博毛切。"《集韵·豪韵》："襃、褒、袌、襃，博毛切。《说文》：衣博裾也。一曰奖饰。又姓。或作褒、袌、襃。文九。"又《集韵·侯韵》："蒲侯切。袌、襃、𣅂，《尔雅》：聚也。或作褒、𣅂。俗作襃，非是。"《集韵》两切，一为"博毛切"，一为"蒲侯切"。《复古编》"襃"一为"步矛切"，与《集韵》"蒲侯切"音同，同属并纽、侯韵，那么另一音则当为"博毛切"。

59. 兜兜鍪，首鎧也。从𠔼，从皃省。别作兜，非。當侯切。

按："从𠔼"当作"从兜"。大徐本《说文》、元刻本、明刻本、四库本、葛氏刻本均作"从兜"，当从。

60. 金金，五色金也。从土，左右注，象金在土中形；金聲。按：今字从人从丁。𠀒古及字。金从反丁。後人傳寫之誤，當從正丁字。居音切。文三。

按："金聲"当为"今聲"，"从丁"当为"从丁"，"反丁"当为"反丁"，"丁字"当为"丁字"。元刻本、葛氏刻本如此，当从。又大徐本《说文》："金，……生於土，从土；左右注，象金在土中形；今声。""丁"为"及"的古字。大徐本《说文》："𠀒，逮也。从又从人。徐锴曰：'及前人也。'巨立切。乁，古文及。秦刻石及如此。"

61. 圅圅，舌也。象形，舌體弓弓。

按："弓弓"当为"㔾㔾"。圅上从"㔾"，不从"弓"。大徐本《说文》、元刻本、葛氏刻本均如此，当据此订正。

62. 嗛嗛，口有所衘也。

按："衘"当为"衔"。《说文》无"衘"有"衔"。元刻本、四库本、葛氏刻本均作"衔"，当从。

63. 㽲瘇，脛气足腫。从疒童。或作㽸。別作𪛕、尰，竝非。豎勇切。

按："或作㽸"当作"或作𤻻"，"別作𪛕"当作"別作瘇"。大徐本《说文》："𤺊……𤻻，籒文从允。"元刻本、四库本"或作"为"𤻻"，"別作"为"瘇"，当据二本订正。

64. 㦂慅，懼也。从心，雙省。

按：楷书字头"慅"当为"㦂"，方与"从心，雙省"相符。大徐本《说文》、元刻本、明刻本、四库本、葛氏刻本均作"㦂"，当从。

65. 冢冢，高墳也。从勹豕。別作塚，非。知隴切。

按：楷书字头"冢"当为"冢"，"从勹豕"当为"从勹豕"，"別作塚"当作"別作塚"。楷书字头为"冢"方与小篆形体冢一致，"从勹豕"与小篆形体相符合。又《集韵·肿韵》："冢、塚，展勇切。《说文》：高坟也。或从土冢。一曰大也。文五。"因此，"冢"別作当为"塚"。元刻本、明刻本、四库本、葛氏刻本均为"冢，高墳也。从勹豕。別作塚，非"。

66. 巸巴，本古熙字。俗音牀史切，以為階㘭之地。

按："熙"当为"巸"，"地"当为"㘭"。大徐本《说文》："巸，廣臣也。从臣巳聲。𦣞，古文巸从户。臣鉉等曰：'今俗作牀史切。以为阶㘭之㘭。'"元刻本、葛氏刻本作"本古巸字。俗音牀史切，以为阶㘭之㘭"，当从。

67. 絫糸，增也。从厽从糸。糸，十黍之重也。別作累，非。力軌切。

按："力軌切"后当有"文二"。《复古编》絫后一字头后为𦃢。大徐本："𦃢，力軌切。"絫、𦃢音同，当属同一小韵。元刻本、明刻本、四库本均有"文二"，当补。

68. 虡虞，鐘鼓之柎也，飾為猛獸。从虍，異象其下足。或作鐻、虡，同。別作虞、簴，竝非。

按："或作鐻"与"別作虞"相同，其一必误。大徐本《说文》："虡，钟鼓之柎也。饰为猛兽，从虍，异象其下足。鐻，虡或从金㯍声。𧇽，篆文虡省。"由此，"或作鐻"正确，"別作虞"错误。重修《广韵·语韵》："虞，飞虞，天上神兽，鹿头，龙身。《说文》曰：'钟鼓之柎也。饰为猛兽。'《释名》曰：'横曰枸，纵曰虞。'虡，上同，俗作簴。鐻，上同。"又元刻本"別作"为"虞"。此处"別作虞"当依《广韵》、元刻本订正。

69. 㫃旅，軍之五百人為旅。从㫃从从。又禾自生也。別作櫓，㫃，竝非。力舉切。

按:"櫓、梠"当为"穭、䅶"。《类篇·禾部》:"穭、䅶,两举切。禾自生。或从吕。文二。"《集韵·语韵》:"穭、䅶,禾自生。或从吕。通作旅。""櫓、梠"无"禾自生"义。"櫓",《说文》:"大盾也,从木魯聲。""梠",《说文》:"楣也。从木呂聲。"又元刻本"别作"为"穭、䅶"。

70. 丵主,鐙中火主也。从丵,象形,形亦聲。別作炷,非。之庾切。

按:"形亦聲"当为"丶亦聲"。大徐本《说文》:"主,鐙中火主也。从丵,象形。从丶,丶亦声。"又元刻本、葛氏刻本为"从丵,象形,丶亦聲",当从。

71. 鬙髵,髪皃。从髟爾。別作鬡,非。奴礼切。文四。

按:"鬡"当为"鬤"。《类篇·髟》:"鬙、鬤,乃礼切。《说文》:发皃,读若江南谓酢母为鬙。或作鬤。文二。"又元刻本为"鬤"。当据《类篇》、元刻本订正。

72. 胗疹,脣瘍也。从疒㐱。古作脤。之忍切。別作瘨。又音丑刃切,非。

按:"丑刃切"当为"丑刃切"。元刻本、葛氏刻本为"丑刃切"。大徐本《说文》:"疹,之忍切。"又《类篇》:"疹,止忍切。《说文》:脣瘍也。又颈忍切。又丑刃切。热病。又乃结切。文一。重音三。"因此,"疹"为"丑刃切"讹误,当改。

73. 筍筍,竹胎也。从竹旬。又筍虡,所以縣鐘鼓也。別作笋、箰、筟、簨,並非。思允切。

按:"簨"当为"簨"。"簨"与"筍"音义不同,不能构成异体关系。"簨"当为"簨",两者形近致讹。元刻本、葛氏刻本"簨"为"簨",当从。

74. 慇慇,痛也。从心慇。別作慇,非。

按:楷书字头与"別作"形体相同,其一必误。元刻本、明刻本、葛氏刻本"別作"均作"慇",当据此订正。

75. 糩糩,粉也,又搏也。从米卷。別作麨,並非。去阮切。

按:"別作麨"当作"別作麨、粯"。依《复古编》体例,"並非"前至少有两个以上异体字,此处仅"麨"一个异体字,必误。《集韵·阮韵》:"糩、麨、粯,《说文》:粉也。一曰䭈糩,传也。或从黍。亦作粯。"又元刻本为"別作麨、粯"。当依《集韵》、元刻本订正。

76. 𡐓𡎚,宫中道也。从𡍏,像宫垣、道、上之形。

按:"从𡍏"当为"从口"。元刻本、明刻本、四库本、葛氏刻本以及大徐本《说文》均作"从口",当据此订正。

77. 赧赧,面慙赤也。从夵𠬝。二音人善切。俗作赦,从𠬝,與𠬝少異。𠬝音服,从卩又。𠬝,从尸。又別作赦,非。女版切。

按:"二"当为"𠬝"。"𠬝"为"𡰴"的或体,音人善切。大徐本《说文》:"𡰴,柔皮也。……或从又。人善切。"元刻本、葛氏刻本作"𠬝",当从。

78. 獮獮,秋田也。从犬𤫊。別作獮,非。文二。

按:"文二"前当有"息淺切"。依《复古编》体例,小韵数字前当有反切。《复古编》字头"獮"下字为"㦤"。《集韵·獮韵》中"獮""㦤"属同一小韵,反切为"息浅切"。元刻本有"息浅切",当补之。

79. 齩齩,齧也。从齒交。別作咬,非。古巧切。

按:"古巧切"当为"五巧切"。大徐本《说文》、元刻本、明刻本、四库本均作"五巧切"。又"齩"上字为"敎","敎"为"古巧切"。依《复古编》体例,"齩"如为"古巧切",则"敎"中的"古巧切"后当有"文二",以示二字属同一小韵。

80. 擣擣,手搥也。

按:"搥"当为"椎"。《说文》无"搥"。《重修玉篇》:"擣,丁道切。《说文》云:'手椎也。一曰筑也。'"元刻本、葛氏刻本作"椎",当从。

81. 抍抍,上舉也。从手升。或作撜,同。別作拯,非。蒸上聲。

按:"蒸上聲"当作"蒸上切"。大徐"抍"作"蒸上切",又元刻本作"蒸上切"。

82. 柳柳,小楊也。从木丣。丣,古酉字。俗作柳,从夘者,非。力九切。

按:"者"为衍文,当删。元刻本、四库本均无,当从。

83. 衉衉,血醢也。从血肬。

按:"衉"当为"衉",方与字形说解"从血肬"相合。

84. 隧隧,塞上亭,守烽火者。或作隩,同。

按:"隧"当为"隧"方与小篆字形相合,又元刻本、四库本均作"隧"。"隩"当为"䆳"或"隩"。《说文》:"䆳,塞上亭,守烽火者。从𩜁从火,遂声。隧,篆文省。"元刻本"或作"为"隩","阝"是"𩜁"的隶定形式。影宋抄本、明刻本、四库本当从《说文》、元刻本订正。

85. 輊輊,抵也。从車執。

按："輚"当为"輊"，方与"从車執"相符。元刻本作"輊"，当从。

86. 䅳䅳，幼禾也。从禾屖。

按："䅳"当作"䅲"，方与"从禾屖"相符。元刻本、明刻本、四库本均作"䅲"，当从。

87. 蒔蒔，更別種也。从艸時。別作秲、荹，並非。

按："別作秲、荹"夺一"蒔"，当为"別作秲、蒔、荹"。元刻本、明刻本、四库本均为"秲、蒔、荹"，当补。又《集韵·志韵》："蒔、秲、時、蒔、荹，《说文》：更別種。或作秲、時、蒔、荹。"

88. 箸箸，飯攲也。一曰置也，附也。从竹者。陟慮切。又逹倨切。又陟署切。又直署切。又陳如切。別作筯、着、著、蹠，並非。

按："逹倨切"当为"遲倨切"。元刻本如此。又《集韵·御韵》："箸、筯、櫡，遲据切。《说文》：饭攲也。或作筯、櫡。文十。"《类篇》："箸，陟虑切。明也。立也。又遲据切。《说文》：饭攲也。又陟署切。被服也。一曰置也。文一。重音二。"此误因"逹""遲"形近易讹而致。

89. 顧顧，還視也。从頁雇。古慕切。俗別作顾。古文屑字。

按：此处"古文屑字"当删。张有此处误"顾"为古文"屑"。"屑"古文作"㕢"，隸作顧，与"顾"字形相近。

90. 遝遝，遇也。从辵遝。

按："从辵遝"当为"从辵眔"。"从辵遝"与"遝"字形不合。又元刻本、明刻本、四库本、葛氏刻本均作"从辵眔"。

91. 細細，微也。从糸囪。隸作细，从田，非。

按："細"当作"細"，方与"从糸囪"相合。元刻本作"細"，当从。

92. 暜暜，廢，一偏下也。从立白，或从曰。或作替，同。別作朁，非。

按："或作替"当作"或作朁"，"別作朁"当为"別作替"。元刻本、明刻本、四库本、葛氏刻本均同《说文》。又《说文》："暜，废，一偏下也。从竝白声。他计切。朁，或从曰。替，或从兟从曰。臣铉等曰：今俗作替，非是。""暜"《说文》或体"朁"，上从"兟"不从"夫"。小篆"夫"为"朩"。

93. 瘞瘞，幽、埋也。

按："埋"当为"薶"。《说文》无"埋"字，"埋"为后出字。又《说文》、元刻本、明刻本、四库本、葛氏刻本为"薶"。

94. 歲歲，木星也。越曆二十八宿，宣徧陰陽，十二月一次。

按："曆"当为"歷"。《说文》无"曆"字，《说文》新附字有之。又元刻本、四库本均作"歷"。

95. 蕭衛，宿衛也。从韋帀，从行。隷作衛，俗。

按：蕭当作蕭，"衛"当作"衛"方与字形说解相合。

96. 復復，却也。一曰行過也。从彳从日从夊。或作衲，同。

按："納"当作"衲"。《说文》"復"或体为"衲"，不为"納"。《说文》："復，却也。一曰行迟也。从彳从日从夊。他内切。衲，復或从内。退，古文从辵。"《说文》："納，丝湿納納也。从糸内聲。"又元刻本、葛氏刻本为"衲"。

97. 黱，畫眉也。从黑朕。別作黛，非。徒耐切。文二。

按："文二"当为"文三"。"黱"下两字为"毒""逮"。"逮"大徐作"徒耐切"。《重修广韵》"逮"作"徒耐切"。《复古编》："逮，唐逮，及也。从辵从隶。或作遝，同。別作逯，音盧谷切。"此处"逮"无反切，仅"逯"作"盧谷切"，上文"文三"当管辖到此。

98. 訒訒，頓也。一曰識也。从言刃。

按：訒当为訒，方与"从言刃"相协。元刻本作訒，当从。

99. 疢疢，熱病也。从疒火。俗作疹，非。別作疹，籀文胗字，音之忍切。

按：此处"疢"无反切。"从疒火"后脱"丑刃切"，当补。元刻本有，当依。又大徐、《类篇》《集韵》"疢"作"丑刃切"。

100. 韻味也。从音員。

按：韻当为韻，方与"从音員"相协。元刻本作韻，当从。

101. 掔掔，手掔也。从手取。別作腕、捥，並非。

按："从手取"当作"从手叞"，"捥"当作"挽"。元刻本、葛氏刻本均作"叞""挽"，当从。

102. 筭筭，長六寸。計曆數者。

按：同94。

103. 陜

按：陜当为陜。陜，从人从㚔；㚔，从大而声，不从𡗕。当依元刻本、四库本改作𡗕。

104. 淺淺，不深也。一曰水激也。从水戔。別作濺，非。子賤切。又亡衍切。

按："亡衍切"当为"七衍切"。大徐本《说文》、元刻本、明刻本、四库本、葛氏刻本均作"七衍切"。"俴"二音，一为"子贱切"，精纽线韵；一为"七衍切"，清纽狝韵。此误为"七""亡"形近而致。

105. 睠睠，顾也。从目卷。别作踡，非。

按："踡"当为"睠"。元刻本、明刻本、四库本均作"睠"。又《重修玉篇》："眷，古援切。眷属。《说文》云：顾也。睠，同上。"此误因"足""目"形近而致。

106. 壆壆，止也。从土，留省；土，所止也。与留同意。古人作坐，同。

按："古人作坐"当为"古文作坐"。《说文》："坐，止也。从土，从畱省。土，所止也。此与畱同意。坐古文坐。"元刻本、四库本、葛氏刻本均为"古文作坐"，当据此订正。

107. 賈賈，物直也。一曰坐卖售也。从贝西。

按："从贝西"当为"从贝襾"。"西""襾"形近致讹。《说文》、元刻本、葛氏刻本作"襾"，当从。

108. 樗樗，木也，以其皮裹松脂。从木雩。或作樏。别作樺。

按："别作樺"后当有"非"。元刻本、明刻本、四库本均有"非"，当补之。

109. 徑徑，径，步道也。从彳坙。

按：徑当为徑，方与"从彳坙"相协。《说文》、元刻本均作徑，当从。

110. 鷇鷇，鸟子生哺者。从鸟殸。别作鷇，非。

按："别作鷇，非"，四库本为"别作殼、竝非"，元刻本为"别作殼、鷇，竝非"。此处根据"殼"的词义与鸟有关，当改为"别作鷇、鷇，竝非"。

111. 鬥

按：鬥当作鬥。《复古编》从"鬥"字有鬭、鬧、鬨，三字皆从鬥。又《说文》、元刻本均作鬥，可证。

112. 劍劍，人所带兵也。从刃从僉。古或从刀。

按："劍"当作"劒"，方与"从刃从僉"相协。如作"劍"，则与"古或从刀"相抵牾。

113. 讖讖，验也。释书：一曰悔过也。从言韱。别作懺，非。人鉴切。又楚蔭切。

附录一　影宋精抄本《复古编》校正　341

按："人鑑切"当为"叉鑑切"。元刻本、四库本为"叉鑑切"。又《类篇》："讖，叉鑑切。悔也。文一。"

114. 蹴

按：蹴不当从"犬"，当从"尤"作蹴。《复古编》"蹴，蹋也，迫也。从足就。"《说文》："就，高也。从京从尤。"

115. 肉，胾肉也。象形。隶作肉，俗。

按：第一个"肉"当作"肉"。元刻本、四库本均作"肉"，当从。

116. 鞫籟，穷理罪人也。从幸从人从言从竹。

按："籟"当为"籟"，方与"从幸从人从言从竹"相吻合。元刻本、明刻本、四库本均作"籟"。

117. 𪗳酒母也。从米，籟省。或作麯，同。别作麯，非。丘六切。

按："酒母"前脱楷书字头"𪗳"，明刻本、四库本有，当补。"从米，𪗳省"当为"从米，籟省"，方与小篆字形相合。元刻本、明刻本、四库本均如此，当改。"或作麯"当为"麯"。《说文》："𪗳，酒母也。从米，籟省声。麯，𪗳或从麥，麯省声。"元刊本同《说文》，当从。《说文》小篆字头有"麯"，义为"踘麯"，不当为"𪗳"的或体。

118. 帥，佩巾也。从巾从𠂤。或作帨，同。别作，非。

按："别作"后脱一字。当依元刻本补为"帥"。又《干禄字书》："帥帥，上通下正。"

119. 卒，隶人给事者衣十为卒。

按："十"为衍文。大徐本《说文》、元刻本、明刻本、四库本均无"十"，当删。

120. 韈韈，足衣也。从韋蔑。别作韤，竝非。

按："别作韤，竝非"不合《复古编》体例，当补一异体字"襪"。元刻本另一别作为"襪"。又《干禄字书》："襪、韈，上通下正。"

121. 𣴎

按：𣴎当作𣴎。渴，从水曷声；曷，从曰匃声，小篆作曷。又《复古编》𣴎上字为𣴎，"从欠渴"，其构件"渴"作渴。又《说文》、元刻本皆作𣴎，亦可证。

122. 札札，牒也。从木乙。别作扎，非。别八切。

按："别八切"当为"则八切"。"札"为"别八切"，除《复古编》影宋抄本、明刻本、四库本外，不见于其他文献。大徐本《说文》、元刻本作"侧八切"，《广韵》也作"侧八切"，《类篇》作"侧瑟切""乙黠切""側八切""昨結切""側列切"。又葛氏刻本作"則八切",清人倪涛《六艺之一录》所载《复古编》作"則八切"。"側""則"古通。清朱骏声《说文通训定声·颐部》:"側,叚借为則。"《庄子·列御寇》:"醉之以酒而观其侧。"陆德明《经典释文》:"侧,或作則。"此误为"則""別"形近而讹。

123. 勺又都歷切。射的也。

按:"射的"当为"射質"。元刻本、明刻本、四库本、葛氏刻本均作"射質"。又《类篇》:"勺……又丁历切。射質也。"

124. 䗝䘉,螫也。从虫,若省。隶作䘉,俗。

按:楷书字头"䘉"当为"䘉",方与小篆形体吻合。元刻本、明刻本、四库本、葛氏刻本均作"䘉"。"䘉"与"䘉"字形相近,然音义相去甚远。《尔雅·释虫》:"蟋蟀,䘉。"

125. 鴞

按:鴞当作鴞。鴞,从鸟芐。"芐",《复古编》同《说文》小篆均作芐。又《说文》、元刻本皆作鴞,可证。

126. 惡惡,過也。从心亞。別作惡,非。

按:楷书字头与"别作"字形相同,其一必误。楷书字头与小篆形体相符,则讹在"别作惡"。"别作"字当为"恶"。元刻本、明刻本、四库本、葛氏刻本均作"恶"。又《干禄字书》:"恶、惡,上俗下正。"

127. 檸

按:檸当作檸。"𦎧"下部不从"子"。《说文》、元刻本皆作檸,当从。

128. 嘖嘖,大呼也。从口責。或从言。別作𠴫,从匝,非。

按:"𠴫"当作"𠴫",元刻本、四库刻本作"𠴫",当依。

129. 昊昊,犬视皃。俗别作闃,静静也。

按:"静静也"衍一"静"字,当删。元刻本、明刻本、四库本为"静也"。又《说文新附》:"闃,静也。"

130. 覞覞,裏视也。一曰求也。从辰见。

按:小篆覞当作覞,方与"从辰见"相协。元刻本作覞,当从。

131. 億億,安也。从人音。

按:"从人音"不合"億"构形,当为"从人意"。大徐本、元刻本、明刻本、四库本均作"从人意"。

132. 爨爨,以火乾肉。从火,稻省。

按:"从火,稻省"与"爨"的构形不合,当为"从火,䕽省"。大徐本《说文》徐铉按语、元刻本、明刻本、四库本、葛氏刻本均作"从火，畾省"。

133. 襍襍，五彩相合。从衣集。别作雜，非。

按：楷书字头与"别作雜"相同。根据《复古编》小篆构件位置以及字形说解，楷书字头当作襍。明刻本、四库本同影宋本，当改。

134. 袷袷，士無巾有袷。

按："巾"当为"市"。《说文》、元刻本、明刻本、四库本均作"市"。

135. 豈弟豈弟。豈，从豆，微省，苦亥切；弟，象形，特計切。

按：元刻本、明刻本、四库本、葛氏刻本"特計切"后均有"别作愷悌，俗"，当补之。

136. 左右左右，手相左助也。左，从ナ工；右，从又口，于救切。别作佐佑，非。

按："左，从ナ工"后夺"則箇切"。当依元刻本、明刻本、四库本补之。

137. 絓絓絓絓。

按："絓"当作"絓"方与小篆字形相合。元刻本、四库本均作"絓"，当从。

138. 丁寧丁寧，願詞也。丁，从入丨，當經切；寧，从丂盜，奴丁切。别作叮嚀，非。

按："叮寧"当作"叮嚀"。《重修玉篇》《类篇》作"叮嚀"。《集韵》正作"叮嚀"，通作"丁寧"。元刻本、四库本、葛氏刻本均作"叮嚀"。

139. 讘呭讘呭，多言也。讘，从言聶，之涉切。

按："之涉切"后当有"又而涉切"。元刻本、明刻本、四库本均有"又而涉切"，当补。又《类篇》："讘，质涉切。《说文》：多言也。河东有狐讘县。又日涉切。""之涉切""质涉切"音同，同属章纽叶韵。"而涉切""日涉切"音同，同属日纽叶韵。

140. 秊秌秊，从十从人，此先切；秌，从禾龜省，七由切。

按："从禾。龜省"不合"秌"构形，当为"从禾，爇省"。《说文》为"从禾，爇省聲"；元刻本、葛氏刻本为"从禾龜省"，当从。

141. 㾕㾕㾕㾕，氣損也。

按：讹误与校正同54。

142. 蟊𧌑蝥，从虫螯，莫交切。

按："从虫螯"不合"蝥"构形，当为"从虫敄"。《说文》作"从虫敄聲"。元刻本、明刻本、四库本、葛氏刻本均作"从虫敄"。

143. 𣥻𣥻，从爪允襦。

按：小篆𣥻当为𣥻，方与从"襦"相协。元刻本、明刻本、四库本均作𣥻。

144. 朓朓竝土了切。朓，从月，晦而月見西方謂之朓；朓，从肉朓，祭也。

按："从月"脱"兆"，当为"从月兆"；"肉朓"当为"肉兆"。元刻本作"从月兆""从肉从兆"，明刻本、四库本作"从月兆""从肉兆"，当从。

145. 肇肇，从戈𢍰，𢍰屬。

按：肇，从支，肇省声；与分析字形"从戈𢍰"不合；当为"肇"。元刻本、明刻本、四库本均作"肇"。

146. 毄改，从支巳，毄巳，大剛卯，以逐鬼魅也。

按："毄巳"当为"毄改"。《说文真本》、元刻本、明刻本、四库本、葛氏刻本均作"毄改"。陈昌治《说文》为"毄改"，误，当改。

147. 駁駁，馬角不純也，从馬爻。

按："角"当为"色"。《说文》、元刻本、四库本、葛氏刻本均作"色"，当从。

148. 接接，从手接，交也。

按："从手接"不合"接"的构形，当为"从手妾"。元刻本、明刻本、四库刻本均作"从手妾"，当从。

149. 鬱鬱，芳艸也；十葉為貫，百廿貫築而煑之為鬱；从臼冖缶鬯，彡，共飾也；一曰鬱鬯，百艸之華，遠方鬱人所貢芳艸，合醸之以降神。鬱，今鬱林郡也。

按："共飾也"当为"其飾也"。"共""其"形近易讹。"共飾也"仅见于《复古编》，其他字书徵引皆作"其飾也"。"鬱，今鬱林郡也"当为"鬱，今鬱林郡也"。《说文》、元刻本、明刻本、四库本皆作"鬱"。

150. 㫖，从口上。

按："从口上"当为"从日匕"，方与小篆形体㫖相协。《说文》、元刻本均作"从日匕"。

151. 疋，足。上象腓腸，下从止，所菹切。

按："所菹切"后当有"又胥、雅，二音"。元刻本、明刻本、四库本皆有，当补之。又《集韵》：胥、𤴓 同为“新于切”；雅、𤴓 同为“语下切”。

152. [illegible]，从手籀省。

按：当为，方与“从手籀省”相协。《说文》、元刻本均为。

153. 亍，从反彳，母玉切，步止也。

按：“母玉切”当为“丑玉切”。大徐本《说文》、元刻本均作“丑玉切”。又《集韵》：“亍，丑玉切。《说文》：步止也。从及彳。”除影宋精抄本、明刻本、葛氏刻本外，“亍”为“母玉切”不见于其他文献。

154. 征，从彳止，斯氏切，與徙也。

按：“與徙也”当为“與徙同”。元刻本作“與徙同”，当从；又《集韵·纸韵》：“辿、征、徙，想氏切。《说文》：‘迻也。’或从彳。亦作徙。”

155. 雋，肥肉也，从弓以射隹也，徂流切。

按：“徂流切”当为“徂沇切”。大徐本《说文》、元刻本、四库本、葛氏刻本均作“徂沇切”。又《重修玉篇》：“雋，徂兖切。”“徂沇切”“徂兖切”音同，同属从纽狝韵。此误因“沇”“流”形近而致。

156. 厄，从厂卩，五呆切，木節也。

按：“五呆切”当为“五果切”。大徐本《说文》、元刻本、明刻本、四库本、葛氏刻本均作“五果切”。又《类篇》：“厄，五果切。”

157. 絮，从糸奴，女余切，絮緼也。

按：“絮”当作“絮”，方与“从糸奴”相合。

158. 豖，丑六切，豖絆足行也。

按：“豖絆足”当为“豖絆足”。“豖絆足”于义不通。《说文》、元刻本、葛氏刻本均作“豖”。

159. 晢，从日折，旨熱切，昭哲，明也。

按：“昭哲”当为“昭晢”。《说文》为“昭晣”。“晢”“晣”构件相同，然构件位置不同，依小篆形体，作“晢”较宜。元刻本作“晢”。

160. 藁，从禾高，古老切，禾稈也。

按：楷书字头“藁”当为“稾”，方与“从禾高”相符。元刻本、四库本均作“稾”，当从。

161. 䕮，从艸租，封諸侯以土䕮，子余切。䕮，从艸祖，則古切，菜也。

按：两字的小篆形体不同，楷书字头形体相同，其一必误。第二个“䕮”与构形分析“从艸祖”不协，当为“蒩”。元刻本、明刻本、四库

162. 𣥂止，像艸木出有址，故从止為足，諸市切。

按："从止為足"当为"以止為足"。《说文》、元刻本、明刻本、四库本均作"以止為足"。

163. 㒫欠，象氣从人上出之形，去劔切。㱃，从反欠，飲食氣屰不得息曰㱃，居未切。

按："氣"当作"气"。《说文》、元刻本作"气"。《说文》"氣"义与"欠""㱃"注解不协。

164. 彔象，式視切，豕也，从彑豕。

按："象"当为"彖"，方与"从彑豕"相合；又彔上字为彖，隶定作"彖"。

165. 𧳒狠，从豕艮。

按：小篆字头𧳒当为𧲱，方与"从豕艮"相吻合。《说文》、元刻本、四库本、葛氏刻本均作𧲱。楷书字头"狠"当为"豤"，方与"从豕艮"相符。元刻本、明刻本、四库本、葛氏刻本均作"豤"。

166. 蘽蓈，童蓈也，从艸郎，或作根。

按："根"当为"稂"。《说文》"蓈"或作"稂"。《说文》："䅬，蓈或从禾。"蓈，从艸从禾，互通。此误为木部、禾部形近而致。元刻本、葛氏刻本作"稂"，当从。

167. 叒叒，日初出叒木也，从三叒。

按："从三叒"当为"从三又"，方与"叒"构形相合。元刻本、葛氏刻本均作"从三又"，当从。

168. 盡盡，气液也，从血聿。

按：小篆形体盡从"皿"，与"从血聿"不协，当作盡。元刻本、葛氏刻本作盡，当从。

169. 醮醐，爵之次第也。

按："第"当为"弟"。《说文》无"第"。《说文》、元刻本、四库本、葛氏刻本作"弟"，当从。

170. 𧴒頮，秃皃，从秃貴。

按：楷书字头"頮"当为"穨"，方与字形相合。《复古编·上平声》："穨，秃皃。从秃貴。"元刻本作"穨"，当从。

171. 裞裞，贈終者衣被，从衣兑。

按："衣被"脱"曰裞"。《说文》、元刻本、明刻本、四库本均有

"曰裞",当补。

172. 㥜㥜,怏心也,从心医。

按:"怏心"当为"快心"。"怏"为"㥜"的异体字。以"怏心"释"㥜"不宜。当依《说文》及《复古编》其他版本订正。

173. 龠龠,音律管埙之乐,从龠炊。

按:"龠"当为"龠",方与"从龠炊"构形相符。

174. 酖酖,乐酒也,从酉冘;或作冘、耽,前形声已收。

按:"或作冘、耽"当为"或作眈、耽"。此处"前形声已收"指《复古编》中的"形声相类"所收字:"眈耽,竝丁含切。眈,从目冘,视近而志远;耽,从耳冘,耳大垂。"又元刻本为"或作眈、耽",当据此订正。

175. 叙叙,次第也。

按:"第"当为"弟"。《说文》无"第"。《说文》、元刻本作"弟",当从。

176. 琱琱,治玉也,从玉。

按:"从玉"后夺"周",当为"从玉周"。元刻本、四库本作"从玉周",当从。

177. 蘋萍,苹也,从水萍。

按:"从水萍"当为"从水苹",方与"萍"字形相符。元刻本、明刻本、四库本均作"从水苹",当从。

178. 圹圹圹,女疙切。

按:"女疙切"当为"女戹切"。大徐本《说文》、元刻本、明刻本、四库本均作"女戹切"。又《类篇》:"圹,女戹切。"

179. 舟舟

按:"笔迹小异""舟"两字形相同,其中必有一误。《复古编》偏旁"舟"有两种:一作舟,一作舟。因此,"笔迹小异""舟"两字当作舟、舟。

180. 户户

按:"笔迹小异""户"两字形相同,其中必有一误。《说文》"户"小篆字形为户。元刻本第二字形同《说文》。此处当从。

181. 毒毒

按:"上正下讹""毒"两字形相同,其中必有一误。《复古编·去声》规范字形作毒,同《说文》毒。上字当从规范字形作毒。

182.

按:"上正下讹""鸟"两字形相同,其中必有一误。元刻本上字作，下字作，今从元刻本,两者差异在于右上笔画是否弯向右边。《说文》作，与上字大致相同。

183. 出,天律切。

按:"上正下讹""天律切"当为"尺律切"。"出",大徐本《说文》《类篇》、元刻本均作"尺律切"。

184.

按:"上正下讹"上字作，下字作。《复古编·上声》规范字形作，与下字相抵牾。元刻本《复古编》上字作，下字作，又《说文》作，因此上字当作，下字当作。

185.

按:"上正下讹""失"两字形相同,其中必有一误。上字当依元刻本作。

186.

按:"上正下讹""枭"两字形差异不大。下字当依元刻本作。

附录二 《复古编》正文字形传承情况表[①]

字头序号	《复古编》字头	是否存于通用字表及其级别	《复古编》异体1	是否存于通用字表及其级别	《复古编》异体2	是否存于通用字表及其级别	《复古编》异体3	是否存于通用字表及其级别	《复古编》异体4（个别包括异体5、6）	是否存于通用字表及其级别
1	僮	是2	犝×	否	㸸×	否	瞳×	是1		
2	箳	是2異	筒√	是2						
3	籠	否	笀×	否						
4	蘢	否	韄×	否						
5	恫	是2	痌×	否	悳×	是2				
6	蒙	是1	蕠×	否						
7	濛	是1繁	靀×	否						
8	醲	否	羰×	否						
9	恩	是1異	惥×	否						
10	夑	否	翗×	否						
11	稷	否	綬×	否						
12	塚	否	稯×	否						
13	駿	是2異	鼇×	是2異	鬆×	否				
14	叢	是1繁	藂×	否						

[①] 表中的1、2、3指该字在《通用规范汉字表》（2013年版）中的级别，"繁"指《通用规范汉字表》中的繁体字，"异"指异体字。表中的b表示《复古编》字形与《通用规范汉字表》有细微变异，比如《复古编》作"镌"，而《通用规范汉字表》（2013年版）作"镌"。表中的×表示在《复古编》中被加"非"否定，√表示未加"非"否定。

续表

字头序号	《复古编》字头	是否存于通用字表及其级别	《复古编》异体1	是否存于通用字表及其级别	《复古编》异体2	是否存于通用字表及其级别	《复古编》异体3	是否存于通用字表及其级别	《复古编》异体4（个别包括异体5、6）	是否存于通用字表及其级别
15	溹	否	灙×	否						
16	秈	否	秔×	否						
17	玒	是3	珙×	是2						
18	功	是1	刌×	否						
19	充	是1	㽞×	是3						
20	戬	否	戍√	是1	狖×	是2				
21	崇	是1	崈×	否						
22	衷	是1	衺×	否						
23	沖	否	冲×	是1	种×	是1				
24	盥	否	朧√	是1繁	癃×	否				
25	衡	否	衝×	是1繁						
26	禮	否	穫×	是2繁						
27	龍	是1繁	龓×	否	龖×	否	龒×	否		
28	縫	否	鋒×	是1繁						
29	燓	否	烽×	是2						
30	蠭	是1異	蜂×	是1						
31	徟	否	縫×	否						
32	雝	是2異	雍×	是2	嚾×	否	噰×	否		
33	邕	是2	壅×	是2						
34	癰	是2繁	臃×	是2						
35	甗	否	甀×	否						
36	埔	是2	隔×	否						
37	貓	否	猫×	否						
38	邛	是2	笻×	否						
39	逢	是1	逄×	是2						
40	鏦	否	鎓√	否	稬×	否				
41	杠	是1	矼×	是3						
42	腔	是1	控×	否						

附录二 《复古编》正文字形传承情况表　　351

续表

字头序号	《复古编》字头	是否存于通用字表及其级别	《复古编》异体1	是否存于通用字表及其级别	《复古编》异体2	是否存于通用字表及其级别	《复古编》异体3	是否存于通用字表及其级别	《复古编》异体4（个别包括异体5、6）	是否存于通用字表及其级别
43	雙	是1繁	雙×	否	䨥×	否				
44	邦	是1	邦×	否						
45	囪	否	窗√	是1	窻√	否	牎×	是1异		
46	橦	是3	幢×	是2						
47	胑	否	肢√	是1	肵×	否	敊×	否		
48	睨	否	䁖×	否	䀹×	否				
49	攲	否	攱×	否	攱×	否				
50	纒	否	縄×	否						
51	鉈	是2繁	鏂×	否	鉇×	否	䥢×	否		
52	籭	否	篩×	是1繁						
53	斯	是1	廝×	是2异	撕×	否				
54	垩	否	垟×	否						
55	甗	否	甑×	否						
56	咨	是1	諮×	否						
57	顀	否	髭×	是2						
58	沱	是2	池×	是1	酡×	否	陀×	是2		
59	離	是1繁	鸝×	是2繁						
60	蘺	是2繁	籬×	是1繁						
61	桼	否	柒√	否	㭶√	否				
62	瀰	否	彌×	是1繁						
63	鬻	是2	粥√	是1						
64	麋	是2	麐×	否	麏×	否				
65	麏	否	麋×	否						
66	跂	是3	歧×	是1						
67	陸	否	塠√	否	隤×	是2				
68	規	是1繁	槻×	否	槼×	是1异				
69	檶	否	雄×	否	鳭×	否				
70	窺	是1繁	窺×	否	闚×	否				

续表

字头序号	《复古编》字头	是否存于通用字表及其级别	《复古编》异体1	是否存于通用字表及其级别	《复古编》异体2	是否存于通用字表及其级别	《复古编》异体3	是否存于通用字表及其级别	《复古编》异体4（个别包括异体5、6）	是否存于通用字表及其级别
71	埼	是3	碕×	否						
72	盫	否	隮×	否						
73	麼	否	麼×	是2						
74	虧	是1繁	䰠√	否	虧×	否	虧×	否		
75	葰	是3	荾×	是2	荾×	否				
76	埤	是2	埤×	否						
77	尼	是1	𡰣×	否						
78	䧹	否	䧹×	否						
79	胝	是2	胝×	否	胝×	否				
80	髯	否	䯅×	否						
81	紫	是1繁	繫×	是2						
82	檁	否	檁×	否						
83	夔	是2	夒×	否						
84	羧	是3	鐩×	否						
85	彝	是2	彜×	否						
86	蛊	是2	蟲×	是2	嬺×	是2				
87	基	是1異	碁×	是1異						
88	棋	否	棊×	是1異						
89	而	是1	鬝×	否	衫√	是3				
90	鼓	否	鼔×	是3						
91	飴	否	飼×	否						
92	怡	否	䬸×	否						
93	飴	是2繁	饎×	否	飤·	否	䬸×	否		
94	詒	是2繁	貽√	是1繁						
95	醫	是1繁	毉√	否						
96	狸	是1異	狸×	是1						
97	煇	是1異	輝×	是1繁						
98	稀	是1								

续表

字头序号	《复古编》字头	是否存于通用字表及其级别	《复古编》异体1	是否存于通用字表及其级别	《复古编》异体2	是否存于通用字表及其级别	《复古编》异体3	是否存于通用字表及其级别	《复古编》异体4（个别包括异体5、6）	是否存于通用字表及其级别
99	㯱	否	㯱×	否						
100	蠻	否	機×	否						
101	虚	是1	墟×	是1						
102	岨	是3	砠×	是3						
103	胆	否	蛆×	是2						
104	鴡	否	雎×	是2						
105	鉏	是1異	鋤×	是1繁						
106	豬	是1異	猪×	是1	瀦×	是2				
107	疏	是1	疎×	否						
108	挐	是3	攄×	是2繁						
109	樗	否	檴√	是2						
110	尃	否	勇×	否						
111	鄜	否	廊×	是3						
112	余	是1	佘×	是2						
113	輿	是1繁	轝×	否						
114	㒸	是2繁	皃×	否						
115	臛	否	癯×	是2						
116	鴝	是2繁	鸜×	否						
117	躍	否	趯×	否						
118	跔	否	跼×	是1異						
119	钁	否	戳×	否						
120	斪	否	斸×	否						
121	趣	否	趍×	否						
122	柎	否	跗×	是2	跗×	是2				
123	吁	是1	訏×	否	嘑×	否				
124	須	是1繁	鬚×	是1繁	湏√	否				
125	㑰	是2繁	蒭×	否	吕×	否	菖×	否		
126	俞	否	俞×	是2	腧×	是2	愈×	否	是1	

续表

字头序号	《复古编》字头	是否存于通用字表及其级别	《复古编》异体1	是否存于通用字表及其级别	《复古编》异体2	是否存于通用字表及其级别	《复古编》异体3	是否存于通用字表及其级别	《复古编》异体4（个别包括异体5、6）	是否存于通用字表及其级别
127	渝	是1	歈×	否						
128	盇	否	塗×	是1繁						
129	涂	是1	塗×	是1繁	途×	是1				
130	茶	是2	茶√	是1						
131	鑪	是3	爐×	是1繁						
132	黏	否	粘√	是1異	糊×	是1	翻×	否		
133	烏	是1繁	嗚×	是1繁						
134	麤	是1異	麄×	否						
135	粗	是1	麤×	否	蠢×	否	觕×	是1異		
136	穌	是2繁	甦×	是3						
137	鈩	否	鏤×	否						
138	氐	是2	低×	是1						
139	隄	是1異	堤×	是1						
140	嗁	是1異	啼×	是1						
141	蹏	是1異	蹄×	是1						
142	齎	是2異	賫×	是2繁						
143	躋	是2繁	隮×	是3						
144	卟	是2	乩×	是2						
145	谿	是3	溪×	是1						
146	麛	是3	猊×	是3						
147	搋	否	批×	是1						
148	陛	否	陞×	否	狌×	是3				
149	嘶	否	嘶×	是1						
150	鞿	是2	鞿×	否						
151	攜	是1異	携×	是1						
152	刲	否	到×	否	挃×	否				
153	叉	是1	釵√	是2繁						
154	鞵	是1異	鞋×	是1						

附录二 《复古编》正文字形传承情况表　355

续表

字头序号	《复古编》字头	是否存于通用字表及其级别	《复古编》异体1	是否存于通用字表及其级别	《复古编》异体2	是否存于通用字表及其级别	《复古编》异体3	是否存于通用字表及其级别	《复古编》异体4（个别包括异体5、6）	是否存于通用字表及其级别
155	咼	是3 繁	喎×	否	喁×	否				
156	柴	是1	寨×	是1						
157	階	是1 繁	堦×	是1 異						
158	椑	是3	牌×	是1						
159	蘳	否	埋×	是1						
160	回	是1	徊×	是1	廻×	是1 異				
161	蛕	是2 異	蚘×	是2						
162	灰	是1	灰×	否						
163	瑰	是1	瓌×	是1 異	瓉×	否				
164	自	否	堆×	是1	鎚×	否				
165	栝	是1 異	盃×	是1 異	杯×	是1				
166	坏	是1	坯×	是1						
167	穨	是1 異	頹×	是1 繁						
168	肧	是1 異	胚×	是1						
169	胺	否	屄×	否						
170	頵	否	髽×	否	頯×	否	頱×	否		
171	臺	是1 繁	薹×	否						
172	菭	否	苔×	是1						
173	思	是1	腮×	是1	顋×	是1 異	虌×	否		
174	眞	否	真×	是1						
175	謓	否	嗔×	是2						
176	津	否	津×	是1						
177	璡	是3	璕×	是3						
178	瀕	是1 繁	濱×	是1 繁						
179	蕡	否	蘋×	是3						
180	玭	是2	蠙×	否	璸×	否				
181	份	是1	彬√	是1	斌√	是1	贇√	是2		
182	珍	是1	珎×	是1 異						

续表

字头序号	《复古编》字头	是否存于通用字表及其级别	《复古编》异体1	是否存于通用字表及其级别	《复古编》异体2	是否存于通用字表及其级别	《复古编》异体3	是否存于通用字表及其级别	《复古编》异体4（个别包括异体5、6）	是否存于通用字表及其级别
183	鄰	是2	磷×	是1						
184	鄰	是1繁	隣×	是1异						
185	唇	是1异	顱√	否	唇×	是1				
186	杶	否	櫄√	否	杻√	是2	椿√	是1		
187	竣	是1	踆×	否						
188	茵	是1	鞇√	否	絪×	是3				
189	垔	否	堙×	是2	陻×	是2异	婣×	否		
190	衿	是2	襟×	否						
191	勤	是1	懃×	是1异						
192	筋	是1	觔×	否						
193	狋	否	猎×	是2						
194	麋	是2	麕√	否	磨×	否				
195	文	是1	紋×	是1繁						
196	闅	否	閿×	是3繁	閴×	否				
197	頛	否	耪√	否	耠√	是1				
198	緐	是1异	繁√	是1						
199	燓	否	焚×	是1						
200	爌	是2异	塡×	是2繁						
201	煖	是1异	暄×	是2						
202	皿	否	謹√	是1异	喧×	是1				
203	原	是1	厵√	否	源×	是1				
204	熏	是1	燻×	是1异						
205	猨	是1异	猿×	是1	獀×	是1异				
206	冤	是1	寃×	否						
207	幝	否	禪√	是3繁	裩×	否				
208	蚰	否	蜫×	否						
209	屍	否	愳×	否						
210	奔	是1	犇×	是1异						

续表

字头序号	《复古编》字头	是否存于通用字表及其级别	《复古编》异体1	是否存于通用字表及其级别	《复古编》异体2	是否存于通用字表及其级别	《复古编》异体3	是否存于通用字表及其级别	《复古编》异体4（个别包括异体5、6）	是否存于通用字表及其级别
211	腏	否	豚√	是1	独×	否				
212	屍	否	脽√	否	臋√	否	臀×	是1異		
213	雩	否	尊√	是1	罇×	是2異	樽×	是2		
214	邨	是3	村×	是1						
215	敁	否	墊×	是1異						
216	蘴	否	薑×	否						
217	豻	否	犴√	是3	貋×	否	猂×	是1異		
218	乾	是1	乹×	是1異	漧×	否				
219	單	是1繁	単×	否						
220	闌	是2繁	欄×	是1繁	攔×	是1繁	襴×	是3繁		
221	寬	是1繁	寛×	否	宽×	否				
222	冠	是1	冠×	否						
223	欑	否	攢×	否						
224	菆	否	攢×	否						
225	彎	是1繁	灣×	是1繁						
226	鍐	是3繁	鑹×	是3繁						
227	環	是1繁	鐶×	是3繁						
228	辡	否	班√	是1	斑×	是1				
229	髻	否	鬐×	是3						
230	掔	否	悭×	是2繁						
231	覷	否	覸×	否						
232	籛	是2繁	牋×	是2異						
233	歬	否	前√	是1						
234	骿	否	胼×	是2	跰×	否				
235	瞑	是2	眠×	是1						
236	顛	是1繁	巔×	是1繁	顚×	否				
237	秊	是1異	年×	是1						
238	憐	是1繁	怜×	是1						

续表

字头序号	《复古编》字头	是否存于通用字表及其级别	《复古编》异体1	是否存于通用字表及其级别	《复古编》异体2	是否存于通用字表及其级别	《复古编》异体3	是否存于通用字表及其级别	《复古编》异体4（个别包括异体5、6）	是否存于通用字表及其级别
239	賢	是1繁	臤×	否						
240	弥	否	絃×	是1異						
241	狆	否	貃×	否						
242	稻	否	薥×	否						
243	縣	是1繁	懸×	是1繁						
244	僊	否	仙×	是1						
245	遷	是1繁	迁×	是1	遷×	否				
246	次	是2異	泫×	是2						
247	然	是1	燃	是1						
248	塵	是2	廛×	否	壈×	否				
249	攘	否	攥×	否						
250	愆	是2	寒√	否	譽√	是2異	傤×	否		
251	寒	是2	襄×	否						
252	縣	是1異	綿×	是1繁						
253	仝	是3	全√	是1						
254	銓	是2繁	砼×	否	拴×	是1				
255	鑴	是2繁	鐫×	是2b						
256	篙	否	圓×	是3						
257	輇	是3	輔×	否						
258	船	是1	舩×	是1異	舡×	否				
259	擩	否	擂×	否						
260	圜	是2	圓×	是1繁						
261	鳶	否	鳶×	是2繁	鴞×	是2繁				
262	捲	是1繁								
263	羨	否	頿×	否						
264	趣	否	趂×	否						
265	貂	是2	韶×	否						
266	斟	否	斱×	否	斲×	是1異				

358　北宋张有《复古编》研究

附录二 《复古编》正文字形传承情况表　359

续表

字头序号	《复古编》字头	是否存于通用字表及其级别	《复古编》异体1	是否存于通用字表及其级别	《复古编》异体2	是否存于通用字表及其级别	《复古编》异体3	是否存于通用字表及其级别	《复古编》异体4（个别包括异体5、6）	是否存于通用字表及其级别
267	佻	是2	恌×	否						
268	卥	否	卤×	是2						
269	朂	否	鼂√	否	晁×	是2				
270	寮	否	寮×	是2						
271	猋	否	赑×	否						
272	搖	是1繁	颻×	否						
273	繇	否	繇×	否	䌛×	是2				
274	䚿	否	謠×	是1繁						
275	窯	是1異	窰×	是1異						
276	澆	是1繁	澆×	否						
277	徼	是2	邀×	是1						
278	要	是1	腰×	是1						
279	茮	否	椒×	是1						
280	淖	否	潮√	是1						
281	肴	是1	餚×	是1異						
282	茅	是1	茆×	是2						
283	貓	是1異	猫×	是1						
284	巢	否	巢×	是1						
285	箾	是2異	筲×	是2						
286	豪	否	豪√	是1	濠×	是2	毫×	是1		
287	鈔	是1繁	抄×	是1						
288	奥	否	牢×	是1						
289	敖	是2	螯×	是2	遨×	是2				
290	桉	否	艘×	是1						
291	繰	是2異	繰×	是2異						
292	刀	是1	鵰×	否	魛×	是3	⼑×	否		
293	夒	否	猱×	是2						
294	曹	否	曹√	是1	曺×	否				

续表

字头序号	《复古编》字头	是否存于通用字表及其级别	《复古编》异体1	是否存于通用字表及其级别	《复古编》异体2	是否存于通用字表及其级别	《复古编》异体3	是否存于通用字表及其级别	《复古编》异体4（个别包括异体5、6）	是否存于通用字表及其级别
295	叵	否	呵×	是1						
296	詑	否	訑×	否	訛×	否				
297	它	是1	佗√	是2	他×	是1				
298	蛇	是1	虵×	是1異						
299	袤	是1	裹×	是2						
300	廊	否	鄘×	否						
301	蒥	否	薔√	否	醛×	否				
302	腥	否	胜×	是3						
303	鮮	否	鍋×	是1繁						
304	濄	否	渦×	是1繁						
305	疴	是2	痾√	是2異						
306	譌	是1異	訛×	是1繁						
307	倭	是2	矮×	否	猧×	否				
308	媻	否	婆×	是1						
309	捼	否	挼×	否	擺×	否				
310	蠃	是1異	驘×	否	騾×	是1繁				
311	鑼	否	鑼×	否						
312	蠃	是3	螺×	是1						
313	鞾	否	靴×	是1						
314	沙	是1	砂×	是1	紗×	是1繁				
315	䈽	否	擖×	是2繁	榩×	否				
316	瑕	是2	霞√	是1						
317	假	否	遐√	是2						
318	鰕	否	鰕×	否						
319	邪	是1	琊×	是3	耶×	是2				
320	鈒	否	鎩×	是3繁						
321	齈	否	磨×	否						
322	痂	是2	疨×	否						

附录二 《复古编》正文字形传承情况表　361

续表

字头序号	《复古编》字头	是否存于通用字表及其级别	《复古编》异体1	是否存于通用字表及其级别	《复古编》异体2	是否存于通用字表及其级别	《复古编》异体3	是否存于通用字表及其级别	《复古编》异体4（个别包括异体5、6）	是否存于通用字表及其级别
323	迦	否	迦√	是2						
324	牙	是1	衙×	是1						
325	蕚	否	花×	是1						
326	茉	否	釩√	否	鏵×	是2繁				
327	雅	是1	鴉×	是1异	鵶×	是1繁				
328	窊	是3	窳√	是2	㳅×	否				
329	柤	否	查×	是1	楂	是2				
330	詹	否	嗟×	是2						
331	瑲	是3繁	鏘繁	是2繁						
332	漿	否	漿√	是1繁						
333	牆	是1异	墙×	是1繁						
334	商	是1	商×	否						
335	倡	是1	娼×	是2						
336	刅	否	創√	是1繁	瘡×	是1繁				
337	麞	是2异	獐×	是2						
338	鵣	否	鶒×	是3繁						
339	莊	是1繁	荘×	否	庄×	否				
340	妝	是1繁	糚×	否						
341	牀	是1异	床×	是1						
342	場	是1繁	塲×	是1异						
343	糧	是1繁	粮×	是1						
344	梁	是1	梁×	否						
345	羌	是2	羗×	是2异						
346	薑	否	姜×	是1繁						
347	畺	否	疆√	是1	壃×	否				
348	繮	是1繁	韁×	是1异						
349	強	否	强×	是1异	彊×	是1				
350	香	否	香√	是1						

续表

字头序号	《复古编》字头	是否存于通用字表及其级别	《复古编》异体1	是否存于通用字表及其级别	《复古编》异体2	是否存于通用字表及其级别	《复古编》异体3	是否存于通用字表及其级别	《复古编》异体4（个别包括异体5、6）	是否存于通用字表及其级别
351	唐	是1	塘√	是1						
352	郎	是1	廊√	是1						
353	鏊	否	鞥×	否	㽍×	否				
354	臧	是2	臧×	否	藏√	是1				
355	芒	是1	茫×	是1	忙×	是1				
356	岡	否	冈√	是1繁	崗×	是1繁	罡×	是2		
357	斻	否	航×	是1						
358	皇	否	凰×	是1						
359	庚	是1	鹒×	是3繁						
360	秔	是2异	粳√	是2异	粳×	是2				
361	阬	是1异	坑×	是1	坑×	否				
362	亯	是1异	亭√	否	享×	是1	亨×	是2	烹×	是1
363	衡	是1	衡×	否						
364	橫	是1	横×	否	黌×	是3				
365	繇	否	祊√	是3	閉×	否				
366	樘	是2	撑×	是1						
367	蔮	否	萺×	否						
368	平	是1	評×	是1繁						
369	黥	是2	剠√	否	剠×	否				
370	熒	是1繁	螢×	是1繁						
371	英	是1	韺×	否						
372	鷪	是1繁	鸎×	是1异						
373	罌	是2繁	甖×	是2异						
374	嵤	否	岭×	是2繁						
375	莖	是1繁	䜬×	否						
376	抨	是2	伻×	否						
377	轟	是1繁	鞃×	否						
378	萌	是1	蕄×	否	萌×	否				

附录二 《复古编》正文字形传承情况表　363

续表

字头序号	《复古编》字头	是否存于通用字表及其级别	《复古编》异体1	是否存于通用字表及其级别	《复古编》异体2	是否存于通用字表及其级别	《复古编》异体3	是否存于通用字表及其级别	《复古编》异体4（个别包括异体5、6）	是否存于通用字表及其级别
379	精	是1	睛	是1						
380	姓	否	晴	是1						
381	鲜	否	觧	否						
382	驿	否	騂	是3繁						
383	埻	否	埻	否						
384	嬰	是1繁	瓔	否	攖	是2繁				
385	嬛	是3	惸	否						
386	醒	是1	惺	是2						
387	鮏	否	鯹	否						
388	名	是1	銘√	是1繁						
389	甹	否	丐	否						
390	聽	是1繁	廰	否						
391	綎	是3	鞓	否	鞡	否				
392	亭	是1	停√	是1						
393	霝	否	靈√	是1繁	齡√	是1繁	籩	否	霊	否
394	蛉	是2	蜓	是1						
395	麠	否	羚	是1						
396	升	是1	昇√	是3	陞	是3				
397	稱	是1繁	秤	是1						
398	卤	否	迺	是1异						
399	馮	是1繁	憑	是1繁						
400	澂	是1异	澄	是1						
401	菱	是1异	蓤√	否	䔖	是1				
402	競	否	竸√	是1						
403	羍	否	登	是1b	甄	否				
404	鐙	是2繁	燈	是1繁						
405	棱	是1	稜	是1异	楞	是3				
406	裯	否	朋√	是1						

364 北宋张有《复古编》研究

续表

字头序号	《复古编》字头	是否存于通用字表及其级别	《复古编》异体1	是否存于通用字表及其级别	《复古编》异体2	是否存于通用字表及其级别	《复古编》异体3	是否存于通用字表及其级别	《复古编》异体4（个别包括异体5、6）	是否存于通用字表及其级别
407	鵬	是1繁								
408	矰	是3	䠶×	否						
409	弘	否	弘×	是1	弖×	否				
410	肒	否	疣×	是2						
411	休	是1	庥√	是2	茠×	否	烋×	否		
412	鬆	否	鬆×	是2						
413	粤	否	由×	是1						
414	攸	否	攸×	是2						
415	卣	否	逌×	否						
416	猷	是1繁	猷×	是2						
417	櫌	否	櫌×	是3						
418	憂	是1繁	優×	否						
419	嘆	否	歎×	否	嘆×	是2				
420	畤	否	疇√	否	疇√	是1繁b				
421	幬	否	裯√	否	幬√	是3繁b	幮×	否		
422	脩	是3	脩×	是3	翛×	否				
423	鯈	是2異	鮴×	是2繁						
424	綯	否	鞱×	是2						
425	雤	是3	鷽×	否						
426	州	是1	洲×	是1						
427	瓔	否	琜×	否						
428	腼	否	腼×	否						
429	搜	否	瘦×	是1						
430	膄	否	鮋×	否						
431	鎦	否	劉√	是1						
432	盩	否	盭	否						

附录二 《复古编》正文字形传承情况表 365

续表

字头序号	《复古编》字头	是否存于通用字表及其级别	《复古编》异体1	是否存于通用字表及其级别	《复古编》异体2	是否存于通用字表及其级别	《复古编》异体3	是否存于通用字表及其级别	《复古编》异体4（个别包括异体5、6）	是否存于通用字表及其级别
433	皷	否	皷×	否						
434	罯	否	罙√	是2						
435	餞	否	糇×	是3						
436	髻	否	頟	否						
437	裏	否	裛×	是2	裏×	是1異				
438	羋	否	牟	是2						
439	孜	否	勒×	否						
440	兜	是1	兜×	否						
441	婾	是1異	愉√	是1	偷×	是1				
442	句	是1	勾×	是1						
443	侵	否	侵√	是1						
444	㝷	否	尋×	是1繁						
445	鍼	是1異	針×	是1繁						
446	曑	否	曑√	否	參×	是1繁				
447	蔍	否	蓡×	否						
448	砧	是2	枮×	否	碪	是2異	椹×	是3		
449	琀	否	䤨×	否						
450	淫	是1	霪×	是2						
451	沈	是1	沉×	是1						
452	陰	是1繁	陰×	是1異						
453	金	是1								
454	裣	否	襟×	是1						
455	紟	否	縊√	否	衿×	是2				
456	珡	否	琴√	是1						
457	捡	否	攕√	否	摛×	是1				
458	鄲	否	譚×	是1繁						
459	圅	是1異	肣√	否	函√	是1	函×	否		
460	媾	否	妣×	否						

续表

字头序号	《复古编》字头	是否存于通用字表及其级别	《复古编》异体1	是否存于通用字表及其级别	《复古编》异体2	是否存于通用字表及其级别	《复古编》异体3	是否存于通用字表及其级别	《复古编》异体4（个别包括异体5、6）	是否存于通用字表及其级别
461	蠶	是1繁	蚕×	是1						
462	闇	是1異	庵×	是1						
463	鹽	是1繁	塩×	否	盬×	否				
464	櫼	是1	籤×	是1異						
465	籤	否	簽×	是1繁						
466	鑯	否	尖×	是1						
467	㰦	否	㰦√	否	燖×	是3				
468	顡	否	髯×	是2						
469	柟	是2異	楠×	是2						
470	䛕	否	喃×	是2						
471	籢	否	奩×	是2繁	匲×	是2異				
472	黏	是2	粘×	是1						
473	沾	是1	添×	是1						
474	唌	否	啢×	否						
475	玲	否	瑊×	否						
476	麙	否	臧×							
477	樬	否	杉×	是1						
478	縿	否	衫√	是1						
479	凡	是1	凢×	是1異						
480	颿	是1異	帆×	是1	颯×	否				
481	菫	否	董×	是1						
482	敂	否	顧×	否						
483	憯	否	憯×	是2						
484	總	是1繁	捴×	否	摠×	否	惚×	否		
485	顉	否	汞×	是1						
486	瘖	否	瘖√	是1	瘖×	否	瘞×	否		
487	冗	是1異	冘×	是1						
488	穜	否	秜×	否						

附录二 《复古编》正文字形传承情况表 367

续表

字头序号	《复古编》字头	是否存于通用字表及其级别	《复古编》异体1	是否存于通用字表及其级别	《复古编》异体2	是否存于通用字表及其级别	《复古编》异体3	是否存于通用字表及其级别	《复古编》异体4（个别包括异体5、6）	是否存于通用字表及其级别
489	愯	否	悚×	是2						
490	徿	否	聳√	是1繁						
491	奉	是1	捧×	是1	俸×	是2				
492	冢	是2	塚×	是2異						
493	涌	是1	湧×	是1異						
494	踊	是1	踴×	是1繁						
495	兇	是1異	恼×	否						
496	棓	是3	棒×	是1						
497	蚌	是1	蜯×	否						
498	紙	是1繁	帋×	是1異						
499	弛	是1	㢮√	否	弨×	否				
500	㢮	否	㢮×	否	㢮×	是3				
501	邇	是2繁	迩×	是2						
502	躍	否	趯√	否	跃×	否				
503	鞭	否	㧓×	是2						
504	纚	否	纙×	否						
505	縈	否	䌛√	否						
506	伭	否	䖑×	否						
507	髖	否	髓×	是1						
508	髀	否	骱√	是3						
509	迆	否	迤√	是2						
510	𧿒	否	跬×	是2						
511	螘	否	蟻×	是1繁						
512	櫼	否	韱×	是3繁						
513	圮	否	𨛬√	否						
514	芉	是3	哶×	是2						
515	旨	是1	舌√	否	盲×	否				
516	菌	否	屍×	是1						

续表

字头序号	《复古编》字头	是否存于通用字表及其级别	《复古编》异体1	是否存于通用字表及其级别	《复古编》异体2	是否存于通用字表及其级别	《复古编》异体3	是否存于通用字表及其级别	《复古编》异体4（个别包括异体5、6）	是否存于通用字表及其级别
517	咼	否	呪√	是2	兊×	否				
518	絫	否	累×	是1						
519	譎	否	譧√	否	譟×	否				
520	唯	是1	帷×	否						
521	秕	是2	粃×	是2異						
522	粻	否	粗×	是2						
523	侣	是1異	似×	是1						
524	秆	否	秆×	是3						
525	恥	是1異	耻×	是1						
526	峙	否	跱×	是3	峓×	是2				
527	吕	否	以√	是1						
528	尾	否	尾√	是1						
529	娓	是2	亹×	否						
530	豈	否	愷√	否	康√	是1	凱×	否		
531	愻	否	俟×	否						
532	巨	是1	榘√	否	矩×	是1				
533	苣	是2	炬×	是1						
534	岠	否	拒×	是1						
535	虞	否	虜√	否	鑢√	否	虡×	否	簴×	否
536	野	是1	壄√	否	墅×	是1				
537	旅	是1	穭×	是3繁	稆×	是3				
538	嘘	否	麆×	否						
539	偏	是2繁	瘟×	否						
540	欨	否	响×	否						
541	府	是1	腑×	是2						
542	頫	是1異	俛√	是1異	俯×	是1				
543	鴞	否	鴟×	是1繁						
544	主	是1	炷×	是2						

附录二 《复古编》正文字形传承情况表　369

续表

字头序号	《复古编》字头	是否存于通用字表及其级别	《复古编》异体1	是否存于通用字表及其级别	《复古编》异体2	是否存于通用字表及其级别	《复古编》异体3	是否存于通用字表及其级别	《复古编》异体4（个别包括异体5、6）	是否存于通用字表及其级别
545	豎	是1異	竖×	是1繁						
546	庚	是2	廎×	否						
547	觓	否	觝×	否	觝×	否				
548	瘉	是1異	愈×	是1						
549	窬	是2	窒×	是1繁						
550	虜	是1異	虜×	是1	擄×	是2				
551	鹵	是1繁	滷×	是1繁	澛×	否				
552	櫓	是2繁	樐√	是2異	艪×	是2異				
553	鏞	否	鋪×	否						
554	汻	否	滸×	是2繁						
555	鼓	否	皷×	否	鼓×	是1異				
556	芐	否	芦×	是1						
557	隖	是2異	塢×	是2繁						
558	鷩	是3	鱉×	是2繁						
559	紩	否	絘×	否						
560	牴	是1異	觝×	是1異						
561	體	是1繁	軆×	否	躰×	否				
562	欐	否	麗×	否						
563	髳	否	鬃×	否						
564	櫊	否	鑭×	否						
565	禰	是2繁	祢×	是2						
566	闠	否	閡×	否						
567	䯝	否	稭×	否						
568	捭	是2	擺×	是1繁						
569	每	是1	苺×	是2						
570	皋	是1異	罪√	是1						
571	縈	否	䋺×	否	䋵×	否	礣×	否		
572	儳	否	傑×	否						

续表

字头序号	《复古编》字头	是否存于通用字表及其级别	《复古编》异体1	是否存于通用字表及其级别	《复古编》异体2	是否存于通用字表及其级别	《复古编》异体3	是否存于通用字表及其级别	《复古编》异体4（个别包括异体5、6）	是否存于通用字表及其级别
573	餒	是1异	鮾 ×	是1繁	鯘 ×	否				
574	愷	是2繁	豈 √	是1繁	凱 ×	是1繁	颽 ×	否		
575	采	是1	彩 √	是1	綵 √	是1繁	採 ×	是1异		
576	迺	否	乃 √	是1						
577	胗	是1	胗 √	是2	疹 ×	否				
578	袗	是3	裖 √	否	縝 ×	是2繁	絼 ×	否		
579	彇	否	矧 ×	是3						
580	弞	否	哂 ×	是2						
581	盡	是1繁	儩 ×	是1繁						
582	裖	否	脤 ×	否						
583	筍	是1异	笋	是1	筀 ×	否	箰 ×	否	簨 ×	否
584	準	是1繁	准 ×	是1						
585	髕	是2繁	臏 ×	是2繁						
586	閔	是2繁	憫 ×	是1繁						
587	愍	是3	忞 ×	否						
588	紖	是3繁	綑 ×	否						
589	蚕	否	蠢 ×	否	蠶 ×	否				
590	隱	是1繁	穩 ×	是1繁						
591	薀	是1繁	蕴 ×	是1b						
592	煥	是1异	暖 ×	是1						
593	糙	否	氉 ×	否	粔 ×	否				
594	輓	是1异	挽 ×	是1						
595	挽	否	免 √	是1						
596	壺	否	壼 ×	否						
597	梱	否	閫 ×	否						
598	鯀	是2	鮌 ×	否						
599	縛	否	搏 ×	是2						
600	膹	否	膳 ×	否						

附录二 《复古编》正文字形传承情况表 371

续表

字头序号	《复古编》字头	是否存于通用字表及其级别	《复古编》异体1	是否存于通用字表及其级别	《复古编》异体2	是否存于通用字表及其级别	《复古编》异体3	是否存于通用字表及其级别	《复古编》异体4（个别包括异体5、6）	是否存于通用字表及其级别
601	笣	否	囤×	是1						
602	侃	是2	偘×	是2異						
603	幵	否	開×	否	酐×	否				
604	䀀	是1異	盌√	是1異	椀×	是1異				
605	舘	是1繁	舘×	是1異						
606	但	是1	膻√	是2	袒√	是2				
607	繖	是1異	傘×	是1繁						
608	嬾	是1異	懶×	是1繁b						
609	癉	是3繁	瘤	否						
610	叛	否	板√	是2	赦×	否				
611	版	是1	板×	是1						
612	阪	是2	坂×	是2						
613	限	是1	皋×	否						
614	柬	是1	揀×	是1繁						
615	撚	是1	拱×	否						
616	繭	是1繁	蠒×	是1異						
617	筭	否	桼	否						
618	鞘	否	玾×	是3b	鞍×	否				
619	玃	否	獼×	是3繁						
620	趁	是1異	趂×	是1異						
621	俴	否	譾×	是3繁						
622	膳	是2	饍×	是2異						
623	鱓	是2異	鱔×	是2繁						
624	嬽	是3	軟×	是1繁	嫩×	是1異				
625	僎	是3	譔√	是1異	撰×	是1				
626	槤	否	璉×	是2繁						
627	緬	是1繁	絻×	否						

续表

字头序号	《复古编》字头	是否存于通用字表及其级别	《复古编》异体1	是否存于通用字表及其级别	《复古编》异体2	是否存于通用字表及其级别	《复古编》异体3	是否存于通用字表及其级别	《复古编》异体4（个别包括异体5、6）	是否存于通用字表及其级别
628	鞭	否	鞘×	否						
629	悑	是3	怖×	否						
630	黽	是2繁	僶×	否	勔×	是3				
631	湎	是2	酳×	否	酾×	否				
632	辯	是1繁	辯×	否						
633	報	否	輾×	是2繁						
634	沇	是3	兗×	是2	渷×	否				
635	寋	是2	寱×	是2						
636	㩃	否	搴×	是2	攓×	否				
637	甗	是3	巘×	是3						
638	卷	是1	捲×	是1繁						
639	篊	是2	篠×	否						
640	爨	否	炒×	是1	煼×	否	鬻×	否		
641	擾	否	擾×	是1繁						
642	繞	是1繁	遶×	是1異						
643	叜	否	㛼×	是2	芟×	否	荽×	是2		
644	表	否	表√	是1						
645	敆	否	熬×	否						
646	齩	是1異	咬×	是1						
647	顥	是2繁	皓×	是1						
648	㬰	否	昊×	是2						
649	襃	否	抱×	是1						
650	埽	是2	掃×	是1繁						
651	婞	否	婗×	否						
652	早	否	早√	是1						
653	棗	是1繁	棗×	否						
654	擣	否	搗×	是1繁						
655	艸	否	草√	是1	皁×	是1異	皂×	是1		

附录二 《复古编》正文字形传承情况表　373

续表

字头序号	《复古编》字头	是否存于通用字表及其级别	《复古编》异体1	是否存于通用字表及其级别	《复古编》异体2	是否存于通用字表及其级别	《复古编》异体3	是否存于通用字表及其级别	《复古编》异体4（个别包括异体5、6）	是否存于通用字表及其级别
656	𤴓	否	腦×	是1繁						
657	𤴓	否	惱×	是1繁						
658	ナ	否	左√	是1						
659	欞	否	彈×	是3繁						
660	果	是1	菓×	是1異						
661	楇	否	輠×	否	輞×	否				
662	媟	否	媱×	否						
663	鎖	是1繁	鏁×	否						
664	朵	是1	朶×	是1異						
665	嬌	否	媠×	否	妥×	是1				
666	陊	否	墮×	是1繁						
667	臝	否	裸√	是1	躶×	是1異				
668	寫	是1繁	瀉×	是1繁b						
669	鱻	否	鮮×	是3繁						
670	舍	是1	捨√	是1繁	舍×	否				
671	妊	否	姓×	是2						
672	嬰	否	夏√	是1						
673	櫃	是3繁	榎×	否						
674	髀	是2	骻×	否						
675	冎	否	剮×	是2繁						
676	丱	否	丱×	否						
677	樣	是1繁	橡×	是1	樣×	否				
678	仿	是1	髣×	是1異						
679	放	是1	倣×	是1異						
680	桎	否	柱√	是1						
681	徎	否	徃√	是1異						
682	繈	否	鏹×	是2繁						

续表

字头序号	《复古编》字头	是否存于通用字表及其级别	《复古编》异体1	是否存于通用字表及其级别	《复古编》异体2	是否存于通用字表及其级别	《复古编》异体3	是否存于通用字表及其级别	《复古编》异体4（个别包括异体5、6）	是否存于通用字表及其级别
683	榷	否	牓×	是1異						
684	忼	否	慷×	是1						
685	橫	否	幌×	否						
686	磺	否	卝√	否	礦×	是1繁	鑛×	是1異		
687	盧	否	鱸×	否	廬×	否				
688	景	是1	影×	是1						
689	竟	是1	境√	是1						
690	夆	否	幸×	是1	倖×	是1異				
691	抍	否	撜√	否	拯×	是1				
692	冐	是1異	肯×	是1						
693	㠯	否	阜×	是2						
694	負	是1繁	負×	否						
695	帚	是1	箒×	是1異						
696	㶳	否	揉×	是1						
697	粗	否	䊢√	否	粣×	是2	餗×	否		
698	韭	是1	韮×	是1異						
699	杅	否	杻√	是2	杶√	否	扭×	是1		
700	柳	是1異	桺×	是1異						
701	哣	否	吼×	是1	吽×	是2				
702	卲	否	叩×	是1						
703	毆	是1繁	歐√	是1異						
704	歐	是1繁	嘔×	是1繁						
705	溝	否	藕×	是1						
706	畮	是1異	畆√	否	畒×	否				
707	缶	是2	瓵×	否						
708	宎	否	俊√	否	叟×	是2				
709	丕	否	走√	是1						
710	斗	是1	斜×	否	抖×	是1	陡×	是1	蚪×	是1

附录二 《复古编》正文字形传承情况表　　375

续表

字头序号	《复古编》字头	是否存于通用字表及其级别	《复古编》异体1	是否存于通用字表及其级别	《复古编》异体2	是否存于通用字表及其级别	《复古编》异体3	是否存于通用字表及其级别	《复古编》异体4（个别包括异体5、6）	是否存于通用字表及其级别
711	糾	是1繁	乱×	是1異						
712	寖	否	寖×	是1繁	寖×	是1				
713	葚	是2	椹×	是3						
714	稟	是1異	禀×	是1						
715	歙	是1異	飲√	是1繁						
716	搣	否	撼×	是1						
717	感	是1	憾×	是1						
718	暜	否	斉×	否						
719	紞	是3繁	髧×	否						
720	監	否	醯×	否						
721	蒫	否	蒼×	是2						
722	唊	是2	噉×	是2異						
723	擥	否	攬×	否						
724	緂	否	毯×	是1						
725	剡	是2	掞×	是3						
726	餤	是1異	焰×	是1	爓×	否				
727	瞼	是2繁	臉×	是1繁						
728	糉	是2異	粽×	是2						
729	瓮	是2	甕×	是2異						
730	蟲	是1繁	蚰×	否						
731	湩	否	甕×	否	甕×	否				
732	鄉	否	巷√	否	巷×	是1				
733	刺	是1	刾×	否						
734	縋	是2繁	絓×	否						
735	菱	是1	蓤√	是1異						
736	䐔	否	货√	是1繁	脆×	否				
737	敁	否	劼×	否						
738	戲	是1繁	戱×	是1異						

续表

字头序号	《复古编》字头	是否存于通用字表及其级别	《复古编》异体1	是否存于通用字表及其级别	《复古编》异体2	是否存于通用字表及其级别	《复古编》异体3	是否存于通用字表及其级别	《复古编》异体4（个别包括异体5、6）	是否存于通用字表及其级别
739	質	是1繁	贄√	否	贅×	是2繁				
740	鞧	否	䩛×	否						
741	謚	是2异	謐×	否	諡√	是2繁				
742	燅	否	燖√	否	燂×	是2				
743	摯	否	輊×	是2繁						
744	穉	是1异	稺×	是1						
745	竦	否	伀×	是2						
746	器	是1	器	否						
747	冀	是1	冀×	否						
748	匱	是2繁	櫃×	是1繁						
749	庀	是1	芘×	是3	庇×	否				
750	識	是1繁	誌√	是1异						
751	備	是1繁	俻×	是1异						
752	癲	否	瘨×	否						
753	蒔	是2	秲×	否	蒔×	否	蒔×	否		
754	司	是1	伺√	是1	覗×	否				
755	飲	是1异	食√	是1	飼×	是1繁				
756	跙	否	刞×	是3						
757	厞	否	陫×	否	萴	否				
758	蠱	否	蛊√	是2	蠱×	否	蛊×	否		
759	痱	是2	疿×	否						
760	气	是1	氣√	是1繁	炁×	否				
761	毅	否	毅×	是1						
762	蘙	否	薿×	否						
763	胃	否	胃×	是1						
764	梵	否	蝺√	是1异	彙×	否				
765	尉	否	熨×	是2						
766	魏	是1	魏√	是1						

附录二 《复古编》正文字形传承情况表　377

续表

字头序号	《复古编》字头	是否存于通用字表及其级别	《复古编》异体1	是否存于通用字表及其级别	《复古编》异体2	是否存于通用字表及其级别	《复古编》异体3	是否存于通用字表及其级别	《复古编》异体4（个别包括异体5、6）	是否存于通用字表及其级别
767	御	是1	馭√	是2繁	禦×	否				
768	餕	否	飫×	是2繁						
769	據	是1繁	攄×	是1異						
770	勮	否	勵×	否						
771	箸	是2	筋×	是2異	着×	是1	著×	是1	蹢×	是2
772	処	否	處√	是1繁	處×	否				
773	豫	是1	預√	是1繁						
774	鵜	否	鼉×	否						
775	蠢	是2	蠢×	否						
776	酋	否	酋×	是1						
777	諭	是2繁	喻×	是1						
778	赴	是1	訃×	是2繁						
779	霧	否	霧√	是1繁						
780	足	是1	𧿹×	否						
781	注	是1	註×	是1異						
782	袒	否	襢×	否						
783	孺	是2	孾×	否						
784	莫	是1	暮×	是1						
785	爺	否	布×	是1						
786	步	是1	步×	否						
787	繁	否	素√	是1	塑×	是1	塠×	否		
788	酢	是2	醋√	是1						
789	作	是1	做×	是1						
790	胙	是2	祚×	是2						
791	妒	是1	妬×	是1異						
792	濩	是3	護×	是1						
793	笠	否	互√	是1	乎×	否				
794	綺	是2繁	袴×	是1異						

续表

字头序号	《复古编》字头	是否存于通用字表及其级别	《复古编》异体1	是否存于通用字表及其级别	《复古编》异体2	是否存于通用字表及其级别	《复古编》异体3	是否存于通用字表及其级别	《复古编》异体4（个别包括异体5、6）	是否存于通用字表及其级别
795	顧	是1繁	顾×	是1b						
796	誤	是1繁	悮×	否						
797	悟	否	忤×	是2						
798	遻	否	迕×	是2	俉×	否				
799	緆	否	细×	是1繁						
800	堉	是1異	婿√	是1	堦×	否				
801	閉	是1繁	閇×	否						
802	蒂	是1異	蔕×	是1						
803	暜	否	替√	否	替×	是1				
804	髻	是1異	剃×	是1						
805	洟	否	涕√	是1						
806	弟	是1	第×	是1						
807	沴	否	沴×	否						
808	薊	是2繁	葪×	否						
809	瘵	是3繁	瘥×	否						
810	羿	否	羿×	是2						
811	祭	是1	祭×	否	祭×	否				
812	歲	是1繁	歲×	否	歲×	否	戉×	否		
813	脆	是1異	脆×	是1						
814	埶	否	勢×	是1繁	蓺×	否	藝×	是1繁		
815	籑	否	篹√	是2						
816	鞪	否	犎×	是2						
817	瘛	否	瘈×	否						
818	愒	否	憩×	是2異						
819	衛	否	衛√	是1繁						
820	厲	是1繁	礪×	是2繁						
821	勵	是2繁	勵×	是1繁						
822	譀	否	呭√	否	詍×	否	哯×	否		

续表

字头序号	《复古编》字头	是否存于通用字表及其级别	《复古编》异体1	是否存于通用字表及其级别	《复古编》异体2	是否存于通用字表及其级别	《复古编》异体3	是否存于通用字表及其级别	《复古编》异体4（个别包括异体5、6）	是否存于通用字表及其级别
823	泄	是1	洩×	是1異						
824	抴	否	拽×	是1						
825	瑰	否	班×	否						
826	勳	是3繁	勛×	否	勒×	否				
827	恮	否	惟×	否						
828	餕	否	酸×	否						
829	叡	是2異	睿√	是2	㪿×	否				
830	泰	是1	夳√	否	汏×	是1				
831	大	是1	太×	是1						
832	賴	否	赖×	是1繁	頼×	是1異				
833	癘	是2繁	癞×	否						
834	構	否	構×	是2繁						
835	柰	是2	奈×	是1	棕×	否				
836	跟	否	狠×	是1繁						
837	兑	是1	兊×	否						
838	旆	是2	斾×	否						
839	妎	否	嬉×	否						
840	蓋	否	蓋×	是1繁						
841	匃	是1異	丐×	是1						
842	鈨	是2繁	鐵×	否						
843	膾	是2繁	鱠×	否						
844	挂	是1	掛×	是1異						
845	絓	否	罣×	否	罫×	否	絓×	否		
846	畵	否	畫×	否						
847	隓	否	隓√	是1	陊×	否				
848	派	是1	泒×	否						
849	怪	是1	恠×	是1異						
850	蔽	否	蔽×	是2						

续表

字头序号	《复古编》字头	是否存于通用字表及其级别	《复古编》异体1	是否存于通用字表及其级别	《复古编》异体2	是否存于通用字表及其级别	《复古编》异体3	是否存于通用字表及其级别	《复古编》异体4（个别包括异体5、6）	是否存于通用字表及其级别
851	介	是1	个×	是1						
852	屈	是1異	屆×	是1						
853	虇	否	薩×	是2	蘁×	否				
854	惝	否	瘺√	否	慅×	否				
855	殺	是1繁	稍×	否	煞×	是1				
856	話	是1異	諙√	否	話×	是1繁				
857	礫	否	墜√	是1繁						
858	對	否	對√	是1繁						
859	復	否	納√	否	退√	是1				
860	輂	是1繁	輋×	否						
861	佩	是1	珮×	否						
862	沫	否	湏√	否	醺×	否	顃×	否		
863	詒	否	謵×	否						
864	忿	否	恝×	是3						
865	瘥	是3	差×	是1						
866	臘	否	黛×	是2						
867	毒	是1	玳×	是2	瑇×	是2異				
868	逮	是1	迨√	是2	逯√	是2				
869	忈	否	慇√	否	悉×	否				
870	葴	否	穢×	是1繁						
871	韌	是3	認×	是1繁						
872	睻	否	瞬×	是1						
873	晉	否	晋√	是1						
874	妻	否	爐×	是2繁						
875	費	否	贐×	是3繁						
876	陳	否	陳√	是1繁	陣×	是1繁				
877	俊	是1	儁×	是1異						
878	燊	否	燐×	是1異						

附录二 《复古编》正文字形传承情况表 381

续表

字头序号	《复古编》字头	是否存于通用字表及其级别	《复古编》异体1	是否存于通用字表及其级别	《复古编》异体2	是否存于通用字表及其级别	《复古编》异体3	是否存于通用字表及其级别	《复古编》异体4（个别包括异体5、6）	是否存于通用字表及其级别
879	㕦	是1	愘×	是1異	㤟×	否	喀×	否		
880	甈	是2繁	甊×	否						
881	疢	是3	㾕×	否	疹√	是1				
882	徇	否	殉×	是1	狥×	是2				
883	懋	是3繁	憖×	否						
884	釁	是1繁	衅×	是1	璺×	是2	疊×	否		
885	韻	是1異	韵×	是1						
886	攘	否	捃×	是2						
887	楥	是2異	楦×	是2						
888	券	是1	劵×	否						
889	萬	是1繁	万×	是1						
890	飯	是1繁	飰×	否						
891	渼	否	㗉×	是3						
892	睪	否	馯×	否						
893	豻	否	犴√	是3	貋×	否				
894	扞	是1異	捍×	是1						
895	敯	否	攽×	否						
896	釬	是1異	銲×	是1異						
897	榦	是1異	幹×	是1繁						
898	灦	否	浣√	是2	澣×	是2異				
899	擇	否	腕×	是1	捥×	否				
900	判	是1	拌×	是1	拚×	否				
901	泮	是2	泙×	否						
902	贊	是1繁	賛×	是1異	讚×	是1異				
903	筭	否	笐×	否						
904	鍛	是1繁	煅×	是2						
905	斷	否	斷×	是1繁	断×	是1				
906	段	是1	叚×	是1異						

续表

字头序号	《复古编》字头	是否存于通用字表及其级别	《复古编》异体1	是否存于通用字表及其级别	《复古编》异体2	是否存于通用字表及其级别	《复古编》异体3	是否存于通用字表及其级别	《复古编》异体4（个别包括异体5、6）	是否存于通用字表及其级别
907	亂	是1繁	乱×	是1						
908	偄	否	㦧×	否	懦×	是1				
909	董	否	鸛×	是2繁						
910	摜	是2繁	遺√	否	慣×	是1繁	串×	是1		
911	盼	是1	盻×	否						
912	袒	是2	綻×	是1繁						
913	玄	否	幻√	是1						
914	荐	是1	㳙×	否						
915	見	是1繁	現×	是1繁						
916	燕	是1	鷰×	是1異	讌×	是1異	醼×	否		
917	咽	是1	嚥×	是1異						
918	徛	否	衔√	是3	眈×	否				
919	面	是1	靣×	否						
920	麵	是1異	麪×	是1繁						
921	淺	是1繁	濺×	是1繁						
922	轉	是1繁	囀×	是2繁						
923	諺	是1繁	喭×	否						
924	眷	是1	睠×	是1異						
925	桼	是3	棬×	是3						
926	絭	否	㩻×	否						
927	徧	是1異	遍×	是1						
928	券	否	倦√	是1	惓×	否				
929	弁	是2	覍√	否	卞×	是2				
930	抃	否	拚×	是2						
931	昇	是3	忭×	是2						
932	汳	否	汴×	是2						
933	偃	是2	堰×	是1						
934	乇	否	吊×	是1						

附录二 《复古编》正文字形传承情况表 383

续表

字头序号	《复古编》字头	是否存于通用字表及其级别	《复古编》异体1	是否存于通用字表及其级别	《复古编》异体2	是否存于通用字表及其级别	《复古编》异体3	是否存于通用字表及其级别	《复古编》异体4（个别包括异体5、6）	是否存于通用字表及其级别
935	莜	是2	蓨×	否						
936	屄	否	溺√	是1	尿×	是1				
937	笑	是1	咲×	是1異	关×	是1				
938	陗	是1異	峭×	是1						
939	照	是1	炤×	是1異						
940	燿	是1異	耀×	是1						
941	喬	是1繁	嶠√	是2繁						
942	纱	否	妙×	是1						
943	效	是1	効×	是1異	傚×	是1異				
944	校	是1	較×	是1繁						
945	濯	是2	棹√	是2	櫂√	是2異				
946	玫	否	玟√	是1						
947	鎬	是1繁	犒×	是2						
948	暴	是3	昪×	否						
949	曓	否	曝×	是1						
950	冃	否	帽×	是1異						
951	薶	否	薶×	是2						
952	喿	否	噪×	是1						
953	趮	否	躁×	是1						
954	盗	是1繁	盜×	是1						
955	翺	否	翶×	否	翱×	否	藃×	是2		
956	壽	否	幬×	是3繁						
957	閙	是1繁	夒×	否	丙×	否				
958	箇	是1異	个×	是1						
959	馱	是1繁	駄×	是1異						
960	礦	否	磨×	是1						
961	坙	否	坐√	是1	座×	是1	壂×	否		
962	纁	否	纁×	否						

续表

字头序号	《复古编》字头	是否存于通用字表及其级别	《复古编》异体1	是否存于通用字表及其级别	《复古编》异体2	是否存于通用字表及其级别	《复古编》异体3	是否存于通用字表及其级别	《复古编》异体4（个别包括异体5、6）	是否存于通用字表及其级别
963	穤	是1異	糯×	是1						
964	笮	是2	醡×	否	榨×	是1				
965	䗡	是1	褙×	否						
966	詐	否	譇×	否						
967	吒	是2異	咤×	是2						
968	枷	是2	架√	是1						
969	賈	是1繁	價√	是1繁						
970	亞	是1繁	婭×	是2繁						
971	樗	是2	㯑√	否	樺×	是1繁				
972	芛	否	華√	是1繁						
973	醤	否	醬√	是1繁						
974	障	是1	嶂×	是2						
975	刱	否	創√	是1繁						
976	張	是1繁	漲×	是1繁	涱×	否	脹×	是1繁	痕× 瓺× 𡑭×	否
977	錫	否	暢×	是1繁						
978	羈	否	羈×	否						
979	杖	是1	仗×	是1						
980	倞	否	亮×	是1						
981	鄉	是1繁	向√	是1	嚮×	是1繁				
982	眭	否	旺×	是1						
983	況	是1異	况×	是1						
984	竸	否	競√	是1						
985	徑	是1繁	迳×	是1異						
986	冥	是1	瞑×	是2						
987	甯	是3	寗×	否						
988	謄	是1異	剩×	是1						

续表

字头序号	《复古编》字头	是否存于通用字表及其级别	《复古编》异体1	是否存于通用字表及其级别	《复古编》异体2	是否存于通用字表及其级别	《复古编》异体3	是否存于通用字表及其级别	《复古编》异体4（个别包括异体5、6）	是否存于通用字表及其级别
989	伕	否	偻×	否	媵×	是2				
990	孕	否	孕×	是1						
991	捞	否	敆×	否						
992	隥	否	嶝×	是2	磴×	是2				
993	㦖	否	憎×	是2						
994	齅	否	嗅×	是1						
995	疢	否	疢×	是1						
996	廄	否	厩×	是1異						
997	舊	是1繁	鵂√	是3繁	舊×	否	寉×	否		
998	㹮	否	狖×	否						
999	鼬	是2	欹×	否						
1000	袤	否	袖√	是1	褏×	否				
1001	秀	是1	秀×	是1						
1002	璓	否	琇×	是2						
1003	祝	是1	呪×	否						
1004	瘦	否	瘦×	是1						
1005	䵻	否	鷇×	否	㲉×	否				
1006	鬥	是1繁	鬭√	是1異	鬪×	是1異				
1007	樗	否	鏴√	否	樗×	是2				
1008	敏	是1異	扣×	是1						
1009	濅	否	浸×	是1						
1010	蔭	是1繁	廕×	是1異						
1011	闌	是2繁	襴×	否						
1012	暫	是1繁	蹔×	是1異						
1013	豔	是1異	艷×	否						
1014	塹	是2繁	壍×	否						
1015	占	是1	佔×	是1異						
1016	刮	否	㨑×	是1						

续表

字头序号	《复古编》字头	是否存于通用字表及其级别	《复古编》异体1	是否存于通用字表及其级别	《复古编》异体2	是否存于通用字表及其级别	《复古编》异体3	是否存于通用字表及其级别	《复古编》异体4（个别包括异体5、6）	是否存于通用字表及其级别
1017	酸	否	醶×	是2繁	醼×	否				
1018	敛	是1繁	殮×	是2繁						
1019	劒	是1異	剑√	是1繁	釼×	否				
1020	識	是2繁	憾×	否						
1021	穀	是1繁	榖×	否						
1022	箧	是3	筴√	是2	盍×	否				
1023	肉	否	肭×	否	鹸×	否	鹸×	否		
1024	穆	是1	穆√	否						
1025	姆	否	姆×	否						
1026	殀	否	夭×	是2						
1027	蹴	是2	蹵√	是2						
1028	墊	是2	闕×	否						
1029	孰	是2	熟×	是1						
1030	瑀	否	瑀√	否						
1031	肉	否	肉√	是1	宍×	否				
1032	惡	是3	忸×	是2	聰×	否				
1033	蚓	是2	蚓×	是2異						
1034	儨	否	賣√	否	鷟√	是2				
1035	昱	是2	翌×	是2						
1036	匊	否	擢√	否	掬×	是2				
1037	簊	否	欸√	否	鞠×	是2				
1038	鞠	否	鞠√	是1	鞠×	是1異				
1039	歗	否	喊×	否						
1040	朮	否	荵×	是2						
1041	芺	否	沃×	是1						
1042	督	是1	督×	否						
1043	屬	是1繁	属×	是1	嘱×	是1繁				
1044	蜀	是1	蜀×	是3						

续表

字头序号	《复古编》字头	是否存于通用字表及其级别	《复古编》异体1	是否存于通用字表及其级别	《复古编》异体2	是否存于通用字表及其级别	《复古编》异体3	是否存于通用字表及其级别	《复古编》异体4（个别包括异体5、6）	是否存于通用字表及其级别
1045	蓐	是2	蓐×	×	否					
1046	橐	否	橐√	否	粟×	是1				
1047	欲	是1	慾×	是1异						
1048	局	是1	扃×	否	跼×	是1异				
1049	王	否	玉√	是1	王×	否	玊×	否		
1050	确	是1	㱿√	否	碻×	是1繁				
1051	甆	否	甆√	否						
1052	樸	是1繁	璞×	是2						
1053	槊	是2	矟×	否						
1054	椏	否	椏×	是2						
1055	籍	否	揭×	否						
1056	促	是1	鼀×	是2						
1057	溢	是1	鎰×	是2繁						
1058	率	是1	繂×	否	繂×	否				
1059	帥	是1繁	帨×	否	師×	否				
1060	蛩	否	蟀×	是1						
1061	畢	否	罼×	否						
1062	趣	否	躓×	是2繁						
1063	澤	否	瀶×	否						
1064	鞞	否	鞞×	否	鞁×	否				
1065	珌	是3	琿×	否						
1066	箪	否	箪×	否						
1067	鷟	否	鷟×	是3						
1068	漆	是1	柒×	否	柒×	是1				
1069	卻	是1异	膝×	是1						
1070	匹	是1	疋×	是1异						
1071	苾	是3	馝√	否	苾×	是3	馝×	否		
1072	弼	否	彌√	否	敉√	否	費√	否	弻×	是2

续表

字头序号	《复古编》字头	是否存于通用字表及其级别	《复古编》异体1	是否存于通用字表及其级别	《复古编》异体2	是否存于通用字表及其级别	《复古编》异体3	是否存于通用字表及其级别	《复古编》异体4（个别包括异体5、6）	是否存于通用字表及其级别
1073	挃	否	桎×	否						
1074	姪	是1异	妷×	是1异						
1075	栗	否	栗√	是1	慄×	是1异				
1076	卬	是1异	邮×	是1异						
1077	卒	是1	崒×	否	踤×	否	卆×	否		
1078	市	否	皷√	是3	紱×	是2繁				
1079	緋	是3繁	綍×	否						
1080	爕	否	燮×	否						
1081	鬱	是1繁	欎×	否						
1082	戉	否	鉞√	是2繁						
1083	伐	是1	垡×	是2	墢×	否	閥×	是1繁		
1084	橃	否	筏×	是1						
1085	戲	否	戲×	否						
1086	犠	是1异	犧×	是1异	襪×	是1繁				
1087	郣	否	浡×	是1						
1088	囘	否	笏√	是2						
1089	潎	否	渴×	否						
1090	渴	是1	竭×	是1						
1091	櫱	否	蘖√	是2	不√	否	枿×	否		
1092	瀎	否	抹×	是1						
1093	眛	否	秣×	是2						
1094	活	否	潘√	否	活×	是1				
1095	閜	否	閜×	是1繁						
1096	貀	否	豽×	否						
1097	盌	是2异	鋺√	是2繁	杬×	否				
1098	鮁	是2繁	鱍×	否						
1099	夓	否	棄×	否	奪×	是1繁				
1100	稭	是1异	藉×	否						

附录二 《复古编》正文字形传承情况表 389

续表

字头序号	《复古编》字头	是否存于通用字表及其级别	《复古编》异体1	是否存于通用字表及其级别	《复古编》异体2	是否存于通用字表及其级别	《复古编》异体3	是否存于通用字表及其级别	《复古编》异体4（个别包括异体5、6）	是否存于通用字表及其级别
1101	蠱	否	蛊×	否						
1102	札	是2	扎×	是1						
1103	屑	否	屑×	是1						
1104	偮	否	偑×	否						
1105	竊	否	窃×	否	窃×	否				
1106	鐵	是1繁	銕√	否	鈇√	否	鐡×	否		
1107	飧	否	飨√	是2						
1108	敜	否	捏×	是1异						
1109	絜	是3	潔√	是1繁	潔×	否				
1110	鈌	否	缺×	是1	鈌×	否				
1111	浂	否	决×	是1						
1112	䱐	否	鱊√	是3繁	觖×	是3				
1113	珕	否	璃√	否						
1114	潘	是3	沈×	否						
1115	焆	是3	焌×	否						
1116	渫	是2	泄×	是1	洩×	是1异				
1117	絏	是2繁	縲√	否	絏×	是2异				
1118	离	否	崗√	否	高×	否				
1119	薜	否	薛×	是1	薩×	否				
1120	洌	是2	冽×	是2						
1121	蟹	否	蠏×	否						
1122	瀗	否	讞×	是2繁						
1123	雪	否	雪√	是1						
1124	蕝	否	藂×	是2						
1125	絕	否	蠿√	否	绝×	是1繁				
1126	說	是1繁	悦×	是1繁						
1127	劈	否	撤×	是1						
1128	徹	是1繁	轍×	是1繁						

续表

字头序号	《复古编》字头	是否存于通用字表及其级别	《复古编》异体1	是否存于通用字表及其级别	《复古编》异体2	是否存于通用字表及其级别	《复古编》异体3	是否存于通用字表及其级别	《复古编》异体4（个别包括异体5、6）	是否存于通用字表及其级别
1129	礿	否	禴×	否						
1130	闌	否	鑰×	是1繁						
1131	舃	是2	誰√	否	鵲×	是1繁				
1132	䨷	否	爵√	是1						
1133	勺	是1	杓×	是2	豹×	否	的√	是1		
1134	磋	否	榷×	否	靳×	否	鎐×	否		
1135	獲	是3	蠖×	是3						
1136	屬	否	鞨×	是2繁						
1137	虎	否	虐√	是1						
1138	篚	否	觚√	否	簋×	否				
1139	拓	是1	摭√	是2	托×	是1				
1140	撐	否	籇×	否						
1141	博	是1	愽×	是1異						
1142	薄	是1	箔×	是2						
1143	蚕	否	蠺√	否						
1144	窓	否	恪×	是2						
1145	罘	否	翾×	是1	罦×	否				
1146	逯	否	憴×	否	遝×	否				
1147	鄂	否	蕚×	是2						
1148	蟬	否	鼉×	是1異						
1149	劓	否	鍔×	是2繁						
1150	鳶	否	鴟×	是2繁	鳶×	是2繁				
1151	獷	否	獷×	否	擴×	是1繁				
1152	惡	是1繁	恶×	否						
1153	醋	是1								
1154	鑿	是1繁	鑿×	否						
1155	豽	否	貉×	是2						
1156	椁	是2	槨×	是2異						

附录二 《复古编》正文字形传承情况表

续表

字头序号	《复古编》字头	是否存于通用字表及其级别	《复古编》异体1	是否存于通用字表及其级别	《复古编》异体2	是否存于通用字表及其级别	《复古编》异体3	是否存于通用字表及其级别	《复古编》异体4（个别包括异体5、6）	是否存于通用字表及其级别
1157	貉	是2	貊×	是2						
1158	洦	否	泊×	是1						
1159	柏	是1	栢×	是1異						
1160	蚚	否	蚱×	是2						
1161	墌	否	拆×	是1						
1162	頟	是1異	額×	是1繁						
1163	蔓	否	蘷√	是3	矱×	否				
1164	索	否	索√	是1						
1165	邵	是2繁	郂×	是2						
1166	絀	否	絑×	否	裕×	是3				
1167	戟	否	戟×	否						
1168	劇	是1繁	劇×	否						
1169	脈	否	脈√	是1異	脉×	是1				
1170	賚	否	債×	是1						
1171	嘖	是2繁	讀√	否	頤×	否				
1172	厄	是2異	厄√	是2						
1173	晉	否	脊×	是1						
1174	鰤	否	鯽×	是1繁						
1175	膡	否	瘠×	是2						
1176	蹐	否	蹐×	是3						
1177	庍	否	斥×	否						
1178	炙	是2	炙×	否						
1179	秳	否	石×	是1	碩×	是1繁				
1180	擿	是3	擲×	是1繁						
1181	亦	是2	掖√	是2	腋×	是1				
1182	臭	否	闃×	是2繁						
1183	釋	是1繁	懌×	是2繁						
1184	析	是1	枂×	否						

续表

字头序号	《复古编》字头	是否存于通用字表及其级别	《复古编》异体1	是否存于通用字表及其级别	《复古编》异体2	是否存于通用字表及其级别	《复古编》异体3	是否存于通用字表及其级别	《复古编》异体4（个别包括异体5、6）	是否存于通用字表及其级别
1185	宋	否	誄√	否	寂×	是1	冢×	否		
1186	覎	否	覍×	是1異						
1187	冖	否	幂×	是1異						
1188	旳	否	的×	是1						
1189	芍	是2	茍×	是3						
1190	適	是1繁	嫡√	是2	嬪×	否				
1191	滴	是1	滳×	否						
1192	歷	是1繁	曆√	是1繁						
1193	鷈	否	鷉√	是3繁	鷉×	是3繁	艬×	否		
1194	職	是1繁	軄×	否						
1195	飾	是1繁	餝×	否	拭×	是1				
1196	飤	否	蝕×	是1繁						
1197	庌	否	旲×	否						
1198	敕	是2	勅√	是2異						
1199	薏	否	憶×	是1繁						
1200	億	否	億×	是1繁						
1201	或	是1	域√	是1						
1202	惑	否	蜮×	是2						
1203	黓	否	緘×	否						
1204	㷊	否	糨×	否	熅×	否				
1205	螾	否	蚩×	否						
1206	默	是1	嘿×	是1						
1207	繹	否	繹×	是3繁						
1208	賊	否	賊×	是1繁						
1209	鯽	是3繁	鯽√	是1繁	鰂×	否				
1210	克	否	剋×	是2						
1211	踒	否	澇√	是1異	澇×	是1異				
1212	骳	是2	胈×	否						

续表

字头序号	《复古编》字头	是否存于通用字表及其级别	《复古编》异体1	是否存于通用字表及其级别	《复古编》异体2	是否存于通用字表及其级别	《复古编》异体3	是否存于通用字表及其级别	《复古编》异体4（个别包括异体5、6）	是否存于通用字表及其级别
1213	畗	否	荅√	否	答×	是1	亯×	否		
1214	蹋	是1	踏×	是1						
1215	納	是1繁	衲×	是2						
1216	雜	否	襍×	是1繁						
1217	臘	是1繁	蠟×	是1繁	鑞×	是2繁				
1218	曘	否	瞱√	是3繁						
1219	燭	否	燁×	是2繁						
1220	极	是1	笈×	是2						
1221	腌	是2	醃×	是2異						
1222	暎	否	睒×	否						
1223	楣	是2	槪×	是2異						
1224	舌	否	插√	是1	臿×	否	挿×	是1異		
1225	䨣	否	䨩×	否						
1226	輒	是2繁	輙×	是2異						
1227	獵	是1繁	獦×	否						
1228	鈕	否	鑷×	是2繁						
1229	疊	是1異	疉√	是1異	㭫×	否				
1230	蝶	是1異	蜨×	是1						
1231	褋	否	襟×	否						
1232	堞	否	堞×	否						
1233	爕	是2	燮×	是2異						
1234	屟	否	屧×	否	鞢×	否	屟×	否	屉×	是1
1235	㧺	否	擖×	否						
1236	陝	否	狹×	是1繁	峽×	是1繁				
1237	帢	否	韐√	否	帕×	否	㡊×	否	帕×䈝×	否否
1238	袷	是2	袂×	是1異						
1239	柙	是2	押×	是1						

参考文献

B

班固：《汉书》，中华书局1962年版。
北京图书馆普通古籍组：《北京图书馆普通古籍总目》（文字学门），书目文献出版社1995年版。
毕沅：《经典文字辨证书》，商务印书馆1937年版。
毕沅：《夏小正考注》，中华书局1985年版。

C

曹本：《续复古编》（影印明抄本），书目文献出版社1988年版。
曹洁：《裴务齐正字本〈刊谬补缺切韵〉的特殊"音注"与"字形"考》，《中国文字研究》第十九辑，上海书店2014年版。
晁公武：《郡斋读书志》，载纪昀《文渊阁四库全书》（第674册），（台北）商务印书馆1986年版。
晁公武：《郡斋读书志》，载中华书局编辑部《宋元明清书目题跋丛刊》（第2册），中华书局2006年版。
晁公武：《衢本郡斋读书志》，载中华书局编辑部《宋元明清书目题跋丛刊》（第2册），中华书局2006年版。
晁公武：《艺云书舍本郡斋读书志》，载中华书局编辑部《宋元明清书目题跋丛刊》（第2册），中华书局2006年版。
晁公武：《袁本昭德先生郡斋读书志》，载中华书局编辑部《宋元明清书目题跋丛刊》（第2册），中华书局2006年版。
陈第：《毛诗古音考》，中华书局1988年版。
陈彭年、丘雍：《广韵》，载中华书局编辑部《小学名著六种》，中华书局1998年版。
陈书良：《眉山三苏》，岳麓书社1998年版。

陈振孙：《直斋书录解题》，载中华书局编辑部《宋元明清书目题跋丛刊》（第1册），中华书局2006年版。

崔尔平：《历代书法论文选续编》，上海书画出版社1993年版。

D

戴侗：《六书故》，上海社会科学院出版社2006年版。

邸宏香：《〈醒世姻缘传〉语音研究》，硕士学位论文，吉林大学，2005年。

丁度：《附释文互注礼部韵略》，载纪昀《文渊阁四库全书》（第237册），（台北）商务印书馆1986年版。

丁度：《集韵》，载中华书局编辑部《小学名著六种》，中华书局1998年版。

董莲池：《新金文编》，作家出版社2011年版。

段玉裁：《说文解字注》，载中华书局编辑部《说文解字四种》，中华书局1998年版。

F

范可育：《楷字规范史略》，华东师范大学出版社2000年版。

丰道生：《丰道生篆书千字文》，日本早稻田大学藏本。

冯调鼎：《六书准》，载《四库全书存目丛书》编纂委员会《四库全书存目丛书》，齐鲁书社1997年版。

G

高明、涂白奎：《古文字类编》（增订版），上海古籍出版社2008年版。

高小健：《历代篆书大典》，天津古籍出版社1998年版。

顾起元：《说略》，载纪昀《文渊阁四库全书》（第964册），（台北）商务印书馆1986年版。

顾炎武：《音论》，载纪昀《文渊阁四库全书》（第241册），（台北）商务印书馆1986年版。

顾野王：《玉篇》，载中华书局编辑部《小学名著六种》，中华书局1998年版。

广益书局编辑部：《新辑绘图洋务日用杂字》，清末广益书局印行。

桂馥：《说文解字义证》，上海古籍出版社1987年版。

郭沫若：《甲骨文字研究》，载刘梦溪《中国现代学术经典》，河北教育出版社1996年版。
郭忠恕：《汗简》，中华书局1983年版。

H

汉语大字典编辑委员会：《汉语大字典》（缩印本），四川辞书出版社、湖北辞书出版社2001年版。
汉语大字典字形组：《秦汉魏晋篆隶字形表》，四川辞书出版社1985年版。
何薳：《春渚纪闻》，载纪昀《文渊阁四库全书》（第863册），（台北）商务印书馆1986年版。
何仲英：《汉字改革的历史观》，《国语月刊》1923年第1卷第7期。
洪迈：《容斋随笔》，上海古籍出版社1978年版。
洪迈：《夷坚志》，载顾廷龙《续修四库全书》（第1264册），上海古籍出版社2002年版。
胡朴安：《中国文字学史》，中国书店1983年版。
黄德宽、陈秉新：《汉语文字学史》，安徽教育出版社2006年版。
黄公绍、熊忠：《古今韵会举要》，载纪昀《文渊阁四库全书》（第238册），（台北）商务印书馆1986年版。
黄侃：《黄侃国学文集》，中华书局2006年版。
慧琳：《正续一切经音义》，上海古籍出版社1986年版。

J

冀淑英：《自庄严堪善本书目》，天津古籍出版社1985年版。
贾晋华：《香港所藏书籍书目》，上海古籍出版社2003年版。
江沅：《说文释例》，清光绪二年江都李氏半亩园刊小学类编本。
姜立纲：《姜立纲四体千字文》，日本早稻田大学藏本。
焦竑：《焦氏笔乘》，载上海古籍出版社编辑部《明清笔记丛书》，上海古籍出版社1986年版。
解惠全：《古代汉语教程》，南开大学出版社1990年版。

L

李慈铭：《越缦堂读书记》，辽宁教育出版社2001年版。
李从周：《字通》，载纪昀《文渊阁四库全书》（第226册），（台北）商务印书馆1986年版。
李伏雨：《秦峄山碑》，西泠印社1986年版。

李建国：《汉语规范史略》，语文出版社 2000 年版。

李京：《字学正本》，齐鲁书社 1997 年版。

李文仲：《字鉴》，中华书局 1985 年版。

李孝定：《甲骨文字集释》，"中央研究院"历史语言研究所 1970 年版。

李亚平：《金石拓本题跋集萃》，河北美术出版社 2012 年版。

李阳冰：《李阳冰书三坟记》，巴蜀书社 1987 年版。

李阳冰：《唐李阳冰篆书二种》，成都古籍书店 1992 年版。

历代碑帖法书选编辑组：《秦石鼓文》，文物出版社 1984 年版。

刘文哲：《碧落碑》，山西人民出版社 2001 年版。

刘熙：《释名》，中华书局 1985 年版。

刘熙载：《艺概》，上海古籍出版社 1978 年版。

刘叶秋：《中国字典史略》，中华书局 1992 年版。

刘志成：《中国文字学书目考录》，巴蜀书社 1997 年版。

刘志基、张再兴：《中国异体字大系·篆书编》，上海书画出版社 2007 年版。

娄机：《班马字类》，上海书店 1935 年版。

楼钥：《攻媿集》，载纪昀《文渊阁四库全书》（第 1153 册），（台北）商务印书馆 1986 年版。

鲁国尧：《鲁国尧语言学论文集》，江苏教育出版社 2003 年版。

陆德明：《经典释文》，中华书局 1983 年版。

陆华：《〈资治通鉴释文〉音切反映的浊音清化现象》，《古籍整理研究学刊》2004 年第 3 期。

陆游：《老学庵笔记》，中华书局 1979 年版。

陆友仁：《研北杂志》，载王云五《丛书集成初编》，中华书局 1991 年版。

陆宗达、王宁：《训诂方法论》，中国社会科学出版社 1983 年版。

罗常培：《唐五代西北方言》，商务印书馆 2012 年版。

罗福颐：《增订汉印文字征》，故宫出版社 2010 年版。

罗君惕：《汉文字学要籍概述》，中华书局 1984 年版。

罗竹风：《汉语大词典》，上海辞书出版社 1986—1993 年版。

雒启坤：《中华书法大字典（篆）》，长征出版社 2000 年版。

M

马端临：《文献通考》，中华书局 1986 年版。

毛晃：《增修互注礼部韵略》，载纪昀《文渊阁四库全书》（第 237 册），

（台北）商务印书馆1986年版。

莫友芝撰，傅增湘订补：《藏园订补邵亭知见传本书目》，中华书局2009年版。

莫有芝：《宋元旧本书经眼录》，上海古籍出版社2009年版。

P

濮之珍：《中国语言学史》，上海古籍出版社1987年版。

Q

齐佩瑢：《训诂学概论》，中华书局1984年版。

钱大昕：《潜研堂集》，上海古籍出版社2009年版。

钱玄同：《钱玄同文字音韵学论集》，上海古籍出版社2011年版。

钱曾怡、刘聿鑫等：《中国语言学要籍解题》，齐鲁书社1991年版。

邱江宁：《元代文艺复古思潮论》，《文艺研究》2013年第6期。

瞿镛：《铁琴铜剑楼藏书目录》，载中华书局编辑部《宋元明清书目题跋丛刊》（第10册），中华书局2006年版。

R

饶节：《倚松诗集》，载纪昀《文渊阁四库全书》（第1117册），（台北）商务印书馆1986年版。

容庚：《金文编》，中华书局2012年版。

阮元：《十三经注疏》，中华书局1980年版。

阮元：《文选楼藏书记》，载四库未收书辑刊编纂委员会《四库未收书辑刊》，中国社会科学出版社2003年版。

S

商承祚：《石刻篆文编》，中华书局1996年版。

上海书店编辑部：《秦会稽刻石》，上海书店出版社1990年版。

上海书画出版社编：《篆隶》，上海书画出版社1986年版。

邵博：《邵氏闻见后录》，中华书局1983年版。

沈括：《梦溪笔谈》，岳麓书社2002年版。

沈清佐：《复古编补遗》，清抄本。

盛熙明：《法书考》，载纪昀《文渊阁四库全书》（第814册），（台北）商务印书馆1986年版。

释空海：《篆隶万象名义》，中华书局 1995 年版。
释梦英：《梦英篆书千字文碑》，上海古籍出版社 2012 年版。
释梦英：《篆书目录偏旁字源碑》，陕西人民出版社 2006 年版。
释行均：《龙龛手鉴》，中华书局 1991 年版。
司马光：《类篇》，中华书局 1984 年版。
司马迁：《史记》，中华书局 1982 年版。
宋濂：《元史》，中华书局 1976 年版。
孙小会：《张有〈复古编〉的正字观及其价值》，硕士学位论文，北京师范大学，2005 年。
孙星海：《广复古编》，清稿本。
孙诒让：《名原》，齐鲁书社 1986 年版。
孙岳颁：《佩文斋书画谱》，载纪昀《文渊阁四库全书》（第 819 册），（台北）商务印书馆 1986 年版。

T

汤可敬：《说文解字今释》，岳麓书社 2001 年版。
汤余惠：《战国文字编》，福建人民出版社 2015 年版。
唐玄度：《新加九经字样》，商务印书馆 1936 年版。
陶宗仪：《书史会要》，载纪昀《文渊阁四库全书》（第 814 册），（台北）商务印书馆 1986 年版。
陶宗仪：《说郛》，载纪昀《文渊阁四库全书》（第 877 册），（台北）商务印书馆 1986 年版。
陶宗仪：《篆书册》，台北故宫博物院藏。
滕壬生：《楚系简帛文字编》（增订本），湖北教育出版社 2008 年版。
天津古籍出版社编辑部：《近代碑帖大观》，天津古籍出版社 2006 年版。
田吴照：《说文二徐笺异》，载顾廷龙《续修四库全书》（第 228 册），上海古籍出版社 2002 年版。
脱脱：《宋史》，载上海古籍出版社编辑部《二十五史》，上海古籍出版社 1986 年版。

W

汪仁寿：《金石大字典》，天津人民美术出版社 2009 年版。
王安石：《王文公文集》，上海人民出版社 1974 年版。
王国维：《观堂集林》，中华书局 1959 年版。

王国维：《王国维论学集》，中国社会科学出版社 1997 年版。
王辉：《秦文字编》，中华书局 2015 年版。
王筠：《说文句读》，上海古籍书店 1983 年版。
王筠：《说文释例》，中华书局 1987 年版。
王力：《汉语语音史》，中国社会科学出版社 1985 年版。
王力：《中国语言学史》，复旦大学出版社 2006 年版。
王念孙：《读书杂志》，中国书店 1985 年版。
王绍曾：《楹书隅录补遗》，载王绍曾《补订海源阁书目五种》，齐鲁书社 2002 年版。
王文进：《文禄堂访书记》，上海古籍出版社 2007 年版。
王应麟：《困学纪闻》，上海古籍出版社 2008 年版。
魏文源编：《赵孟𫖯千字文》，黑龙江美术出版社 2009 年版。
文征明：《文征明篆书千字文》，嗜古轩主人黄氏家庆藏本。
文字改革出版社编辑部：《清末文字改革文集》，文字改革出版社 1958 年版。
吴大澄：《钟鼎籀篆大观》，中国书店 1987 年版。
吴锦章：《六书类纂》，上海古籍出版社 1996 年版。
吴均：《增修复古编》（影印明初刻本），书目文献出版社 1988 年版。
吴叡：《千字文》，黄山书社 2008 年版。
吴元满：《六书正义》，载顾廷龙《续修四库全书》（第 203 册），上海古籍出版社 1996 年版。
吴曾：《能改斋漫录》，上海古籍出版社 1979 年版。
吾丘衍：《学古编》，载周光培《元代笔记小说》，河北教育出版社 1994 年版。

X

西安市文物保护考古所：《西安南郊秦墓》，陕西人民出版社 2004 年版。
夏竦：《古文四声韵》，中华书局 1983 年版。
徐锴：《说文系传》，载中华书局编辑部《说文解字四种》（四部备要），中华书局 1998 年版。
徐锴：《说文系传》，道光十九年祁寯藻刻仿宋本。
徐锴：《说文系传》，龙威秘书小字本（乾隆五十九年石门马俊良大酉山房刻本）。
徐锴：《说文系传》，四部丛刊初印本。

徐正考、肖攀：《汉代文字编》，作家出版社 2016 年版。

徐中舒：《汉语古文字字形表》，四川人民出版社 1981 年版。

徐中舒：《甲骨文字典》，四川辞书出版社 1988 年版。

许嘉璐：《未辍集》，中国社会科学出版社 2000 年版。

许慎：《说文解字》，毛氏汲古阁本（清代毛氏汲古阁重刻北宋本）。

许慎：《说文解字》，藤花榭本（清嘉庆十二年重刊宋本）。

许慎：《说文解字》，王昶传本（民国影宋刊本）。

许慎：《说文解字》，五松书屋本（清嘉庆甲子年孙星衍重刊仿宋小字平津馆本）。

许慎：《说文解字》（影印陈昌治本），中华书局 1963 年版。

许慎：《说文解字真本》（大兴朱氏依宋重刻本），中华书局 1998 年版。

Y

颜元孙：《干禄字书》，中华书局 1985 年版。

颜之推：《颜氏家训》，辽宁教育出版社 2001 年版。

杨保彝：《海源阁宋元秘本书目》，载王绍曾《补订海源阁书目五种》，齐鲁书社 2002 年版。

杨桓：《六书统》（再造善本），国家图书馆出版社 2006 年版。

杨剑桥：《实用古汉语知识宝典》，复旦大学出版社 2008 年版。

杨绍和：《宋存书室宋元秘本书目》，载顾廷龙《续修四库全书》（第 927 册），上海古籍出版社 2002 年版。

杨慎：《升庵集》，载纪昀《文渊阁四库全书》（第 1270 册），（台北）商务印书馆 1986 年版。

杨树达：《积微居小学述林》，中华书局 1983 年版。

杨廷瑞：《说文经斠》，上海古籍出版社 1996 年版。

杨廷瑞：《说文正俗》，上海古籍出版社 1996 年版。

杨宪金：《历代千字文真迹比较（篆书卷）》，西苑出版社 2003 年版。

姚志红：《〈说文解字〉大徐反切音系考》，硕士学位论文，首都师范大学，2004 年。

叶祥苓：《苏州方言志》，江苏教育出版社 1988 年版。

佚名：《复古编》，上海积山书局石印本，光绪十三年版。

佚名：《原本广韵》，载纪昀《文渊阁四库全书》（第 236 册），（台北）商务印书馆 1986 年版。

永瑢等：《四库全书总目》，中华书局 1965 年版。

俞和：《篆隶千字文》，黄山书社 2008 年版。

尉迟治平：《欲赏知音非广文路——〈切韵〉性质的新认识》，载何大安《古今通塞：汉语的历史与发展》，"中央研究院"语言学研究所筹备处 2003 年版。

乐韶凤：《洪武正韵》，载纪昀《文渊阁四库全书》（第 233 册），（台北）商务印书馆 1986 年版。

Z

臧克和：《魏晋六朝隋唐五代字形表》，南方日报出版社 2011 年版。

曾敏行：《独醒杂志》，载周光培《历代笔记小说集成》，河北教育出版社 1994 年版。

詹鄞鑫：《谈谈小篆》，语文出版社 2007 年版。

张参：《五经文字》，中华书局 1985 年版。

张金梁：《论明代书法对社会的影响》，《书法研究》2001 年第 5 期。

张其昀：《"说文学"源流考略》，贵州人民出版社 1998 年版。

张守中：《睡虎地秦简文字编》，文物出版社 1994 年版。

张书岩：《简化字溯源》，语文出版社 1997 年版。

张涌泉：《汉语俗字研究》，岳麓书社 1995 年版。

张有：《复古编》（影宋精抄本），上海书店 1935 年版。

张有：《复古编》，明冯舒抄本。

张有：《复古编》，明万历中黎民表刻本。

张有：《复古编》，清葛鸣阳刻本。

张有：《复古编》，清淮南局本。

张有：《复古编》，元吴志淳好古斋刻本。

张有：《复古编》，载纪昀《文渊阁四库全书》（第 225 册），（台北）商务印书馆 1986 年版。

张宗祥：《王安石〈字说〉辑》，福建人民出版社 2005 年版。

赵㧑谦：《六书本义》，载纪昀《文渊阁四库全书》（第 228 册），（台北）商务印书馆 1986 年版。

赵孟頫：《赵孟頫书画全集》，中华书局 2010 年版。

赵平安：《〈说文〉小篆研究》，广西教育出版社 1998 年版。

郑林曦：《精简汉字字数的理论和实践》，中国社会科学出版社 1982 年版。

郑樵：《通志》，中华书局 1995 年版。

中国古籍善本书目编辑委员会：《中国古籍善本书目》（经部），上海古籍出版社1998年版。

中国科学院图书馆：《中国科学院图书馆藏中文古籍善本书目》，科学出版社1994年版。

中国社会科学院考古研究所编：《殷周金文集成》，中华书局2007年版。

中国社会科学院语言研究所词典编辑室：《现代汉语词典》（第7版），商务印书馆2019年版。

周必大：《文忠集》，载纪昀《文渊阁四库全书》（第1147册），（台北）商务印书馆1986年版。

周伯琦：《六书正讹》（再造善本），国家图书馆出版社2005年版。

周伯琦：《六书正讹》，明嘉靖元年重刻元刊本。

周伯琦：《说文字原》（再造善本），国家图书馆出版社2004年版。

周伯琦：《元周伯琦篆书宫学国史二箴》，紫禁城出版社1998年版。

周中孚：《郑堂读书记补逸》，载中华书局编辑部《宋元明清书目题跋丛刊》（第15册），中华书局2006年版。

周祖谟：《周祖谟语言学论文集》，商务印书馆2001年版。

朱长文：《墨池编》，载纪昀《文渊阁四库全书》（第812册），（台北）商务印书馆1986年版。

朱芳圃：《殷周文字释丛》，中华书局1962年版。

朱骏声：《说文通训定声》，中华书局1984年版。

后　　记

　　我的专著《北宋张有〈复古编〉研究》终于即将付梓了！它之所以能够诞生，离不开各位亲人、师友、专家、同人的帮助以及国家政策的扶持。回首往事，历历在目，有坎坷、有痛苦，而更多的却是绝渡逢舟，雪中送炭，让我感受到人世间的温暖，使我有惊无险地走过一个又一个难关……

　　2007年对我来说，无疑是不同寻常的一年，也是我人生最重要的转折点。这一年我36岁，考上了华东师范大学博士研究生，导师是著名的语言学家许嘉璐先生。

　　考博是艰难的，但考上博士之后需要面对的困难与之相比，尽管我有心理准备，但有些困难也让我始料未及。我是一所新建三本院校委托培养的硕士研究生。因为是新建学院，正是缺人之际，学院领导可能不会同意我去读博。我一筹莫展，内心忐忑难安。经过协商，院长同意我去读博，有两条路供我选择：或者选择辞职且赔付违约金，或者选择自费且只给一年的读博时间。我老公不参与选择，他把选择权交给了我。文字学是一个需要时间且又难学的专业，三年尚且不一定能按时毕业，况且是一年，并且三本院校的课时量是巨大的，与工资直接挂钩。我们不能苛责学校，学校体制使然。经过几个日夜的思想斗争，我选择了辞职、赔付违约金。我请学院财务处的负责人粗略核算了一下，说是七万多元。我之前刚买了房子，只有准备装修的两万多元，还差五万元，在当时这些钱对我来说，算是巨资，因为房价才一千元左右。离开财务处，我就给我大姐打了电话，大姐毫不犹豫地说，给她一个卡号，明天上午钱一定到账。后来我才知道，她把定存多年的积蓄取了出来，转给了我。院领导了解了我的情况后，又考虑到我已经服务了三年，让我提交了贫困申请，减免两万违约金，需要赔付五万多元。我赔付了违约金，办妥了所有的读博手续，然而意想不到的事发生了。后续的工资加上公积金，同年8月，我一次性偿还了大姐，仅剩三千多元。刚还完大姐的钱还没过几天，我老公就失去了工作，我家一下子陷入赤贫状态，把我打了个措手不及。开学之前，女儿伤心地问我，可不可以不去读博，留下来。我说，太晚了，我已经没有工作了，如果留下来，我只能到你们学校门口卖煎饼。女儿乖巧地说，那你还是去读博吧！为了以后不再因钱而困窘，我老公决定前去西部做生意。我们决定离开我工作的地方，把女儿送到我父母家。为了解决经济困难，我在刚买的房子窗户上贴了出售广告，并广泛告知同事帮忙卖房子。因为当时金融危机，房子在我读博期间一直无人问津。

为了让我安心读博，让我老公安心经商，75岁的老父亲主动承担了照顾我女儿的重担，接送她上下学，负责她生活起居，老父亲同时还要照顾疾病缠身、生活不能自理的老母亲。这件事已经过去十几年了，我依然记得我把女儿送到老家时，父亲给我说的话："希望你按时毕业，家里的情况你是知道的，你不用担心，就是不知道你娘能不能等到你毕业？"我黯然神伤，忍住眼泪，无言以对。看着第一次经历家庭变故、从未经历风雨的女儿，看着躺在病榻上的心智如孩童般的老母亲，看着应该安享晚年、仅靠微薄失地补助生活、却要如此付出的老父亲，我心如刀剜……

因为没有经济来源，我到上海时，身上仅有三千元，除去一千八百元的住宿费，供我消费的仅剩一千二百元，日常用品我几乎没买，能从家带的全带去了。我谢绝了亲朋好友的资助，因为当时经济不景气，大家挣钱都不容易。当时学校的博士津贴只有四百元，因为刚开学，博士津贴还没有发下来，我也不知道什么时候能发下来，当时的忧虑可想而知。华东师大领导为了解决博士生的生活困难，特别设置了教学科研岗。我申请了教学岗，两周一次课，每月能有五百元的收入。2008年，臧克和先生担心我为了谋生而分散精力，帮我设置了助研岗位，每月有六百元的生活资助。2009年，教育部、财政部又提高了博士研究生奖学金标准，我们每月有一千二百元的补助。正因为有母校领导、老师以及国家政策的扶植，我不必为衣食而忧，得以全身心地投入到学习与科研中去！

2007年9月，我入学的时候，许嘉璐先生还在职位上，因为他忙于政务，我暂由臧克和先生指导。由于我大学读的是专科，硕士又读的是普通大学，现在又没有了工作，而我的博导却是学界泰斗，对论文的要求非常严格，这让臧先生很是忧虑。他曾不止一次地对我说，许先生治学严谨，在华东师大招的前几届博士生，到目前为止只有一个人按时毕业，现在就业又很艰难。臧先生的担心不无道理。三年读博期间，除了一篇不少于十万字的博士学位论文，还要发表至少两篇核心期刊论文，才能正常毕业，取得博士学位。我学术功底薄，能否按时写出让许先生认可的博士学位论文，发表出核心论文，连我自己也没有底。读博的第一学期，我常常惶恐不安，夜不能寐，即使睡着又每每被噩梦惊醒。我已经没有了退路，只能奋勇前进。大上海灯红酒绿，道不尽的喧闹繁华，但那些是别人的，与我无关，我在这里的使命是如期毕业。我拼命读书，拼命写论文，我没有星期天，我知道身上的重担与责任。

2007 年 11 月，在臧克和先生的帮助下，我的博士论文《北宋张有〈复古编〉研究》最终定题。之后，在臧先生的指导下，我开始查阅相关资料，制作《复古编》与《说文》对比 ACCESS 数据库。臧先生是华东师大文字中心主任，工作非常繁忙。尽管如此，他常常挤出时间，赠与我相关资料，帮我厘清论文的写作思路，提出修改意见与建议。

直到 2008 年 6 月 28 日，我才第一次见到了许嘉璐先生，他首先向我表达了歉意，说应该早见面了，因为政务实在繁忙。许先生问我论文定题的情况，我把题目告诉了他。他说："这个题目好，值得研究！今年有人提出增设繁体字教育的议案，汉字能复古吗？不能啊！张有试图复《说文》的古，并没有实现啊！"此外，许先生还问了我的情况、父母的情况。我一一作答。他连连说不容易啊，孩子们都不容易啊！他邀请我们下学期到北师大听课，并询问臧克和先生能否为我们解决车旅费，如果不能，他来解决。此外，他还给我们讲了"语义的可解与不可解"专题。当天下午，许先生专门为李义海师兄和我指导了论文。他让我从以下几个方面去考虑：笔画与笔势的关系；《复古编》复古的目的；异体、别字反映了当时社会怎样的社会用字情况；比较《复古编》与大徐本有差异的小篆字形与金文及其他古文字的关系，证明《复古编》的小篆字形比大徐本小篆字形可靠（这部分是重点，非常有价值）；《复古编》与大徐本释义的比较；《复古编》、大徐本与《广韵》反切的比较；《复古编》的影响，首先解决"古"的问题，弄清真正的"古"所占比重；与其他字书的比较（形音义部分做完善了，有时间再做这一部分）。2008 年 10 月 9—10 日，我和上海的几位同门在北师大聆听了许先生的讲座"训诂学与经学、文化"，受益匪浅。12 月 19 日，许先生在上海召见了在沪的学生，我向他汇报了论文的进展情况。2009 年 3 月 1 日，在上海我再一次见到了许先生，向他汇报我已经完成了博士学位论文的第一章至第五章，同时谈了论文中的几点发现。许先生让我把完成的部分发给他。3 月 2 日，许先生在华东师大逸夫楼为大家作了一场有关汉语国际推广的报告。当时，许先生发着高烧，全然不顾秘书的提醒，坚持作完报告。这位古稀老人的家国情怀深深地打动了我，我有什么理由不努力！2009 年 3 月 4 日与 10 月 18 日，我把论文的

第一章至第五章与第六章分别发给了许先生，敬请他斧正。因为就业推荐表要求导师写推荐信，许先生就邀请我11月到北京去，一则为我写推荐信，二则谈一下论文的事情，三则听一下他的课。11月13日，在北师大，许先生给我们讲了训诂释义方式中的"说'互训'和'推因'"。13日晚上，许先生邀请我、张玉梅师姐、常利辉师妹到他家去。当晚，许先生为我写了就业推荐信，又谈了我的论文相关问题。2010年4月11日，许先生专程到上海指导我的博士学位论文。他首先肯定了我的论文资料收集丰富，颇具考据之功；指出"张有编撰《复古编》的缘由"以及发现"石印本《复古编》非张有《复古编》"这两部分富有创新性。同时，许先生也提出了修改建议：引文个别地方重复，需要删除；一些称引过长，要浓缩篇幅；删去张有"六书"思想及其影响一章；缩减介绍《干禄字书》《玉篇》等相关内容；真之、戈仙相混是方言现象；仙庚混用仅此一例，孤证不能说明问题，最好删去。最后，他说："在论文盲审期间你好好休息一下，在上海好好玩玩，根据你论文的分量，就可以知道你时间抓得很紧，没有出去过；休息几天后，再修改一下论文，并准备4月25日答辩。"

论文答辩时，复旦大学的吴金华先生（已故）、汪少华先生以及华东师大的臧克和先生、王元鹿先生、董莲池先生都提出了宝贵的意见与建议。

华东师大中国文字中心严谨求实、团结创新的学术氛围，不仅给了我精神上的压力，也给了我前行的动力。同门李义海、孙茜、常利辉诸学友，或给予我鼓励，或给予我建议，使我受益匪浅；同届刘悦、周玲和我同住一楼，她们不仅在学习上给予了我无私的帮助，在精神上也给予了我莫大的慰藉，使我至今仍感温暖。

我的硕士导师古敬恒先生不仅先后两次帮我修改论文，还恳请扬州大学的张其昀先生为我写序。张老师治学严谨，成绩斐然。他的《〈广雅疏证〉导读》曾获第14届王力语言学奖。张老师不仅欣然为我写序，还帮我指出了论文需要修改和完善的地方。张老师非常谦虚，他回信说："我所写的也许不对，不中肯，隔靴搔痒，供参考而已，您尽可以修改。"张先生是语言学专家，他写的序言是中肯的，指出的不足也是恰当的，我一字未改，原样发表。只有这样，才能对得起张先生严谨的治学态度，嘉惠后学。

我常想，我个人在这世间是那么渺小，那么微不足道，哪怕是想出一本书，如果没有诸多师友、专家、同人的帮助，也无法写出，更不要说出版了。如果书中有可取之处，那是他们的功劳；如果有不足与缺点，那是由于我愚钝不灵，不能参透他们的真知灼见造成的，和他们无关。在此，恳请读者朋友给予批评与指正。

  在我的学业上，如果不是父亲无怨无悔的付出，我根本无法在当了八年中学老师后去读研、读博。我母亲自1998年生病至2011年去世都是他一直在悉心照顾，从不让我过问。侍奉老母亲这是我应该做的，而年迈的父亲却主动承担了我应该做的事情，还帮我抚养了三年孩子，使我没有后顾之忧，轻装前行。如今，我的父亲也走了，他走得那样突然。如果他能看到这本书的出版，那该是一件多么美好的事啊！可是现在，我唯一能做的就是把这本书敬献给他，因为里面凝聚了他对我的世上最朴实、最深沉、最无私的父爱！

王珏

2019年4月10日